ACCUEIL PAYSAN

la campagne à bras ouverts

Vous avez en mains le guide Accueil Paysan,

pour des vacances au cœur de nos campagnes, parfois les plus reculées, mais encore préservées par le travail de femmes et d'hommes. Ces paysan(ne)s œuvrent à un aménagement harmonieux et responsable de l'espace grâce à des pratiques culturales non polluantes.

Partir à la rencontre d'Accueil Paysan, c'est aller à la recherche de lieux apaisants, conviviaux, pour des séjours en famille, entre amis, pour une animation pédagogique auprès des enfants, mais aussi pour les plus démunis grâce à la pratique d'accueil solidaire.

La solidarité se décline également par le partenariat avec des femmes et des hommes non agriculteurs de métier, mais qui s'inscrivent dans des actions de développement promouvant une agriculture durable et un tourisme équitable.

La dimension internationale de cette solidarité vous permettra d'aller à la rencontre d'autres pays, d'autres cultures, de partager les passions de ces paysannes, paysans qui, de par le monde, veulent vivre dignement en partageant leur savoir-faire.

Le paysan accueille dans sa maison, à sa table ou à l'auberge. Il accueille dans ses champs, parmi ses animaux, dans le paysage que son travail façonne. Il fait partager :

- *son savoir-faire de jardinier, d'éleveur, de bûcheron, de paysagiste...*
- *ses connaissances sur le pays, son histoire, sa géographie, son économie...*
- *sa compétence sur la vie des sols, des plantes et des animaux.*

Au rythme des saisons, le paysan vous invite au bonheur d'être « nature ».

CHAMBRE - TABLE - AUBERGE - GÎTE - CHALET
CAMPING - RELAIS - ACCUEIL D'ENFANTS - VISITES
ANIMATIONS - PRODUITS PAYSANS - FERMES ÉQUESTRES

L'accueil paysan, sa charte

- L'accueil paysan est partie intégrante de l'activité agricole.
- Le paysan pratiquant cet accueil est désireux de faire connaître son métier et son environnement (contact avec les animaux, connaissance des plantes, du rythme des saisons). Là est la spécificité de son accueil.
- L'accueil est pratiqué dans un souci d'échanges et de respect mutuels.
- Cet accueil se veut accessible à toutes les couches sociales.
- L'accueil paysan est un facteur de développement local ; il maintient la vie en milieu rural.
- Le paysan garantit la qualité fermière des produits qu'il offre.
- L'accueil paysan propose un confort adapté à l'habitat local.
- L'accueil paysan est pensé et organisé par ceux qui en vivent.
- D'autres acteurs locaux permettent, en s'affiliant à Accueil Paysan, d'enrichir la dynamique locale.
- Accueil Paysan, avec tous les paysans du monde, est international.

Nos formules d'accueil

La chambre paysanne

Chez votre hôte, vous passerez une nuit à la ferme où l'air est encore empreint de l'activité du jour, de l'odeur du foin qui sèche, du parfum du tilleul en fleur, promesse d'un sommeil sans faille...
Au petit matin ou plus tard, c'est une table garnie qui vous attend : confiture maison, tisane adaptée à votre goût ou café traditionnel...

Accueil familial en gîte paysan et relais paysan

En gîte vous serez installé dans une demeure attenante ou à proximité de la ferme pour un séjour à votre gré, en toute indépendance. Le relais paysan est quant à lui un lieu destiné aux randonneurs et autres sportifs. Les séjours y sont de courte durée (3 jours maximum).

La table paysanne

Vous dégusterez à la table familiale les produits fermiers, les spécialités de vos hôtes, celles des producteurs voisins.

L'auberge paysanne

Vous pourrez vous retrouver en famille ou avec des amis autour d'un repas préparé par les paysans « aubergistes » à partir de produits de la ferme.

Le camping paysan

Grâce au camping paysan, vous serez en contact très proche avec la nature, la faune et la flore. Vous expérimenterez un mode de vie momentanément différent et vous irez à la rencontre des paysans vivant au rythme des saisons.

Accueil d'enfant

Des groupes ou classe d'enfants sont accueillis sur la ferme pour découvrir son activité au quotidien ainsi que la vie d'une famille en milieu rural.

Produits paysans

produits paysans

Vous pourrez acheter en vente directe des produits de qualité et diversifiés issus de la ferme. D'autres formules existent aussi comme les goûters à la ferme, le casse-croûte paysan, etc. N'hésitez pas à vous renseigner directement auprès de chaque lieu d'accueil.

Accueil d'enfants, groupes ou classes

L'Accueil Paysan permet à l'enfant de vivre la chaleur d'une famille en milieu rural et à la ferme, de prendre un bain de vie et de nature, d'animaux, de plantes, de découvrir les odeurs de foin, de bergerie, d'étable, de se remplir les yeux des couleurs de l'herbe, des arbres, des fleurs, de se régaler du lait tout chaud qui vient d'un trayon, de se barbouiller le nez de groseilles ou de framboises à moins que ce soit avec un yaourt maison ou un fromage blanc à la fraise, de découvrir comment est venu le petit pois, le haricot vert, la carotte et la pomme de terre... et un œuf.
Comme cela, rempli de richesses simples et naturelles, chaque jour à la ferme est un jour nouveau et merveilleux.
L'accueil des enfants peut aussi se faire avec leur école en classe nature, ou avec leur centre aéré, pour une découverte active du milieu naturel où travaillent les paysans.
Les enfants pourront participer aux nombreux travaux de la ferme : nourrir les animaux, assister à la traite, à la transformation du blé en pain ou du lait en fromages, à la récolte des légumes, des fruits, à la fabrication des conserves, etc. Ils partageront un moment de la vie des paysans.

Les produits paysans

« Le Produit Paysan est cultivé ou élevé avec une rigueur de qualité dans le cadre du respect de l'environnement et de l'homme. »
Pour retrouver une trace de votre séjour à la ferme, vous pourrez, dans certaines fermes, acheter et emporter nos «Produits Paysans ».
Le pain, les fromages et les yaourts, le miel et les confitures, la viande et les conserves, les charcuteries, les légumes et les fruits et tant d'autres mets inattendus vous seront proposés pour poursuivre la découverte plus tard, seul ou entre amis.

Extrait du cahier des charges Produits Paysans :

Les produits paysans sont fabriqués par le paysan sur sa ferme (ou dans un atelier collectif) avec des matières premières végétales ou animales provenant de ses cultures ou de ses élevages et travaillées de façon artisanale et traditionnelle. Accueil Paysan se doit de présenter aux consommateurs une démarche de qualité qui doit se pérenniser (régularité de la qualité) : **Qualité gustative, Qualité diététique, Qualité sanitaire.**
Tous les maillons qui entrent dans l'élaboration d'un Produit Paysan sont étroitement liés les uns aux autres (notion de cycle) : sol-plante-produit ou sol-plante-animal-produit. Harmonie et équilibre sont nécessaires pour aboutir à une mise sur le marché d'une production de qualité.

Animations et activités autour du cheval

Sur nos fermes, dans nos campagnes, le cheval a été notre compagnon depuis bien longtemps déjà.
La charrue qu'il tirait, le couple qu'il emmenait en balade, le dimanche dans la voiture, sont autant de souvenirs présents dans nos esprits.

Aujourd'hui, sur certaines fermes, vous retrouverez une trace de ce passé « oublié » (le travail du cheval a encore, dans des terrains et pour des utilisations spécifiques, une réelle justification). Vous pourrez aussi découvrir au hasard de vos haltes de nombreuses autres activités autour des chevaux :

- Pour les balades et les randonnées, des ânes de bât vous attendent.
- Dans les fermes équestres, vous pourrez aller de l'apprentissage au perfectionnement.
- Pour d'autres, un petit tour en roulotte vous sera proposé.
- Enfin, pour tous, les soins aux animaux, avec une personne qualifiée qui prendra le temps de vous expliquer ce monde unique...

La diversité des accueillants

Dans ce guide, vous pourrez découvrir des lieux d'accueil très différents. Aux côtés des agriculteurs de métier sont présents des femmes et des hommes qui n'ont pas le statut agricole mais qui pratiquent au minimum une activité de production et qui ont un rapport particulier à la terre.

Ils apportent une richesse supplémentaire à Accueil Paysan dans un souci de solidarité, pour des campagnes à bras ouverts.

Notre lien commun, c'est d'être dans un milieu rural riche en savoir-être et savoir-faire qui respecte le patrimoine naturel et bâti.

C'est aussi la recherche constante de la qualité des produits et de l'environnement qui profite à nos accueillis.

Agriculture paysanne
Maintien de la bio-diversité et partage

Pour se nourrir, l'HOMME a tout d'abord été cueilleur, chasseur, pêcheur. Son évolution l'a conduit à être un acteur-créateur de ses besoins alimentaires : il est devenu producteur-éleveur de céréales, légumes, boissons, animaux... L'évolution des civilisations a vu naître et croître les villes pour lesquelles il a fallu organiser les besoins alimentaires. La modernisation liée au capital (rentabilité des investissements) a été imaginée et réalisée par la culture occidentale. Elle a appauvri, éliminé la paysannerie familiale et les cultures vivrières, au profit du productivisme agricole subventionné (et ce n'est pas terminé au niveau de la planète !).

Aujourd'hui, on en connaît les résultats :
815 millions de personnes souffrent de la faim dans le monde et 1 en meurt chaque 4 secondes. 350 milliards d'euros sont dépensés par an par les pays riches pour subventionner leur agriculture et seulement 8 milliards d'euros pour soutenir celle du tiers-monde.
90% du commerce céréalier mondial sont entre les mains de 4 multinationales. 1 hectare de forêt tropicale disparaît toutes les 10 secondes.

L'agriculture paysanne organise le futur vivant soutenable : par le respect de la bio-diversité végétale et animale nécessaire à une vie équilibrée des éco-systèmes ; par les bonnes pratiques de précaution, de préservation de la vie et de la santé : l'eau, l'air, la terre ; pour satisfaire naturellement les plaisirs du goût, du bien boire, du bien manger, dans la valorisation des savoir-faire créateurs de chaque acteur de vie ; par la cohérence du bien-être des plantes et des animaux, pour un mieux-être des hommes au sein d'un environnement aimé.

L'esprit d'Accueil Paysan est un pari sur la vie, fait de respect de la terre nourricière et de rencontre des hommes pour un mieux vivre ensemble.

Un choix de vie

pour l'homme et son environnement

Accueil Paysan a été créé à partir d'un besoin qui est une forme d'accueil, une conception innovante qui donne essentiellement la priorité aux relations humaines, non au confort standard. C'est une réponse à l'hospitalité et à l'échange qu'un nombre croissant de visiteurs du monde rural recherchent. Il a fallu résister à la rançon du progrès qui coûte chaque jour un peu plus, quand :

- 75 % des espèces végétales sont aujourd'hui rares ou menacées,
- les hyper-concentrations animales réduisent les emplois ruraux, provoquent de graves pollutions, fragilisent la santé humaine,
- l'assèchement de zones humides, l'utilisation massive d'engrais chimiques, la dispersion de pesticides et herbicides portent atteinte à la bio-diversité...Aujourd'hui, divers phénomènes de réappropriation de l'espace rural sont engagés, tant par des ruraux que par des citadins, pour l'établissement de rapports vrais avec la nature et son vivant. Accueil Paysan est concerné par les nouveaux besoins « des hommes du temps présent aux générations futures » :
- prendre du temps pour l'écoute, le dialogue par une présence réelle à l'autre,
- maintenir et valoriser une production alimentaire de qualité, respectueuse de la « terre nourricière », du plaisir gustatif et de la bonne santé des hommes,
- tendre à une occupation harmonieuse des territoires ruraux, pour un meilleur partage des espaces.

Vivre en harmonie avec la nature

L'écologie est une lecture de l'histoire humaine qui privilégie la vie et l'épanouissement de la personne dans une société conviviale. C'est la critique d'une civilisation fondée sur la volonté de puissance et l'accumulation des biens matériels, pillant les ressources de la planète et menaçant la survie même de l'humanité. C'est l'application du droit à l'amour, à la beauté, à la dignité pour tous.

Les gestes partagés
Stages, week-ends, séjours partout en france... pour partager le métier et la passion d'agriculteurs, d'artisans et d'artistes
Savoir Faire & Découverte
Le naturel à portée de main
> Toutes les activités sur www.lesavoirfaire.com
et catalogue gratuit sur demande au 0 820 820 186 (0,12 EUROS TTC / MN

Rejoignez l'association des Amis d'Accueil Paysan

En janvier 2004, une nouvelle initiative a vu le jour dans les rangs de nos amis et sympathisants : la création de l'*Association des Amis d'Accueil Paysan*. En rejoignant cette association, vous soutenez l'action d'Accueil Paysan, sa volonté de promouvoir une agriculture paysanne avec ses accueils à taille humaine. Vous montrez aussi votre désir d'œuvrer avec nous dans une démarche éthique jusqu'à des coopérations internationales pour un monde meilleur.

Vous serez conviés aux prochaines Rencontres nationales Accueil Paysan et recevrez le *Bulletin des Amis d'Accueil Paysan* ainsi que *la Lettre* Accueil Paysan.

Rejoignez l'*Association des Amis d'Accueil Paysan* et faites la promotion de vacances à l'écart des sentiers battus, faites la promotion de nos structures, contribuez à ce que d'autres nous rejoignent, dans une démarche d'économie sociale et solidaire.

Par votre soutien financier, vous contribuerez aux actions que mène Accueil Paysan pour accompagner et animer le tourisme solidaire.

Oui, je souhaite rejoindre l'association des amis d'Accueil Paysan

Nom, prénom : ....

Adresse : ....

Tél : ....

Courriel : ....

Adhésion* "petit budget"	15 €
Adhésion*	30 €
Don*	..... €
Je commande 1 guide vacances Accueil Paysan (Frais de port 2 €)	10 €
Montant de mon règlement	.... €

Règlement par chèque bancaire à l'ordre de l'Association des Amis d'Accueil Paysan :

Association des Amis d'Accueil Paysan
MIN - 117 rue des Alliés
38030 Grenoble cedex 2
Tél 04 76 43 44 83 - Fax 04 76 17 01 78
mel : amis@accueil-paysan.com
web : www.accueil-paysan.com

Comment avez-vous connu Accueil Paysan ?

❑ Lors d'un séjour d'accueil (lequel ?) ....

❑ Par Internet ❑ Par le guide Accueil Paysan

❑ Autre (précisez) : ....

....

* Les dons et versements ouvrent droit à une réduction d'impôt sur le revenu égale à 66% de leur montant dans la limite de 20% du revenu imposable. Ainsi, en versant 100 €, il ne vous en coûtera que 34 € en réalité.

uncovac
le droit aux vacances
200 destinations France, en villages de vacances
PASS E.S.C.A.P.A.D.E
Voyager Autrement
Tandem Solidarité Vacances
Agrément tourisme
Congrès et Séminaires
UNion de COmités pour les VACances
01 45 14 19 20

Enquête de satisfaction

Accueil Paysan met tout en œuvre pour améliorer, année après année, l'accueil sur ses fermes. Pour cela, votre avis nous intéresse. Ce bulletin est fait pour recevoir vos remarques. Nous ne manquerons pas de les prendre en considération. Merci de votre coopération !

Après l'avoir rempli, vous pouvez le découper et le retourner à :

Fédération Nationale Accueil Paysan
MIN - 117 rue des Alliés
38030 Grenoble cedex 2

LE GUIDE :

Où vous l'êtes-vous procuré ? Son prix est-il raisonnable ? ....

....

....

Que pensez-vous de son format, de son organisation générale ? Est-il pratique ?

....

....

Le guide vous donne-t-il des informations suffisantes sur les lieux d'accueil (localisation, activités, etc.) ? ....

....

....

Autres remarques sur le guide : ....

....

....

....

L'ACCUEIL :

Vous étiez dans quelle région ? ....

....

....

De quel type d'accueil avez-vous profité : gîte, chambre, auberge ? ....

....

....

Quelles sont les sources de satisfaction ? ....

....

....

Qu'est-ce qui vous a déplu, déçu ? ....

....

....

Autres remarques : ....

....

....

608 points d'accueil dans 79 départements

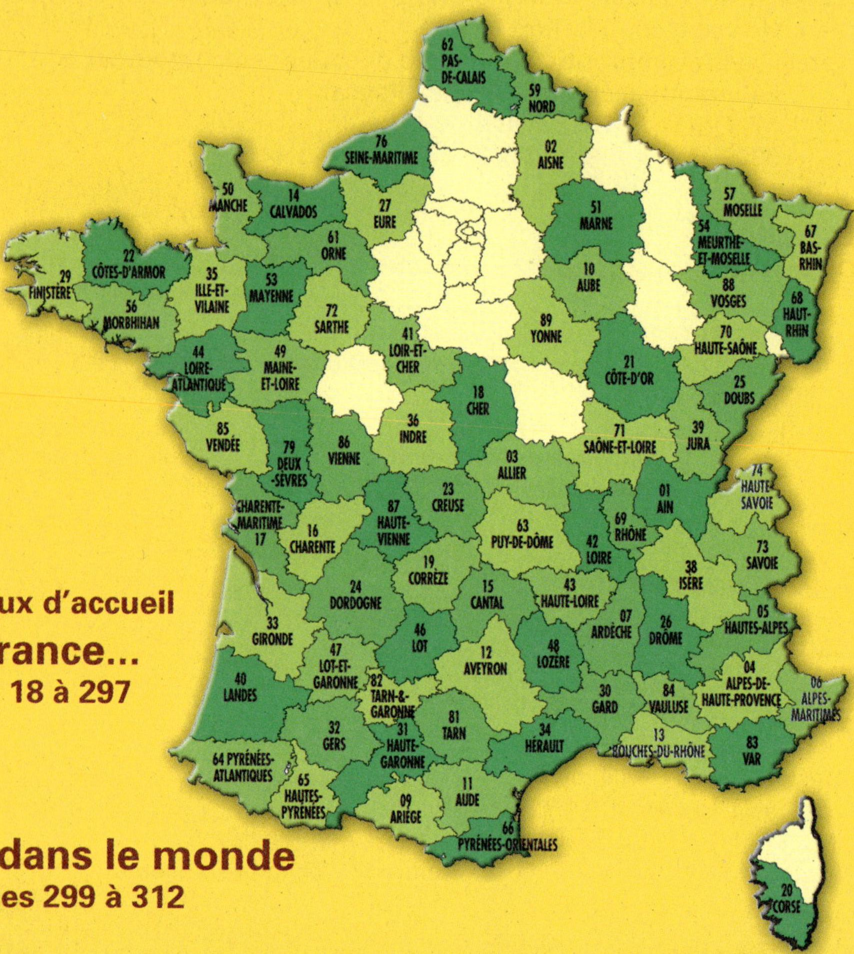

les lieux d'accueil

en France...

pages 18 à 297

...et dans le monde

pages 299 à 312

LES PHOTOS NE SONT PAS CONTRACTUELLES - Crédit photographique : ACCUEIL PAYSAN

Ce guide est imprimé sur papier recyclé et papier certifié PEFC.

COMMENT UTILISER CE GUIDE...

Le classement des points d'accueil est établi par département.
Chaque département est introduit par une carte où vous pourrez repérer, d'un coup d'œil, la situation des points d'accueil signalés par un numéro qui vous renverra à une explication plus détaillée dans les pages qui suivent la carte.
Chaque point d'accueil comporte quelques symboles ainsi que des indications :

ACCUEIL D'ENFANTS

Accueil de classes, centres aérés, etc. Indications de prix par enfant, à la demi-journée, journée ou séjour.

AUBERGE PAYSANNE

Aucune obligation de résider à la ferme pour y manger. Il est souvent préférable et prudent de prévenir auparavant. Indications de prix minimum et maximum.

TABLE PAYSANNE

Vous partagerez le repas à la table du paysan qui vous accueille.

CHAMBRE PAYSANNE

Pour une nuit ou davantage. Indications de prix pour 1 nuit, pour 2 personnes, petits déjeuners inclus.

GÎTE PAYSAN

Appartement ou maison indépendante pour un séjour à votre gré. Indications de prix pour 1 semaine selon la capacité d'accueil.
BS = Basse Saison / HS = Haute Saison

RELAIS PAYSAN

Hébergement pour randonneurs, en dortoir ou chambre, avec cuisine et sanitaires communs. Indications de prix pour 1 nuit, pour 1 personne.

CAMPING PAYSAN

Indications de prix pour 1 nuit, pour 1 personne.

Camping-caristes acceptés

Accessible aux handicapés

Chèques-vacances ANCV acceptés

Animaux acceptés

Activités équestres (ou ânes, calèches, accueil de cavaliers...)

produits paysans **Produits paysans : produits de qualité, cultivés ou élevés dans le respect de l'environnement.**

Toutefois, comme chaque adhérent « Accueil Paysan » pratique un accueil personnalisé, ces indications ne sont ni rigides, ni statiques. Pour plus de précisions, renseignez-vous auprès du point d'accueil qui vous intéresse.

Les tarifs indiqués concernent l'année 2007, ils pourront être modifiés à partir de janvier 2008.

01 - AIN

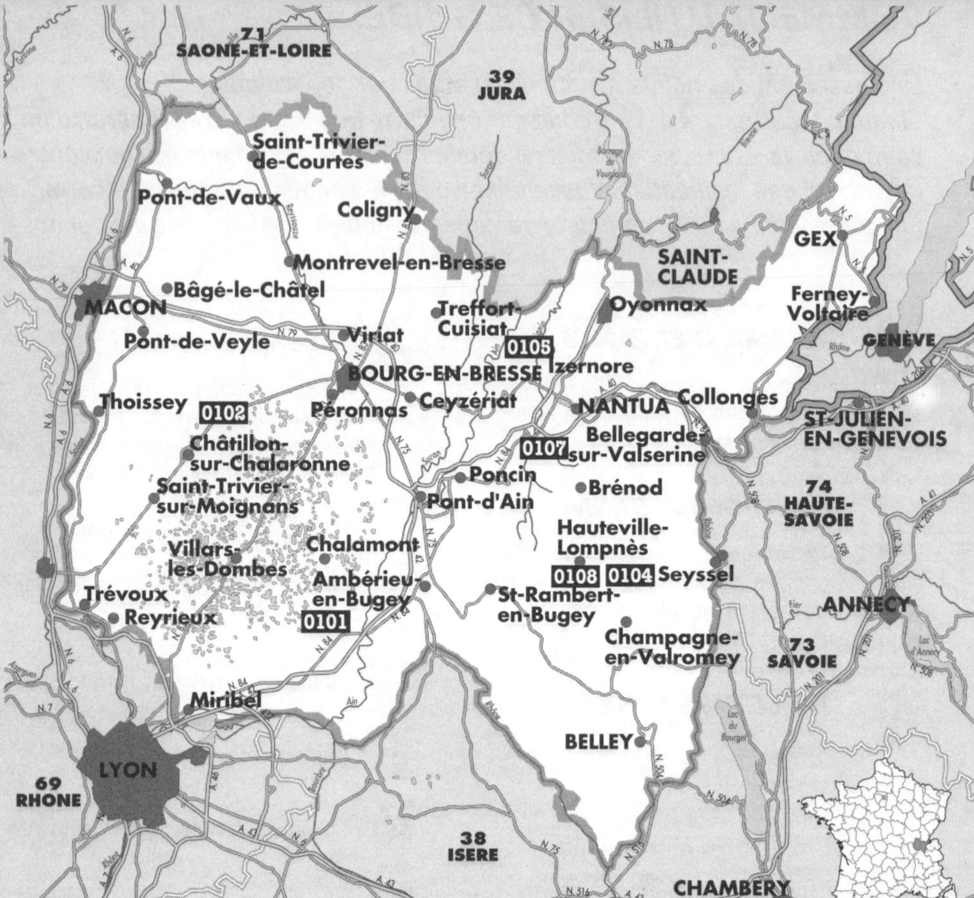
71
SAONE-ET-LOIRE
39
JURA
Saint-Trivier-de-Courtes
Pont-de-Vaux
Coligny
Montrevel-en-Bresse
Bâgé-le-Châtel
MACON
Pont-de-Veyle
Viriat
Treffort-Cuisiat
0105
Izernore
BOURG-EN-BRESSE
Péronnas
Ceyzériat
Thoissey
0102
Châtillon-sur-Chalaronne
Saint-Trivier-sur-Moignans
Villars-les-Dombes
Chalamont
Ambérieu-en-Bugey
0101
Trévoux
Reyrieux
Miribel
LYON
69
RHONE
38
ISERE
SAINT-CLAUDE
Oyonnax
GEX
Ferney-Voltaire
GENÈVE
NANTUA
Collonges
Bellegarde-sur-Valserine
0107
ST-JULIEN-EN-GENEVOIS
Poncin
Pont-d'Ain
Brénod
Hauteville-Lompnès
0108
0104
Seyssel
74
HAUTE-SAVOIE
St-Rambert-en-Bugey
Champagne-en-Valromey
ANNECY
73
SAVOIE
BELLEY
CHAMBERY

LE BON SAINT ÉLOI — 0101

30 enfants
10€/J
6,10€/1/2J
produits paysans

BOYER Marie-Noëlle et Pascal
La Grange Vernaie
01800 SAINT ELOI
tel : (+33) (0)4 74 61 25 60
fax : (+33) (0)4 74 61 37 98
mel : m.boyer@tiscali.fr

Situation : dans la Dombes, à 4 km de la cité médiévale de Pérouges et 15 km du parc ornithologique de Villars-les-Dombes.

Production : chèvres, moutons, volailles, lapins, âne. Marché paysan tous les samedis (14h-18h) : fromages de chèvre, pains cuits au feu de bois, légumes, fruits...

Accueil : ferme pédagogique : groupes d'enfants : écoles, centres aérés, anniversaires.

Activités possibles : Pérouges, parc de Villars-les-Dombes, étang de la Dombes, promenades, vélos, visite de notre ferme.

BOUVIER Evelyne et Jean-Claude — 0102

15 pers.
15 à 21€
4 ch.
10 pers.
38€
produits paysans

Le Clos
01400 NEUVILLE LES DAMES
tel / fax : (+33) (0)4 74 55 65 24
mel : evelyne.bouvier2@wanadoo.fr
web : www.auclos.com

Situation : Bourg-en-Bresse et Mâcon à 22 km, Chatillon/Chalaronne à 7 km sur D38, étangs de la Dombes.

Production : céréales, poulets de Bresse, lapins, légumes. Etang avec production de carpes.

Accueil : 4 chambres paysannes (10 pers. maxi), table paysanne. Salle 40 m² pour réunions, stages, activités culturelles ou artisanales.

Activités possibles : découverte de la ferme, pêche dans l'étang, randonnées pédestres ou vélo, tennis à 2 km.

DENIS Monique — 0104

12 pers.
BS 400€
HS 530€
WE 200€
English spoken

01110 HOSTIAZ
tel : (+33) (0)4 74 34 48 07

Situation : alt. 800 m, Hauteville à 20 mn, N504 à 7 km, Lyon à 80 km.

Production : ovins, bovins viande d'agneaux et de bovins.

Accueil : gîte paysan, accueil de cavaliers.

Activités possibles : soins aux animaux, visite de la ferme, randonnées pédestres, ski de fond, raquettes, VTT, centre équestre, ski de piste à 15 km, pêche, forêts, spéléo, escalade, via ferrata.

FERME DE CRÉPIAT 0105

produits paysans

VERNOUX Etienne
Crépiat
01460 NURIEUX VOLOGNAT
tel : (+33) (0)4 74 76 94 50

Situation : alt. 650 m, à 80 km de Lyon, 15 km de Nantua, 35 km de Bourg-en-Bresse, dans le Haut Bugey.

Production : pain. Ferme herbagère. Quelques chevaux d'attelage. Blé pour le pain cuit au feu de bois.

Activités possibles : attelage à 1 ou 2 chevaux, initiation au pain.

GAEC DE LA COMBE DU VAL 0107

40 enfants
9€/J
6€/1/2J

goûter paysan

English spoken

Se habla español

PERTREUX Alfred et Samuel
337 rue de Très la Croix
01480 VIEU D'IZENAVE
tel : (+33) (0)4 74 76 30 59
mobile : (+33) (0)6 73 36 45 54

Situation : au cœur du Haut Bugey, à 650 m d'alt. A 1h de Lyon et de Genève, à 10 mn de Nantua, sur la route du Comté dans la vallée verte de la Combe du Val.

Production : production de lait à Comté, de veaux de lait en bio, céréales à paille (orge, blé, avoine, seigle, pois). En AB.

Accueil : visite de la ferme et accueil d'enfants avec goûter paysan dans une salle aménagée et chauffée avec sanitaires (50 pers.). Jeux éducatifs autour des animaux.

Activités possibles : découverte de la vie de la vache et du paysan. Eveil à l'agriculture biologique et à la production de lait à Comté. Aux alentours : Grottes de Cerdon, Lac de Nantua, visite de la coopérative à Comté, Accrobranche, chemins pédestres.

« LA MARIA » 0108

English spoken

10 pers.
14€

4 ch.
10 pers.
33 à 42€

10 pers.
24€

4 pers.
BS 205€
HS 260€
WE 80€
(2 nuits)

EMIN Mary
Route de Planachat
01110 CORMARANCHE EN BUGEY
tel : (+33) (0)4 74 35 18 09
mel : maryemin@wanadoo.fr

Situation : à 50 km de Bourg-en-Bresse et 80 km de Lyon, alt. 950 m, Hauteville à 10 mn. Grande maison plein sud, endroit calme et air pur proche forêt, belle vue sur montagne et vallée.

Production : lapins, volailles et œufs frais, légumes du potager, confitures, liqueurs, miel de montagne. Cueillette et séchage des plantes à tisanes.

Accueil : 4 chambres spacieuses meublées à l'ancienne avec balcon, pour couple ou 4 pers., sanitaires privatifs ou communs, terrasse et grand jardin, table conviviale et produits maison, salon avec cheminée et bibliothèque. Au rez de jardin, petit gîte de 4 pers.

Activités possibles : soins aux animaux, randonnées pédestres ou circuits balisés dans forêt et montagne, ski de fond, raquettes, ski de piste, vélo, VTT. A 4 km : équitation, via ferrata, pêche, tennis, piscine et sauna.

02 - AISNE

BERGER DU VAL DE SERRE — 0201

produits paysans

English spoken

Man spricht Deutsch

56 pers. 11,50 à 19,50€

20 pers. 6€/pl. 1,50€/pers. elec 2€

Scea du Berger
2, rue des Étangs
02250 MARCY SOUS MARLE
tel : (+33) (0)3 23 20 00 04
fax : (+33) (0)3 23 20 01 86
mel : berger.vs@wanadoo.fr
web : www.saveurs-et-terroir.com

Situation : près N2, Marle 2 km, Laon 25 km, Reims 70 km, Marais de la Souche 10 km, Musée des temps barbares 2 km, château de Guise 18 km.

Production : animaux de races à faibles effectifs (mouton d'Ouessant), polyculture. Viande et charcuterie fraîche, salaisons, pâtés, plats cuisinés d'agneau. Magasin de produits fermiers.

Accueil : auberge paysanne, camping paysan. Laboratoire de transformation.

Activités possibles : connaissance de la vie paysanne (corps de ferme XVIII° siècle), visite élevage et laboratoire, accueil d'enfants ; randos pédestres et équestres, VTT, canoë-kayak, pêche, piscine 3 km, journées à thème (flore, faune, etc.)

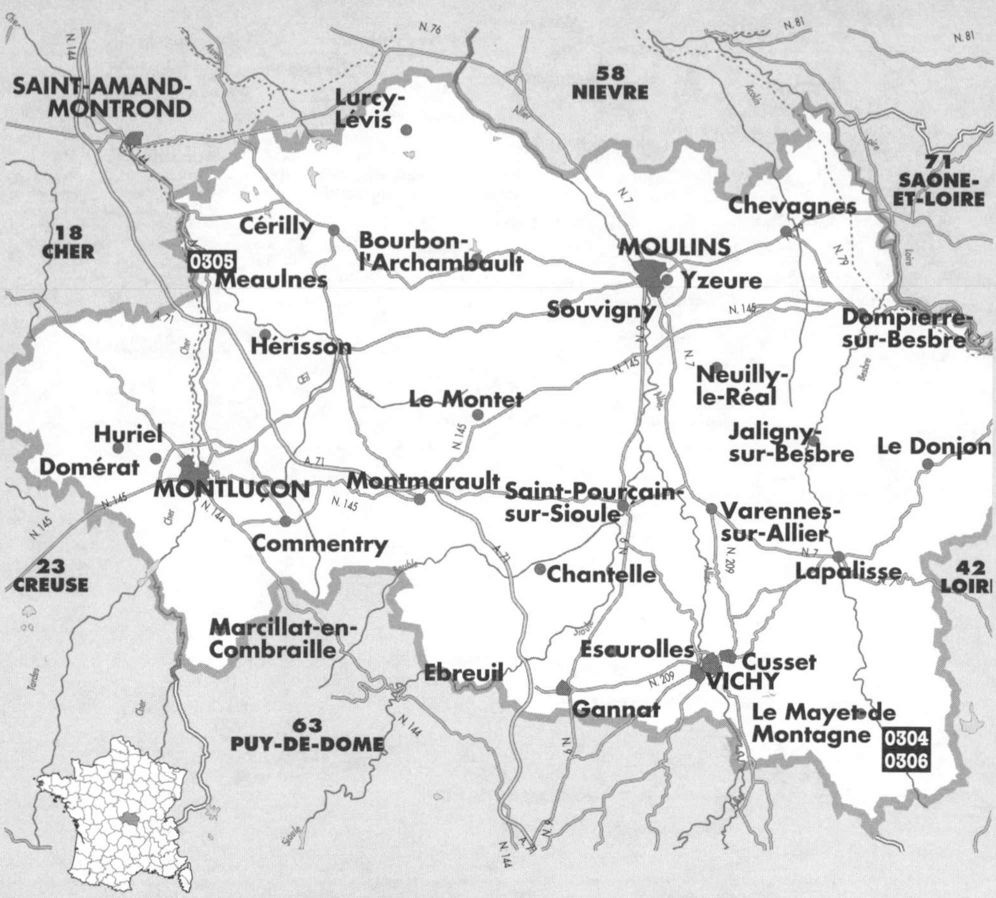
SAINT-AMAND-
MONTROND
Lurcy-
Lévis
58
NIEVRE
71
SAONE-
ET-LOIRE
18
CHER
Cérilly
Bourbon-
l'Archambault
MOULINS
Chevagnes
0305
Meaulnes
Yzeure
Souvigny
Dompierre-
sur-Besbre
Hérisson
Neuilly-
le-Réal
Le Montet
Jaligny-
sur-Besbre
Le Donjon
Huriel
Domérat
MONTLUÇON
Montmarault
Saint-Pourçain-
sur-Sioule
Varennes-
sur-Allier
Commentry
23
CREUSE
Chantelle
Lapalisse
42
LOIRE
Marcillat-en-
Combraille
Escurolles
Ebreuil
Cusset
VICHY
Gannat
Le Mayet-de
Montagne
0304
0306
63
PUY-DE-DOME
N. 76
N. 81
N. 7
N. 145
N. 144
N. 9
N. 209
N. 79
A. 71
Allier
Cher
Loire
Besbre
Sioule

L'AMARANTHE 0304

10 pers.
14 à 17€

2 ch.
4 pers.
30€ été
32€ hiver

AIMINI Geneviève
Aurouèr
03250 LA CHABANNE
tel : (+33) (0)4 70 56 49 67

Situation : alt. 680 m. Petit hameau typique très agréable, fleuri et ensoleillé (au sud). 40 km de Vichy, 40 km de Roanne.

Production : moutons dans le hameau, produits de culture maraîchère, grand jardin avec fleurs et légumes, fruits et plantes sauvages.

Accueil : retraitée. Avec simplicité et créativité autour de sa table aux couleurs et parfums authentiques, dans la joie sauvage de son terroir. Table paysanne, chambres paysannes.

Activités possibles : cueillette sauvage, découverte du jardin et de ses produits, récoltes, randonnées, pêche, VTT, cheval, ski.

HUBAC Alain et Renée 0305

15 pers.
15€

Les Seignes
03360 MEAULNE
tel : (+33) (0)4 70 06 98 76

Situation : entre St-Amand-Montrond et Montluçon. A l'orée de la forêt de Tronçais, château de Hérisson, Ainay-le-Viel, musée du Grand Meaulnes. Ferme bourbonnaise sur la colline dominant la vallée de Laumance et du Cher. Site très boisé. Pays de bocage.

Production : agneaux, volailles, fromages de chèvres, porc, gibier, légumes.

Accueil : table paysanne tous les jours, midis et soirs, sur réservation.

Activités possibles : pêche, randonnée, équitation, champignons, brâme.

KLEIVER Caroline et Vianney 0306

2 pers.
(+2 enf)
BS 195€
HS 195€
WE
35€ (1 nuit)
60€ (2 nuits)

produits paysans

Aurouèr
03250 LA CHABANNE
tel : (+33) (0)4 70 56 47 85

Situation : alt. 680 m. Petit hameau situé au cœur de la montagne bourbonnaise à 40 km de Vichy.

Production : légumes de saison (plus de 40 variétés) et fruits rouges (myrtille, groseille, cassis, framboise) cultivés en bio et vendus sur les marchés.

Accueil : nous vous accueillons dans notre gîte aménagé dans un chalet en bois, situé à proximité de notre maison et de la ferme. Tout confort.

Activités possibles : découverte de la culture de légumes, cueillette des fruits rouges l'été. Promenades, pêche, ski, VTT...

04 - ALPES-DE-HAUTE-PROVENCE

GIBERT Christine et Jean — 0401

2/4 pers.
BS 300€
HS 300€

04170 SAINT ANDRÉ LES ALPES
tel : (+33) (0)4 92 89 00 69
mobile : (+33) (0)6 74 99 34 07

Situation : alt. 900 m, dans le Parc régional du Verdon, réserve géologique, à 25 km des Gorges du Verdon, à 40 km de Digne-les-Bains, à 40 km des stations de ski val d'Allos et du Parc national du Mercantour.

Production : foin, légumes et petits fruits de saison. Animaux : ânes, lapins, poules, pigeons.

Accueil : découverte du métier de la ferme, plantation, cuillette selon la période, promenade en saison pour cueillette des champignons. Soins aux animaux. Pêche, chasse. En saison différentes animations au village, fête patronale en août, journée provençale et foire agricole en septembre. Gîte paysan, possibilité d'hébergement des chevaux.

Activités possibles : découverte du métier de la ferme. Alentours : pêche, chasse, randonnées, baignade (lac, rivière), vol libre, ski à 40 km et centres équestres.

HABERT Elisabeth et Michel — 0402

produits paysans

2 gîtes
Gîte 1 :
1/2 pers.
BS 186€
HS 245€
Gîte 2 :
4/6 pers.
BS 245€
HS 422€
WE
65 à 115€
(2 nuits)

Bonnechère
04870 SAINT MICHEL L'OBSERVATOIRE
tel : (+33) (0)4 92 76 62 74
mel : fam.habert@wanadoo.fr
web : www.gitedelabonnechere.com

Situation : alt. 450 m, dans le Parc du Lubéron, près de Forcalquier et Manosque, près de la RN100.

Production : apiculture (miel, pollen, gelée royale, pain d'épices), poterie de grès utilitaire et décorative. Exploitation apicole avec transhumance sur les champs de lavande principalement. Elevage de reines et activité de poterie en complément.

Accueil : 2 gîtes paysans (petit gîte 1 à 2 pers. et grand gîte 4 à 6 pers.).

Activités possibles : observation pour astronomes amateurs, centres équestres, randonnées pédestres, pêche et baignade, visites châteaux, abbayes et villages provençaux, marchés locaux.

LA BASTIDE DE L'ADRECH — 0405

produits paysans

English spoken
Se habla español
Si parla italiano

10 pers.
26€

5 ch.
12 pers.
68€/2pers.
95€/3pers.
110€/4pers.

1 gîte
4/6 pers.
400€/4pers.
500€/5pers.

LE BOZEC Géraldine et Robert
Avenue des Serrets - 04100 MANOSQUE
tel / fax : (+33) (0)4 92 71 14 16
tel : (+33) (0)4 92 71 14 18
mel : contact@bastide-adrech.com
web : www.bastide-adrech.com

Situation : alt. 400 m, 5 mn Manosque, 35 mn Aix par autoroute. Dans un environnement calme, à quelques minutes du centre-ville, à la campagne, bastide du XVIII° entourée de cèdres centenaires au milieu d'un parc.

Production : olives, huile d'olive de variété Aglandau, légumes, confitures, confit d'oignons, tapenade.

Accueil : 1 gîte (haut de gamme tout équipé confort) dans la bastide du XVIII° siècle. Terrasse privée, vue sur les vignes et les arbres centenaires du parc. 5 chambres paysannes dont 3 pour 2 pers. avec grand lit, et 2 pour 3 pers. avec 1 grand lit + 1 lit une place, lit enfant à disposition.

Activités possibles : cours de cuisine sur les produits de saison, promenade avec pique-nique.

LA MAISON D'ADÈLE 0406

6 pers.
BS 350€
105€/pers.sup
HS 380€
123€/pers.sup
Nuitée
53€/2pers.
24€/pers.sup
ch. sup
24€/pers.
Tarifs hors chauffage

English spoken

18€
1/2pension
40€

1 ch.
2 à 3 pers.
49 à 72€

6 pers. maxi
22€
petit déj.5€

produits paysans

LUROT Jacques et Marie-Claude
Ferme de la Valdenay
04120 LA PALUD SUR VERDON
tel : (+33) (0)4 92 77 30 34

Situation : alt. 930 m, en plein cœur des Gorges du Verdon, dans un site naturel exceptionnel entre Moustiers-Ste-Marie et Castellane. Sur un terrain de 4 ha, au début de la route des Crêtes. Calme et nature.

Production : légumes, lapins, poules pondeuses.

Accueil : table paysanne, 1 gîte paysan, 1 chambre. Repas du soir sur réservation. Demi-pension. Accueil de cavaliers et chevaux : Jacques possède diplôme ATE. Ouvert toute l'année.

Activités possibles : soins aux animaux : cheval de trait, chèvres naines, moutons, lapins, poules. À proximité : baignade Lac de Sainte-Croix, randonnées, escalade, rafting, canyoning, équitation à 2 km.

FERME APICOLE 0407

6 pers.
18€

English spoken

GENET Didier et son épouse
04500 QUINSON
tel / fax : (+33) (0)4 92 74 09 71
mobile : (+33) (0)6 13 80 46 91
mel : genet.provence@wanadoo.fr
web : monsitewanadoo.wanadoo.fr

Situation : sur le plateau de Quinson, dans le Parc naturel régional du Verdon, entre le Lac de Sainte Croix et le Lac d'Esparron.

Production : miel, vinaigre de miel et produits de la ruche.

Accueil : table paysanne.

Activités possibles : promenades avec "Balad'âne" et visite de la miellerie.

05 - HAUTES-ALPES

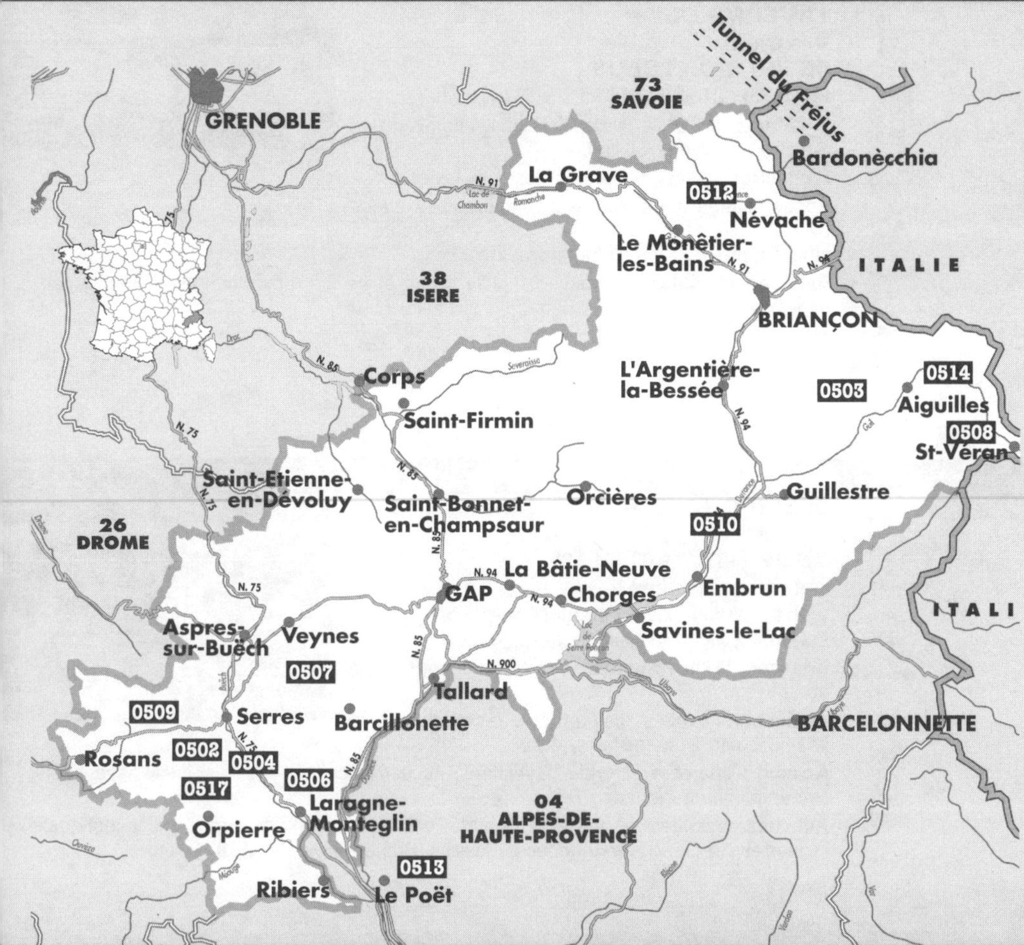

FERME AUBERGE VEAUJEALA 0502

30 pers.
16 à 22€

3 ch.
6 pers.
45€

English spoken

TAVERNE Didier
Veaujeala
05700 MONTCLUS
tel : (+33) (0)4 92 67 01 91

Situation : alt. 780 m. Sur la D994 à 6 km de Serres en direction de Nyons (56 km).

Production : élevage caprin, ovins, miel, lavande.

Accueil : auberge paysanne, 3 chambres paysannes avec douche et wc, chambre 2 pers. + possibilité lit supplémentaire. Accueil de chevaux.

Activités possibles : découverte de la ferme et de son environnement. Randonnées pédestres, VTT, escalade, baignade, sport aérien.

HUMBERT Chantal et François 0503

English spoken
Si parla italiano

10 pers.
40 à 43€ en 1/2 pension

5 ch.
10 pers.
40 à 43€ en 1/2 pension

05350 CHÂTEAU VILLE VIEILLE
tel / fax : (+33) (0)4 92 46 76 39
mobile : (+33) (0)6 03 37 69 96
mel : les.oules@free.fr
web : www.chez.com/souliers

Situation : alt. 1820 m. PNR du Queyras, à 55 km de Briançon, 45 km d'Embrun (Lac Serre-Ponçon), 20 km de St Véran.

Production : vaches allaitantes de race Salers. Lait, veaux, lapins, fromage frais, jardin.

Accueil : chambre et table paysannes, en demi-pension, réservation indispensable, séjour minimum 2 jours.

Activités possibles : visite de la ferme et des alpages. Ski de fond + ski randonnée + raquettes sur place ; randonnées pédestres (GR5 et 58) ; ski alpin à 12 km ;

LE PETIT RAT DES CHAMPS 0504

Occitan parlé

8 pers.
11€

6 empl.
24 pers.
3,20€/pl.
4€/pers.
elec 2€

LAON Monique et Marcel
Le Forestier
05700 SAVOURNON
tel / fax : (+33) (0)4 92 67 03 24
mel : marcelmonique.laon@wanadoo.fr

Situation : nous vous accueillons autour de notre maison. Alt. 750 m en moyenne montagne au climat méditerranéen, à 35 km de Gap, 37 km de Sisteron, 15 km de Veynes (gare SNCF), 9 km de Serres (tous commerces).

Production : agriculteurs retraités entretenant un élevage familial : poules, lapins, un jardin avec les légumes de saison.

Accueil : nous vous recevons autour et dans notre maison d'habitation, de Pâques à Toussaint, sur réservation, en relais paysan, camping paysan. Nous avons le plaisir de vous faire connaître notre région ensoleillée des Alpes du Sud.

Activités possibles : randonnées pédestres (GR94), équestres, escalade (Orpierre), miellerie, distillerie de lavande.

RANDEGGER Elisabeth 0506

Man spricht Deutsch

5 pers. 14€

2 ch. 2 x 2 pers. 53€

5/6 pers. BS 240€ HS 280€

les Eyssaups
05300 SAINT GENIS
tel / fax : (+33) (0)4 92 67 08 29
mel : elisabeth.randegger@wanadoo.fr
web : perso.wanadoo.fr/ferme.des.eyssaups/

Situation : alt. 650 m. Vallée du Buëch. Grenoble 120 km, Sisteron 25 km, Laragne 10 km, Serres 7 km.

Production : légumes du jardin et œufs.

Accueil : 1 gîte paysan, 2 chambres paysannes de 2 pers., table paysanne sur réservation. Animaux non acceptés.

Activités possibles : toute petite ferme, en compagnie de chiens, chats, volailles et un âne. Repos et calme, plan d'eau à 5 mn, randonnées pédestres, vol libre, VTT, escalade, cheval.

SALLES Sylvie et Jean Claude 0507

18 pers. 12,50€

18 pers. 11€

Villauret
05400 SAINT AUBAN D'OZE
tel / fax : (+33) (0)4 92 58 18 78

Situation : alt. 1000 m dans le pays du Buëch. Veynes à 15 mn, Gap à 35 mn, D49, D994, massif de Céüze à 25 mn, Le Dévoluy à 25 mn.

Production : apiculture : miel, pain d'épices. Elevage de poneys, polyculture, vaches allaitantes.

Accueil : relais paysan et table paysanne. Anciennes bâtisses en pierre situées dans un hameau à 2 km du village.

Activités possibles : visite de la miellerie, découverte de l'élevage extensif de poneys en montagne. VTT, randonnées, promenade à cheval, escalade, baignade, sport aérien, ski, raquettes. Randonnées (GR94D) à partir du gîte.

LE VAL D'AZUR 0508

produits paysans

English spoken

39,50 à 44,50€ en 1/2 pension (2006/2007)

4 ch. 10 pers. 39,50 à 44,50€ en 1/2 pension

yourte 2/4 pers. 63€/jour (2006/2007)

TARRAGON Solange
et PROSPER Didier
Le Val d'Azur
05350 MOLINES EN QUEYRAS
tel : (+33) (0)4 92 45 86 15
mobile : (+33) (0)6 24 81 94 17
mel : didier.prosper@libertysurf.fr
web : www.valdazur.queyras.com

Situation : alt. 1750 m. Parc régional naturel du Queyras, 90 km de Gap, 80 km de Briançon, 5 km St Véran et 10 km du Col Agnel (Italie).

Production : miel de haute montagne et autres, pains d'épices, confitures au miel, tisannerie, pollen. Nos légumes, volailles, servis pour les repas, pour une alimentation vivante et équilibrée.

Accueil : nous vous recevons avec 4 chambres paysannes, sanitaires privés (vue sur la montagne) et notre table paysanne et, en plus, location d'une **yourte** mongole.

Activités possibles : dans le village, l'hiver : ski de piste, ski de fond, raquettes ; l'été : randonnées, repos, escalade, calme, rafting, via-ferrata. Semaines végétariennes.

GÎTE DE LA MONTAGNE 0509

2/9 pers.
vac. scol. : 300€/sem
juill-août 350€/sem
hors vac. : 250€/sem
WE 110€

produits paysans

LANTEAUME Véronique et Bernard
La Montagne
05700 SIGOTTIER
tel / fax : (+33) (0)4 92 67 12 06
mel : blanteaume@wanadoo.fr

Situation : en pleine nature, dans les Alpes du Sud, sous le climat de la Haute-Provence. A 2h de Marseille et 1h30 de Grenoble.

Production : élevage de chèvres Angora et chèvres Cachemire.

Accueil : gîte paysan ouvert toute l'année, tous commerces à 6 km, maison indépendante dans un cadre montagnard, calme assuré.

Activités possibles : découverte de la vie de l'élevage. Randonnées pédestres, équestres, VTT, découverte du patrimoine, baignade, vol libre, pêche, escalade...

CAMPING À LA FERME 0510

10 empl.
3,20€/pl.
2,20€/pers.
elec 1,55€

BERTRAND-ROSSET Annie et Marc
Les Bérards
05380 CHÂTEAUROUX LES ALPES
tel / fax : (+33) (0)4 92 43 22 12
mel : vergers.du.rabioux@free.fr
web : vergers.du.rabioux.free.fr

Situation : alt. 950 m. Commune du Parc national des Ecrins, Embrun à 8 km.

Production : céréales et fruits, jus de fruit. Agriculture bio contrôlée. Jus de fruits, farine, pommes, poires.

Accueil : camping ouvert de mai à septembre, sur une prairie ombragée.

Activités possibles : échanges sur notre mode de production en agriculture biologique. Randonnées dans la vallée du Rabioux ou environs, baignade, voile sur le lac de Serre Ponçon, VTT, expos, concerts dans l'Embrunais et repos.

LA JOIE DE VIVRE 0512

English spoken
Man spricht Deutsch
Se habla español
Si parla italiano

15 pers.
26€

5 ch.
20 pers.
70€/pers. en 1/2 pension

PASCALLET Claire & GAIDON Isabelle
Hameau de Salé 05100 NEVACHE
tel : (+33) (0)4 92 21 30 96
fax : (+33) (0)4 92 20 06 41
mobile : (+33) (0)6 60 84 30 96
mel : la-joie-vivre@wanadoo.fr
web : www.la-joie-de-vivre.fr

Situation : alt. 1600 m dans la Vallée de la Clarée, site classé. 18 km de Briançon, 10 km l'Italie, 120 km Turin.

Production : champignons "pieds bleus", confitures de baies sauvages, vins de fruits, élevage lamas alpagas.

Accueil : table paysanne, cuisine de montagne. Salon, cheminée, billard, bibliothèque. Chambres paysannes de 2 à 6 personnes, très confortables (bain, wc, TV, terrasse).

Activités possibles : visite de la ferme et environnement, rando avec des lamas de portage de 1 journée à 1 semaine de refuge en refuge. Alentours : ski de fond, ski de randonnée, raquettes, randos pédestres, 40 lacs d'altitude, équitation, VTT, escalade, pêche à proximité, piscine, tennis, golf, patinoire.

FERME LA JOURDANE 0513

2 pers.
165€
WE
28€/pers/nuit

CHAUVET Renée et Guy
05300 LE POET
tel / fax : (+33) (0)4 92 65 72 66

Situation : alt. 650 m, entre Gap et Sisteron. Proche de l'A51. Ferme unique, les alentours sont très calmes.

Production : poules et moutons en agriculture biologique. Maraîchage, fruits, œufs.

Accueil : gîte paysan 2 personnes.

Activités possibles : possibilité de découvrir la vie de la ferme. Centre équestre à 500 m. Escalade à une demi-heure. Promenade dans les bois aux environs.

LES AGNELETS 0514

3 ch.
6 pers.
50€

AUDIER MERLE
Véronique et Jean-Lucien
05460 ABRIES
tel : (+33) (0)4 92 46 72 64
mobile : (+33) (0)6 78 32 53 26

Situation : alt. 1150 m. Parc naturel régional du Queyras, vallée du Haut Guil. 60 km de Briançon, 30 km de Guillestre, 4 km de la Maison de la Nature.

Production : élevage ovin, production d'agneaux et d'agnelles.

Accueil : avec simplicité, pour vous faire découvrir l'activité agricole en montagne suivant les saisons et partager la passion de Véronique pour la dentelle du Queyras, les coiffes et la broderie. Chambres avec entrée indépendante, wc, sanitaires individuels, pièce de séjour.

Activités possibles : randonnées pédestres, VTT, sports d'eau vive, pêche, patrimoine naturel historique. L'hiver au pied des pistes de ski de fond et de ski alpin.

MATHIEU Maryse et Alain 0517

4/6 pers.
BS 250€
HS 300€
WE 42€

English spoken

Le Village
05700 CHANOUSSE
tel / fax : (+33) (0)4 02 66 26 92
mobile : (+33) (0)6 07 98 57 14
mel : alain.mathieu55@wanadoo.fr

Situation : alt. 880 m. Serres à 17 km, Laragne 19 km, Orpierre 15 km, Nyons 54 km. D949 - Rocher de Beaumont, GR946.

Production : élevage caprin et production de fromages, 2 vaches race tarine, veau sous la mère, élevage familial de 5 cochons en semi-liberté.

Accueil : 1 gîte paysan de 60 m² pour : séjour, coin cuisine, 2 chambres, wc, salle de bains. Ouvert toute l'année. Silence, nature.

Activités possibles : découverte de la ferme. Randonnées pédestres, VTT, escalade, vol libre. Baignade en plan d'eau.

LES RUCHERS DE SALLAGRIFFON 0601

4/6 pers.
BS 230€
HS 300€
WE 80€
(1 nuit)

English spoken

BONNARD Florence et Jean-Claude
Le Seillarot
06910 SALLAGRIFFON
tel : (+33) (0)4 93 05 81 29
mel : floetjcb@wanadoo.fr

Situation : arrière-pays niçois. Sur la D2211A. Alt. 700 m. Dans la Vallée du Haut-Esteron, entrée des canyons d'Aiglun et Riolan. A 18 km de Puget Théniers, 80 km de Nice.

Production : ruches, miel. Brebis, poules, foin. Agriculture biologique.

Accueil : gîte paysan avec tous les éléments de confort. Terrasse. Calme.

Activités possibles : possibilité de découvrir les travaux de la ferme suivant les saisons. Alentours : nombreux sentiers de randonnée pédestre, canyon.

07 - ARDÈCHE

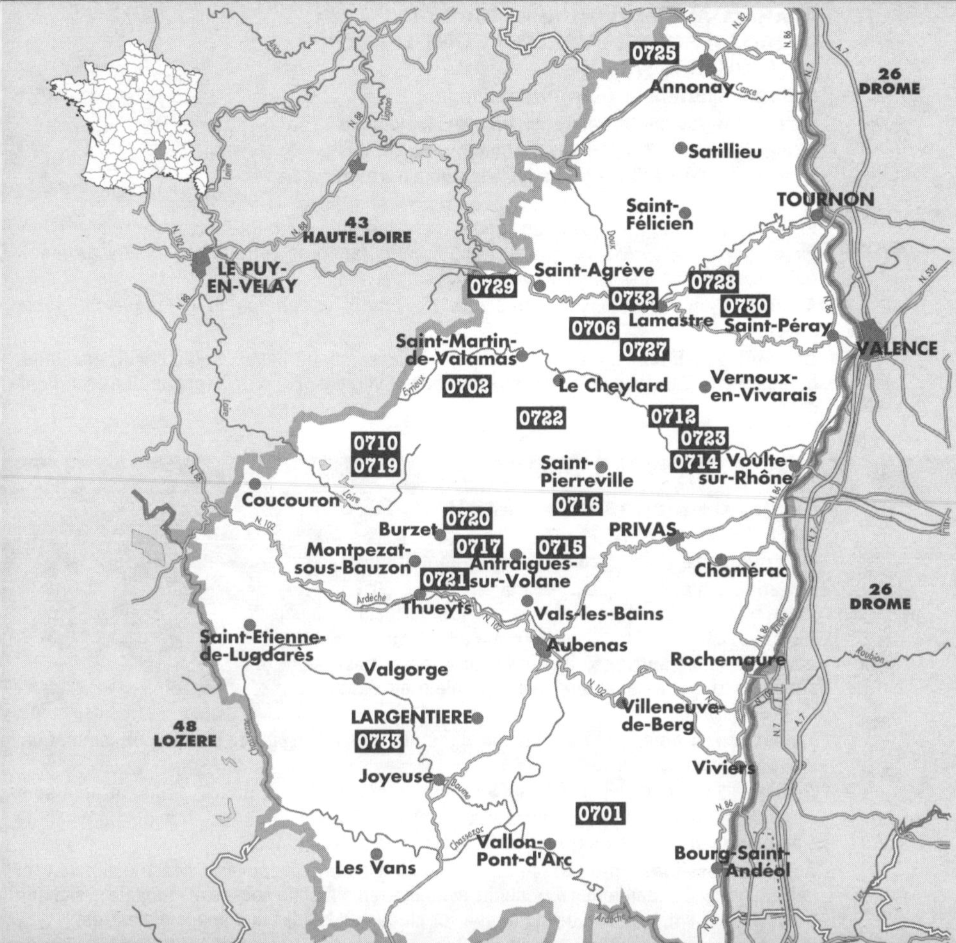
0725
Annonay
26
DROME
Satillieu
Saint-Félicien
TOURNON
43
HAUTE-LOIRE
LE PUY-EN-VELAY
Saint-Agrève
0729
0728
0732
0730
Lamastre
Saint-Péray
0706
VALENCE
0727
Saint-Martin-de-Valamas
Vernoux-en-Vivarais
0702
Le Cheylard
0722
0712
0723
0710
0719
0714
Voulte-sur-Rhône
Saint-Pierreville
Coucouron
0716
0720
Burzet
PRIVAS
Montpezat-sous-Bauzon
0717
0715
Antraigues-sur-Volane
Chomérac
0721
Thueyts
Vals-les-Bains
26
DROME
Saint-Etienne-de-Lugdarès
Aubenas
Rochemaure
Valgorge
Villeneuve-de-Berg
LARGENTIERE
48
LOZERE
0733
Viviers
Joyeuse
0701
Vallon-Pont-d'Arc
Bourg-Saint-Andéol
Les Vans

FERME L'ESPINE 0701

10 pers.
15€

2 ch.
2 pers.
55€/pers
85€/2pers

5 pers.
BS 450€
HS 600€
WE
100 à 160€

MARITON Maryvonne et Michel
07150 LAGORCE - VALLON PONT D'ARC
tel : (+33) (0)4 75 37 10 43
mel : mm.mariton.lespine@wanadoo.fr
web : www.accueil-paysan-ardeche.com/lespine.htm

Situation : alt. 272 m, 20 km d'Aubenas, 10 km des Gorges de l'Ardèche, 45 km de Montélimar (gare SNCF).

Production : c'est une ferme au fond d'un vallon en pleine garrigue, où Maryvonne et Michel en instance de retraite produisent de façon naturelle les aliments servis à la table paysanne.

Accueil : 2 chambres paysannes 2 pers. ("lavande" et "châtaigne"), gîte paysan, table paysanne.

Activités possibles : initiation Nature. Alentours : canoë-kayak, spéléo, VTT, escalade, balade à cheval, visite de nombreux musées et villages. Expo de la grotte Chauvet, Pont d'Arc.

GUY Marie-Christine 0702

3 gîtes
Gîte 1 :
4 pers.
BS 230€
HS 250€
Gîte 2 :
8 pers.
BS 330€
HS 360€
Gîte 3 :
16 pers.
(= gîtes 1&2 + 1ch.)
BS 575€
HS 605€
WE
40/60/125€
(1 nuit)

20 pers.
6€/pl.
3,50€/pers.
elec 1,50€

English spoken

Ferme de Magnaudès - 07310 BORÉE
tel : (+33) (0)4 75 29 32 74
mel : gilbrault@club-internet.fr - web : gilbrault.free.fr

Situation : alt. 900 m, 50 km Puy-en-Velay, 80 km Valence, près du Gerbier-de-Jonc et du Mézenc, 100 km St-Etienne, 3h de Lyon. Ferme située dans un environnement sauvage, très diversifié, bois, ruisseaux, landes. Les animaux vivent en plein air dans de grands parcs.

Production : brebis, vaches, chevaux, agneau, veau, lait, fromage en autoconsommation, élevages en semi-liberté.

Accueil : 2 gîtes paysans mitoyens dans une maison de caractère. Juillet et août sont réservés en priorité aux familles qui font des promenades à cheval. Camping paysan de 6 emplacements dont 2 caravanes en location (4 et 5/6 places).

Activités possibles : promenades à cheval et à poney, découverte des travaux suivant saison. Activités adaptables aux jeunes et adultes en difficulté sociale ou mentale. Baignade (petit lac à 12 km, ruisseau de montagne sur place), escalade, ski, randos pédestres.

LAINÉ Brigitte et Philippe 0706

2 gîtes
Gîte 1 :
6 pers.
BS 260€
HS 350€
Gîte 2 :
6 pers.
BS 380€
HS 500€
WE
100 à 200€
(2 nuits)

English spoken

Escoussenas - 07270 SAINT PRIX
tel : (+33) (0)4 75 29 01 01
mel : chasselet@free.fr
web : www.escoussenas.com

Situation : alt. 750 m, Lamastre 10 km, Valence 50 km. Sur D578 entre Lamastre et Le Cheylard, entre Vallées Eyrieux et Doux. Site isolé et protégé au sein du PNR des Monts d'Ardèche. Respect et protection de l'environnement.

Production : légumes, pain au levain, tisanes, œufs, confitures, châtaignes à l'automne, miel.

Accueil : ouvert toute l'année. Gîte paysan "Escoussenas" : mitoyen à notre habitation, cheminée, chauffage, lave-linge, 2 ch. Gîte "Chasselet" : indépendant (150 m), de caractère, bio-construction, chauffage solaire, cheminée, lave-linge.

Activités possibles : découverte nature, plantes médicinales, fabrication du pain, jardinage, soins aux volailles et ânes, etc. Alentours : baignade, centres équestres, randonnées, VTT.

FERME DE VERDEN 0710

15 pers. 15€
1 ch. 4 pers. 34€
14 pers. 14€

produits paysans

English spoken

TEYSSIER Solange et Bernard
07630 LE BÉAGE
tel / fax : (+33) (0)4 75 38 85 43
mel : verden07@voila.fr
web : www.accueil-paysan-ardeche.com/verden.htm

Situation : ferme isolée, alt. 1200 m., à 10 mn des sources de la Loire, 20 mn du Massif du Mézenc, 1h du Puy-en-Velay, 1h d'Aubenas, 1h de Privas.

Production : veaux, vaches, cochons, volailles. Vente de fromages, charcuterie, pommes de terre.

Accueil : 1 chambre paysanne, relais paysan pour randonneurs et table paysanne.

Activités possibles : visite de la ferme : traite des vaches, soin à la basse-cour. Randonnées à partir de la ferme (Gerbier de Jonc, Mont Mézenc, Lac d'Issarlès) baignade en lac à 10 mn, et en hiver : ski de fond ou raquettes.

L'ACCUEILLETTE 0712

5 pers. 400€ WE 120€

BÉRAUD Cathy et Denis - Trouiller
07190 ST MAURICE EN CHALENCON
tel : (+33) (0)4 75 66 30 95
fax : (+33) (0)4 75 66 33 20
mobile : (+33) (0)6 60 65 87 45
web : www.accueil-paysan-ardeche.com/accueillette.htm

Situation : versant sud Vallée de l'Eyrieux. Région des Boutières en centre Ardèche. Alt. 500 m. 30 mn de Privas, 45 mn de Valence.

Production : troupeau de brebis Black face classé bio (Ulase) en plein air intégral. Promenade en forêt, pêche en lac privé, jeux de boules, ping-pong, confitures maison suivant la saison.

Accueil : gîte : 2 chambres, salle d'eau, wc, coin cuisine équipé, séjour avec TV, buanderie, grande salle de jeux avec baby-foot. Grande terrasse, barbecue, parking privé. Linge de maison fourni. Ouvert toute l'année.

Activités possibles : visite du troupeau, visite du village de Trouiller, ancienne magnanerie, fours, ruelles.

FERME DES PLAINES 0714

6/8 pers. BS 305€ HS 455€ WE 125€ (2 nuits)

English spoken

Se habla español

PFISTER Ameline - Les Plaines
07360 DUNIÈRE SUR EYRIEUX
tel / fax : (+33) (0)4 75 65 31 33
mel : gitedesplaines@tele2.fr
web : www.archeche.com/fermedesplaines/index.htm

Situation : Niché à 400 m d'alt., au-dessus des Gorges de la Dunière, le hameau se trouve à 15 mn de la Vallée du Rhône, 30 mn de Valence, Privas et Vernoux. Accès par la D120 dans la Vallée de l'Eyrieux.

Production : en cours d'installation en apiculture et arboriculture. Pain au levain, miel, pain d'épices, confitures, sirops, potager familial, poulailler. En traction animale avec les ânes.

Accueil : dans l'ancienne maison de ferme restaurée en 2003. Le gîte offre une vue splendide sur le Vercors. Cuisine équipée, 3 chambres, coin jeux, séjour avec cheminée, jardin privatif.

Activités possibles : sur place, verger conservatoire de variétés anciennes de pêchers, randonnées avec ânes bâtés. Possibilité de séjours à thèmes (nous contacter). Randonnées, escalade à 10 mn, baignade à 15 mn.

L'ARCHE DE NOÉ 0715

2 gîtes
Gîte 1 : 8/10 pers. BS 326 à 426€ HS 533€
Gîte 2 : 13 pers. BS 350 à 450€ HS 600€
WE 152 à 230€

2 ch. 2/8 pers. 45€ en 1/2 pension

3/8 pers. 35€ en 1/2 pension (hors saison uniquement)

English spoken

PELLETIER Jean-Paul
Le Nougier
07530 SAINT JOSEPH DES BANCS
tel : (+33) (0)4 75 88 27 00
mel : jp-v.pelletier@wanadoo.fr
web : www.lardeche-de-noe.com

Situation : alt. 650 m. A 30 mn de Privas ou d'Aubenas, sur D218, entre le bourg et le Col de la Fayolle.

Production : cochons, poules et volailles diverses. Chèvres, bœufs, ânes, moutons. Petits fruits, châtaignes.

Accueil : 2 gîtes en rez-de-chaussée. Possibilité d'accueil de groupes en demi-pension en chambres. Table et chambre paysannes (mini 2 pers., repas du soir) de septembre à juin, relais paysan (mini 3 pers.).

Activités possibles : visite de la ferme, randos vers les brebis, bœufs, ânes. Découverte des travaux de la ferme.

LES CHEVAUX LIBRES 0716

7 enfants 330€

GUILLEMOZ Sabine
Le Bouchet
07000 AJOUX
tel : (+33) (0)4 75 66 23 06
mel : sabine.guillemoz@laposte.net

Situation : dans les châtaigniers, à 700 m d'altitude, dans une petite vallée préservée dominée par son "rocher" (neck basaltique). A 20 km de Privas, 25 km d'Aubenas et 50 km de Valence.

Production : chevaux Haflingers et Comtois, gestion extensive, traction animale. Châtaignes, petits fruits, miel, légumes du jardin.

Accueil : accueil de 7 enfants en séjours-vacances à thème équestre (6 ou 10 jours) dans un éco-logis (matériaux naturels, toilettes sèches).

Activités possibles : découverte du cheval et de son mode de vie, initiation ludique à l'équitation, promenades à cheval et en calèche. Activités variées (musique, baignade, photo, etc.)

L'OUSTAOU D'AIZAC 0717

English spoken
Se habla español

10 pers. 13€

1 ch. 2 pers. 38€

10 pers. 450/520/600€ WE 130€ (1 nuit)

ALONSO Anita et Daniel
La Coste - 07530 AIZAC
tel : (+33) (0)4 75 38 74 68 ou : (+33) (0)6 99 26 42 23
mel : anita.alonzo@wanadoo.fr
web : monsite.wanadoo.fr/randogites

Situation : alt. 600 m, au cœur de la châtaigneraie du volcan d'Aizac, à mi-chemin entre le plateau et les Gorges de l'Ardèche. Dans le pays des pentes tout près du village d'Antraigues, 9 km au-dessus de Vals-les-Bains.

Production : productions en petites quantités, en vente mais surtout pour vivre nos valeurs : chataîgnes, framboises, confitures, jus de pommes, potager, poulailler. Deux ânesses : pour l'entretien des terrains et le plaisir des balades. Egalement siège d'une association de découverte du pays, des produits, des savoirs.

Accueil : gîte : pièces mansardées et poutres apparentes avec 2 salles d'eau, 2 wc, séjour, cuisine bien équipée, 4 chambres. 2 chambres paysannes hors saison d'été.

Activités possibles : initiation à la poterie, randonnées, canyoning, balade avec les ânes, pêche, partage de nos activités.

PEYRONNET Bernard et Marie-Josée 0719

5 pers.
BS 270€
HS 310€
WE
110 à 130€

English spoken

Quartier Volle - 07510 STE EULALIE
tel : (+33) (0)4 75 38 83 12 ou : (+33) (0)6 78 31 91 42

Situation : alt. 1220 m, à 5 km du Mont-Gerbier-de-Jonc et des sources de la Loire, au cœur du PNR des Monts d'Ardèche. A 1h30 des Gorges de l'Ardèche. A 40 mn du Puy-en-Velay, ville d'art et d'histoire.

Production : vaches laitières : lait de vaches, fromage frais, yaourts. Elevage familial de lapins. Légumes du jardin. Confitures myrtilles et framboises sauvages.

Accueil : Gîte mitoyen au logement de l'agriculteur, 1 séjour avec foyer cheminée, 1 grande cuisine, 2 chambres, salle de douche, jardin, terasse, véranda commune. Calme, convivial, commerces essentiels à proximité.

Activités possibles : randonnées avec poss. d'accompagnement pour connaître la flore de montagne et cueillir myrtilles et framboises, puis confection de confitures, pâtisseries, reconnaître les plantes sauvages comestibles et leurs vertus. Sentier de poneys : balade ludo-pédagogiques. Visite de la ferme au moment de la traite, soin aux petits animaux. Pêche à la truite en cours d'eau ou lacs (Lac d'Issarlès, Lac de St Martial. Rando raquettes et ski de fond accompagnées. WE à thème (sauf juillet et aôut).

FERME DE PINCHENOLLE 0720

Man spricht Deutsch

10 pers.
15€

4 ch.
10 pers.
25€/1pers.
38€/2pers.
53€/3pers.
62€/4pers.

10/12 pers.
BS 490€
HS 640€
WE 150€
(1 nuit)

LE GOFF Michel
Pinchenolle - 07530 LAVIOLLE
tel : (+33) (0)4 75 38 73 62
web : www.accueil-paysan-ardeche.com/pinchenolle.htm

Situation : ancienne petite ferme en pierres et bois de 1889 entièrement restaurée, perchée dans la montagne dans un cadre magnifique à 850 m. d'alt. sur la D578, à 15 mn d'Antraigues (commerces), 20 mn du Mont Gerbier, 1h des Gorges de l'Ardèche.

Production : élevage de brebis en plein air, châtaignes et petits fruits. Conserves d'agneau, charcuterie, confitures.

Accueil : vue magnifique sur la vallée orientée au sud, grande terrasse. Table paysanne, accueil convivial : 4 chambres paysannes (2 sdb et 3 wc communs), ou gîte 130 m² avec 4 chambres, 1 sdb luxueuse, 1 cabinet de toilettes douche, 3 wc, cuisine bien équipée (lave-vaisselle), barbecue, cheminée, salon (hi-fi, TV, magnétoscope), possibilité téléphone vers fixe (gratuit) et connexion internet (payante).

Activités possibles : pêche, randonnées, ramassage de châtaignes, ski de fond.

L'ACCUEILLETTE DE PRUNEYROLLES 0721

English spoken
Man spricht Deutsch
Wij spreken nederlands

8 pers.
20€

2 ch.
8 pers.
40€

GOTZ Yvonne et HOEVENAARS Kees
Pruneyrolles
07450 ST PIERRE DE COLOMBIER
tel : (+33) (0)4 75 94 55 54
web : www.accueil-paysan-ardeche.com/pruneyrolles.htm

Situation : alt. 600 m, 30 mn d'Aubenas, 5 mn de Burzet, 2h de Valence. Ferme dans un petit hameau à 5 mn de la rivière La Bourges. D26. A 20 mn cascade Ray Pic, château Ventadour, coulées basaltiques, pont du diable Thueyts.

Production : élevage de porcs en plein air, naissances à la ferme, ânesse et ânon, basse-cour, jardin, framboises, châtaignes. Charcuteries, sirops, jus, confitures, condiments, légumes.

Accueil : nous vous accueillons à la ferme, orientée plein sud, en chambres paysannes rustiques et confortables en vous proposant notre cueillette à la table. Chambres paysannes (2, 3 ou 4 pers.) avec sdb chacune. Pas d'animaux dans les chambres.

Activités possibles : visite de la ferme, soins aux animaux, randonnées pédestres, baignade en rivière, randos à cheval, avec ânes, musées.

LES CHAMBAS DE MOLINES 0722

English spoken
Se habla español

8 pers.
13€

2 ch.
4/6 pers.
36€

4/6 pers.
BS 290€
HS 360€
WE 100€
(2 nuits)

VOLLE Sylvie et BOISSIN Lionel
Molines - 07160 DORNAS
tel : (+33) (0)4 75 29 41 46
mel : sylvie.volle@laposte.net
web : www.accueil-paysan-ardeche.com/chambas-molines.htm

Situation : à 760 m d'alt., entre Mont Gerbier et Vallée de l'Eyrieux, au cœur d'un hameau typique des Boutières et du PNR des Monts d'Ardèche.

Production : ferme de montagne, entre châtaigneraies et terrasses. Ânes de travail, brebis, chèvres, basse-cour, fruits rouges, châtaignes, baies et plantes, pain : transformation sur place.

Accueil : chambres et table paysanne. Gîte paysan avec terrasse privative comprenant 2 chambres, salle d'eau, salle de séjour avec cuisine équipée. Week-end et séjours à thèmes (ânes, rando-croquis, châtaignes...)

Activités possibles : balades en compagnie d'ânes batés, visite de la ferme, soins aux animaux, goûter. Sentiers balisés. Aux alentours : baignade, location VTT, escalade, sites culturels et naturels.

CONSERVATOIRE DES TERRASSES 0723

English spoken
Se habla español
Si parla italiano

3 gîtes
Gîte 1 :
2/4 pers.
BS 200/300€
HS 300/360€
Gîte 2 :
4 pers.
BS 400€
HS 450€
Gîte 3 :
8 pers.
BS 850€
HS 1000€
WE
100 à 170€

FRANÇOIS Jacques et REDON Agnès
La Chareyre
07360 ST MICHEL CHABRILLANOUX
tel : (+33) (0)4 75 65 39 50
mobile : (+33) (0)4 75 65 24 70
mel : delachareyre.jf@wanadoo.fr
web : www.accueil-paysan-ardeche.com/lachareyre.htm

Situation : alt. 550 m versant sud-ouest sur D233 à 40 mn sud Valence. Hameau du moyen-âge avec 40 ha dont un écomusée des terrasses.

Production : crème de châtaignes, sirop de sureau, confitures de baies sauvages.

Accueil : 2 gîtes (1 pour 2/4 pers. et 1 pour 4 pers), le tout réuni (donc 8 pers.) bénéficie d'une partie du hameau : cuisine salle à manger ouverte, terrasses, petite piscine. En option : draps et ménage.

Activités possibles : écomusée, 2 sentiers à thème, découverte de la flore et du patrimoine en pierres sèches, stages de botanique, cuisine des plantes sauvages, restauration de murs en pierres sèches, randonnées à cheval, randonnées.

BERGERIE DU BOSC 0725

produits paysans

English spoken

1 enfant
35€

8 pers.
12 à 15€

1 ch.
2/4 pers.
40€

LAGIER Frédérique
Le Bosc - 07690 VANOSC
tel : (+33) (0)4 75 34 67 14
mobile : (+33) (0)6 21 69 71 69
mel : lagier.f@wanadoo.fr
web : www.accueil-paysan-ardeche.com/bergerie-bosc.htm

Situation : alt. 850 m, à 4 km de Vanosc, 1h de Lyon, Valence, St Etienne, 1h30 Mont Mézenc.

Production : petite ferme en bio, belle bergerie en bois, élevage pastoral de races rustiques, valorisation de friches. Fromages de chèvre, charcuterie et jus de fruits en agriculture bio. Brebis, chèvres, cochons, poules, lapins.

Accueil : table paysanne, repas bio, végétarien sur demande, chambre paysanne (sdb, wc privatifs) pour 2 personnes + 2 enfants, salle à manger avec cheminée.

Activités possibles : visite, soins des animaux, fabrication de fromage, cueillettes, sentiers de randonnée, centre équestre à 10 mn, escalade à 15 mn, lac à 30 mn.

LA FORÊT DU PUY 0727

4 pers. 20€

2 ch. 4 pers. 45€

English spoken
Man spricht Deutsch
Se habla español
Si parla italiano

DESBRUS Annick
07240 SAINT JEAN CHAMBRE
tel / fax : (+33) (0)4 75 58 09 96
mel : ludovicdesbrus@yahoo.fr
web : www.accueil-paysan-ardeche.com/laforetdupuy.htm

Situation : maison traditionnelle à 830 m d'alt. dans le PNR des Monts d'Ardèche. A 45 mn de Valence en direction du Puy, 12 km de Vernoux, 15 km de Lamastre. A deux pas de la pittoresque Vallée de l'Eyrieux au cœur de l'Ardèche.

Production : récolte et transformation de châtaignes en agric. biologique : farine, crème, terrines végétales, gâteaux, biscuits, châtaignes fraîches, miel, pain maison. Produits du jardin. Ânes.

Accueil : calme et vue panoramique sur la montagne. Chambre paysanne double confortable, sdb, wc, sauna (prix 10€ en suppl.). Relais paysan pour randonneurs avec duvets. Repas bio végétariens avec produits du jardin et des producteurs locaux.

Activités possibles : promenades et randos avec conseils et cartes GR au départ de la maison. Jardinage, observation ciel étoilé, fabrication pain, parcours botanique, soins aux ânes.

FERME DE LA CARTARA 0728

English spoken
Man spricht Deutsch
Wij spreken nederlands

8 pers. 15€

3 ch. 8 pers. 45€

NOPPE Thierry et Monique
la Cartara 07270 COLOMBIER LE JEUNE
tel : (+33) (0)4 75 06 24 52
mobile : (+33) (0)6 23 57 77 29
mel : thierry.noppe@wanadoo.fr
web : accueil-paysan-ardeche.com/cartara.htm
ou : www.cartara.fr

Situation : alt. 400 m, à mi-chemin entre Lamastre et Tournon, à 20 mn de la vallée du Rhône et 5 mn du village de Colombier-le-Jeune. Petite ferme traditionnelle, située à flanc de colline, sur 15 ha de prés et de bois, bordée par la rivière L'Ormèze et par un chemin de randonnée.

Production : cochon de plein air, brebis, poules et canards, une vache et son veau. Fruitiers et confitures.

Accueil : 1 chambre pour 2 personnes + lit bébé, 1 chambre de 3 pers., 1 chambre de 2 pers. Douche et toilettes dans chaque chambre.

Activités possibles : randonnée, pêche, club équestre à 5 mn. Train touristique "lemastrou". Parc animalier avec minigolf.

FERME DE MALEVAL 0729

produits paysans

English spoken

5 empl.

2 gîtes
Gîte 1 : 4/5 pers. BS 220€ HS 330€
Gîte 2 : 6/7 pers. BS 300€ HS 400€
WE 100 à 130€

CANAT Bernard
Maleval - 07310 SAINT CLEMENT
tel : (+33) (0)4 75 29 97 14
mel : canat-bernard@wanadoo.fr
web : www.accueil-paysan-archeche.com/maleval.htm

Situation : au cœur du pays du Mézenc, dans le Parc naturel régional des Monts d'Ardèche. A 1000 m d'alt., à l'écart des routes, accès par un chemin de terre carrossable.

Production : vous pourrez venir découvrir nos brebis Thônes et Marthod (race montagnarde peu répandue). En saison, framboises, groseilles, cassis, frais et confiture, et légumes bio.

Accueil : 2 gîtes paysans et un camping paysan de 5 emplacements.

Activités possibles : sur la ferme : découverte des activités agricoles (surveillance troupeau,cueillette fruits...) Aux alentours : baignade en plans d'eau, randonnées équestres, canoë...

FERME DE MAZAIRAS 0730

1 ch.
2 pers.
40€

6 pers.
BS 430€
HS 500€

RAUNICHER Sylvie et Pascal
Mazairas 07440 SAINT SYLVESTRE
tel / fax : (+33) (0)4 75 58 25 86
mel : sylvie.raunicher@wanadoo.fr

Situation : alt. 550 m en Ardèche verte, à 30 mn de Lamastre, 30 mn de Vernoux, 45 mn de Valence. Ferme ardéchoise entre prairies et vallons, chataigniers et vergers.

Production : la ferme de Mazairas est en agriculture bio (Nature et Progrès) : petits fruits, cerisiers, abricotiers, pêchers, pommiers, poiriers... Châtaigniers. Transformation à la ferme : confiture, nectars, jus, coulis.

Accueil : 1 chambre paysanne, 1 gîte de caractère, indépendant, séjour, cuisine équipée tout confort. 3 chambres, terrasse couverte, salon de jardin. Notre gîte est une ancienne grange en pierre rénovée avec nos bois de châtaignier, terre et chaux.

Activités possibles : visite du verger et échange des connaissances autour des arbres fruitiers. Randonnées à partir de la ferme. Rivière, centre équestre et randos avec ânes à 5 km.

LA FERME DES SOUINS 0732

6 pers.
BS 350€
MS 480€
HS 550€
WE 190 €
(2 nuits)

English spoken

Man spricht Deutsch

BARRALON Béatrice et Jean Paul
Les Souins - 07570 DESAIGNES
tel : (+33) (0)4 75 06 63 97 - mel : jeanpaul.baralon@free.fr

Situation : alt. 650 m, dans la vallée du Doux, Ardèche verte. A 10 mn de Lamastre et de Desaignes (6 km) et 1h de Valence (40 km).

Production : brebis laitières en bio. Tout le lait est transformé à la ferme : tomme affinée, fromage à pâte molle, pyramides sèches, yaourts, brousse, fromage blanc en faisselle. Viande d'agneau en saison. Petit élevage familial de lapins.

Accueil : en pleine nature, au cœur de 30 ha de bois et pâturages, ancienne grange rénovée en pierres du pays et matériaux naturels. Grand séjour avec cuisine équipée, 3 chambres à l'étage, wc et sdb séparés. Kit bébé prévu (lit, baignoire, chaise haute). Les soirs d'été, vous pourrez de la terrasse couverte entendre le chant de l'engoulevent.

Activités possibles : avec Béatrice, vous pourrez visiter cave d'affinage et locaux de fromagerie. Jean-Paul vous parlera de ses brebis et selon la saison, possibilité d'assister à la traite ou à la tonte, les enfants pourront nourrir les lapins. Randos pédestres à partir de la ferme, parcours botanique. Ferme équestre à 5 mn, baignades, nbx concerts, animations, cinéma.

MAS DE LA FONT DES ROCHES 0733

6 pers.
BS 350€
HS 750€
WE 150€
(2 nuits)

produits paysans

SABATIER Laurent
LA Roche
07110 BEAUMONT
tel : (+33) (0)4 75 39 44 93
mel : lafontdesroches@tele2.fr
web : www.lafontdesroches.com

Situation : après 3 km de montée, sur une route étroite, la ferme est située sur un petit plateau en vue dominante sur la vallée et à 3 mn de la rivière.

Production : châtaignes en conversion bio, framboises, confitures. Produit de la châtaigne sèche (farine...), poule, lapins, chevaux.

Accueil : anciens bâtiments agricoles bâtis en pierre du XVI° siècle rénové en 2005 dans la tradition, avec cheminée, éco-isolation.

Activités possibles : partager la vie paysanne et thématique "châtaigne et transformation". Balade, rando, baignade, pêche.

09 - ARIÈGE

Saverdun
Le Fossat
0910
Ste-Croix-Volvestre
PAMIERS
Laserre
0914
0912
Le Mas-d'Azil
Mirepoix
31
HAUTE-
GARONNE
0913
Saint-Lizier
La Bastide-
de-Sérou
0921
Varilhes
0920
11
AUDE
0907
0919
SAINT-
GIRONS
FOIX
Castillon-
en-Couserans
Montgaillard
Lavelanet
0905
Massat
0903
Oust
0922
Tarascon-
sur-Ariège
0917
0915
0918
Vicdessos
Les Cabannes
E S P A G N E
Ax-les-Thermes
Quérigut
66
PYRENEES-
ORIENTALES
ANDORRE
E S P A G N E

FERME D'ESBINTZ 0903

15€

10 pers.
12€

produits paysans

English spoken

Man spricht Deutsch

CHEVILLON Gila
Lieu Dit Esbintz
09140 SEIX
tel / fax : (+33) (0)5 61 66 86 83

Situation : alt. 860 m. Hameau isolé, sur le GR10, accessible en voiture. Accès haute montagne 1h30.

Production : petite exploitation de brebis. Basse-cour, chevaux Castillonnais et ânes. Potager, viande de brebis, fabrication de pain.

Accueil : Esbints vous accueille dans un cadre sauvage de la montagne ariégoise. La route s'arrête ici, le col de la Core est à 1h30 sur le GR10. Nos brebis transhument, Francis est berger en estive l'été, à 4h de marche.

Activités possibles : découverte des soins aux animaux, de la nature. Randonnées de 1 à plusieurs jours sur le GR10. Equitation (8 km), VTT, kayak, raft. Visite du patrimoine local (églises romanes, pastoralisme).

THOUZERY Michel 0905

English spoken

Se habla español

Arabe parlé

2 gîtes
Gîte 1 :
4 pers.
330€
Gîte 2 :
6 pers.
480€
WE
100 à 160€
(2 nuits)

produits paysans

Le Paquetayre
09300 MONTFERRIER
tel : (+33) (0)5 61 03 06 29
mel : plantes.et.nomades@wanadoo.fr
web : www.ariege.com/le-paquetayre

Situation : alt. 875 m. Foix et Mirepoix à 30 km, Montségur et Lavelanet à 8 km (vue sur le château de Montségur), station des Monts d'Olmes à 15 km, village de Montferrier à 2,5 km.

Production : plantes médicinales et aromatiques. Élevage ovins viande. Pain.

Accueil : 2 gîtes paysans, salle d'activité de 70 m².

Activités possibles : découverte des plantes médicinales, randos, visite de l'estive, fabrication du pain. Sentier cathare, châteaux, grottes, ski et raquettes.

FERME DE LOSQUE 0907

English spoken

Man spricht Deutsch

Se habla español

Si parla italiano

Wij spreken nederlands

6 pers.
12€

2 ch.
6/7 pers.
35 à 45€
/2pers.

MARIA Cristina
Losque
09420 CASTELNAU DURBAN
tel : (+33) (0)5 61 96 39 17

Situation : alt. 800 m, au bout du monde et au début du paradis. 5 km de Castelnau-Durban (D117), 23 km de St Girons, 28 km de Foix. Ferme calme et isolée.

Production : lait, chèvres, fruits et légumes, pain, œufs.

Accueil : 2 chambres paysannes (2 et 4 pers.), table paysanne végétarienne.

Activités possibles : traite, sortie des chèvres, visite de la ferme. Balades, grottes, baignade, pêche, nombreuses activitées sportives et culturelles.

EQUILOISIRS CAMPING FERME EQUESTRE 0910

enfant : 65€/J rando adulte : 70 à 100€/J

20 pers. 5€/pers.

6/8 pers. BS 350€ HS 450€ WE 130€ (2 nuits)

English spoken

BOHIN Nathalie et MEYER François
La Fitte - 09230 FABAS
tel / fax : (+33) (0)5 61 96 41 32
mel : bohinnathalie@wanadoo.fr
web : www.ariege.com/equiloisirs www.ariege.com/lafitte

Situation : au cœur des "Petites Pyrénées" ariégeoises, à 45 mn au sud de Toulouse (A64 sortie 23), à 400 m d'alt., notre ferme équestre est un vrai paradis, entre bois, collines et prairies, avec une vue remarquable.

Production : élevage de chevaux de selle : PS arabes, poneys landais, Castillonnais (race locale). Fabrication artisanale de pains, patés végétaux, confitures, pizzas.

Accueil : gîte paysan à 100 m de la ferme. Maison neuve chaleureuse autoconstruite en matériaux naturels très isolants. Energie solaire et bois. Camping paysan (à 200 m), ouvert de Pâques à l'automne, avec 2 tipis sioux. Piscine enfants. Relais équestre.

Activités possibles : promenades à cheval de 1h à la journée pour tout niveau, randonnées de 2 à 7 jours pour cavaliers confirmés, séjours randonnée équestre pour enfant et ados confirmés de 4 à 7 jours. Randonnées pédestres avec ou sans âne bâté. Lac baignade à 6 km par les sentiers.

VERGERS DE SESAME 0912

10 pers. 13€

2 ch. 10 pers. 35 à 38€ (1pers : 25€)

English spoken

DURAN Michèle et Eric
Caoué de Coume - 09290 LE MAS D'AZIL
tel : (+33) (0)5 61 69 99 56
fax : (+33) (0)5 61 69 72 29
mel : sarllosange@hotmail.com
web : www.ariege.com/vergersdesesame

Situation : alt. 380 m, sur le chemin de St-Jacques-de-Compostelle, aux portes des Pyrénées ariégeoises, dans un lieu calme et reposant sur 15 ha en bordure de l'Arize, à 5 mn du Mas d'Azil, 20 mn de St-Girons, 30 mn de Foix, 1h de Toulouse, 1h des stations de ski.

Production : vergers de plein vent, variétés anciennes de pommes, céréales, tournesol. Production de jus de pomme.

Accueil : lieu calme, chambres, table paysanne sur réservation. Salle d'activités de 150 m² sur réservation.

Activités possibles : balades, randonnées, rivière, pêche, grotte et musée à 2 km, chemin de croix de Raymonde (5 mn), dolmens (10 mn).

HARAS PICARD DU SANT 0913

English spoken

Man spricht Deutsch

Se habla español

1 ch. 2 pers. 39,60€

SAVIGNOL Jean-Louis
Les Peyroutets
09230 LASSERRE
tel : (+33) (0)5 61 66 65 34
fax : (+33) (0)5 61 66 65 93
mel : contact@merens-ariege.com
web : www.merens-ariege.com

Situation : alt. 500 m, plein sud avec un panorama sur la chaîne des Pyrénées de 250 km. Dans un village de 192 habitants, plutôt agricole, à 50 mn de Toulouse.

Production : élevage français de chevaux Mérens. En mode bio, confitures et fruits, jus de pomme bio. Estives été.

Accueil : 1 chambre paysanne de 2 personnes.

Activités possibles : découverte des travaux de la ferme. Week-end à thème : travail de la ferme, chevaux, confitures, cidre, etc. Randonnées à cheval, à pied, tennis, jeux pour enfants, transhumances chevaux, estives.

LA FERME D'HECTOR 0914

6 pers.
10€

2 ch.
6 pers.
40€

THUILLIER Bertrand
Belloc - 09160 BETCHAT
tel : (+33) (0)5 61 66 47 50
mel : lafermedhector@wanadoo.fr
web : perso.wanadoo.fr/fermedebelloc

Situation : au calme, dans un petit hameau, sur une ligne de crête face aux Pyrénées. A 1h au sud de Toulouse et 20 mn de Saint-Girons.

Production : chèvres pyrénéennes, poneys, chevaux, poules, lapins, canards. Production de fromage, de volailles, de fruits et légumes. Bois de chauffage.

Accueil : accueil convivial toute l'année dans notre petite ferme. Repas du soir à notre table.

Activités possibles : découverte de notre travail quotidien avec les chèvres (traite, sortie en forêt, préparation du fromage) ; soins à l'ensemble des animaux ; activités potagères et forestières. Aux alentours : randonnées, visites de sites, activités ludiques et sportives.

LE RUCHER DU MONTCALM 0915

2 pers.
BS 150€
HS 260€
WE 90€
(2 nuits)

produits paysans

English spoken

HUMBERT ORLIAC Sylvie
Village de Marc
09220 AUZAT
tel / fax : (+33) (0)5 61 64 83 86
mobile : (+33) (0)6 14 83 48 84
mel : humbert.sylvie2@wanadoo.fr

Situation : dans un hameau de montagne en pierres sèches du pays à 1100 m d'alt., limite Andorre/Espagne, (à vol d'oiseau) 9 km Vicdessol, 25 km Tarascon/Ariège (N20), 7 km d'Auzat.

Production : exploitation apicole : miel, nougat. Pain d'épices. Ânes sur la ferme.

Accueil : nous vous accueillons personnellement. Des produits de la ruche vous seront offerts et un rafraîchissement ou une collation à votre arrivée en fonction de notre disponibilité. Gîte paysan. Ecomusée de l'abeille (3,50 euros/pers.)

Activités possibles : écomusée de l'abeille. Randos, équitation, piscine, escalade, canyoning, visite de grottes, châteaux cathares.

FERME LES BOURIÈS 0917

5 pers.
BS 300€
HS 400€
WE 120€
(2 nuits)

RIGAUX Philippe et Céline
Les Bouriès
09140 SEIX
tel : (+33) (0)5 61 04 85 84
mel : fermelesbouries@wanadoo.fr
web : www.ariege.com/lesbouries

Situation : au cœur des Pyrénées ariegeoises dans le Haut-Couserans (alt. 850 m), petite ferme calme dans une nature préservée.

Production : confitures, sirops et charcuteries fermières, œufs, pain et légumes de saison. Ânes.

Accueil : gîte paysan dans une grange récemment restaurée, plein sud. Nous vous assurons un espace et un confort de qualité pour vous permettre un séjour très agréable parmi nous.

Activités possibles : randos (passage GR10), balades familiales, rivière. Alentours : centres équestres, kayak, station thermale et ski.

FERME DE ROUZE 0918

4 pers.
15€

1 ch.
4 pers.
31€

produits paysans

Man spricht Deutsch

GATTI Jean-Pierre et Caroline
Rouze d'Ustou
09140 USTOU (accès par Couflens)
tel : (+33) (0)5 61 66 95 45
fax : (+33) (0)5 61 96 06 64
mel : gattijp@aol.com
web : www.ariege.com/rouze

Situation : alt. 1000 m. 15 mn de Seix, 35 mn de St Girons. Au cœur des Pyrénées, dans un hameau de pierre. Panorama exceptionnel sur le Mont Valier.

Production : fromages de chèvre biologique, charcuteries, pain maison. Agneaux, chevreaux et potager.

Accueil : chambre et table paysanne dans un bâtiment de caractère montagnard (bois-pierre-ardoises). Accueil convivial.

Activités possibles : possibilité d'assister à la traite, à la fabrication des fromages et aux différentes activités de la ferme. Randonnées sportives et familiales, pêche, ski, raquettes, kayak.

EARL CHEVAL MAGIQUE 0919

4 pers.
350€

English spoken
Se habla español

SUTTON Paul et Amparo
Le Couleil
09000 COS
tel : (+33) (0)5 34 09 33 07
mobile : (+33) (0)6 62 55 07 33
mel : paul@cheval-magique.com
web : cheval-magique.com

Situation : proche de Foix (5 km), situation dominante dans une zone de relief. Ferme équestre dans un environnement vert et calme.

Production : élevage de chevaux de robe couleur champagne.

Accueil : 1 gîte, au milieu d'une ferme équestre. Bâtisse ancienne en pierre et bois, comprenant : un salon et une cuisine/salle à manger au RdC ; une grande chambre, un bureau, une sdb/wc à l'étage, et une chambre en mezzanine.

Activités possibles : cours d'équitation et de voltige. Randonnées pédestres et à cheval aux alentours. Grottes et châteaux cathares à visiter. Haute montagne à moins d'1h en voiture.

DALLAPORTA Stéphane et Isabelle 0920

2 gîtes
Gîte 1 :
2/4 pers.
BS 250€
HS 300€
Gîte 2 :
4/6 pers.
BS 300€
HS 400€

English spoken
Se habla español

Sarda le Fort - 09000 VERNAJOUL
tel / fax : (+33) (0)5 61 02 93 78
mel : dallaporta.steph@wanadoo.fr

Situation : alt. 450 m. 2 gîtes mitoyens situés dans petit hameau en pleine nature, massif du Plantaurel, au pied des Pyrénées, à 5 km à l'ouest de Foix.

Production : petit élevage familial de brebis viandes (race Suffolk). 2 ânes. Quelques ruches. Jardin.

Accueil : vie de hameau simple et conviviale avec petites activités agricoles au service de la revitalisation du lieu depuis1993 (retour à la terre, néo-rural, intégration locale, acteur rural). Découvrez, non pas un modèle, mais un parcours, une expérience concrète parmi d'autres. Gîte paysan 75 m^2: rénovation complète 2006. Chauffe-eau solaire et chauffage au sol.

Activités possibles : sur place : découverte du site. Balades. Rencontres. Alentours : Rivière souterraine de Labouiche (1km), tennis, gymnase, rivière de l'Ariège à Vernajoul (1,5 km). Ferme auberge à Loubière (5km) et Crampagna (10 km). Piscine, animations et tous commerces à Foix (5 km). Nombreuses animations estivales et sites touristiques variés dans le département. Haute montagne (ski...) à moins d'1h.

FERME AUBERGE DE FOURMIGUERES 0921

25 pers.
28 à 32€

Man spricht Deutsch

BAUDON Susanna et Erick
09120 CRAMPAGNA
tel : (+33) (0)5 61 05 32 64

Situation : au bout d'une petite vallée des pré-Pyrénées, notre ferme auberge est située sur une terrasse avec vue panoramique sur les Pyrénées, les bois et les champs.

Production : brebis tarasconnaises, chèvres des Pyrénées, chevaux de Merens. Jardins. Petits fruits. Vergers en agriculture biologique.

Accueil : ouvert toute l'année. Accueil chaleureux et produits frais de saison dans une ancienne ferme rénovée. Grande collection de selles et bâts de la région. Repas sur réservation uniquement 24h avant. Menu végétarien sur demande.

Activités possibles : visites de troupeaux sur place. Alentour : ferme pédagogique sur la faune et flore aquatique sur réservation.

LE GOÛTER DES GOUTETS 0922

12 pers.
12€

2 pers.
(+ 2 enf)
200€
WE 80€
(2 nuits)

produits paysans

English spoken

Si parla italiano

LASSERRE Mathieu et Simona
Le Carol - 09320 LE PORT
tel : (+33) (0)5 61 96 69 97 - mel : simona@balemi.net
web : www.legouterdesgoutets.fr

Situation : alt. 1100 m, accès pédestre (10 mn) depuis le village du Carol, dans un hameau de montagne très rustique et paisible, nature sauvage et préservée. 5ème site des "Milles et unes terrasses d'Ariège". A 35 km de St Girons et 8 km de Massat.

Production : petits fruits rouges transformés en confitures et sorbets. Jus de pommes. Pépinière d'arbres fruitiers greffés (variétés anciennes). Cueillette de plantes médicinales.

Accueil : 1 gîte paysan, accueil simple dans petite grange en pierre restaurée. A l'étage, pièce unique avec wc et douche. Confort minimum, accueil à partir du printemps. Table paysanne, cuisine saine à base des produits du jardin. Végétarienne si souhaitée.

Activités possibles : randonner en montagne. Visite à l'estive des "Goutets" (site touristique). Découverte des plantes médicinales de montagne. Autres activités : balades à dos d'âne, balades naturalistes à la découverte des chants des oiseaux.

10 - AUBE

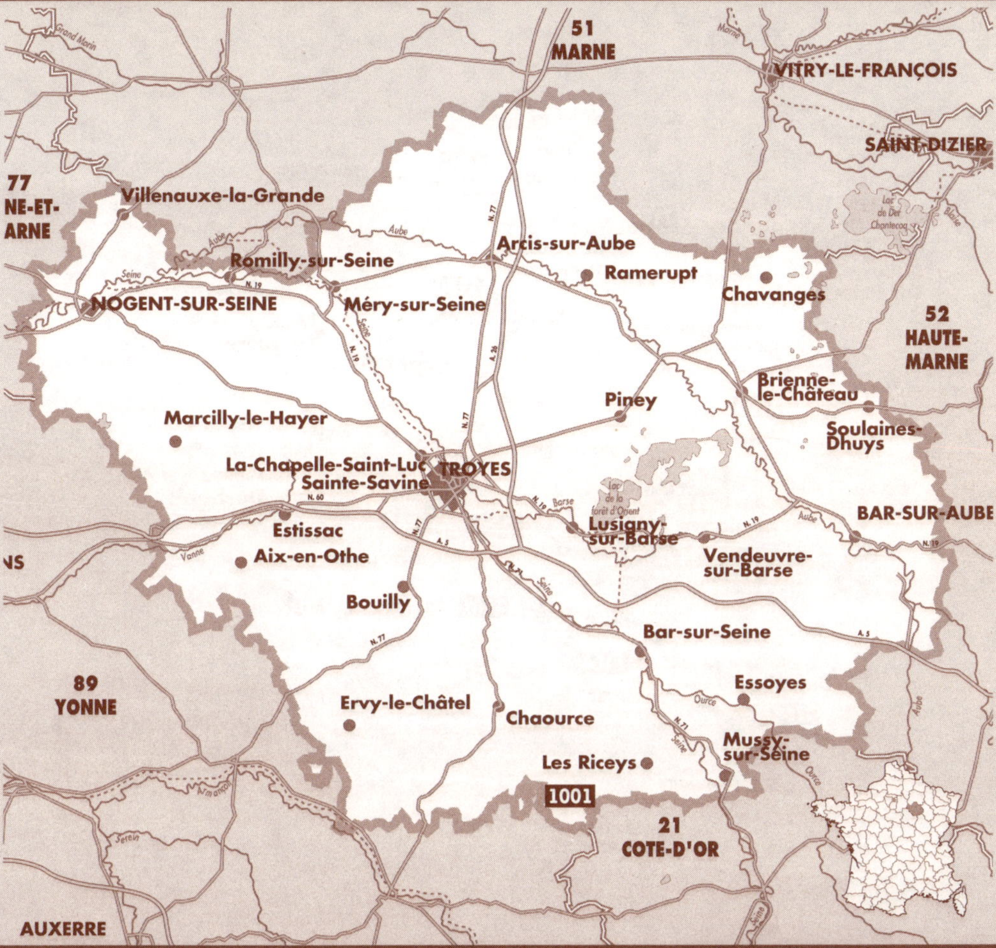

BALANCHE Nelly et Fabien 1001

English spoken
Man spricht Deutsch
Wij spreken nederlands

1 ch.
3/4 pers.
30€

3/4 pers.
BS 180€
HS 230€
WE 85€
(2 nuits)

27, rue Desessarts
10340 BRAGELOGNE BEAUVOIR
tel : (+33) (0)3 25 29 38 22
mel : fabien.balanche@wanadoo.fr
web : www.chanteterre.com

Situation : alt. 320 m. Côte des Bars. En Champagne, aux portes de la Bourgogne. Troyes 45 mn, Les Riceys 10 mn, Chaource 10 mn, Tonnerre 30 mn, Chatillon-sur-Seine 45 mn.

Production : céréales et raisins de champagne, légumes du jardin et œufs.

Accueil : 1 gîte paysan ou formule chambres paysannes si le gîte est libre dans une petite maison de caractère, indépendante et calme, avec cour, jardin et dépendances. Dans un village vivant (nombreuses exploitations viticoles, céréalières et élevages), boulangerie et épicerie sur place.

Activités possibles : visite de la ferme, soins aux animaux de la basse cour et âne, jardinage. Randonnées pédestres(GR24), pêche, balades en calèches. Visite vignobles et caves Champagne et Bourgogne.

11 - AUDE

81
TARN
34
HERAULT
1121
Mas-Cabardès
1134
Saissac
1132
BEZIERS
1131
Castelnaudary
Conques-sur-Orbiel
Peyriac-Minervois
1124
Salles-sur-l'Hers
Alzonne
1107
1130
1123
Ginestas
Coursan
CARCASSONNE
Montréal
Lézignan-Corbières
Belpech
1118
Fanjeaux
Capendu
NARBONNE
1126
Alaigne
Lagrasse
Saint-Hilaire
09
ARIEGE
1129
1119
LIMOUX
Sigean
1136
1109
Durban-Corbières
Chalabre
1117
1127
1128
Couiza
1125
1112
Mouthoumet
1111
1113
1101
Tuchan
Quillan
1135
Mer Méditerranée
1106
Belcaire
1122
Axat
1102
PERPIGNAN
66
PYRENEES-ORIENTALES
N. 113
N. 112
N. 9
A. 61
A. 9
N. 116
Canal du Midi
Aude
Agly
Têt
Hers
Thoré

GAEC DE LA BASTIDE 1101

English spoken
Man spricht Deutsch

15 pers.
16€

5 ch.
15 pers.
36, 39 ou 42€

16 pers.
11€

Néli, Eva, Élise, Manfred, Richard
La Bastide - 11190 CAMPS SUR AGLY
tel : (+33) (0)4 68 69 87 57
fax : (+33) (0)4 68 69 81 11
mel : rlm@labastide.net
web : www.labastide.net

Situation : alt. 530 m, accès sur la D14, à 15 mn de St Paul de Fenouillet, 1h15 de Carcassonne, 1h de Perpignan, au pied du Pic de Bugarach. Ferme située dans un hameau d'origine templière du XIII° siècle.

Production : troupeau de 80 vaches allaitantes de race gasconne, élevage extensif en cohérence avec la charte de l'agriculture paysanne. Vente directe de viande de bœuf, veau, lapins.

Accueil : 5 chambres paysannes de 2, 3 ou 5 places, relais paysan en dortoirs de 7 et 8 places, table paysanne. -10% sur la nuitée + petit déj. à partir de 2 nuits.

Activités possibles : randonnées pédestres, équestres, VTT, visite des châteaux cathares, des Gorges de Galamus, ascension du Pic de Bugarach. Petit lac sur la ferme.

FERME EQUESTRE H'VAL 1102

30 pers.
12€

English spoken
Se habla español

HICK Agnès - Le Village - 11140 RODOME
tel : (+33) (0)4 68 20 32 22
fax : (+33) (0)4 68 20 76 10
mobile : (+33) (0)6 72 77 12 62
mel : h_val@club-internet.fr
web : perso.club-internet.fr/h_val

Situation : alt. 1000 m, Quillan à 28 km, Carcassonne et Perpignan à 90 km, Toulouse à 120 km, châteaux cathares, pic de l'Ourthizet (2000 m), Gorges de l'Aude et du Rebenty.

Production : élevage équin, culture fourragère, pomme de terre, jus de pomme, confitures maison et potager familial.

Accueil : l'association gère le relais paysan, un petit centre de vacances (16 enfants, séjours de 1 ou 2 semaines) et un accueil de groupes sur réservation (30 pers). Le relais paysan est doté d'une grande salle de séjour conviviale, véranda, salon avec cheminée et jardin. Repas randonneurs sur réservation 3 jours avant.

Activités possibles : randonnées pédestres, VTT, tir à l'arc, activités d'eau vive, lacs et rivières. Activités aériennes, spéléologiques et équestres.

TABLES ET CHAMBRES D'AYGUES BONNES 1106

15 pers.
16,50€
enf -12 ans : 9€

4 ch.
15 pers.
52€

English spoken
Se habla español

CHAZALET Colette
Aygues Bonnes
11140 LAPRADELLE PUILAURENS
tel / fax : (+33) (0)4 68 20 51 90
mel : colette.chazalet@wanadoo.fr

Situation : ferme dans une petite vallée de la Haute Vallée de l'Aude, à la limite des Pyrénées-Orientales, 635 m d'alt., 3,5 km de Puylaurens, 50 km de Perpignan et 60 km de Carcassonne.

Production : troupeau de vaches allaitantes, veaux.

Accueil : nous accueillons à notre table (sur réservation) les visiteurs en invités et leur proposons nos produits ou ceux des voisins.

Activités possibles : nombreux chemins de randonnées pédestres et équestres (GR cathare), barque sur retenue collinaire. Alentours à environ un 1/4 h de la ferme : sports d'eaux de l'Aude, spéléo, équitation.

CURBIERES Robert et Marie-Claude 1107

visite de la cave, tous âges

produits paysans

English spoken

Se habla español

Occitan parlé

La Ventaillole
11610 VENTENAC CABARDÈS
tel : (+33) (0)4 68 24 92 74 - fax : (+33) (0)4 68 24 82 05
mel : curbieres@hotmail.fr

Situation : alt. 150 m, 5 km de Carcassonne, direction Saissac. 1h de Toulouse, 30 mn de Mazamet, 30 mn de Castelnaudary. C'est dans le charme de ce pays Cabardès que notre vigne bio s'imprègne du savoir-faire laissé par nos grands-parents. Découvrir la Ventaillole et ses vignerons, c'est prendre le temps d'exister, de connaître, de partager les choses simples qui font la richesse des rencontres.

Production : vin bio (mention Ecocert) AOC "Cadarbès" rouge, rosé. Vin de Pays d'Oc. Liquoreux bio. Même les étiquettes sont bio !

Accueil : visite commentée de la cave, explications des techniques de vignification et de la culture biologique, visite du vignoble. Expo, matériels anciens, dégustations, groupes sur RdV.

Activités possibles : à proximité : Carcassonne, vilage du livre de Montolieu et moulin à papier de Brousses (10 mn), abbaye de Villelongue (115 mn) et châteaux.

LE HAMEAU DE CREUILLE 1109

English spoken

Man spricht Deutsch

Se habla español

Catalan parlé

12 pers.
15 à 17€

2 ch.
5 pers.
35€

FRANK Brigitte et COUMES Jean
11330 TERMES
tel : (+33) (0)4 68 70 04 88

Situation : alt. 340 m, 60 km de Narbonne et Carcassonne, 40 km de Lézignan Corbières, situé sur la D40 + 4 km de chemin communal.

Production : miel, confitures, légumes, fruits, œufs. Des abeilles, trois ânes, un cheval, des poules, chiens, chats.

Accueil : chambres et table paysanne. Vous êtes accueillis dans notre maison rustique et chaleureuse comme des amis le temps de votre séjour, avec l'excellente cuisine du chef, les fleurs et légumes du potager, le calme et le silence de notre petit coin de paradis.

Activités possibles : baignade au bassin, tir à l'arc, piano, bibliothèque, jeux d'enfants, jardinage ; au village, baignade, et canyoning dans les Gorges, promenades équestres, visites des châteaux cathares, mer à 1h15.

LA PEYROUSE 1111

produits paysans

English spoken

15 pers.
16€

3 ch.
15 pers.
41,50€

6 pers.
13,50€

4 pers.
BS 300€
HS 350€
WE 100€

Bouillon Hélène & Bedrossiantz Michel
La Peyrouse - 11230 PUIVERT
tel / fax : (+33) (0)4 68 20 24 19
mel : lapeyrousepuivert@yahoo.fr
web : www.membres.lycos.fr/peyrousebarbe

Situation : alt. 545 m. Pyrénées Audoises, accès D12, Carcassonne 60 km, Perpignan 75 km, Toulouse 100 km. Ferme isolée, montagne, forêt, lacs.

Production : élevage de chevaux de selle de race Barbe, culture de fruits rouges, confitures, jus de fruits.

Accueil : un petit gîte tout en bois, chambres et table paysanne. Dans une ferme restaurée, confort et charme des pierres et du bois. Nos chambres sont spacieuses avec salle d'eau et wc. Vous profiterez d'une nature préservée et sauvage et goûterez à notre table nos produits et ceux des paysans voisins.

Activités possibles : soin aux chevaux, cueillettes et atelier confitures, sorties botaniques, stage peinture et mosaïque, vannerie. Baignades lacs, château cathare, planeur, ski.

L'OUSTALET D'AL CANTOU 1112

2 pers.
(+2 enf)
BS 180€
HS 230€
WE 90€
(2 nuits)

English spoken
Se habla español

BEIRIEU Jean-Claude et Anne
13, Grand Rue
11300 ROQUETAILLADE
tel : (+33) (0)4 68 31 60 71 ou (+33) (0)4 68 31 24 97
fax : (+33) (0)4 68 31 58 67
mel : beirieu@blanquette-bio.com
web : blanquette-bio.com

Situation : 100 km de la mer, 100 km de la montagne, 100 km de Toulouse, dans un petit village au cœur des châteaux cathares entre vignes et garrigues.

Production : vigne. Mention Nature & Progrès. Blanquette, pur jus de raisin, vin blanc, carthagène du Languedoc.

Accueil : chaleureux et convivial dans ferme bio-viticole, gîte : studio en bio-construction, grand lit sur mezzanine + canapé, lave-linge, pas de TV mais paysage imprenable.

LE MOULIN DU TROU 1113

2 gîtes
Gîte 1 :
4 pers.
BS 260€
HS 320€
Gîte 2 :
5 pers.
BS 260€
HS 320€

English spoken
Man spricht Deutsch

SPIEGEL Peter et Monika
le Moulin du Trou
11260 SAINT JEAN DE PARACOL
tel : (+33) (0)4 68 74 79 92
fax : (+33) (0)4 68 74 79 95
mel : accueil@moulindutrou.fr
web : www.moulindutrou.fr

Situation : dans la Haute Vallée de l'Aude, à 50 km de Carcassonne, alt. 340 m, dans un hameau très calme, dans une nature préservée et sauvage, au bord d'un ruisseau.

Production : élevage de brebis, de porcs gascons en plein air, volailles. 6 ânes qui travaillent comme "paysagistes".

Accueil : 2 gîtes paysans. Fermé l'hiver.

Activités possibles : découverte des animaux de la ferme, balades à volonté, baignades dans le gouffre (à 20 m). Châteaux cathares, sports d'eau vive dans l'Aude, spéléo, escalade, baignades dans les Lacs de Puivert (à 8 km) et Montbel (à 20 km).

DOMAINE DE LUZENAC 1117

2 ch.
5 pers.
48€

English spoken
Man spricht Deutsch
Si parla italiano

FERRANDO Marie-Pierre et Mario
Domaine de Luzenac
11260 FA
tel / fax : (+33) (0)4 68 74 02 73
mel : mario.ferrando@libertysurf.fr

Situation : sur D12, 45 km au sud de Carcassonne, 10 mn de Rennes-le-Château, 15 mn de Quillan.

Production : céréales, tournesol.

Accueil : domaine situé en pleine campagne, à 1km du village de Fa, lieu agréable où il fait bon vivre et se reposer : 2 chambres spacieuses dans une ancienne maison de maître restaurée.

Activités possibles : randonnées à pied et VTT, sports d'eau vive dans l'Aude, visite des châteaux cathares.

TOUYA Marie-Claire CHEVALIER Didier 1118

4 pers.
BS 250€
HS 295€
WE 55€
(1 nuit)
100€
(2 nuits)

English spoken

28 bis rue Basse
11290 MONTREAL
tel : (+33) (0)4 68 76 29 61
mel : marie_claire.touya@tiscali.fr
web : www.clairetouya.com

Situation : face aux Pyrénées, 18 km de Carcassonne et de sa superbe cité, 80 km de la Méditerranée et des sites cathares, sur la route de St-Jacques-de-Compostelle.

Production : ateliers d'art.

Accueil : maison d'artiste dans un village bordé par un massif où se trouvent des sentiers de randonnées. Gîte, 1er étage côté jardin, RdC côté rue, 30m² au sol, lits sur 2 mezzanines séparées. Vue sur les Pyrénées et accès libre au jardin clos, plein sud et très agréable. Un endroit tranquille et protégé dans un village tous commerces. Lave-linge à disposition.

Activités possibles : piscine communale près de la maison (2 mn à pied), randonnées.

LE REC D'AL FOUR 1119

produits paysans

English spoken
Man spricht Deutsch
Se habla español

2 gîtes
Gîte 1 :
4/6 pers.
BS 300€
HS 400€
Gîte 2 :
6/8 pers.
BS 350€
HS 500€
WE 120€
et 150€
(2 nuits, uniquement en BS)

MARIE Jacques et WEGENER Gundi
Domaine Le Rec d'Al Four
11300 CASTELRENG
tel / fax : (+33) (0)4 68 31 50 38
mel : gundisweg@hotmail.com
web : www.gundisweg.ouvaton.org

Situation : alt. 350 m, pleine campagne, forêt, calme et agréable. 8 km de Limoux. 1/2h des Pyrénées, 1h mer, 1/2h des châteaux cathares, 18 km du lac Montbel.

Production : 13 ha en culture bio, dont 3 ha de légumes (maraichage bio depuis 1983). Basse-cour, moutons. Possibilité d'achat de légumes et fruits bio de saison, œufs.

Accueil : 2 gîtes chaleureux et très confortables (lave-vaisselle, lave-linge, cheminée, chauffage). Jardin, terrasses, piscine, aire de jeux, lac.

Activités possibles : sur place piscine, randos, VTT, jardinage, animaux de la ferme, découverte de la faune et la flore. A 8 km : natation, canoë, kayak, pêche, tennis, équitation, rafting. A 20 km : voile, pédalo. ; à 30 mn : châteaux cathares, grottes, ski, randos, escalade.

DOUCE ESCALE 1121

3 pers.
12€

1 ch.
3 pers.
40€

Se habla español

AUDIRAC Marie
2 camin del Verdier La Viale
11160 CASTANS
tel : (+33) (0)4 68 26 16 46
web : www.multimania.com/doucescale

Situation : alt. 650 m, 1h de Carcassonne, 20 mn Villeneuve, D9, Pic de Nore, Grotte Cabrespine, Vallée de Clamoux.

Production : plantes aromatiques, vêtements en laine naturelle (modèles uniques, graphismes originaux).

Accueil : à 3/4 h de Mazamet, dans une maison ancienne entourée d'un jardin clos, au cœur du village, 1 chambre (lit double, lit d'appoint), sdb, wc, vestiaire privatifs. Salon à disposition avec cheminée, bibliothèque, salle à manger commune. Vue sur vallée et Pyrénées. Four à pain en état. Table paysanne avec produits locaux. Fermé du 1er novembre au 1er avril.

Activités possibles : balades thématiques de découverte, balade avec lamas, tennis, lac à 5 km, grottes et châteaux à proximité, expos, artisanat.

PICARD Alex et SEGURET Catherine 1122

6/8 pers.
BS 350€
HS 450€
WE 150€
(2 nuits)

Se habla español

11500 QUIRBAJOU
tel : (+33) (0)4 68 20 56 99
mel : alexpic@wanadoo.fr

Situation : dans les Pyrénées Audoises, à 800 m d'altitude, exposition plein sud du village, à 8 km de tous commerces, à 1h des stations de ski, à 1h15 de la mer, à 80 km de Carcassonne et de Perpignan sur la D81.

Production : jardinage, miel, fourrage.

Accueil : gîte paysan avec salle commune + coin cuisine tout équipé, mezannine à l'étage, 3 chambres, wc, grande salle d'eau. Terrasse et salon de jardin, grand jardin clos avec jeux d'enfants. Très chaleureux et agréable dans un village où tout est agréable à vivre, les gens, les animaux, le paysage.

Activités possibles : historique des lieux. Sur place : promenades à cheval, nombreuses balades et sentiers de randonnées. Tous les sports d'eau vive à 8 km, les châteaux cathares aux alentours.

DOMAINE CHRISTIAN-MARIE 1123

4/6 pers.
BS 300€
MS 380€
HS 450€
WE 85€
(1 nuit)
150€
(2 nuits)

English spoken

DECEMBRE Marie-Claire et Christian
2 avenue de la résistance
11700 PEPIEUX
tel : (+33) (0)4 68 91 59 53
mobile : (+33) (0)6 22 51 47 05
mel : gidcm@wanadoo.fr
web : www.domaine-christianmarie.com

Situation : au cœur du Minervois, sur la D115, à 35 km sud-est de Carcassonne et sa cité médiévale, à 45 mn des plages, Narbonne, Gruissan et à 15 km de Minerve, haut lieu cathare.

Production : vins issus de raisins de l'agriculture biologique (certifié Ecocert) : AOC Minervois, vins de pays cathare et de cépages.

Accueil : gîte paysan dans bâtiment vigneron en pierre. Extérieur, jardin avec tonnelle et barbecue à l'abri des regards et du bruit.

Activités possibles : initiation à la dégustation de nos vins. Baignade, voile, pédalo sur le lac à 2 km, randonnées pédestres sur les sentiers des Capitelles, randonnées équestres. Organisation de balades à moto en pays cathare.

GÎTE LANGUEDOCIEN 1124

Animaux acceptés sous conditions

English spoken

Occitan parlé

50 enfants
19€/J
9,50€/1/2J

6 pers.
18€

6/7 pers.
BS 426€
HS 590€
WE 280€
(2 nuits)

MAZARD Claudie et Bernard
Le Vergel-Authenac - 11120 GINESTAS
mobile : (+33) (0)6 07 67 22 24
mel : claudie.mazard@wanadoo.fr

Situation : les avantages de la campagne à deux pas de la mer Méditerranée et de la Montagne Noire. Le Canal du Midi à 5 mn, au cœur du vignoble des vins du Minervois sur la D 607// D11.

Production : vin AOC Minervois en cave particulière, production d'huile d'olives (olivettes). Jardin potager familial, le tout dans le respect de la nature et de l'environnement.

Accueil : gîte paysan languedocien tout confort. Sur une exploitation viticole, accès indépendant avec jardin, à l'étage d'une maison de maître. L'architecture typique du Languedoc, poutres apparentes, chambres mansardées sont au rendez-vous du dépaysement occitan (250 m²). Ferme pour enfants.

Activités possibles : découverte de la vie à la ferme au rythme des saisons, chai de dégustation des vins du château. Départ de randos VTT, pédestres, baignade ou balade bâteau à 5 mn. Cité de Carcassonne à 30 mn.

LE MOULIN DU TROU EST 1125

2 gîtes
Gîte 1 :
4/5 pers.
BS 275€
HS 330€
Gîte 2 :
4/5 pers.
BS 275€
HS 330€
WE 100€
(2 nuits)

Man spricht Deutsch

THIRION Bruno et MARTINEZ Christine
11260 ROUVENAC
tel / fax : (+33) (0)4 68 74 31 61
mel : infos@moulindutrou.com
web : www.moulindutrou.com

Situation : ferme de 50 ha de bois et prés, bordée de ruisseaux, au pied des Pyrénées, à 45 mn de Carcassonne, 1h30 de Toulouse. Tous commerces à 10 mn.

Production : des chèvres et leur fromage, élevage de brebis, chiens de troupeau, ânes, poules et chats.

Accueil : 2 gîtes paysans : chalets au milieu de la prairie. Endroit calme et sauvage.

Activités possibles : découverte des animaux de la ferme, des animaux sauvages, de la flore. Découverte de la traite. Champignons, pêche... Aux alentours : montagne, châteaux, eau vive, musées, lac.

LA CHOUETTE 1126

5 pers.
14€

2 ch.
5 pers.
36€

English spoken

LARCHER Françoise
Domaine de Lacaze
11270 BREZILHAC
tel : (+33) (0)4 68 69 07 76
mel : f.larcher@infonie.fr - web : www.lachouette.fr

Situation : alt. 250 m. Dans les coteaux du Razès. A 20 mn de Carcassonne-Limoux-Mirepoix. Anciennes étables. Jolie vue sur la Montagne Noire et les Pyrénées.

Production : asperges, truffes, œufs, légumes et fruits du jardin, confitures, conserves. Pains et patisseries.

Accueil : accueil chaleureux et familial. Dans deux chambres paysannes avec sdb privées. Repas originaux et savoureux à notre table, la cuisine étant mon péché mignon ! Repos et calme assurés.

Activités possibles : balades, randonnées, découverte des animaux (poules, oies, canards, chevaux), baignade (à Montbel) ; visite de la région, châteaux cathares.

THURET-BENOIST Sébastien & ZOLDAN Muriel 1127

English spoken
Man spricht Deutsch

10 pers.
15€

1 ch.
2 + 2 enf.
35€

12 pers.
10€

2 pers.
BS 250€
HS 300€
WE 90€
(2 nuits)

Domaine de Marseille
11330 ALBIERES
tel : (+33) (0)4 68 41 65 12
mobile : (+33) (0)6 33 01 15 15
mel : sebastien.thuret@club-internet.fr

Situation : dans les Corbières vertes (Pays Cathare), à 600 m d'alt. 1h15 des plages, 1h des Pyrénées Audoises, entre Carcassonne et Narbonne sur la D613.

Production : production de veaux sous la mère en agriculture biologique certifié Ecocert. Confitures et légumes du jardin.

Accueil : relais paysan avec location d'une cuisine, et sanitaires communs, gîte paysan, 1 chambre paysanne avec 1 chambre pour 2 enfants, et sanitaires privatifs. Dans un corps de ferme rénové, le caractère sauvage du site enchantera plus d'une personne !

Activités possibles : la randonnée est l'activité privilégiée du lieu, mais des baignades en rivière ainsi que la visite des hauts lieux du catharisme sont possibles.

GITE DE LA PLACETTE 1128

4 pers.
BS 300€
HS 370€
WE 150€
(2 nuits)

Se habla español

Occitan parlé

ANDRIEU Didier
La Placette - 11330 VILLEROUGE-TERMENES
tel / fax : (+33) (0)4 68 70 07 02
web : gitedelaplacette.free.fr

Situation : situé dans le cœur du village au pied du château médiéval. A proximité : chapelles et abbayes, châteaux cathares. A 1h de la mer, sur la D613, au centre du triangle Carcassonne-Narbonne-Perpignan. Entouré de collines boisées.

Production : chêne truffier, jardin potager, confiture et miel.

Accueil : maison ancienne récemment rénovée. Décor de mosaïques, de bois et de murs patinés à la chaux. Pièces ensoleillées, demi-étages, équipement moderne. Cour intérieure végétalisée, ombragée l'été. Le gîte a 2 chambres, idéal pour un couple et 2 enfants. Ambiance chaleureuse.

Activités possibles : circuit des châteaux cathares. Chapelles et abbayes. Mer, plage à 1h. Possibilité de balades et randonnées. Points de baignade, circuit des vins. Réserve africaine de Singean.

LA GIROUETTE 1129

4/6 pers.
13 à 15€

3 ch.
2 à 6 pers.
38 à 45€

English spoken

Si parla italiano

DUPONT Graziella
7 avenue de Malras
11300 LA DIGNE D'AMONT
tel : (+33) (0)4 68 31 75 98

Situation : collines, vignobles, blanquette de Limoux. Entre Corbières, Pyrénées Audoises et Ariégeoises. 25 km au sud de Carcassonne et de Mirepoix. Très beaux paysages de moyenne montagne.

Production : légumes du jardin et presque tous les produits servis sur la table sont fermiers.

Accueil : accueil simple et familial en chambres paysannes, en bordure du village très calme. Tarif enfant. Tente acceptée.

Activités possibles : cité de Carcassonne et châteaux cathares, musée et fouilles des dinosaures. Randonnées et cyclisme. baignade, marchés et animations. Balnéothérapie à Rennes-les-Bains.

DOMAINE VIGNALET 1130

produits paysans

Se habla español

Occitan parlé

6 pers.
13€

3 ch.
6 pers.
50€

12 pers.
10€

LABADIE Nicole et Jean-Baptiste
3 avenue Bentoulades
11800 LAURE MINERVOIS
tel : (+33) (0)4 68 78 12 03 ou : (+33) (0)6 72 08 91 89
fax : (+33) (0)4 68 78 36 69 - mel : labadie4@wanadoo.fr
web : www.domaine-vignalet.le minervois.com

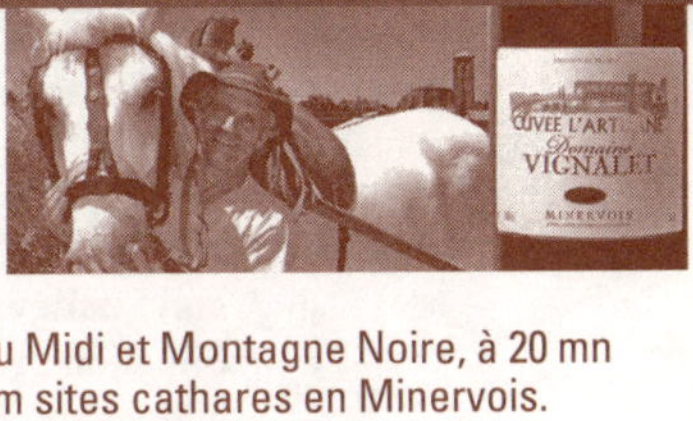

Situation : au cœur du terroir minervois, entre Canal du Midi et Montagne Noire, à 20 mn à l'est de Carcassonne, 50 km mer Méditerranée, 10 km sites cathares en Minervois.

Production : production viticole : vin AOC rouge et rosé. Vins (produits en lutte raisonnée), conditionnés en bouteilles et outres à vins.

Accueil : 1 chambre avec sdb et wc privés, 2 chambres avec wc privé et sdb commune dans maison typique du Languedoc ; repas familial. Découverte en calèche du métier vigneron, du terroir Minervois, du vignoble, du patrimoine bâti. Gîte équestre 12 places en cours de réalisation.

Activités possibles : s'immerger chez un artisan vigneron, son métier, son environnement culturel et économique. Particier aux activités : calèche découverte, écomusée du cheval de trait dans le vignoble minervois. Conseils sur des circuits découverte du pays (sites médiévaux, sites naturels, curiosités).

L'ALBEJOT 1131

English spoken
Se habla español

15 pers.
13€

5 ch.
2 à 15 pers.
30 à 37€

ARREDONDO André et Valérie
Domaine de l'Albejot - 11310 SAISSAC
tel : (+33) (0)4 68 24 44 03
mobile : (+33) (0)6 71 14 20 49
mel : andeval.arredondo@wanadoo.fr

Situation : alt. 600 m. Au nord de Carcassonne, au pied de la Montagne Noire, la ferme se situe à 2 km de Saissac sur la D408.

Production : nous vous recevons sur une exploitation agricole traditionnelle où vaches, chevaux, cochons et volailles sont élévés en totale liberté.

Accueil : 5 chambres paysannes avec sdb et toilettes communes (9 pers.) et deux chambres avec sdb et wc privés (6 pers.), repas partagé à la table paysanne pour un moment de convivialité autour des produits de la ferme.

Activités possibles : promenades à cheval. André, accompagnateur en tourisme équestre vous conduira à travers les forêts domaniales ou à la découverte de lacs du Lampy et St Denis. Vous pourrez découvrir et partager la vie de la ferme. Randos pédestres autour de l'eau (canal, lacs...) Village du livre de Montolieu...

LE RELAIS DE SAINT GENES 1132

10 pers.
8 à 15€

10 pers.
19 à 27€

GONZALES Catherine
12, avenue du Minervois
11160 CAUNES MINERVOIS
tel / fax : (+33) (0)4 68 78 02 81
mel : gonzalezcat@tiscali.fr
web : www.gite-minervois.com

Situation : 20 km au nord-est de Carcassonne. Village fortifié entre vignes et Montagne Noire. A 45 mn des plages de Narbonne et Gruissan.

Production : boutique des terroirs sur place avec vente des vins du Minervois, produits locaux et paysans.

Accueil : relais paysan chez l'habitant. Formule nuitée avec petit déjeuner compris. Table paysanne familiale sur réservation uniquement. Accueil en chambres, sanitaires collectifs.

Activités possibles : site naturel d'escalade à 2 km, randonnées pédestres, nombreux sites historiques et archéologiques, cité de Carcassonne, carrières de Marbre, Abbaye de Caunes Minervois (XII°- XIII° siècle).

FERME DE BORDE MOUNOY 1134

10 pers.
800€
WE 250€
(2 nuits)
150€
(1 nuit)

English spoken
Se habla español

VAN ACCOLEYEN
Catherine et Christophe
En Gay
11400 LABECEDE LAURAGAIS
tel / fax : (+33) (0)4 68 60 45 23
mel : cath.vanacco@libertysurf.fr

Situation : sur les flancs de la Montagne Noire, face à la chaîne des Pyrénées, à proximité (5 mn) du lac de St-Ferréol.

Production : prairie et quelques céréales pour nourrir vaches, brebis et porcs, pour une viande de qualité.

Accueil : grand corps de ferme dont la partie habitation a été rénovée après avoir abrité une famille de 11 enfants. Grandes pièces qui permettent un séjour à 10 sans manquer d'espace.

Activités possibles : alentours : baignades, voile, équitation (5 mn), vol à voile, moto verte (5 mn).

LA BORDE JEAN-MARIE 1135

7 pers.
BS 350€
HS 490€

English spoken

Man spricht Deutsch

MULLER Andreas & VORGRIMMLER Monika
La Borde Jean Marie
11500 SAINT LOUIS ET PARAHOU
tel / fax : (+33) (0)4 68 20 24 09
mel : info@labordejeanmarie.com
web : www.labordejeanmarie.com

Situation : Dans les Hautes-Corbières à 700 m d'altitude, 15 mn de Quillan, 1h de Carcassonne, 1h de Perpignan et 1h15 de la Méditerranée, au pied du Pic de Bugarach. Ferme isolée en zone Nature 2000, dans un hameau du XVI° siècle.

Production : troupeau de 120 brebis lait de race Manech Tête noire et Lacaune en agriculture biologique, le lait est transformé en fromage sur la ferme. Viande d'agneaux.

Accueil : gîte paysan récemment installé dans un bâtiment indépendant, spacieux (100 m^2), 3 ch. (2x1 lit double et 1x3 lits simples), tout confort, lieu calme, ouvert toute l'année.

Activités possibles : randonnées, découverte de la flore sauvage et des animaux de la ferme. Baignade au Lac de Bugarach (8 km), au Gouffre de Caudiès (8 km) et Gorges de Galamus (20 km). Escalade, eau vive, spéléologie et montagne.

LE JARDIN CLOS 1136

18€

3 ch.
8 pers.
39€

English spoken

Se habla español

POTEL Michèle
Hameau de Croux
11190 ANTUGNAC
tel : (+33) (0)4 68 74 37 67
mel : potel.michele@wanadoo.fr
web : jardinclos.ouvaton.org

Situation : dans un hameau du piémont pyrénéen, à 350 m d'alt. 45 km au sud de Carcassonne, 1h30 de la mer, 1h15 de la montagne.

Production : jardin de légumes, cultivé dans le respect de l'environnement, fabrication de jus de pommes, confitures, confits de canard.

Accueil : vous serez accueillis dans une maison ancienne donnant sur un jardin plein sud. 3 chambres calmes. Cuisine préparée à partir de produits biologiques. Repas végétariens sur commande. Lieu ressource pour la découverte de la région.

Activités possibles : randonnées pédestres et équestres. Baignade. Sports d'eau vive, VTT, visite des châteaux cathares et abbayes romanes.

12 - AVEYRON

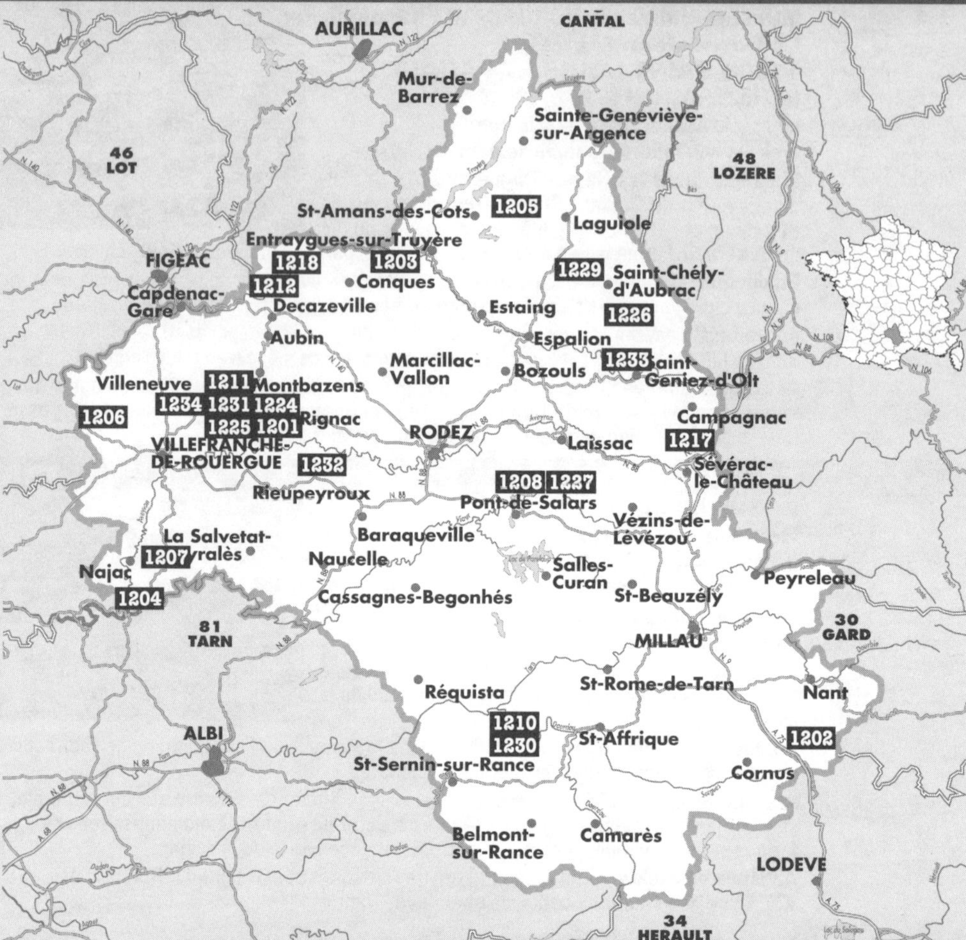
AURILLAC
CANTAL
Mur-de-Barrez
Sainte-Geneviève-sur-Argence
46 LOT
48 LOZERE
St-Amans-des-Cots
1205
Laguiole
Entraygues-sur-Truyère
FIGEAC
1218
1203
1212
Conques
1229
Saint-Chély-d'Aubrac
Capdenac-Gare
Decazeville
Estaing
1226
Aubin
Espalion
Marcillac-Vallon
Bozouls
1233
Saint-Geniez-d'Olt
Villeneuve
1211
Montbazens
1234
1231
1224
1206
1225
1201
Rignac
Campagnac
RODEZ
Laissac
1217
VILLEFRANCHE-DE-ROUERGUE
1232
Sévérac-le-Château
1208
1227
Rieupeyroux
Pont-de-Salars
Vézins-de-Lévézou
La Salvetat-Peyralès
Baraqueville
1207
Naucelle
Salles-Curan
Peyreleau
Najac
1204
Cassagnes-Begonhés
St-Beauzély
81 TARN
30 GARD
MILLAU
Réquista
St-Rome-de-Tarn
Nant
ALBI
1210
1230
St-Affrique
1202
St-Sernin-sur-Rance
Cornus
Belmont-sur-Rance
Camarès
LODEVE
34 HERAULT

DELCAMP Anne-Marie et Jean-Marie 1201

12 pers.
11€

3 ch.
12 pers.
35€

English spoken

Se habla español

Lestrunie Rulhe
12390 AUZITS
tel : (+33) (0)5 65 63 11 40

Situation : alt. 450 m, près de Decazeville, Conques. A 30 km de Villefranche-de-Rouergue, entre les vallées de l'Aveyron et du Lot.

Production : veaux sous la mère, confitures, polyculture biologique, poulet, lapins, œufs, légumes, fruits.

Accueil : 3 chambres 4/5 pers. chacune, table paysanne.

Activités possibles : soins aux animaux, jardinage, cueillette fruits et légumes. Sentiers pédestres, circuits touristiques et culturels, thermalisme à Cransac (7 km).

FERME ACCUEIL DE LA SALVETAT 1202

produits paysans

12€

4 ch.
8 pers.
35€

7 pers.
12€

6 empl.
20 pers.
5€/pers.
elec 2,50€

DANET Isabelle et Olivier
La Salvetat
12230 LA COUVERTOIRADE
tel : (+33) (0)5 65 62 22 65
mel : odanet@wanadoo.fr

Situation : alt. 750 m, entre Millau et Lodève, Causse du Larzac, pays templier, Cévennes, Cirque de Navacelles, Grottes de Dargilan, Roquefort.

Production : petits fruits rouges, légumes, élevage de poules, poulets, canards en plein air, lapins et vaches laitières (4 Jersiaises). Maraîchage.

Accueil : chambres paysannes avec sanitaires communs, table paysanne, accueil de personnes handicapées. Camping paysan.

Activités possibles : soins aux animaux, randonnées, activités culturelles et animation jeunes occasionnelles, tous sports à Millau, spéléo, escalade à 5 km. Accrobranche à 2 km.

FERME DU BATTEDOU 1203

2 gîtes
Gîte 1 :
2 pers.
BS 300€
HS 370€
Gîte 2 :
4 pers.
BS 350€
HS 430€
WE
120/150/220€
(2 nuits)

produits paysans

English spoken

Man spricht Deutsch

15 pers.
15 à 20€

3 ch.
6 pers.
50€

6 empl.
24 pers.
9€/pl.
3€/pers.
elec 2€

TISON Carine et François
Le Battedou - 12140 GOLINHAC
tel : (+33) (0)5 65 48 61 62
fax : (+33) (0)5 65 48 65 15
mel : lebattedou@wanadoo.fr
web : lebattedou.free.fr

Situation : Au cœur des Gorges du Lot entre Entraygues-sur-Truyère (10 km) et Estaing (15 km). Hameau isolé au bout d'un chemin non goudronné mais carrossable de 2 km dans un écrin de verdure.

Production : petite ferme en production bio (AB) Agneaux, charcuterie, fruits, légumes, lentilles, confitures, châtaignes, jus de pomme.

Accueil : 3 chambres, 3 gîtes, camping paysan, table paysanne. Convivialité et simplicité dans les relations. Pour venir au Battedou, il faut apprécier les paysages de vallée verdoyante, le calme, les échanges. Bonne humeur bienvenue.

Activités possibles : visite de la ferme, soins aux animaux (suivant disponibilité des accueillants) fabrication du pain, confitures en saison, atelier arts plastiques, piscine...

FERME ÉQUESTRE DE DAOUDOU 1204

5 empl.
20 pers.
5€/pers.

English spoken

3 gîtes
Gîte 1 :
7/10 pers.
Font de Marre
BS 300€
HS 500€
Gîte 2 :
6/8 pers.
Begonnière
BS 280€
HS 420€
Gîte 3 :
5/7 pers.
Daoudou
BS 250€
HS 400€
WE
200/180/
160€
(2 nuits)

BARTHÈYE M.-Pascale, Marion & Pierre-Jean
Daoudou - 12270 NAJAC
tel : (+33) (0)5 65 29 74 11
fax : (+33) (0)5 65 29 72 47
mel : ferme.daoudou@wanadoo.fr

Situation : alt. 350 m, 25 km Villefranche-de-Rouergue et Cordes, 56 km Albi, 70 km Montauban, proche des Gorges de l'Aveyron et de la Vallée du Viaur. Vieille bâtisse rouergate du XVII° siècle entourée de prés et de bois.

Production : élevage de chèvres avec fabrication fromagère, élevages de chevaux Fjord en pure race, cochons, brebis de plein air. Fromages chèvres, confitures. Bio Ecocert.

Accueil : 3 gîtes paysans ("Font de Marre" isolé à 300 m de la ferme, "Bégonnière" et "Daoudou" indépendants, au sein de la ferme, "Daoudou"), camping paysan. A Daoudou lieu d'échanges, nous vous offrirons un point de rencontre entre l'homme et la nature.

Activités possibles : traite et garde des chèvres, soins aux animaux, balades et randos à cheval (guide et accompagnateur de Tourisme Equestre), découverte de la nature, attelage. Piscine.

LA FERME DU GARRIGEAT 1205

6 pers.
380€
WE 55€
(1 nuit)

English spoken

12 pers.
18€

1 ch.
6 pers.
34€

6 empl.
20 pers.
5€/pl.
4€/pers.

MONOT Charlotte et Alexandre
Le Garrigeat
12460 MONTEZIC
tel : (+33) (0)5 65 44 88 95
mel : charlotte@rustrel.net
web : garrigeat.kitautosite.com

Situation : alt. 500 m, 20 mn de Laguiole, 1h de Rodez et d'Aurillac, 3 km de Montézic entre la vallée du Lot et les Gorges de la Truyère.

Production : élevage de lièvres et ovins (viande), potager, pain, confitures, volailles, œufs, charcuterie.

Accueil : chambre paysanne, table paysanne, gîte paysan, camping paysan.

Activités possibles : baignade, pêche en torrent, soins aux animaux, randonnées, tennis à 3 km, base nautique à 5 km, ski en saison à 25 km.

FERME DE LAVAL 1206

3 ch.
10 pers.
50€
1/2 pension :
39€
enf -10ans :
-25%

8 pers.
BS 800€
HS 1000€
WE 180€
(1 nuit)
300€
(2 nuits)

10 pers.
17€

produits paysans

English spoken

LAIZÉ Catherine et Christian
Mas de Laval - 12260 SALVAGNAC CAJARC
tel : (+33) (0)5 65 29 42 32
mel : fermedelaval@wanadoo.fr

Situation : alt. 350 m, Villefranche-de-Rouergue 18 km, Cajarc 8 km, Figeac 30 km, sur le Causse entre Vallée du Lot (6 km) et de l'Aveyron (18 km). La ferme est située au bout d'une petite route et, de là, la nature s'ouvre à vous pour des promenades sur les chemins boisés.

Production : fromages de chèvres, chevaux, porcs bénéficiant de la flore variée sur leurs parcours. Bio contrôle Ecocert.

Accueil : 3 chambres : 2 ds petite grange avec wc et salle d'eau privatifs, 1 ds une autre grangette, wc et salle d'eau privatifs à 10 m. Ds autre grange : salle commune 50 m^2 + frigo et cuisinière. 1 gîte ds grande grange : 3 ch. + mezzanine, salle 70 m^2, coin cuisine, 3 salles d'eau + 2 wc. Le tout (+ piscine 6x12m) sur un espace de 3500 m^2.

Activités possibles : promenades à cheval, découverte de la flore, visite des activités de la ferme, piscine, séjours à thème, accueil de séminaires.

FERME DU MARIGOT 1207

ENJALBERT Véronique et Francis
Sourbins
12270 LAFOUILLADE
tel : (+33) (0)5 65 65 82 28
fax : (+33) (0)5 65 65 77 43
mel : ferme.marigot@wanadoo.fr
web : perso.wanadoo.fr/marigot/

2 gîtes
Gîte 1 : 6 pers. BS 262€ HS 361€
Gîte 2 : 8 pers. BS 277€ HS 392€
WE 120€ (2 nuits)

English spoken
Se habla español

15 enfants 15€/J

7 ch. 14 pers. 40€

Situation : alt. 400 m, dans un paysage vallonné, authentique ferme familiale en agriculture bio, située à 3 km de Najac par la D39 (village médiéval).

Production : vaches laitières. Lait bio label AB contrôle Ecocert. Huile de colza, jus de pommes, viande bio. Produits de la châtaigne.

Accueil : 2 gîtes paysans 6 pers. (3 chambres) et 8 pers. (4 chambres). Accueil d'enfants à la journée les mardis et jeudis. Hors saison possibilité de louer des chambres.

Activités possibles : découverte des travaux de la ferme, cuisson au four à pain et rencontres autour de la table conviviale commune. Balades avec ânes bâtés ou attelés.

LA FERME DU VIALARET 1208

BATUT- SALEIL Claude
Le Vialaret
12290 SÉGUR
tel : (+33) (0)5 65 70 70 82 ou(+33) (0)5 65 70 77 47
mel : la-ferme-du-vialaret@wanadoo.fr
web : www.ferme-du-vialaret.com

English spoken

Situation : alt. 700 m, sur la D29 entre Rodez et Millau, prés des "Lacs du Levezou".

Production : volailles élevées en pleine nature (canards, poulets, pintades, dindes, chapons) et lapins angora. Vente de foie gras, pâtés, confits, œufs, terrines, laine et pulls angora.

Accueil : vente à la ferme tous les jours sauf dimanche, de 10h à 19h.

HIVIN Martine et SOULIÉ Alain 1210

Gazillou - Salelles
12480 SAINT IZAIRE
tel / fax : (+33) (0)5 65 99 45 22
mel : titine012@aol.com

2 gîtes
Gîte 1 : 5/6 pers. BS 175€ HS 240€
Gîte 2 : 5/6 pers. BS 175€ HS 240€
WE 30€ (1 nuit)

3€/pl.
2,50€/pers.
caravane 16€/3pers. 19€/4pers. 22€/5pers.

Occitan parlé

Situation : alt. 350 m, hameau, à 4 km de Brousselle-Château. Albi, Rodez et Millau à 1h, Roquefort à 40 km, rivière Le Tarn à 2 km.

Production : brebis laitières.

Accueil : 2 gîtes paysans ouverts toute l'année, (5-6 pers. chacun, RdC et étage), pouvant convenir à groupe de 10 personnes. Location de 3 caravanes sur camping paysan : 3, 4 et 5 pers. (sanitaire, douche chaude). Découverte de la vie à la campagne.

Activités possibles : traite, sortie des brebis, découverte de la ferme, randonnée, baignade, pêche, canoë, aire de jeux et salle de jeux (pétanque, balançoire, ping-pong, baby-foot).

GÎT ANES RANDO 1211

8 pers. 12€ — 2 ch. 4 pers. 38€ — 10 pers. 10€ — 4 empl. 8 pers. 6€/pers.

English spoken — Se habla español

SAMBOU Elisabeth
La Bartasse
12260 SAINT IGEST
tel : (+33) (0)5 65 81 72 85
mobile : (+33) (0)6 71 78 83 32
mel : gitanes.rando@wanadoo.fr
web : www.bourricot.com/gitanes

Situation : alt. 400 m. 20 mn de Villefranche-de-Rouergue, 30 mn de Figeac, dominant la vallée de la Diège-Bastides de Villeneuve, Peyrusse-le-Roc, Vallées de l'Aveyron et du Lot.

Accueil : chambres, relais, table familiale ou cuisine équipée, salle commune et grand salon d'été, camping dans le verger. Accueil chaleureux en toute simplicité, dans une ambiance métissée. Séjours ou étapes idéales en dehors des sentiers battus.

Activités possibles : randonnées avec nos ânes de bât, ateliers de Batik, peinture, musique. VTT, VTC. Canoë sur le Lot ou l'Aveyron, équitation (ranch à 6 km), visites culturelles, etc.

MOREELS Fabienne et Claude 1212

11€ — 2 ch. 35€ — 5 pers. BS 250€ HS 330€

English spoken

Haute Serre
12390 AUZITS
tel : (+33) (0)5 65 63 93 67

Situation : alt. 540 m. De Rodez vers Decazeville (N140). A gauche (D117, D189) puis Auzits. Dans un hameau à côté d'une vieille église classée, au sommet d'une colline.

Production : élevage de chevaux, poulets, canards.

Accueil : table paysanne, 2 chambres paysannes, 1 gîte paysan (1 couple et 3 enfants).

Activités possibles : randonnées pédestres, cyclistes. Possibilité de déguster la cuisine créole.

BRAS Marie-Hélène et Guy 1217

6 empl. 20 pers. 2€/pl. 2€/pers. elec 2€ caravane ou mobilhome 160€/sem 25€/nuit

10/12 pers. 11€ — 5/6 pers. 10€

English spoken — Se habla español

Blayac
12150 SÉVERAC LE CHÂTEAU
tel : (+33) (0)5 65 71 67 05
mel : brasg@wanadoo.fr

Situation : alt. 850 m, 4 km de Séverac-le-Château entre A75 et RN88. Gorges du Tarn, Aubrac, Viaduc de Millau.

Production : agneaux fermiers (150 brebis), volailles, jardinage.

Accueil : relais paysan, camping paysan et table paysanne pour les campeurs, ambiance familiale.

Activités possibles : randonnées à pied, à cheval, en âne, visite de Séverac, base nautique, animations en soirée.

AU CHALET DE FRAUX 1218

English spoken

5 pers.
BS 210€
HS 250€
(juillet)
ou 310€
(août)
WE 80€
(2 nuits)
ou 40€
(1 nuit)

BOUYSSOU Christine et Yves
Fraux
12300 SAINT PARTHEM
tel : (+33) (0)5 65 64 02 79
mobile : (+33) (0)6 71 07 50 00
mel : leyvesdefraux@aol.com

Situation : alt. 350 m. 50 km de Rodez et Aurillac (15), 30 km de Figeac (46), prés de la Vallée du Lot et de Conques.

Accueil : gîte 2 à 5 pers. dans chalet, surface habitable 35 m^2 + terrasse couverte 8 m^2 + abri fermé 7 m^2, 3 chambres, séjour, salle d'eau, wc, coin cuisine et repas, tout équipé y compris lave-linge.

Activités possibles : randonnées, pêche, canoë, plan d'eau, baignade à 6 km, découverte de la région.

LES VOLETS BLEUS 1224

produits paysans

5 empl.
15 pers.
5€/pers.

2 gîtes
Gîte 1 :
2/4 pers.
BS 320€
(370€ avec
1ch. sup)
HS 350€
(400€ avec
1ch. sup)
Gîte 2 :
5 pers.
BS 500€
HS 550€

CONSTANS Lysiane et Claude
Brandonnedel - 12350 BRANDONNET
tel : (+33) (0)5 65 29 35 43
mel : lysiane.constans@club-internet.fr
web : www.lafermedesvoletsbleus.com

Situation : alt. 550 m, Villefranche-de-Rouergue à 14 km. Sites prestigieux aux alentours : Conques, Najac, Laguiole...

Production : en bio : vaches, cochons, brebis, ânes, et animaux de basse-cour.

Accueil : notre maison date de 1630 et nous l'avons restaurée en respectant au mieux son identité : ancien four à pains, puits, cheminée... environnement vallonné et très boisé. Nous proposons : 2 gîtes et 5 emplacements de camping sous les arbres du verger.

Activités possibles : découverte des énergies renouvelables utilisées sur la ferme, rencontres avec les animaux, randonnées pédestres et équestres. Baignades et canoë-kayak à proximité. Visites de villages médiévaux classés, bastides, musées, châteaux, chartreuse à Villefranche... Parcs animaliers à Pradinas et Grammat. Thermalisme à Cransac. Marché très typique le jeudi matin à Villefranche.

LA MAISON DU FORGERON 1225

produits paysans

English spoken
Man spricht Deutsch
Wij spreken nederlands

1 ch.
2 pers.
34€

5 empl.
20 pers.
4,50€/pers.
enf - 5 ans :
gratuit
elec 3€

4 pers.
BS 350€
HS 390€
WE 110€
(2 nuits)

KONYN Chantal
Le Puech - 12350 BRANDONNET
tel : (+33) (0)5 65 29 35 36 ou : (+33) (0)6 33 26 30 77
mel : roulotte.forgeron@wanadoo.fr

Situation : sur les hauteurs de la vallée de l'Aveyron, au bout d'un petit chemin, à 500 m d'alt. Entourée de prairies, de bois et de la rivière. 12 km de Villefranche-de-Rouergue, 2 km de Brandonnet, sur la D47.

Production : on a des poules. Les vaches et moutons des voisins ne sont pas loin. Nous sommes artisan de fer et du bois. Le Puech est un lieu de création et d'invention depuis 2 siècles : ateliers intéressants à voir.

Accueil : gîte paysan en vieilles pierres, entièrement restauré : entrée, terrasse et jardins privatifs, tout confort, chaleureux. Camping et roulotte ouverts l'été : roulotte en bois (chambre paysanne), avec wc, douche chaude (solaire) et cuisine équipée à 30 m. Camping (tentes uniquement) : lieu champêtre, isolé et calme.

Activités possibles : jeux pour enfants. Alentours : balades et randos, baignade, villages pittoresques, châteaux, marchés, parc préhistorique, location chevaux, magasin bio à 2 km.

DEVOILLE Pascal et SEGONDS Jeanine 1226

6 pers.
BS 250€
HS 360€
WE 120€
(2 nuits)

12470 PRADES D'AUBRAC
tel : (+33) (0)5 65 70 46 78
mel : roc.abrac@wanadoo.fr

Situation : contrefort de l'Aubrac. Alt. 800 m sur la D19 à 20 mn au nord d'Espalion et de St-Geniez-d'Olt, à 45 mn de l'A75.

Production : artisan rural, couvreur lauzier, bio construction, bardeaux, chanvre et chaux. Jardins de différents thèmes, plantes sauvages, flore de montagne.

Accueil : gîte ouvert toute l'année, pièce à vivre avec cheminée (chauffage central bois) cuisine, sdb, 2 chambres avec mezzanine. Extérieur : pour amateur de pleine nature avec douche solaire, lieu sauvage et isolé, bois et verger.

Activités possibles : pêche rivière et lacs, sentiers randonnées, forêt. Brâme du cerf, champignons automne, station de ski à proximité, raquette.

GAUBERT Gilles et Nathalie 1227

30 maxi
15€

Lacan
12290 SEGUR
tel : (+33) (0)5 65 70 64 21
mel : ggaubert@wanadoo.fr

Situation : alt. 900 m, près de la D911 entre Rodez et Millau. Au cœur des Monts du Levezou à proximité des lacs. Hameau isolé au bout d'une petite route à la lisière de la forêt. Ferme isolée.

Production : lait de chèvre, veaux sous la mère, ânes de bât, jument de trait. Elevage de chèvres.

Accueil : table paysanne, visite de la ferme et randonnées avec les ânes.

Activités possibles : avec nos ânes de bât, balades à la journée et randonnées itinérantes de 2 à 5 jours sur circuit balisé. Casse-croûte paysan des produits de la ferme. Baignade pêche, randonnés pédestres ou équestres, VTT.

GÎTE DE LA BASTIDE D'AUBRAC 1229

6 pers.
BS 400€
HS 450€
WE 150€
(2 nuits)

English spoken

Se habla español

BALMETTE Evelyne et Alain
La Bastide d'Aubrac
12470 CONDOM D'AUBRAC
tel / fax : (+33) (0)5 65 48 72 25
mobile : (+33) (0)6 87 12 73 09
mel : bastidant@aol.com

Situation : alt. 800 m. Sur l'Aubrac Aveyronnais à 15 mn d'Espalion sur la D636 et à 15 mn de St-Chely-d'Aubrac sur la D987. Près du plateau de l'Aubrac et de la Vallée du Lot.

Production : élevage bovin viande. Prod. de fourrage naturel pour l'alimentation des animaux.

Accueil : gîte paysan, maison individuelle entièrement rénovée dans petit village paisible. Cour de 100 m² close. 3 chambres dont 2 avec lits en 140 et une avec 2 lits en 90. Salle de bain, douche, wc séparé. Cuisine équipée, lave-linge. Salon avec 2 canapés, fauteuil et TV. Salon de jardin. Barbecue. Exposition Sud. Pas de vis-à-vis. Vue sur la campagne.

Activités possibles : randonnées, VTT. Canoë, piscine à 11 km. Ski à 15 km. Découverte de la vie paysanne, de la nature.

LES GARRICS 1230

2 gîtes
Gîte 1 :
6 pers.
BS 250€
HS 300€
Gîte 2 :
8 pers.
BS 400€
HS 330€
WE 100/150€
(2 nuits)

ALRIC Laurence et Jean-Marc
Le Salze
12480 SAINT IZAIRE
tel / fax : (+33) (0)5 65 99 44 03
mel : losalze@free.fr

Situation : alt. 250. A 3 km du village de St Izaire (commerces), 10 km de Brousse-le-Chateau, 20 km de St Affrique. Roquefort à 40 mn, Rodez, Albi et Millau à 1h. Rivière à 400 m (le Dourdou).

Production : brebis laitières.

Accueil : Laurence et Jean-Marc vous accueillent dans leur gîte situé à 200 m de la ferme. Ce gîte peut accueillir 6 personnes (2 chambres + un clic -clac), l'été possibilité 8 personnes. Terrasse au sud et véranda au nord pour votre confort estival, mais aussi la rivière "Le Dourdou" à 300 m du gîte vous permettra de vous rafraîchir. Calme, confortable. Les animaux sont acceptés.

Activités possibles : découverte de la vie à la ferme. Traite (en saison), sortie des brebis. Randonnées pédestres et VTT. Pêche. Baignade et canoë. Ferme équestre à 4 km.

LE CHÈVRE-FEUILLE 1231

10 pers.
16€
3 ch.
10 pers.
45€
English spoken

HERAIL Vincent
La Carreyne
12390 ANGLARS
tel / fax : (+33) (0)5 65 64 55 02
mobile : (+33) (0)6 70 67 41 93
web : www.chèvre-feuille.com

Situation : ouest aveyronnais, à quelques km de la Vallée de l'Aveyron. Campagne tranquille, pays d'élevage.

Production : élevage de chèvres laitières, brebis, volailles diverses (poulets, pintades, canards).

Accueil : 3 chambres et table paysanne, dont un accès handicapés, dans maison indépendante de celle des propriétaires.

Activités possibles : discussion autour du métier de paysan et de la vie à la campagne. Divers sites de visites aux proches alentours (Belcastel, Conques, St Cirq-Lapopie).

FERME DE NAUJAC 1232

7 pers.
BS 350€
HS 400€
WE 180€
(2 nuits)
100€
(1 nuit)
Occitan parlé

ALET Joëlle et Françis
Naujac
12200 LA BASTIDE L'EVEQUE
tel : (+33) (0)5 65 29 93 11
mel : francis-alet@wanadoo.fr
web : www.gitedenaujac.over-blog.com

Situation : hameau isolé dans un paysage valloné sur les hauteurs de la vallée de l'Aveyron. Alt. 550 m. La Bastide L'Evêque à 2 km. Villefranche-de-Rouergue à 15 km.

Production : vaches laitières.

Accueil : maison en pierre indépendante, située dans la cour de la ferme. RdC : salon, cuisine équipée, wc ; à l'étage : 2 chambres, sdb. Pelouse avec salon de jardin.

Activités possibles : visite de la ferme, pêche en lac privé, circuits de randonnées, piscine à 10 km, nombreux sites touristiques.

LE MOULIN DE LA GERMANIE 1233

4 pers.
BS 195€
MS 275€
HS 390€
WE 130€

English spoken

BALITRAND Jean-Claude et Nicole
La Germanie
12130 SAINT GENIEZ D'OLT
tel : (+33) (0)5 65 47 56 37
mel : lagermanie@wanadoo.fr
web : www.la-germanie.com

Situation : alt. 460 m. A 55 km de Rodez et à 11 km du bourg le plus proche (St-Geniez-d'Olt), la Germanie est un hameau isolé situé en bordure de ruisseau entre les plateaux de l'Aubrac et la Vallée du Lot, et qui regroupe deux bâtiments d'habitation et un vieux moulin à grain.

Production : acteur local, jardin potager, quelques animaux (poules, canards, lapins, moutons, âne...)

Accueil : gîte rénové avec des matériaux écologiques, tout confort, terrasse, jardinet, terrain clos. Ouvert toute l'année.

Activités possibles : Sur place : visite du site et du moulin, contact avec les animaux, baignades dans le ruisseau, randonnées et pêche 1ère catégorie. Nombreuses activités sportives et animations à, et autour de St-Geniez-d'Olt.

SAVIGNAC Robert et Pierrette 1234

2 ch.
8 pers.
30€
sem
150€/2pers
WE
80€/2pers
lit sup. 8€

La Morlhonie
12350 DRULHE
tel : (+33) (0)5 65 81 93 15
mobile : (+33) (0)6 21 75 61 52

Situation : alt. 480 m. 3 km de Lanuejouls, D1. 16 km de Villefranche-de-Rouergue, 40 km de Rodez (aéroport).

Production : légumes du jardin, fruits du verger.

Accueil : 2 chambres au 1er étage chez l'habitant, avec sdb, wc commun pour les 2 chambres. Ouvert toute l'année, semaine et week-end. Cuisine à disposition l'été. Cour fermée, ombragée, salon de jardin, barbecue.

Activités possibles : Plan d'eau à 5 km, piscine à 6 km et 15 km. Aire de jeux pour enfants à 8 km. Randonnée pédestre, à 1h30 du Viaduc de Millau.

13 - BOUCHES-DU-RHÔNE

GÎTE DES QUATRE SAISONS 1302

4 pers.
BS 260€
HS 400€
WE
65 à 130€

ESTIENNE Christiane
Quartier St Jean Chemin des Parties
13670 SAINT ANDIOL
tel / fax : (+33) (0)4 90 95 14 02
mobile : (+33) (0)6 14 41 76 02

Situation : Val de Provence, au cœur des Alpilles. 2,5 km de St Andiol, 5 km d'Egalières, 7 km de Cavaillon, 10 km de St-Rémy-de-Provence, 20 km d'Avignon.

Production : maraîchage en culture biologique : melons, tomates anciennes, fruits anciens, salades mélangées, cerises et poires, pêches anciennes, fruits et légumes faisant partie d'une AMAP d'Avignon (libre terre).

produits paysans

Accueil : 1 gîte paysan.

Activités possibles : association qui appuie l'agriculture paysanne. Moyen de manger sainement à un prix juste. Baignade, vélo. Festival d'Avignon. Possibilité de randonner dans les Alpilles et le Luberon.

76
SEINE-MARITIME
LE HAVRE
Manche
1404
1403
Isigny-sur-Mer
Trévières
Ryes
Douvres-la-Délivrance
Trouville-sur-Mer
27
EURE
Cabourg
Creully
BAYEUX
Ouistreham
Pont-l'Evêque
Hérouville-St-Clair
Dozulé
Blangy-le-Château
Balleroy
Tilly-sur-Seulles
CAEN
Troarn
Cambremer
ST-LO
Caumont-l'Eventé
Villers-Bocage
Evrecy
Bourguébus
LISIEUX
Mézidon-Canon
50
MANCHE
Bretteville-sur-Laize
Aunay-sur-Odon
Orbec
Thury-Harcourt
St-Pierre-sur-Dives
Livarot
Le Beny-Bocage
Morteaux-Coulibœuf
St-Sever-Calvados
Falaise
Condé-sur-Noireau
VIRE
Vassy
61
ORNE
ARGENTAN

FAUVEL Thérèse et Alain 1403

3 ch.
10 pers.
50 à 55€

2/4 pers.
BS 280€
HS 340€
WE 130€
(2 nuits)

Le Clos Monfort
14710 COLOMBIÈRES
tel / fax : (+33) (0)2 31 22 20 53
mel : leclosmonfort@wanadoo.fr
web : perso.wanadoo.fr/leclosmonfort

Situation : 10 km d'Isigny-sur-Mer sur D5 direction Molay-Littry entre Colombières et Vouilly, 25 km de Bayeux. Proche mer et plages débarquement.

Production : conservatoire de céréales anciennes, génisses, basse-cour, auto-consommation, restauration du patrmoine bâti.

Accueil : ancienne et belle ferme en terre bien conservée et restaurée. Avec la maison et le grand jardin de curé, c'est un lieu de repos, de silence, de ressoucement, d'échange, de partage ; chambres très confortables (1 ch. et sa suite 5 pers., 1 ch. 3 pers.). Tarif dégressif, remise adhérents AP. Possibilité d'un local pour cuisine. Gîte paysan de caractère.

Activités possibles : repos, silence, découverte de notre façon de vivre près de la nature au rythme des saisons. Pain, confitures, jardinage, chaux, greffe, alimentation saine, implications biologiques.

FERME DE LA FOL'IVRAIE 1404

20 pers.
goûter
paysan 6€

15 pers.
15€

produits paysans

BINDAULT Marguerite-Marie
et LEMAITRE Jacques
14710 LOUVIERES
tel / fax : (+33) (0)2 31 22 68 44
mobile : (+33) (0)6 84 00 14 77
mel : lebinjama@aol.com

Situation : la ferme se situe à 1,5 km de la mer et des plages du débarquement, à 20 km de Bayeux entre Trèvières et Vienville-sur-mer, proche du Parc régional des Marais du Cotentin et du Bessin.

Production : production laitière en AB avec des vaches. Maraîchage. Poulets, œufs. Pommiers. Petits animaux : poules, canards, oies, chèvres. Anesse et jument. (Vente lait-œufs-légumes).

Accueil : table paysanne avec les produits de la ferme, et casse-croûte paysan avec visite de la ferme et découverte de la traite des vaches (20 personnes maxi).

Activités possibles : mer à 1,5 km, ainsi que les plages du débarquement ; musées ; tapisserie de Bayeux, patrimoine local (chateau, ferme manoir...), équitation, golf, voile...

15 - CANTAL

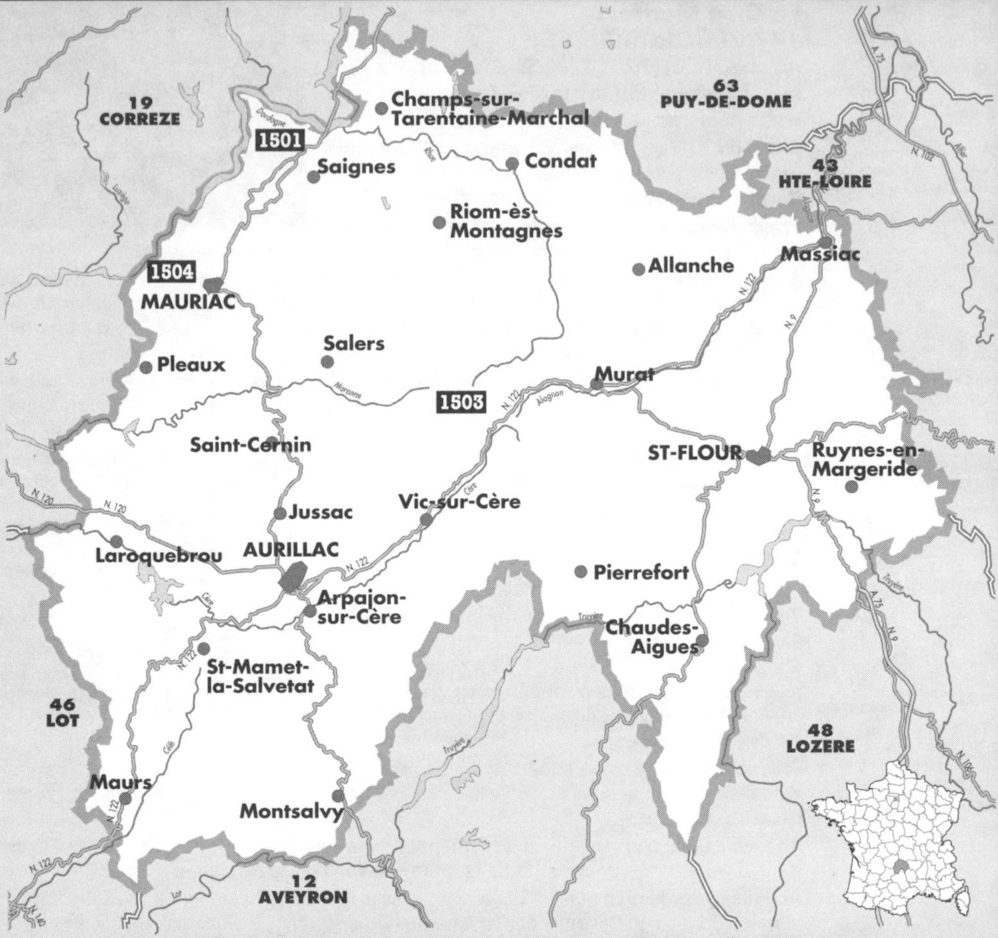
19
CORREZE
63
PUY-DE-DOME
43
HTE-LOIRE
46
LOT
48
LOZERE
12
AVEYRON
1501
1504
1503
Champs-sur-Tarentaine-Marchal
Saignes
Condat
Riom-ès-Montagnes
Allanche
Massiac
MAURIAC
Salers
Pleaux
Murat
Saint-Cernin
ST-FLOUR
Ruynes-en-Margeride
Jussac
Vic-sur-Cère
Laroquebrou
AURILLAC
Pierrefort
Arpajon-sur-Cère
Chaudes-Aigues
St-Mamet-la-Salvetat
Maurs
Montsalvy
N. 120
N. 122
N. 9
N. 102
A. 75

FERME DES CHEVADIÈRES 1501

6 pers.
BS 250€
HS 480€
WE
0€ (1 nuit)
.0€ (2 nuits)

4 pers.
15€

2 ch.
4 pers.
38€

PARROT Marie-Claude et Georges
Les Chevadières
15240 SAUVAT
tel / fax : (+33) (0)4 71 40 67 59

Situation : alt. 650 m, 15 km de Bort-les-Orgues, 6 km de Saignes, 20 km de Mauriac.

Production : vaches allaitantes de race Salers. Charcuterie maison, canards, œufs.

Accueil : chambres paysannes, table paysanne et gîte.

Activités possibles : randonnées pédestres, pêche, tennis, piscine à 5 km.

FERME DU PUY MARY 1503

4 gîtes
Gîte 1 :
4 pers.
350€
WE 175€
Gîte 2 :
5 pers.
360€
WE 180€
Gîtes 3 et 4 :
3 pers.
310€
WE 155€
(2 nuits)

produits paysans

BALLAN-SENEZERGUES
Eliane et Jean-Paul
Bénech 15590 MANDAILLES
tel : (+33) (0)4 71 47 97 96 ou : (+33) (0)6 85 13 07 57
mel : e.ballan@orange.fr

Situation : alt. 1025 m. A 8 km du Puy-Mary. Parc régional des volcans d'Auvergne. Cirque de Mandailles, Vallée de la Jordanne, 28 km d'Aurillac.

Production : charcuterie à base de viande d'agneau : saucisse sèche, terrine, navarin, ferme bio d'altitude (ovins, chevaux, bovins).

Accueil : le Puy Mary, Peyre Arse, Bataillouse, Puy Griou, Elancèzes, Chavaroche... et tous ces lieux magiques veillent sur le "gîte du bois joli". C'est en famille ou entre familles que nous vous attendons aux 4 saisons : ces 4 gîtes (15 pers. maxi) sont tous équipés de cuisines, séjour, chambres et notre lieu de vie devient échanges, rires, frissons devant les saisons.

Activités possibles : venez découvrir le patrimoine traditionnel à travers la rand'oh ! ferme, naturellement vôtre. Rivière, pêche, GR400, luge, raquettes...

ROYER Claudine 1504

4/6 pers.
12€
enfant : 8€

2 ch.
4/6 pers.
40€

La Besse
15200 MAURIAC
tel : (+33) (0)4 71 68 10 13
mobile : (+33) (0)6 76 94 87 76
mel : jeanmarc.royer@wanadoo.fr
web : membres.lycos.fr/natureattelage/

Situation : la ferme est située à 5 km de Mauriac, 25 km de Salers. Zone d'élevage entre les Gorges de la Dordogne et le Puy Mary.

Production : chevaux de trait de race comtoise. Promenade en calèche pour découvrir les environs. Potager et basse-cour. Une vache, une ânesse.

Accueil : table paysanne, 2 chambres paysannes dans une ancienne grange restaurée. Salle de bain et wc pour chaque chambre. Chauffage électrique et au bois dans la salle commune. Le repas du soir est pris en commun.

Activités possibles : promenades en calèche. Randonnées pédestres. Soins aux chevaux et petits animaux.

16 - CHARENTE

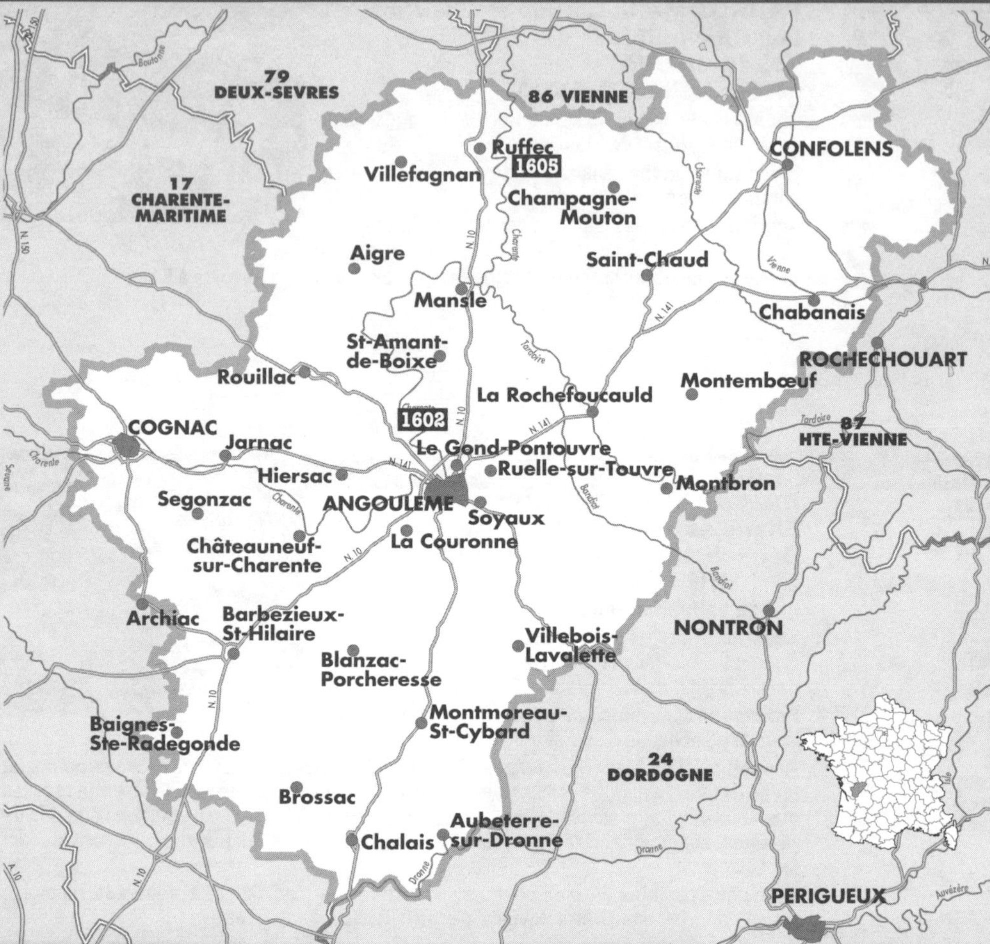
79
DEUX-SEVRES
86 VIENNE
17
CHARENTE-
MARITIME
Ruffec
1605
CONFOLENS
Villefagnan
Champagne-
Mouton
Aigre
Saint-Chaud
Mansle
Chabanais
St-Amant-
de-Boixe
ROCHECHOUART
Rouillac
Montembœuf
La Rochefoucauld
1602
COGNAC
87
HTE-VIENNE
Jarnac
Le Gond-Pontouvre
Hiersac
Ruelle-sur-Touvre
Montbron
Segonzac
ANGOULEME
Soyaux
Châteauneuf-
sur-Charente
La Couronne
Archiac
Barbezieux-
St-Hilaire
Villebois-
Lavalette
NONTRON
Blanzac-
Porcheresse
Montmoreau-
St-Cybard
Baignes-
Ste-Radegonde
24
DORDOGNE
Brossac
Aubeterre-
sur-Dronne
Chalais
PERIGUEUX
N. 10
N. 141
N. 150
A. 10
Charente
Vienne
Tardoire
Bandiat
Dronne
Boutonne
Seugne
Isle
Auvézère

SEGUIN Marie-Claude et Jean-Paul 1602

6 pers.
13€

2 ch.
6 pers.
34€
(+0,60€
taxe séjour)

produits paysans

Ladoux
16570 MARSAC
tel / fax : (+33) (0)5 45 21 42 59

Situation : vallée de la Charentes entre coteaux et rivière, à 15 mn d'Angoulème et 30 mn de Cognac, D939 et D96, N10 à 15 mn.

Production : vins de pays , Pineau des Charentes, céreales, légumes. Agriculture biologique (Contrôle Ecocert).

Accueil : table paysanne, 2 chambres paysannes avec lit 140, armoire, 1 chambre enfant avec 2 couchages, sdb, wc.

Activités possibles : pêche, baignade en rivière, randos, plan d'eau avec école de voile.

MOY Christine et Jean-Louis 1605

English spoken

13€

3 ch.
7 pers.
42€
+15€
/pers. sup
pers. seule :
35€

4 pers.
BS 250€
HS 370€

La Grande Métairie à OYER
16700 BIOUSSAC
tel : (+33) (0)5 45 31 15 67
mel : moy.christine@wanadoo.fr
web : http://www.lagrandemetairie.net

Situation : ferme située entre prairies et bois, à 6 km de Ruffec, située sur N10. A Ruffec, prendre D740 direction Confolens puis direction Bioussac, puis 1ère à gauche direction Oyer.

Production : céréales et légumes secs, prairies, élevage ovin. Ferme en agrobiologie mention Qualité France.

Accueil : dans un lieu calme, ferme charentaise avec 3 chambres pays. dont 1 suite familiale pour 4 pers., sanitaires privés. Cuisine à disposition pour les chambres. Gîte au RdC : séjour, coin cuisine, wc. À l'étage, 2 chambres avec salle d'eau, jardin, balançoires, abri voiture, piscine sur place. Table paysanne pour randonneurs ou cyclistes sur réservation.

Activités possibles : échanges, livres, piscine, randonnées, marchés, jardins à thème, églises romanes. A 1h : marais poitevin, Angoulême, Poitiers.

17 - CHARENTE-MARITIME

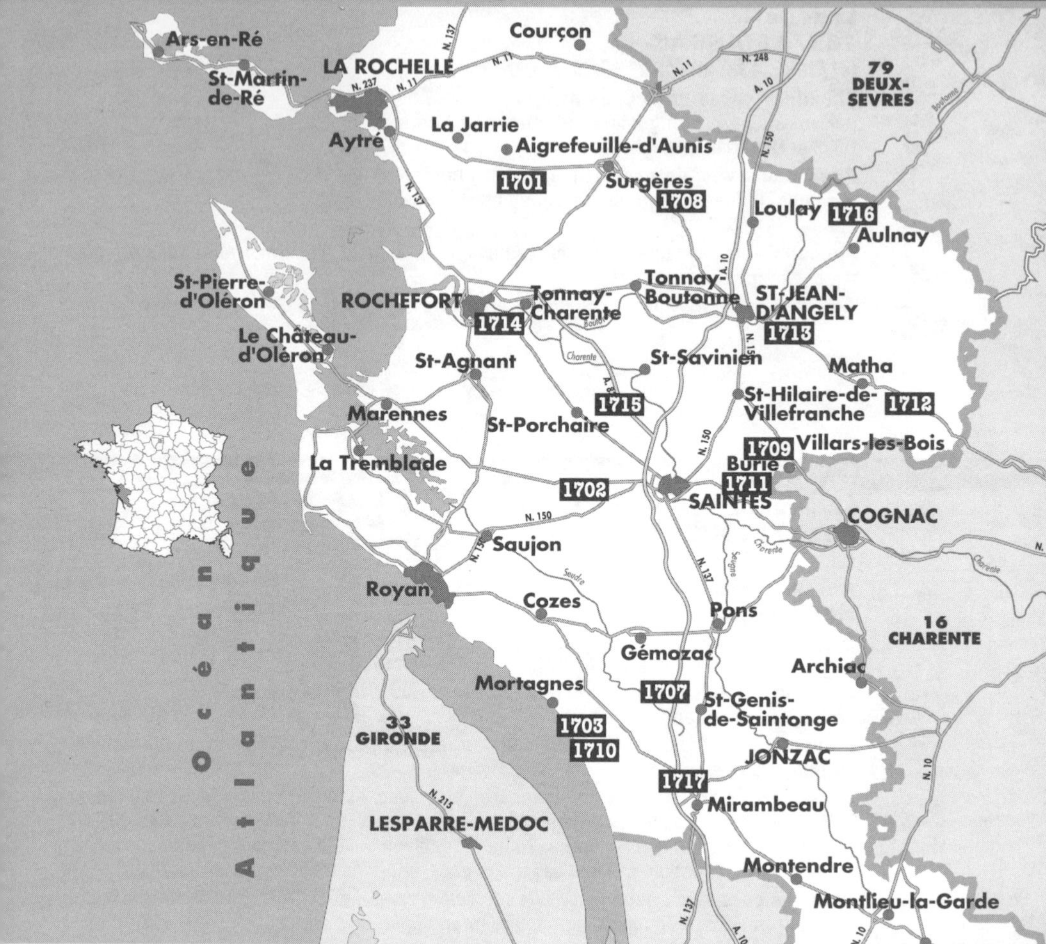

GITE A LA FERME 1701

5 pers.
BS 280€
HS 320€

PETIT Monique et Jean
3, rue du Clou
17290 THAIRÉ D'AUNIS
tel : (+33) (0)5 46 56 17 39

Situation : situé à une extrémité du village, calme. A 8 km de Chatelaillon et 20 km de La Rochelle, Rochefort et Surgères. Ile de Ré à 25 km, Venise verte à 35 km, niveau de la mer.

Production : propriété reprise par le fils. Culture de blé, colza, tournesol. Vente Pineau, Cognac, œufs, légumes.

Accueil : gîte paysan 5 pers. + 1 bébé.

Activités possibles : portique, tennis à 300 m, bibliothèque à 300 m, piscine, équitation à 8 km.

MAISON BLEUE PAYSANNE 1702

4 pers.
BS 256€
(2 sem. 445€)
HS 300€
(2 sem. 578€)

RULLAUD Bernadette et Marcel
3, rue du Maine-Dorin
17600 CORME ROYAL
tel / fax : (+33) (0)5 46 94 45 76
tel : (+33) (0)5 46 94 45 76
mel : marcelbernadette.rullaud@wanadoo.fr

Situation : alt. 25 m, carte Michelin 71, D728. 25 mn de Royan, 35 mn de Rochefort (D733), 15 mn de Saintes (D728), 40 mn de l'île d'Oléron (D728), 45 mn de Cognac.

Production : production viticole : jus de raisin, vin, Pineau, Cognac sur l'exploitation des enfants jouxtant la maison. Céréales.

Accueil : gîte paysan au calme.

Activités possibles : découverte de la distillerie, visite d'un site typique de notre région (marais) par nous-même. Visite de nombreux sites romans, zoo de la Palmyre, plage, marche, pêche à 6 km. Tennis.

FERMEBIO-ESTUAIRE LA GRAVELLE 1703

2 gîtes
Gîte 1 :
5 pers.
BS 350€
HS 450€
Gîte 2 :
4/10 pers.
BS à partir de 300€
HS de 440 à 800€
WE 230€ (1 nuit) et 250€, tarif randonneur

produits paysans

10 pers.
15€

6 empl.
25 pers.
3€/pl.
3€/pers.
elec 3€
caravane 250€/sem

English spoken
Se habla español

BOISSEAU Régine, Patricia & Dominique
Domaine de La Gravelle
17120 MORTAGNE SUR GIRONDE
tel / fax : (+33) (0)5 46 90 50 91
tel : (+33) (0)5 46 90 50 34
mel : camplarainette@wanadoo.fr
web : fermebio-anestuaire.com

Situation : au bord de l'estuaire de la Gironde, port de pêche et de plaisance, sur l'axe Royan-Bordeaux. A 20 mn des plages de Royan.

Production : élevage agneaux bio Qualité France. Légumes potager, œufs, pain bio au village. Arbustes à fleurs.

Accueil : camping paysan. Gîte 5 pers. mitoyen (entrée et jardin independants), gîte 4/10 pers., maison ancienne indépendante, jardin fermé, espace, calme. Piscine commune.

Activités possibles : sur la ferme : piscine, location ânes, location vélo, sentiers de randonnées. Epicerie paysanne et bio. Veillées et feux de camps. Visite de la ferme et table paysanne sur réservation.

GITE DE DENAT 1707

English spoken
Se habla español

9 pers.
15€

1 ch.
3 pers.
34€

6 pers.
16€

Philippe, Dominique et Roland Randolande Denat
17240 CHAMPAGNOLLES
tel : (+33) (0)5 46 70 92 94
mel : philip.jan@netcourrier.com
web : http://infos.randolande.free.fr

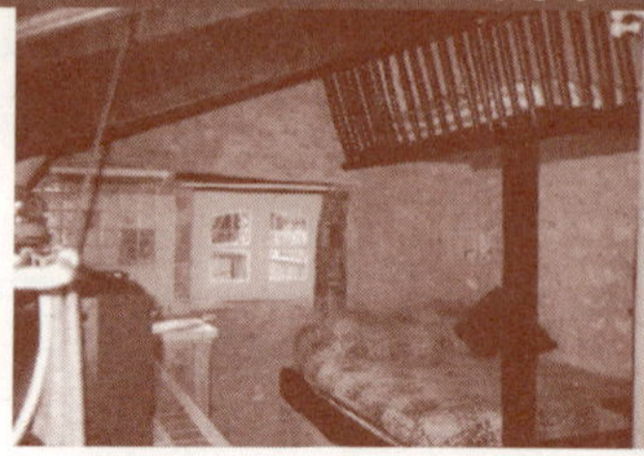

Situation : à 1/2h de Saintes, Royan et Cognac. Sur la D143 entre St-Genis et Champagnolles (sortie A36, Pons-Jonzac).

Production : achat de produits issus de l'agriculture bio label AB des producteurs de la région, jus de raisin du village, produits du jardin.

Accueil : relais paysan et chambre paysanne dans une ancienne ferme rénovée, location toute l'année, à la nuitée ou à la semaine, chauffage compris, petit déj. compris. Table paysanne le soir sur demande. Ambiance familiale dans un centre de randos équestres.

Activités possibles : séjours ados en pension complète, soins aux chevaux, randos équestres, randos pédestres, plages à 30 km, parc aquatique à 20 km (les Antilles de Jonzac). Connexion internet Wifi.

HAMEAU DE MONTIFAUD 1708

English spoken

15 pers.
15€

5 ch.
15 pers.
45€
+10€
/pers.sup

6/8 pers.
BS 305€
HS 480€
WE 150€
(1 nuit)

Famille MORISSET
Hameau de Montifaud 17430 GENOUILLÉ
tel : (+33) (0)5 46 67 15 10
web : gitedemontifaud.free.fr

Situation : en Pays du Val de Saintonge, 40 mn de La Rochelle, 20 mn de Rochefort, du marais poitevin et de la mer, près d'une rivière, TGV à 10 mn.

Production : gd jardin potager sur paille dont vous dégusterez les produits à notre table.

Accueil : calme, confort et détente assurés dans une ambiance familiale ; nous vous accueillons dans une de nos 5 chambres aménagées et nous prendrons le temps de l'échange le soir à notre table ; notre gîte confortable et original vous permettra de passer un excellent séjour. Stages à thèmes et accueil de groupes possibles.

Activités possibles : soirées culturelles (théâtre, chants, soirées contées, dîner littéraire... programme à consulter sur notre site internet), balades sur sentiers balisés à pied ou à vélo (location sur place), pêche, canoë, plage, piscine au village (2 km), art roman, visites nature...

BÉGAUD Chantal et Bernard 1709

English spoken

2 ch.
8 pers.
52€

2 empl.
8 pers.
3€/pl.
2,50€/pers.
elec 0,50€

8 pers.
402€
WE 115€
(2 nuits)

La Métairie de la Barre
17770 VILLARS LES BOIS
tel : (+33) (0)5 46 94 95 36
fax : (+33) (0)5 46 94 57 17
mobile : (+33) (0)6 16 24 24 73
mel : bernardbegaud@ifrance.fr
web : www.bernardbegaud.com

Situation : alt. 75 m, panorama remarquable sur le pays bas, 30 mn de Saintes, au cœur de la Saintonge Romane viticole, 15 mn de Cognac, D731, Villars-les-Bois, C229, la Métairie de la Barre.

Production : élevage ovins, production viticole. Paysans engagés dans une démarche d'agriculture durable et solidaire.

Accueil : calme et repos dans un gîte paysan, location toute l'année, à la semaine ou au week-end, location au gîte ou en chambres paysannes (tout confort, chauffage compris). Camping paysan.

Activités possibles : 3 randonnées au départ de la ferme, plans d'eau, baignade, pêche, détente à 3 km. Visites distillerie charentaise, lecture de paysage, dégustations Cognac et Pineau des Charentes.

FERME DE LA RIVE 1710

15 pers.
16 à 20€

4 ch.
4 pers.
50€

English spoken

MAS Richard et Nanou
1 quai des Pêcheurs
17120 MORTAGNE SUR GIRONDE
tel : (+33) (0)5 46 90 66 01
mobile : (+33) (0)6 76 13 50 43

Situation : sur le port pittoresque de Mortagne, face au bassin à flôt. Plages à 15 km. Royan et Saintes à 30 km.

Production : moutons, poulains, poulets, céréales, œufs, confitures maison.

Accueil : table paysanne, chambres paysannes (2 pers. + lit sup. possible avec sdb individuelle) dans une maison tradionnelle du propriétaire. Accueil chaleureux assuré toute l'année. Casse-croûte paysan.

Activités possibles : pêche, randonnées VTT, pédestres, équestres ou avec ânes bâtés, visites distilleries Pineau et Cognac, ermitage monolithe, plage.

CLAUDOT Marie-Claude 1711

15 pers.
15€

English spoken

Croix Échelle
17610 SAINT SAUVANT
tel : (+33) (0)5 46 93 42 94
mel : croixechelle@aliceadsl.fr

Situation : à 10 mn de Saintes en direction de Cognac. Dans un village de caractère bâti sur un éperon rocheux dominant la vallée du Coran. A 2 mn du Paléosite de St Césaire.

Production : élevage de volailles, petit potager, arbres fruitiers, chevaux.

Accueil : table paysanne avec possibilité de visite guidée du patrimoine et du terroir local. Sur réservation les samedis et dimanches toute l'année. Calme et confort assuré. Panorama.

Activités possibles : randonnées pédestres, visite de chais à 400 m. Musée de la Mérine. Équitation à 400 m. Repos.

MARILLEAU Marie-Laure et Laurent 1712

6 pers.
BS 280€
HS 350€

produits paysans

English spoken
Chinois parlé
Islandais parlé

21, rue de la Métairie
17160 SONNAC
tel : (+33) (0)5 46 26 61 19
mel : malou54@wanadoo.fr

Situation : dans un village (épicerie-tabac, PTT, boulangerie), à 4 km de Matha (tous commerces), et à 1h de la mer.

Production : lait et yaourts fermiers, 35 vaches laitières, prairies et céréales.

Accueil : un gîte paysan mitoyen de notre ferme laitière avec accès et jardin clos indépendants. Pièces spacieuses, claires et fraîches l'été. De plain pied. Matériel bébé à disposition.

Activités possibles : assister à la traite, caresser et nourrir les veaux et les poules, visiter la yaourterie. A 4 km : plan d'eau avec baignades surveillées et restaurant. Circuits de randonnées et baignades à l'océan. Spectacles variés aux alentours.

CHEZ PICHON 1713

10 pers.
16€

3 ch.
10-12 pers.
38 à 45€

SIRAUD Pascale et François
30 rue du Moulin - 17350 GRANDJEAN
tel / fax : (+33) (0)5 46 90 78 74
mel : chezpichon@caramail.com
web : membre.lycos.fr/chezpichon

Situation : au cœur de la Charente-Maritime, à 10 mn de St-Jean-d'Angély, de Saintes et St-Savinien, à 1h de l'île d'Oléron et l'île de Ré, dans un charmant petit village auprès d'une rivière pour pêcheurs.

Production : jardin potager, produits bio dans les fermes alentours.

Accueil : accueil simple et chaleureux autour d'une table paysanne et de 3 chambres paysannes, chacune pourvue de salle d'eau et wc privatifs, avec une salle commune et une chambre avec petit salon télé privatif. Le tout rénové avec goût et authenticité avec des matériaux tels que la chaux. 2 chiens, 2 chats et 2 chevaux.

Activités possibles : randonnées à pied ou VTT. Pêche à la rivière de 1ère catégorie "le Bramerie". Initiation à la cuisine végétarienne sur demande et fabrication du pain.

VECHAMBRE Colette 1714

3 pers.
BS 190€
HS 210€
WE 80€
(2 nuits)

English spoken

2 allée de la rigaudière
17430 SAINT HIPPOLYTE
tel : (+33) (0)5 46 82 00 42
mel : dvechambre@free.fr

Situation : à 3 km de St Hippolyte, à 15 km de Rochefort et à proximité de la mer (20 km).

Production : ferme, avec pour production principale le lait, basse-cour familiale.

Accueil : gîte paysan au RdC d'une grande maison saintongeaise située dans un lieu calme et reposant, grande cour, 1 grande chambre avec lit 140, lit d'appoint pour 1 pers., salle à manger, cuisine avec évier, frigo, gazinière, chauffe-eau et vaisselle, couverture et draps fournis (pas de linge de maison), lave-linge, douche, lavabo, wc. Chauffage central.

Activités possibles : à 500 m : poney-club, à proximité : sentier de grande randonnée.

SOULICE Didier 1715

produits paysans

30 rue des moulins à vents
La queue du Marais
17250 GEAY
tel / fax : (+33) (0)5 46 95 02 87

Situation : entre Saintes et Rochefort, à 1,5 km du château de la Roche Courbon.

Production : producteur transformateur, en agriculture biologique (AB contrôle Ecocert) : pains d'engrains et de sarrasin, pâtes, farine. Sur commande.

Accueil : ferme charentaise au milieu des bois. Possibilité de visite de l'atelier de fabrication sur rendez-vous.

Activités possibles : randonnées dans les bois en allant jusqu'au château de la Roche Courbon.

PESTOURIE Pierre 1716

5, route du rond point
Gatebourse
17470 ST MANDE SUR BREBOIRE
mobile : (+33) (0)6 74 33 40 21
ou (+33) (0)6 77 74 97 16
mel : pierre.pestourie@hotmail.fr

2 ch.
5-6 pers.
40€
+15€
/pers.sup

6/7 pers.
400€

English spoken
Se habla español

Situation : Au cœur du Poitou-Charentes, à 1h de l'océan Atlantique (La Rochelle) à 1h du futuroscope, à 40 mn du Marais Poitevin (La Venise Verte) et à proximité de Cognac, Saintes et St Jean d'Angely.

Production : potager et quelques lapins.

Accueil : calme et confort pour 4 chambres paysannes dans un logis charentais. Possibilité d'accueillir une famille de 5 personnes. Ouvert du 15 mai au 15 septembre. Gîte paysan et chambres paysannes. Piscine à disposition.

Activités possibles : randonnée, pêche, visite de producteurs locaux, asinerie et visite du patrimoine local (art roman).

ASS. MIRAMBEAU DÉVELOPPEMENT PLUS 1717

BP 10
17150 MIRAMBEAU
tel / fax : (+33) (0)5 46 86 04 27
mel : mirambeau.dev.plus@wanadoo.fr

prix groupe pour 1 journée 33,50€/pers.

prix groupe pour 3 jours et 2 nuits 190 à 210€

Situation : Dans le sud de la Charente-Maritime à proximité entre Royan et Bordeaux. A proximité de l'estuaire de la Gironde.

Accueil : "nous vous recevons comme des amis et non pas des clients." Vous dégusterez des produits sains de la ferme et du jardin dans une chaleureuse ambiance familiale. Vous participerez à des visites guidées du pays de la Haute-Saintonge.

Activités possibles : visite et connaissance du pays de la Haute-Saintonge. Déjeuner en famille accueillante.

18 - CHER

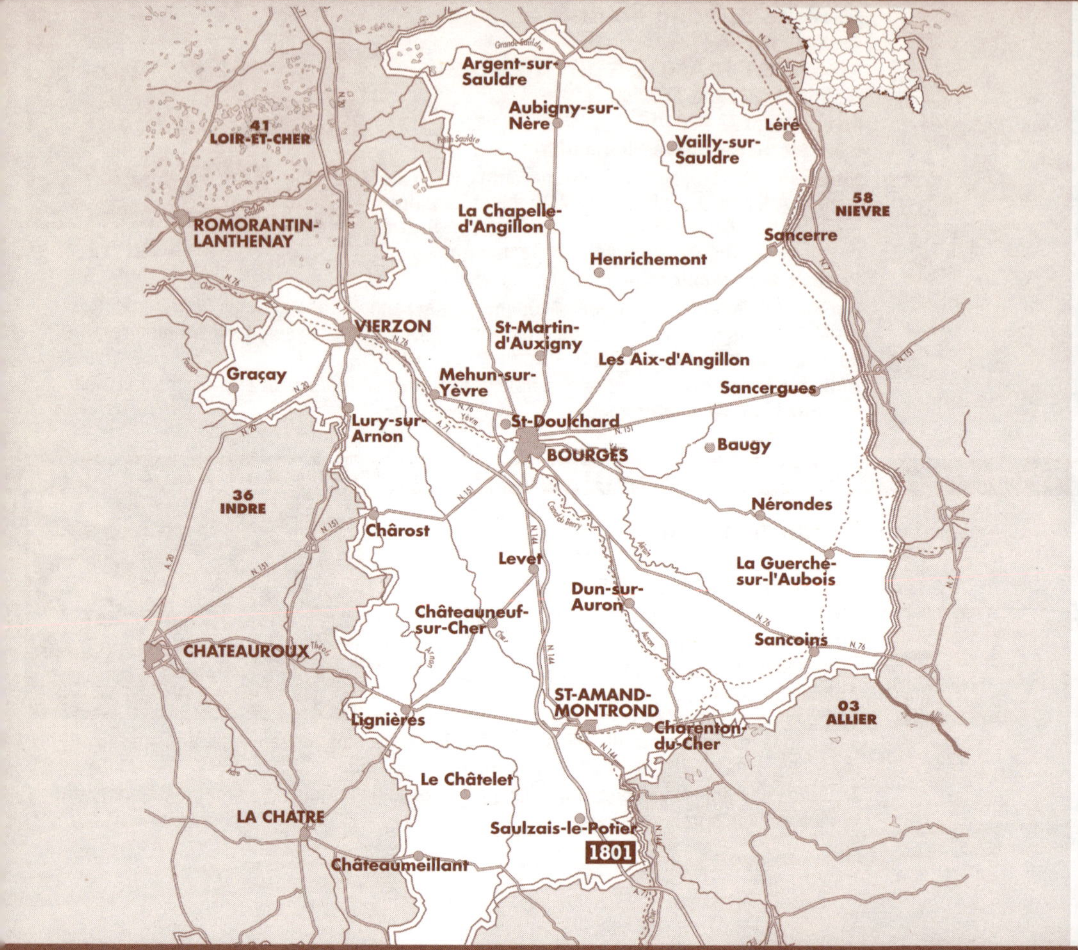

ZIJLSTRA Gérard et Gommie 1801

15 pers.
15€

2 gîtes
Gîte 1 :
4 pers.
BS 250€
HS 300€
Gîte 2 :
6 pers.
BS 350€
HS 480€

English spoken

Man spricht Deutsch

Wij spreken nederlands

Grand Fond
18360 EPINEUIL LE FLEURIEL
tel : (+33) (0)2 48 63 07 68
mobile : (+33) (0)6 09 06 00 08

Situation : Au sud-est du Berry, à 20 km au Nord de Monluçon, 4 km de l'A71.

Production : œufs, fruits, volailles, confitures.

Accueil : dans un bâtiment ancien, près de la Forêt de Tronçais. Gérard, artiste sculpteur, vous propose tout au long de l'année 2 gîtes ainsi que sa table paysanne dans un environnement assez bocageux au calme assuré.

Activités possibles : balades à proximité de la rivière Cher et de la Forêt de Tronçais. Visite de l'atelier d'artiste. Aux alentours : piscine, pêche, tennis, golf, musée, équitation…

19 - CORRÈZE

DELMAS Jeannette et Gabriel — 1901

0 empl.
40 pers.
,80€/pl.
70€/pers.
ec 2,50€

5 ch.
15 pers.
35 à 39€

English spoken

Le Bourg
19600 NOAILLES
tel / fax : (+33) (0)5 55 85 81 33

Situation : alt. 260 m, à 8 km au sud de Brive, accès par l'A20 sortie 52, ou D920 ou D158, région touristique aux confins du Périgord, Limousin, Quercy.

Production : de notre fils Pascal, vaches limousines et veaux de lait sous la mère.

Accueil : chambres paysannes, dont 2 en rez-de-chaussée sans aucune marche ; camping paysan aménagé.

Activités possibles : visite de la ferme, pêche en étang, randonnées pédestres sur la commune. Voile et baignade à 6 km au lac du Causse, visite de Brive, Turenne, Collonges, Rocamadour, Gouffre de Lafage...

DOMAINE NATURE DE MEILHAC 1904

2 gîtes
Gîte 1 : 4 pers. BS 400€ HS 460€
Gîte 2 : 6 pers. BS 450€ HS 550€
WE 140 à 200€ (2 nuits)

60 pers. 16 à 30€

3 ch. 9 pers. 40€

28 pers. 13€

CAMPAGNE Gilles
Meilhac
19400 HAUTEFAGE
tel : (+33) (0)5 55 28 08 10
fax : (+33) (0)5 55 28 35 51
mobile : (+33) (0)6 08 21 62 59
mel : meilhacecoloisir@aol.com
web : www.domaine-nature-de-meilhac.com

Situation : alt. 500 m dans parc boisé de 9 ha. En plein cœur de la vallée de la Dordogne, en Xaintrie blanche. 10 km d'Argentat, de St Privat, 20 km de Monceaux/Dordogne, des monts du Cantal, Pleaux, Salers. A 50 km Rocamadour, Collonges, Puy-Mary...

Production : charcuterie, vin de noix, de sureaux, pissenlit.

Accueil : chambres, gîtes, auberge et relais paysans, agréé J&S.

Activités possibles : randos pédestres, GRP480, pêche avec guide accompagnateur, promenade à calèche, piscine, ateliers de modelage de la terre, location VTT, salles équipées pour recevoir stages et séminaires. Canoë-kayak, deltaplane, parapente.

LES CHALETS DU BORD DU LAC 1905

3 gîtes
Gîte 1 : 6 pers. BS 290€ HS 560€
Gîte 2 : 6 pers. BS 290€ HS 560€
Gîte 3 : 6 pers. BS 290€ HS 560€
WE 50€/nuit/ 2pers.

MAURIANGE Joël
Pont de Pellachal 19160 NEUVIC
tel / fax : (+33) (0)5 55 95 99 41
mobile : (+33) (0)6 74 58 09 41
mel : mauriange@club-internet.fr
web : www.leschaletsduborddulac.com

Situation : au bord du Lac de la Triouzoune. A 4 km de Neuvic.

Production : canards, oies, potager à disposition.

Accueil : 3 gîtes paysans : chalets tout confort (2 chambres, sdb, wc indépendants). Accès direct au lac situé à qq mètres (lac de la Triouzoune, 450 ha, Vallée de la Dordogne et grands barrages). Terrasse avec salon de jardin, barbecue, hamac. Draps et linge de toilette fournis. Lits faits à votre arrivée. Salle commune pour activités, fêtes. Venez vous vider la tête et vous remplir les poumons.

Activités possibles : baignade, pêche, randonnées, pétanque. Démonstration de sculpture sur bois à la tronçonneuse, jeu de quilles géant, location canoës, bâteaux à moteur.

ROUSSEAU Nadine et DANIEL Philippe 1906

2/3 pers. 260€ WE 74€ (2 nuits)

produits paysans

English spoken

Les Chaussades
19300 SAINT YRIEX LE DEJALAT
tel / fax : (+33) (0)5 55 93 21 72
mel : nadphi@club-internet.fr
web : verger.laguillaumie.free.fr

Situation : à 8 km d'Egletons (tous commerces), sortie 22 de l'A89, à 100 km de Limoges et 120 de Clermont-Ferrand. Alt. 600 m dans une vallée paisible agrémentée d'un ruisseau et forêts parsemées de chemins pour la randonnée.

Production : myrtilles arbustives, transformées sur place : confitures, purées, myrtilles sèches, jus ; agriculture bio et bio-dynamique.

Accueil : gîte paysan : 1 pièce 30 m² avec sanitaires, coin cuisine, lit 2 pers., lit 1 pers., canapé-lit ; situé à l'étage de la maison d'habitation ; aire de pique-nique.

Activités possibles : cueillette de myrtilles, jardinage ; randos, baignades, cueillette de champignons.

AUBERGE L'ACQUELLA 2001

English spoken
Si parla italiano
Corse parlé

25 pers.
25€

5 ch.
10 pers.
70 à 85€

GREGORI Jean-Jacques
Le Franciasco
20117 CAURO
tel : (+33) (0)4 95 28 46 80

Situation : alt. 450 m. A 15 mn d'Ajaccio, bordure de la RN196, 10 mn du lac du barrage de Tolla.

Production : agneaux, fromages et dérivés.

Accueil : sur ses terres, l'auberge a le plaisir de vous convier à sa table, de vous proposer le gîte (chambres paysannes), bienvenue chez nous !

Activités possibles : randonnées pédestres sur chemins de montagne.

21 - CÔTE-D'OR

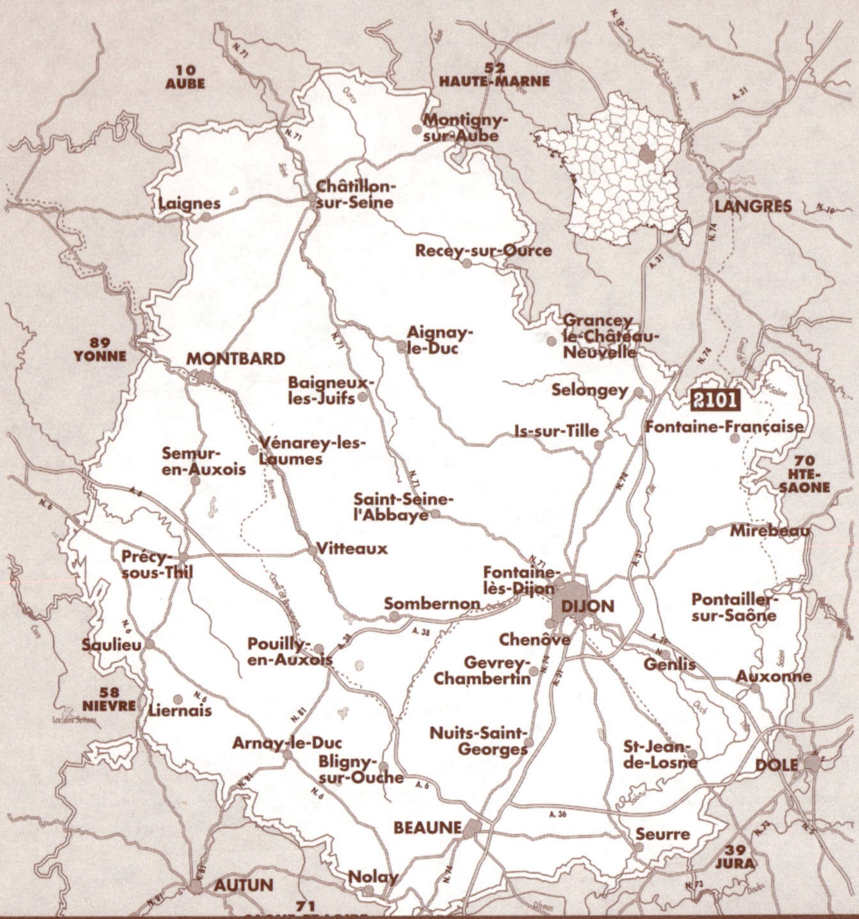

DUBREUIL Blandine — 2101

15 pers.
18€

English spoken

Se habla español

7 bis rue de la Montolle
21260 SACQUENAY
tel / fax : (+33) (0)3 80 75 95 60
mel : blandine_dubreuil@yahoo.fr

Situation : au carrefour de 3 régions : Bourgogne, Franche-Comté, Champagne-Ardennes. 35 km au nord de Dijon. Petit village reconnu pour ses fontaines classées.

Production : association de plusieurs activités : culture de légumes de variétés anciennes, plantes aromatiques et fleurs comestibles. Production de déréales et oléagineux en culture biologique puis transformation en farines et huiles végétales. Boulangerie artisanale (levain naturel, cuisson au feu de bois).

Accueil : nous vous accueillons à notre table au sein du fournil pour y déguster un repas. Le menu unique varie toutes les semaines suivant l'inspiration (repas végétarien sur demande). Uniquement sur réservation dimanche midi et soir.

Activités possibles : découverte du jardin et de la ferme (meunerie). 2 centres équestres dans le village. Lac de Villegusien, Canal de la Saône, Source de la Seine, Château de Champlitte et son musée des traditions populaires. Musée du Houblon.

Tréguier
Paimpol
LANNION
La Roche-Derrien
Plestin-les-Grèves
Pontrieux
Plouha
Manche
Bégard
Lanvollon
Etables-sur-Mer
2215
ST-MALO
Plouaret
2214
Pléneuf-Val-André
Matigon
Belle-Isle-en-Terre
GUINGAMP
Châtelaudren
2211
Plérin
Ploubalay
Plouagat
2212
ST-BRIEUC
Bourbriac
La 2207 ux
Plancoët
Ploufragan
Callac
Lamballe
Plélan-le-Petit
Quintin
Dinan
2213
2203
St-Nicolas-du-Pélem
Jugon-les-Lacs
Maël-Carhaix
Montcontour
Plœuc-sur-Lie
29 FINISTERE
Corlay
Evran
2210
Uzel
Broons
Collinée
Rostrenen
Plouguenast
Caulnes
Gouarec
2201
Mûr-de-Bretagne
Loudéac
Merdrignac
35
ILLE-ET-VILAINE
La Chèze
PONTIVY
56
MORBIHAN
N. 12
N. 164
N. 176
N. 24

LA FERME DES HORIZONS 2201

5/7 pers.
320€

DUAULT Brigitte et Noël
Le Petit Roduel
22530 MÛR DE BRETAGNE
tel / fax : (+33) (0)2 96 28 56 66
mobile : (+33) (0)6 79 49 64 45

Situation : alt. 129 m. Vue panoramique. A 5 km du lac de Guerlédan, 1 km du canal de Nantes à Brest, du Blavet et de deux autres rivières.

Production : vaches allaitantes en agriculture biologique, polyculture, élevage de veaux sous la mère, céréales. Vente directe veaux et bœufs. Mention AB.

Accueil : gîte paysan 2 chambres pour 5 à 7 personnes.

Activités possibles : sur place : jeu de boule bretonne, football, balançoire, toboggan, ping-pong, basket et aussi : visite de la ferme, soins aux animaux, balade dans les bois.

SALLIOU François et BOUKAÏS Hamida 2203

30 pers.
35€/J

20 pers.
60€/WE/pers.
pension complète :
12€/nuit

Guillerbot
22110 TRÉMARGAT
tel : (+33) (0)2 96 24 52 23 ou(+33) (0)2 96 24 51 42

Situation : centre-ouest Bretagne, région vallonnée et boisée, 4 km des Gorges de Toul Goulic, au bord du GR341, 30 km au sud de Guingamp, 12 km de Rostrenen.

Production : vaches, moutons, cochons, rûches, petits élevages chevaux de. selle. Fabrication du pain, miel, beurre.

Accueil : accueil d'enfants (classes, centre de vacances (agrément IA et J&S) et de groupes (30 personnes). Relais paysan, randonnées équestres et pédestres.

Activités possibles : découverte de la ferme, soins aux animaux, éducation à l'environnement, randonnées équestres, camp cheval.

LES MOUETTES RIEUSES 2207

2 gîtes
Gîte 1 :
2 pers.
(studio)
BS 230€
HS 300€
Gîte 2 :
13 pers.
BS 640€
HS 790 à 1260€
WE Gîte 2 :
290€
(2 nuits)

5 ch.
13 pers.
42€

13 pers.
20€

sous conditions

English spoken

FUMERY Ginette
et GUERNION Jean-Pierre
Crémur - La Grandville 22120 HILLION
fax : (+33) (0)8 25 18 12 40
mobile : (+33) (0)6 72 39 08 27
mel : les_mouettes_rieuses@tiscali.fr
web : les.mouettes.rieuses.chez.tiscali.fr/

Situation : 11 km St Brieuc, 85 km Rennes (voie rapide). A moins de 5 mn à pied du GR34 (randonnées), à moins de 15 km des stations balnéaires, à moins de 30 km de Fort La Latte, Cap Frehel, Falaises de Plouha, pêches à la coquille St Jacques, cités de caractères.

Production : polyculture, élevage (agriculture durable). Production de céréales et lait.

Accueil : 2 gîtes : 1 de 2 pers. (studio) et 1 de 13 pers. Ce dernier est composé de 2 chambres de 2 places, 3 chambres de 3 places ; chaque chambre a wc et sdb privatifs ; une cuisine salle à manger est mise à disposition (en gestion libre). Ce gîte est loué soit à la chambre soit en gîte de groupe (13 places).

Activités possibles : découverte de la ferme. Traite des vaches. Randonnées sur le GR34. La réserve naturelle et les oiseaux.

LEMAITRE Daniel — 2210

produits paysans
English spoken
Breton parlé

Le Croasty
22340 MAEL CARHAIX
tel : (+33) (0)2 96 29 07 69

Situation : le centre ouest Bretagne est un pays parsemé de Landes avec des vallées où naissent et coulent les ruisseaux. Multiples chemins (creux ou de halage) propices à la randonnée permettent de découvrir un riche patrimoine religieux essentiellement (chapelles, calvaires...)

Production : cidre et jus de pomme. Miel

Accueil : vente directe. Visite avec commentaires sur la production de cidre et dégustation.

Activités possibles : randonnées. Visite du verger. Atelier de transformation et dégustation.

ROUSSEAU Corinne et CAMUS Jean-Marc — 2211

goûter paysan
produits paysans

Saint Plestan
22400 PLANGUENOUAL
tel : (+33) (0)2 96 93 89 82
mobile : (+33) (0)6 71 19 35 29
mel : corinnerousseau@wanadoo.fr
web : www.korrig-ane.com

Situation : située près de la station balnéaire de Pléneuf Val André sur la côte de Penthièvre à 3 km de la mer, l'activité a été créée sur une cidrerie.

Production : les 8 ânes pâturent les vergers. Nous produisons du cidre fermier, du jus de pomme, du vinaigre de cidre et des gelées de pommes et de cidre, en agriculture bio.

Accueil : nous louons les ânes de bâts pour la balade ou la randonnée. Après une petite initiation les gens partent avec l'âne et son équipement à la découverte des sentiers bretons.

Activités possibles : visites de la cidrerie, dégustation gratuite, goûter de crêpes et bolées de cidre et de jus de pomme, "camping" sur place. Ferme de Malido (labyrinthe de maïs à 2 km). Centre équestre à 3 km, les plages à 3 km. Aire camping-car à 3 km.

HERBARIUS — 2212

4/7 enfants 10€/1/2J
15 pers. 8 à 10€ atelier cuisine : 10€
English spoken

GOULLEY Florence
Le Haut du Val
22400 PLANGUENOUAL
mobile : (+33) (0)6 03 43 25 28
mel : f.goulley@free.fr

Situation : ferme horticole isolée dans le bocage breton entre la campagne et la mer.

Production : Plantes condimentaires et à épices. Légumes anciens et fleurs à manger. Pour agrémenter votre cuisine...

Accueil : Florence vous accueille en groupe de Pâques à octobre dans le jardin médiéval, la pépinière et la serre tropicale.

Activités possibles : sur le site sont organisés des visites du jardin médiéval, des promenades botaniques à la découverte des plantes sauvages comestibles et des ateliers de cuisine. 11 et 12 aout 2007 : Festival sur le développement durable (habitat éco-autonome, jardinage bio et bien être, vivre autrement dans un monde durable).

LES ATTELAGES DU KREIZ BREIZ 2213

14 enfants

produits paysans

English spoken

Guerlagadec - 22480 LANRIVAIN

tel : (+33) (0)2 96 45 76 31

Situation : la ferme se situe en centre-ouest Bretagne à 25 km, plein sud de Guingamp, à 50 km de la mer (Paimpol) dans un cadre très verdoyant fait de collines et vallées encaissées.

Production : 6 chevaux de trait bretons travaillent sur la ferme et à l'extérieur, pour l'activité de débardage (6 mois de l'année). 4 truies assurent d'autre part une activité de vente directe de porcs fermiers.

Accueil : une petite ferme traditionnelle travaille en agriculture durable avec un souci très fort d'autoproduction maximale (légumes, viance, fruits...) et très axée sur la traction animale.

Activités possibles : tous les mercredis et vendredis, l'été, une activité "un jour à la ferme" au rythme du cheval breton pour faire découvrir le cheval breton au travail dans ses différents aspects. Randonnées en calèche pour faire découvrir le patrimoine. Aux alentours : base nautique à 10 mn, Canal de Nantes à Brest à 20 mn, Gorges de Toul Goulic à 5 mn. Tarif des activités à la ferme : à la journée : 14€/adulte et 6€/enf ; pour 1h30 : 13€/ad et 6,5€/enf ; pour 2h30 : 17€/ad et 8 €/enf.

GÎTE D'ENFANTS DE KERMATHAMAN 2214

7 enfants
350€/sem

produits paysans

English spoken

Man spricht Deutsch

DOEDENS Clément
Kermathaman
22540 PEDERNEC

tel / fax : (+33) (0)2 96 45 34 24

mel : kermathaman@laposte.net

Situation : au pied du Méné Bré à 15 km de Guingamp sur l'axe Guingamp-Lannion.

Production : légumes et petits fruits. Doubles-poneys Welsh.

Accueil : accueil d'enfants à la semaine pour activités équestres avec encadrement D.E et éducation à l'environnement, repas bios (végétariens possibles).

Activités possibles : activités autour de la découverte de l'équitation et de la nature. Grands jeux. Nous sommes également refuge LPO.

LES VERGERS REGINEENS 2215

produits paysans

LUCAS Jean-François
La Couture
22430 ERQUY

tel : (+33) (0)2 96 63 53 82

mel : vergersregineens@club-internet.fr

© CRTB

Situation : entre Erquy et Pléneuf Val André, sur la côte.

Production : cidre, jus de pomme, pommeau, Fine Bretagne, vinaigre de cidre, pétillant de sureau, frênette.

Accueil : vente directe à la ferme, tous les jours sauf le dimanche.

23 - CREUSE

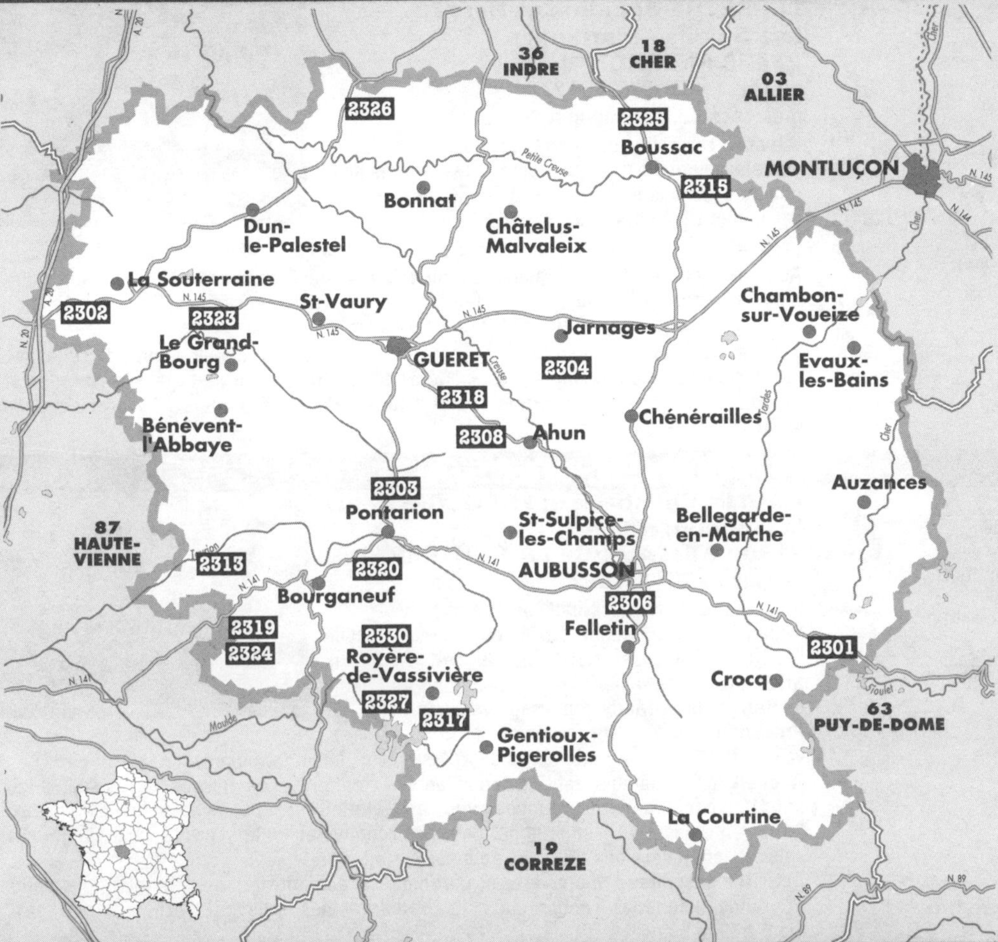
36
INDRE
18
CHER
03
ALLIER
2326
2325
Boussac
MONTLUÇON
2315
Petite Creuse
Bonnat
Dun-
le-Palestel
Châtelus-
Malvaleix
La Souterraine
St-Vaury
Chambon-
sur-Voueize
2302
2323
Jarnages
Le Grand-
Bourg
GUERET
Creuse
2304
Evaux-
les-Bains
2318
Bénévent-
l'Abbaye
2308
Ahun
Chénérailles
Auzances
2303
Pontarion
87
HAUTE-
VIENNE
St-Sulpice-
les-Champs
Bellegarde-
en-Marche
2313
2320
AUBUSSON
Bourganeuf
2306
2319
2324
2330
Felletin
2301
Royère-
de-Vassivière
Crocq
2327
2317
63
PUY-DE-DOME
Gentioux-
Pigerolles
La Courtine
19
CORREZE
N. 145
N. 141
N. 89
A. 20
N. 20
Cher
Maulde
Sioulet

LA FERME DES SOLEILS 2301

2 pers.
BS 180€
HS 230€
WE 70€
(2 nuits)

English spoken
Se habla español
Si parla italiano

15 pers.
13€

3 ch.
13 pers.
38€

4 pers.
10€

6 empl.
3€/pl.
4€/pers.
elec 2€

LEPRÊTRE Blandine et Hervé
Les Soleils - Marlanges
23420 MÉRINCHAL
tel / fax : (+33) (0)5 55 67 27 88
mel : lessoleils@wanadoo.fr

Situation : en pleine campagne sauvage, au bout d'un hameau tranquille dans les Combrailles, proche de la chaîne des Puys et du Sancy, à 50 mn de Clermont-Ferrand et 25 mn d'Aubusson, alt. 721 m.

Production : volailles, légumes, miel, jus de pommes.

Accueil : lieu de silence, ressourcement et créativité. 3 chambres, gîte, relais et camping paysans. Locaux non fumeur. Table paysanne, repas en silence. Table sans alcool. 2 salles d'activités aux normes ERP de 120 et 80 m². Accueil de stage et séminaire.

Activités possibles : environnement naturel favorable au recueillement, à la réflexion, aux échanges et au dialogue. Possibilité de temps de silence partagé. Promenades et randonnées au départ de la ferme. Marche dans le Parc des Volcans d'Auvergne et dans le Massif du Sancy.

LES COUSINS DE CREUSE 2302

4/5 pers.
BS 250€
HS 300€
WE 120€
(2 nuits)

2 enfants
50€/J
scolaires :
25 enfants
6€/J

8 pers.
14€

1 ch.
3 à 5 pers.
42€

NAULIN Christiane et FRANCOIS Denis
le Dognon, n° 22
23300 ST MAURICE LA SOUTERRAINE
tel / fax : (+33) (0)5 55 63 79 64
mel : lescousinsdecreuse@no-log.org

Situation : dans un village, alt. 380 m, au croisement de l'A20 (Paris-Toulouse) et N145 (Montluçon-La Rochelle). SNCF à La Souterraine (10 mn). Aux confins du Poitou, du Berry et de la Marche, paysage vallonné.

Production : jardin, verger, animaux, (âne, chèvres, volailles). Pain au four à bois, jus de fruits maison, lait et fromages de nos 3 chèvres.

Accueil : gîte, chambre, table, accueil familial d'enfants et de classes (agréé ASE, J&S) dans une ancienne ferme rénovée avec des matériaux sains et de pays. Envie de mieux-être, trait d'union ville-campagne. Energies renouvelables (électricité verte, panneaux solaires, chaudière aux granulés de bois).

Activités possibles : découverte et participation aux activités du lieu, jeux pour petits et grands, baignades, randonnées, sites remarquables, artisanat d'art, ... ne rien faire, mais le faire bien !

PAYS'ÂNE 2303

4 pers.
280€
WE 130€
(2 nuits)

produits paysans

ALLÈGRE Géraldine et François
Le Mondoueix - 23250 SARDENT
tel / fax : (+33) (0)5 55 64 93 15
mel : pays-ane@club-internet.fr
web : paysanecreuse.free.fr

Situation : alt. 680 m. A 25 km au sud de Guéret, 60 km de Limoges, 130 km de Clermont-Ferrand, aux portes du plateau de Millevaches, hameau de 3 foyers.

Production : pain au levain cuit dans un four à bois. Volailles, œufs, agneaux. Agriculture biologique.

Accueil : gîte paysan, au-dessus du fournil, matériaux naturels utilisés pour la restauration de ce bâtiment ; au cœur de la ferme où nous élevons une quinzaine d'ânes, une vache et son veau, quelques brebis et leurs agneaux, lapins, volailles. 1 hébergement léger de loisirs (yourte).

Activités possibles : un pays aux Mille ressources : demandez le guide. Randonnée avec des ânes de bât à la journée ou plusieurs jours (F.N.A.R.) départ de la ferme. Participer à la vie de la ferme.

FERME DE DROUILLAS 2304

2 gîtes
Gîte 1 : 4 pers. BS 230€ HS 265€
Gîte 2 : 8 pers. BS 305€ HS 400€
WE 125/200€

8 pers. 15€

3 ch. 8 pers. 40€

produits paysans

PERRIER Jean-Marie et Chantal
Drouillas - 23140 VIGEVILLE
tel / fax : (+33) (0)5 55 80 90 70
mel : jmperrier@tiscali.fr
web : vacances-en-creuse.chez.tiscali.fr/

Situation : alt. 511 m. A18 km de Guéret prendre RN145 en direction de Montluçon puis Jarnages D990 en direction de Aubusson à la sortie du bourg, chemin de terre "Drouillas" à 0,5 km.

Production : ferme d'élevage, vaches charolaises, basse-cour, vente directe. Pratique d'une agriculture paysanne.

Accueil : 3 chambres (1 de 2 pers. et 2 de 2/4 pers.), 2 gîtes indépendants au milieu d'une ferme de 60 ha. Poss. loc. draps pour les gites (5 € la paire). Découvrez nos élevages mais aussi les soirées four à pain. Découvrez nos élevages mais aussi les "soirées four à pain".

Activités possibles : pêche de la carpe en étang privé de 1,5 ha. Découverte des travaux de saison. Aux alentours, important patrimoine à visiter (châteaux, sites). Tapisseries d'Aubusson à 30 mn. Plateau de Millevaches à 1h. Vulcania à 1h.

LA JUMENTERIE PASTORALE 2306

5 pers. 280€

DURON Pascal
et STEFANOFF Sandrine
Nalèche
23200 MOUTIER ROZEILLE
tel / fax : (+33) (0)5 55 66 27 40

Situation : alt. 600 m. A 8 km d'Aubusson et 7 km de Felletin aux portes du plateau de Millevaches.

Production : élevage ovin viande et élevage de poneys Haflinger. Agneaux et produits du jardin.

Accueil : gîte paysan 5 pers. + lit bébé. Au milieu des bois et des étangs.

Activités possibles : découverte du milieu naturel, faune et flore. Visite et découverte des activités de la ferme. Promenades à cheval, pêche en étangs privés, baignade, ping-pong, cueillette, visite de musées et ateliers tapisserie à Aubusson.

AU BOUT DU CHEMIN 2308

3/4 pers. BS 225€ HS 260€
WE 100 à 120€ (2 nuits)

English spoken

MATRAT Nelly
Les Fayolles
23150 SOUS-PARSAT
tel : (+33) (0)5 55 64 97 87
mel : nelly.matrat@wanadoo.fr

Situation : alt. 580 m. un chemin bitumé bordé d'arbres vous conduira au gîte, avec vue sur le village de Mareilles. Accès routier à mi-chemin entre Guéret et Aubusson.

Production : produits du jardin, confitures, culture de plantes.

Accueil : gîte paysan lumineux, confortable, d'où vous pourrez observer les animaux de la forêt, entendre les chants des oiseaux. C'est avec plaisir que nous partagerons notre petit paradis de nature, de retour aux sources.

Activités possibles : randonnées au départ du gite, baignade, pêche aux alentours, parc aux loups, visites culturelles. Partage sur nos connaissances des plantes sauvages.

LE MAS BELLANGER 2313

Man spricht Deutsch
Se habla español

5 pers.
BS 280€
HS 300€
WE 100€
(2 nuits)

LEFAURE Murielle et Alain
Le Mas Bellanger
23430 ST PIERRE CHERIGNAT
tel / fax : (+33) (0)5 55 64 32 30

Situation : alt. 370 m, 20 mn de Bourganeuf (Creuse), 20 mn de Saint-Léonard-de-Noblat (Haute-Vienne), 1h de Vassivière, 1h de Limoges. Collines verdoyantes et forêts, nombreuses sources, étangs, lacs.

Production : bovins limousins, pommes, jus de pommes, légumes, fruits de saison, animaux de basse-cour.

Accueil : grands espaces et contacts avec les animaux. Chiens acceptés sauf dans les chambres ; gîte paysan confortable, agréable et calme ; disponibilité pour rencontres autour d'un café, au cours d'une promenade, d'une veillée pour partager idées et modes de vie.

Activités possibles : repos, promenade, pêche, randonnée, tourisme culturel, baignade en rivière et lacs.

DOMAINE DE CHATEUX 2315

6/8 pers.
480€

English spoken

GAUTRON Hervé
Châteux
23600 SOUMANS
tel / fax : (+33) (0)5 55 65 40 50
web : www.domaine-de-chateux.com

Situation : alt. 420 m, 10 km Boussac, 30 km Montluçon, 50 km Guéret, 6 km RN145, 1km du bourg de Soumans. Au milieu des prés, au bord de la petite Creuse, rivière catégorie 1.

Production : chevaux de trait et Halflinger, volailles en liberté et à déguster sur place.

Accueil : gîte, draps et linge de maison fournis. Jardin ombragé clos, salon de jardin, barbecue. Réception de cavalier avec monture, au pré, pendant les vacances et même au-delà. Promenade en attelage et découverte des chevaux.

Activités possibles : piscine municipale à proximité, découverte d'un riche patrimoine naturel et bâti.

LES SAVEURS BUISSONNIERES 2317

20 pers.
21€

English spoken

DISS Agnès et Dominique
Les Bordes
23460 ROYERE DE VASSIVIERE
tel / fax : (+33) (0)5 55 64 93 17

Situation : alt. 630 m. A 10 mn du Lac de Vassivière, 40 mn de Guéret et Aubusson, 1h de Limoges, au cœur du Limousin, sur le Plateau de Millevaches.

Production : découverte des plantes et fleurs comestibles.

Accueil : auberge, menu unique renouvelé chaque semaine respectant le rythme des saisons et subtilement agrémenté des herbes du jardin. L'espace d'un repas, laissez-vous emporter par l'émotion des goûts, accordez-vous le temps d'écouter le feu crépiter, de respirer les parfums de la nature. Possibilité de repas végétarien sur réservation.

Activités possibles : toutes activités liées au lac, randonnée, équitation, centre d'art contemporain, patrimoine.

LE POTAGER DE ST HILAIRE 2318

produits paysans

English spoken

Se habla español

GIBAUD Guy et PAULY Geneviève
Busselet
23150 ST HILAIRE LA PLAINE
tel : (+33) (0)5 55 80 04 15
mel : gibaud-pauly@potager.fr
web : www.potager.fr

Situation : à 15 km de Guéret.

Production : culture maraîchère : légumes de saison, pomme de terre, pommes, poires.

Accueil : vente directe sur les marchés, mercredi à Ahun, jeudi et samedi à Guéret, vendredi à Felletin.

MONTEIL Jean-Luc et Evelyne 2319

6 pers.
BS 270€
HS 330€
WE 110€
(2 nuits)

produits paysans

Chaminadas
23400 AURIAT
tel : (+33) (0)5 55 75 30 11
mobile : (+33) (0)6 89 37 16 43

Situation : alt. 500 m. 20 mn de Bourganeuf (Creuse), 10 mn de Saint Léonard (Haute Vienne), 45 mn du lac de Vassivière et 40 mn de Limoges.

Production : cochons, veaux, avec laboratoire pour découpe et transformation (charcuterie).

Accueil : gîte paysan avec pierres apparentes et cheminées dans cuisine et salon. Le gîte est situé sur la ferme, à 4 km de la maison de Jean-Luc.

Activités possibles : promenade sur piste, pêche sur deux étangs communaux, visite et découverte des activités de la ferme. baignade, tennis à 6 km, activités équestres à 3 km, visite de magasin et d'une usine de porcelaine, terrain de golf à 15 km.

LES QUATRE SAISONS 2320

English spoken

Man spricht Deutsch

Wij spreken nederlands

2 ch.
5 pers.
40€

15 empl.
60 pers.
5€/pl.
4€/pers.
elec 3€

VAN KIPSHAGEN Antoine
Chignat
23250 SOUBREBOST
tel / fax : (+33) (0)5 55 64 23 35
mel : les-4-saisons@tiscali.fr
web : www.les-4-saisons.com

Situation : village de 38 habitants, en Creuse au cœur de la France, grand calme et pleine nature. alt. 575 m. A 6 mn de Bourganeuf, 55 mn de Limoges, 25 mn du lac de Vassivière, 35 mn d'Aubusson, 30 mn du Plateau de Millevaches.

Production : fabrication de confitures et de pain (pour chambre paysannes).

Accueil : chambres paysannes (possibilité de préparer votre repas), camping + location de 2 caravanes 4 pers. Combinaisons possibles entre le camping et les chambres. Accueil de cavaliers et leurs montures.

Activités possibles : découverte de l'environnement et éducation à la protection de la nature. Randos pédestres, cyclistes, VTT et équestres (GR4), patrimoine, ruisseaux, baignade, pêche.

FERME EQUI-LYBRE 2323

English spoken

4 pers. 18€

1 ch. 2/4 pers. 39€

BELOT Muriel et Hervé
28 La Berthonnerie
23300 SAINT PRIEST LA FEUILLE
tel : (+33) (0)5 55 63 72 88
mobile : (+33) (0)6 67 89 43 34

Situation : alt. 380 m, à 1km de la N145 et 12 km de l'A20, 3 km du centre de La Souterraine (SNCF, piscine, cinéma, tous commerces), 20 mn de Guéret, 40 mn de Limoges, 50 mn de Châteauroux. Sur le chemin de St-Jacques-de-Compostelle.

Production : potager, moutons, élevage de chevaux, poneys, ânes.

Accueil : 1 chambre paysanne (1 lit 2 pers., 2 lits 1 pers., lit bébé possible), dans une grange de pays rénovée par nos soins et à notre goût. Table paysanne sur demande.

Activités possibles : promenade à cheval sur selle western ou en calèche, soins et visite aux animaux, découverte du métier de maréchal-ferrand. Pêche, randos, VTT, baignades en étang et piscine, dolmens, élevage d'escargots. Récupérer, se reposer...

CHAMPS LIBRES 2324

6 enfants 320€/sem

3 ch. 6 pers. 42€

produits paysans

THEVENON Isabelle - Ferme Les Chenauds
29 Rte de la Fond Rabillou
23400 SAINT MOREIL
tel / fax : (+33) (0)5 55 64 00 85

Situation : alt. 450 m, au cœur du Limousin, 50 km sud de Guéret, 40 km est de Limoges (A20), 20 km du Lac de Vassivière.

Production : production sur 2 sites (St Moreil - St Julien-le-Petit) : viande limousine, légumes, petits fruits, œufs, miel, semences, transformation des légumes en conserves ; bio contrôle Qualité France.

Accueil : sur le site de St Moreil. Accueil à la semaine de 6 enfants (7-12 ans) pendant les vacances scol., agréé J&S; 3 chambres pays. dont 1 équipée sdb, wc. Nourriture bio.

Activités possibles : vivre au rythme de la ferme, soins aux animaux, jardinage, cuisine, pain, cabanes, pêche, balades, activité commune possible avec 1 autre gîte d'enfants ; baignade à 5 km (surveillée). Association agriculturelle sur le site de St-Julien-le-Petit (spectacles, stages, chantier de bénévole, accueil de nouveaux arrivants dans la région...). Ne rien faire...

MYRTILLES DU TRIMOULET 2325

produits paysans

English spoken

website in english

ESTIENNE Geoffrey
Le Trimoulet - 23600 BOUSSAC BOURG
tel : (+33) (0)5 55 65 83 17 - fax : (+33) (0)5 55 65 17 94
mobile : (+33) (0)6 08 47 98 77
mel : blueberries@infonie.fr - web : www.myrtille.fr

Situation : 40 km au NE de Guéret, 40 km à l'ouest de Montluçon, à 15 km de la N145, à 1km de Boussac, suivre les flèches "myrtilles".

Production : myrtilliers sur 5 ha, entièrement cueillis à la main de juillet à sept. ; certif. agriculture raisonnée. Herbages et plantations forestières.

Accueil : vente de fruits frais tout l'été. Produits limousins : confitures, crèmes et liqueur de myrtilles, fruits secs, eau de vie de myrtilles et de poires Williams, coffrets cadeaux. Visite guidée gratuite, tous les lundis à 10h30 en juillet et août ; visite du verger et dégustation de fruits, visite de l'installation de conditionnement, fabrication, chambres froides, distillerie, dégustation. Durée 1h30. Hors saison, visite possible pour groupes sur RdV.

Activités possibles : pays de Boussac (château, vieille ville, les Pierres Jaumâtres, Toulx-Ste-Croix) ; tous commerces et hébergement, piscine, golf, pêche et baignade, randos, équitation.

AUVILLAIN Joëlle et Philippe 2326

4 pers.
BS 250€
HS 300€
WE 90€
(2 nuits)

English spoken

Marmeron
23360 MEASNES
tel : (+33) (0)5 55 81 01 27

Situation : à la limite du Berry et de la Marche, à 15 km de la Vallée de la Creuse, à deux pas des promenades de George Sand.

Production : vaches limousines en agriculture biologique. Selon la saison : fromages, légumes, pain, confitures, farine.

Accueil : gîte paysan situé dans le corps de ferme, en pleine nature, au milieu des arbres et des oiseaux. Location de linge de maison et repas d'accueil possible.

Activités possibles : découverte de notre savoir-faire paysan, découverte des activités de la ferme, promenades et lectures de paysages, balades à vélo ; villages anciens, sentiers de découverte, baignade à 15 km.

BETTON Guillaume et Josiane 2328

13 pers.
20€
vin+café compris

3 ch.
7 pers.
43€

produits paysans

English spoken

Se habla español

Favareillas
23460 SAINT MARTIN CHÂTEAU
tel : (+33) (0)5 55 64 55 35
mobile : (+33) (0)6 30 67 08 73
mel : http://guillaume.betton@free.fr
web : guillaume.betton.free.fr

Situation : près du Lac de Vassivière (5 km). Alt. 600 m. A mi-chemin entre Guéret et Limoges (55 km). A 9 km de Peyrat-le-Château.

Production : ovins limousins, prairies naturelles. Un grand jardin. Pratiques respectueuses de l'environnement. Des sites sont gérés en lien avec le Conservatoire Régional des Espaces Naturels. Agneau limousin, légumes, œufs, petits fruits, jus de pommes, confitures, pain.

Accueil : 3 chambres paysannes dont 1 suite familiale (2 chambres) avec salle de bain et entrées indépendantes. Site très calme et verdoyant. Cuisine familiale.

Activités possibles : activités nautiques, baignade, balades nombreuses (à pieds, en VTT, à cheval), pêche en eaux vives, découverte cuisine, jardinage.

FERME DE VASSIVIÈRE 2330

produits paysans

English spoken

8 pers.
8€

2/4 pers.
BS 180€
HS 295€
WE 55€
(1 nuit)
82€
(2 nuits)

BILBAULT Armelle et Jean-Marc
Chemin du Clou
23460 ROYÈRE DE VASSIVIÈRES
tel / fax : (+33) (0)5 55 64 71 90

Situation : alt. 700 m, à 200 m du village, 2 km du Lac de Vassivière (1000 ha), 45 mn de Guéret et d'Aubusson, 1h de Limoges, sur le Plateau de Millevaches.

Production : élevage de chèvres, volailles, fromages et lait de chèvres.

Accueil : gîte-chalet à la ferme comprenant 2 chambres, 1 salle de bain (douche, wc), cuisine-salle à manger. Relais paysan : cheminée, cuisine-salle à manger, salle de bain, location de draps possible. Vente directe de produits laitiers.

Activités possibles : centre équestre, randonnées pédestres (champignons, cueillette de myrtilles, framboises et fraises sauvages), toutes activités liées au lac et ses alentours (ski nautique, pêche, voile), activités sportives (quad, moto-cross, VTT), patrimoine, fêtes estivales, activités culturelles, marché au village le mardi matin..

24 - DORDOGNE

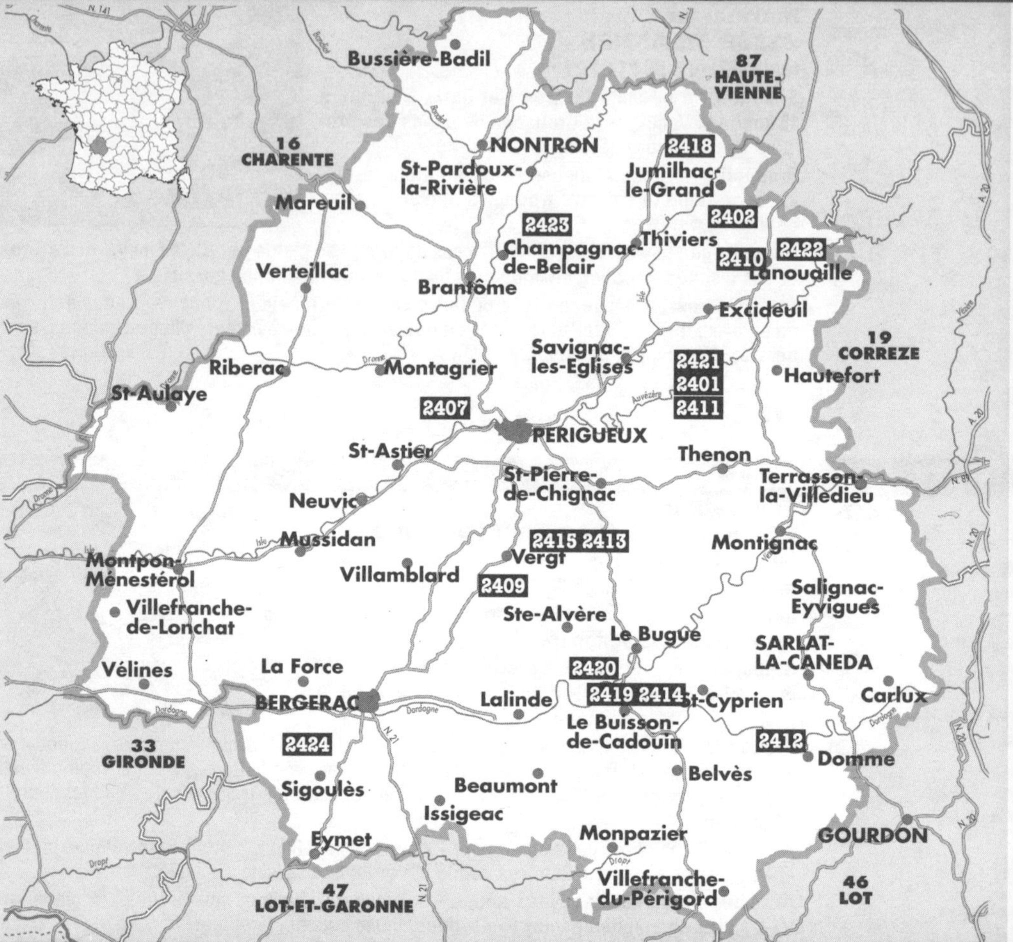
Bussière-Badil
87
HAUTE-VIENNE
16
CHARENTE
NONTRON
2418
St-Pardoux-la-Rivière
Jumilhac-le-Grand
Mareuil
2402
2423
Champagnac-de-Belair
Thiviers
2410
2422
Lanouaille
Verteillac
Brantôme
Excideuil
19
CORREZE
Savignac-les-Eglises
2421
2401
2411
Riberac
Montagrier
Hautefort
St-Aulaye
2407
PERIGUEUX
St-Astier
Thenon
St-Pierre-de-Chignac
Terrasson-la-Villedieu
Neuvic
Mussidan
2415 2413
Montignac
Montpon-Ménestérol
Vergt
Villamblard
2409
Salignac-Eyvigues
Villefranche-de-Lonchat
Ste-Alvère
Le Bugue
SARLAT-LA-CANEDA
Vélines
La Force
2420
BERGERAC
Lalinde
2419 2414
St-Cyprien
Carlux
Le Buisson-de-Cadouin
33
GIRONDE
2424
2412
Domme
Belvès
Sigoulès
Beaumont
Issigeac
Monpazier
GOURDON
Eymet
Villefranche-du-Périgord
47
LOT-ET-GARONNE
46
LOT

ÂNES À CHRONIQUES 2401

2 gîtes
Gîte 1 :
4/6 pers.
BS 195€
HS 240€
Gîte 2 :
8/10 pers.
490€

13€

3 ch.
2/8 pers.
37€

LYPHOUT-MICHAL Éric, Coline, Brigitte
La Rougerie - 24390 TOURTOIRAC
tel : (+33) (0)5 53 50 09 49 - fax : (+33) (0)5 53 51 30 87

Situation : alt. 202 m, à 35 km de Périgueux, 40 km de Brive, environ proche du château de Hautefort, sites préhistoriques (Lascaux 35 mn).

Production : ferme conservatoire de races domestiques menacées de disparition (vaches, moutons). Elevage d'ânes, veaux, bœufs, cochons, poulets, lapins, agneaux, œufs et légumes du jardin.

Accueil : chez nous, vous trouverez, outre tous les plaisirs de la nature et de la ferme, une bonne table propice aux échanges, à la discussion et à la franche rigolade dans une ambiance familiale. Dans ce pays de châteaux forts et du féodalisme moderne, vous serez à La Rougerie, à 1000 lieues des terroirs-caisses, 3 chambres paysannes, 2 gîtes indépendants, table paysanne avec produits de la ferme.

Activités possibles : randonnées pédestres accompagnées d'ânes bâtés, VTT, baignade en piscine, rivière et plan d'eau, canoë-kayak, escalade, spéléo, pêche, visite de châteaux, sites préhistoriques et grottes.

LA FERME DU BREUILH 2402

6/8 pers.
BS 370€
HS 390€
WE 100€
(1 nuit)

TINON Marc et RUSSEIL Claudine
Le Breuilh - 24450 ST PIERRE DE FRUGIE
tel : (+33) (0)5 53 52 06 65 ou : (+33) (0)6 30 36 40 82
mel : lafermedubreuilh24@yahoo.fr

Situation : alt. 370 m. Au cœur du PNR Périgord-Limousin. Entre Périgueux et Limoges par RN21. A 3,5 km de La Coquille, 10 km de Chalus, 12 km de Jumilhac-le-Grand, 90 km de Sarlat.

Production : élevage d'agneaux, volailles de races Marans, Gasconne, canards de Rouen, oies de Guinée, lapins, cochons Cul Noir, œufs.

Accueil : ouvert toute l'année. Gîte dans maison (fin XVII°), rénovée, RdC : 2 ch., sdb, wc, grande salle de séjour avec cheminée (bois fourni), cuisine aménagée, salon. Calme, repos, nature préservée, label WWF Panda. Relais équestre.

Activités possibles : découverte de la ferme et ses animaux, pêche dans nos étangs (gratuit), randonnées, baignade à 5 km Bussière-Galand, visite de châteaux, grottes à proximité (Villars). En saison, au Breuilh, vous pouvez venir écouter le brame du cerf et cueillir des champignons.

FERME BIOLOGIQUE DES CHABANNES 2407

6/8 pers.
BS 400€
HS 450€
WE 130€
(2 nuits)

produits paysans

MORVAN Christiane et Didier
Les Chabannes
24350 MENSIGNAC
tel / fax : (+33) (0)5 53 03 41 00

Situation : situé en Périgord central, à 20 km de Périgueux, direction Ribérac, 10 km de St-Astier, 25 km de Brantôme. Ferme en bordure de forêt, dans un hameau calme et isolé.

Production : ferme biologique (contrôle Ecocert). productions très diverses : fruits et légumes, jus de fruits, confitures, céréales et chanvre (huile, truffes), élevage d'ânes. Vente à la ferme.

Accueil : gîte paysan dans ancienne ferme rénovée avec matériaux naturels, cheminée, terrasse couverte 70 m², aire de jeux.

Activités possibles : grand terrain de jeux (pétanque, badmington, ping-pong), 2 VTT disponibles, randonnées pédestres et VTT, centre équestre à 800 m, base de loisirs nautiques, canoë et baignade en rivière à 10 km. Visite de la ferme et de la Truffière.

FERME DE LA PESSOUTIE 2409

10 pers.
BS 390€
HS 460€
WE 150€
(2 nuits)

English spoken

LAURENT-EMELIE Véronique
Le Bourg
24380 FOULEIX
tel : (+33) (0)5 53 04 60 19
mel : lapessoutie@tiscali.fr
web : lapessoutie.free.fr

Situation : au cœur de la Dordogne, entre Périgueux et Bergerac, à 3 km de Vergt, dans un environnement préservé.

Production : élevage de baudets du Poitou, oies normandes à rôtir, jus de pommes, huile de noix, volailles, confitures.

Accueil : gîte paysan dans une maison du XVIII° siècle, entièrement rénové avec des matériaux naturels : 3 chambres, 2 salles d'eau, un séjour cuisine avec cheminée. Ouvert toute l'année (chauffage central).

Activités possibles : visite de la ferme. Soin aux animaux, lac de loisirs à 2 km, randonnées (sentier devant la maison).

FOREST Guy et Christina 2410

5 pers.
BS 270€
(oct. à mars)
HS 350€ à 470€
(juillet-août)
WE 180€
(2 nuits)

English spoken

Man spricht Deutsch

La Gautherie - 24270 LANOUAILLE
tel / fax : (+33) (0)5 53 52 53 19
mel : gcfor@wanadoo.fr
web : www.forestbio.com

Situation : alt. 310 m. Dans le Périgord vert, au centre du triangle Périgueux-Brive-Limoges. Dans un hameau en pleine nature.

Production : ferme de 23 ha en agriculture biologique (polyculture, élevage). Légumes, noix, pommes (anciennes variétés), jus de pommes, céréales, moutons.

Accueil : gîte paysan dans une ancienne maison entièrement rénovée en 2001. A l'étage : 1 chambre avec 1 lit 2 pers. + lit bébé, 1 chambre avec 3 lits 1 pers. ; au RdC : salon, cuisine, sdb, wc. Terrasse avec jardin clos, labellisé 2 étoiles et Vivrélec. Draps fournis.

Activités possibles : visite de la ferme, partage de notre expérience d'un retour à la terre. Promenade (à pied ou VTT) en partant du gîte, rivières sympas à proximité, château de Hautefort, Grotte de Villars, Lascaux II à 50 km, plan d'eau, ferme équestre, pêche, canoë, accrobranche et autres...

PLANTS HORTICOLES ET EXTRAITS VÉGÉTAUX 2411

produits paysans

LYPHOUT Jean-François
et PERRAINE Annick
Les Gounissoux - 24210 AJAT
tel : (+33) (0)5 53 05 28 44 - fax : (+33) (0)5 53 06 30 25
mel : jeanfrançois.lyphout@wanadoo.fr

Situation : presque à mi-chemin entre Brive et Périgueux, près de la RN89, à côté de Thenon. Site isolé en pleine campagne. Incitation à la rêverie au milieu des plantes. A 15 mn de Lascaux.

Production : plants de fleurs, légumes, vivaces, aromatiques et senteurs. Arbustes d'ornement, extraits (purins) végétaux : ortie, prêle, fougère... pour particuliers et professionnels.

Accueil : si l'argent n'a pas d'odeur, difficile d'en dire autant de nos produits : la verveine, le basilic arrosé à l'extrait d'ortie, les mélanges qui détonnent et étonnent pour le plus grand plaisir du palais. Le curieux peut rêver au milieu des cacahuètes, citronnelles, et 499 autres variétés à découvrir.

Activités possibles : présentation de l'activité, des choix de production sans chimie. La visite du Causse alentour est vivement conseillée.

DAVID Nathalie 2412

12 pers.
14€

English spoken
Se habla español

La ferme du Clédou - 24250 CENAC
tel : (+33) (0)5 53 59 63 79 - fax : (+33) (0)5 53 59 25 77
mobile : (+33) (0)6 07 75 90 84
mel : info@arc-ane.com - web : arc-ane.com

Situation : au cœur du Sarladais, adossée à la forêt domaniale de Domme, dans un petit village de 7 maisons. Vous êtes en Périgord noir.

Production : élevage d'ânes. Plantes aromatiques et miel en culture biologique.

Accueil : récemment restaurée, le relais paysan de la ferme du Clédou vous offre le calme de la campagne périgourdine où vous pourrez déguster nos tisanes et profiter de la compagnie de nos longues oreilles (ânes). Relais paysan : 3 ch. de 4 pers. (1 ch. avec 1 lit double et sdb pour personne à mobilité réduite), une gde salle à manger avec espace cuisine (four, mach. à laver) à partager, terrasse aménagée pour petit déjeuner maison !

Activités possibles : Balades et randonnées pédestres accompagnées d'ânes bâtés. Visite de jardins, châteaux. Circuits VTT, canoë-kayak sur la Dordogne. baignade. Accès handicapés. Activité équestres.

SORCIÈRE GENTILLE 2413

produits paysans

Si parla italiano

SARAZIN Marie-Luc
La Peyre
24260 MAUZENS ET MIREMONT
tel : (+33) (0)5 53 08 56 97

Situation : 10 km Les Eyzies, 10 km Le Bugue, 30 km Périgueux, 40 km Bergerac, 35 km Montignac.

Production : fleurs cultivées et sauvages. Huiles et baumes de massage, 100% végétales (sans cochon, sans baleine, sans pétrole).

Accueil : visite guidée des jardins domestiques et sauvages. Marie-Luc, la Sorcière Gentille, vous fera découvrir les mille et une vertus des fleurs sauvages, plus quelques recettes de grand-mère, et même d'arrière arrière grand-mère, les pieds dans la terre, le nez dans les fleurs.

Activités possibles : différents stages vous sont proposés : faire soi-même ses cosmétiques végétaux, découverte des plantes sauvages, médicinales et comestibles.

LA FERME D'ANETH 2414

produits paysans

English spoken
Occitan parlé

DELMAS Roland et PONS Nathalie
Bonnemort - 24260 SAINT CHAMASSY
tel / fax : (+33) (0)5 53 07 67 42 - mel : paysanbio@free.fr

Situation : sur un côteau argilo-calcaire (alt. 200 m) au confluent de La Dordogne et de La Vézère.

Production : légumes de plein champ, aromatiques, verger d'arbres fruitiers sur 2,5 ha, 20 vieux noyers (diversité variétale). Troupeau de 25 brebis, ânes, poules pondeuses. La fenaison est un moment important de l'année et le compost est central. Détail de la prod. dans notre boutique : légumes de saison en plein champ, fruits (nb variétés de pêches, cerises, prunes, poires, pommes), noix.

Accueil : visite de la ferme en polyculture-élevage : légumes-fruits-agneaux, nous développons l'accueil pour échanger, partager, observer et ainsi faire comprendre un métier dificile et passionnant : paysan. Avec éthique, respect et cohérence, nous pratiquons une agriculture biologique. Une relation à la terre, une relation aux autres : au-delà de la consommation, une façon d'être ensemble, pour le meilleur.

Activités possibles : visite de sites. Dans les alentours de nombreux chemins de randonnees, ânes batés, ferme équestre. Baignade en rivière. Gastronomie.

LE JARDIN DU CROUZET 2415

4/6 pers.
BS 300€
HS 350€
WE 100€
(1 nuit)

English spoken

JACQUES Geneviève et Paul
le Crouzet - 24380 CENDRIEUX
tel / fax : (+33) (0)5 53 04 62 59
mel : jacval@caramail.com

Situation : à la jonction des Périgord blanc, pourpre et noir, en bordure d'un petit village entouré de forêts et de fraises, à cheval sur le 45e parallèle, à 20 km du confluent Dordogne-Vézère. Proche de Lascaux et des Eyzies.

Production : ferme biologique. Production de fruits et légumes. Et en plus, lumière, étoiles et silence.

Accueil : gîte paysan accolé à la grange de la ferme périgourdine et restauré avec matériaux naturels (chaux, chanvre, terre cuite). 2 chambres, salle d'eau et grand séjour avec cheminée et chauffage central au bois déchiqueté ; accessible aux personnes à mobilité réduite. Refuge LPO et jardin d'oiseaux. Etang de 30 ares.

Activités possibles : initiation au jardinage, soins aux animaux (chèvres, poules, ânesse). Baignade, canotage et pêche dans notre étang. Balade pour enfant sur ânesse. Ping-pong et vélos. Visite des sites préhistoriques, grottes et châteaux.

LES BISONS DU PERIGORD 2418

produits paysans

English spoken
Se habla español

SOULIE David
les Parcs
24450 MIALET
tel / fax : (+33) (0)5 53 52 63 03
web : www.bisonsduperigord.com

Situation : Au cœur du PNR Périgord -Limousin. A mi-chemin entre Périgeux et Limoges par la N21. A 8 km de la Coquille. Ferme dans un petit hameau tranquille à 2 km de Mialet.

Production : bisons élevés en plein air intégral, nourris à l'herbe, au foin et aux céréales. Vente directe de la viande et charcuteries. Elevage de vaches Limousines.

Accueil : David élève des bisons pour leur viande. Il vous accueille à la boutique de la ferme où vous trouverez de la viande, des charcuteries et plats cuisinés qu'il fabrique à partir des bisons. En longeant le chemin bordant les clôtures, vous verrez les bisons dans leurs prés.

Activités possibles : balades autour des bisons. Randonnées, VTT, centre équestre, étangs, pêche, baignade, visite de grottes préhistoriques.

BEYNE Marie-Annette 2419

4 ch.
10 pers.
31 à 43€

Le Roussel - 24480 LE BUISSON
tel : (+33) (0)5 53 23 85 70
mobile : (+33) (0)6 14 14 43 11
web : www.marie-annette.com

Situation : à mi-chemin de Bergerac et Sarlat, sur la colline, un hameau calme, le charme de la vallée de la Dordogne.

Production : confitures maison et légumes du potager de Marie-Annette pour la consommation familiale. Noix produites par Michel, son frère, l'agriculteur de la ferme.

Accueil : 4 ch. pays. (2 sdb wc privés), petit coin cuisine à disposition, cheminée dans la salle commune, une cour tranquille où vous poser, préparer votre barbecue et partager le dîner certains soirs. Marie-Annette vous accueille dans sa maison de ferme, ouverte en 1975 par sa mère, pionnière de l'"accueil à la ferme" en Dordogne. Accueil simple et convivial.

Activités possibles : les nombreux sites touristiques du Périgord Noir, le calme de la colline, ses sentiers de rando, baignade en rivière, canoë, tennis. A proximité : piscines, plans d'eau, fermes équestres.

LA FERME DES TRUFFIÈRES 2420

25 pers.
22 à 24€

English spoken

LE GOFF Lyzianne
Bosredon
24510 TREMOLAT
tel : (+33) (0)5 53 27 30 44
mel : lyzianne@wanadoo.fr

Situation : au départ de la vallée de la Dordogne, les Truffières vous accueillent sur une propriété de 5 ha de bois et de prés.

Production : canards gras : gavage et transformation. Poulets, canards, agneaux, ânes, cheval, poneys.

Accueil : Lyzianne en cuisine et Yannick au service vous invitent à déjeuner ou à dîner dans le séchoir à tabac restauré qui fait office d'auberge.

Activités possibles : randonnées, point de vue, Cingle de Trémolat, location de vélos et mini-golf à 2 km, ski nautique à 3 km, Gabarès à 8 km.

LA MAISON DU SCULTEUR 2421

5/7 pers.
BS 350€
MS 400€
HS 500€

DESCOMBES Nicole et Alain
Goursat - 24390 TOURTOIRAC
tel / fax : (+33) (0)5 53 51 19 85
mel : descombesalain@wanadoo.fr

Situation : dans le Périgord noir sur le canton d'Hautefort, à 1/2h de Périgueux.

Acteurs ruraux : rencontre entre l'Europe et l'Afrique accompagnée du travail du bois et de la fibre pratiqué au court de 35 ans consacrés au développement rural. Alain vous fera découvrir ses sculptures et sa connaissance du bois. Il vous fera partager sa passion pour l'Afrique noire. Nicole propose une approche du tissage et des pratiques des femmes africaines.

Accueil : sérénité et repos pour ce gîte, tout confort, 5/7 personnes, dans une grange restaurée dans un esprit contemporain. Sur trois demi-étages, séjour et mezzanine ouverts largement sur la campagne. 2 chambres, 2 wc. Jardin et barbecue.

Activités possibles : randonnées à pieds, bois rivière, gorges, plan d'eau, locations d'ânes, chevaux, VTT, canoë kayac, nombreux sites culturels et préhistoriques. Festivals musicaux, théâtre, mimes.

DOUMENS LEFÈVRE Hélène et Jean-Luc 2422

4 pers.
(+ 1 bébé)
BS 250€
HS 300€
WE 80€
(2 nuits)

BOSSAVY
24270 PAYZAC
tel : (+33) (0)5 53 62 95 57
mel : helene.doumens@free.fr

Situation : alt. 368 m, Dordogne limousine, ancienne ferme à 5 km du village. Au centre du triangle Périgueux-Brive-Limoges (+ou– 55 km), à 20 km de Pompadour, "cité du cheval" (Corrèze).

Production : acteur local : artisan en écoconstruction, potager familial, fruits, 3 ânes et 1 chèvre.

Accueil : construction ancienne indépendante, entièrement réaménagée en utilisant des matériaux traditionnels ou écologiques. RdC : cuisine-séjour avec cheminée, salle d'eau, wc, douche, lave-linge ; étage : 2 chambres (1 lit de 140, 2 lits de 90 + lit de bébé). Grande pelouse avec salon de jardin et barbecue.

Activités possibles : repos, découverte du milieu naturel et du patrimoine local, promenade avec âne, baignade et activités nautiques à 10 km. A proximité, productions biologiques : viande, lait, pain artisanal...

VACHAUMARD Marcelle et Jean-Louis 2423

8 pers.
15€

3 ch.
6 pers.
30€
1/2 pension :
59€

25€

Ley Vergne
24530 VILLARS
tel : (+33) (0)5 53 54 82 86

Situation : alt. 280 m. A 12 km de Thiviers, 17 km de Brantôme, nous sommes situés entre St-Jean-de-Côle et Villars (direction Nontron).

Production : c'est une ferme calme en pleine campagne qui s'éveille au chant des oiseaux, située en plein Périgord vert. Paysan retraités, nous continuons à produire nos légumes, nos volailles (poulets et canards gras), nos lapins, cochon, de même notre vin, du miel et des noix que vous pourrez déguster à notre table.

Accueil : c'est une ferme calme en pleine campagne qui s'éveille au chant des oiseaux, située en plein Périgord vert. 3 chambres paysannes de 2 pers. avec 1 lavabo (1 au RdC et 2 à l'étage). La salle d'eau et les wc seront partagés avec les accueillants.

Activités possibles : promenades en forêt, baignade en piscine, visite de châteaux, grottes et abbayes. Sur place, hébergement possible pour les randonneurs à cheval.

EARL GERTHY 2424

6 pers.
BS 200€
HS 300€

produits paysans

BAUDRY Thierry
Larchère - 24240 POMPORT
tel : (+33) (0)5 53 58 25 84 - fax : (+33) (0)5 53 61 39 99
mel : gerthy24@libertysurf.fr

Situation : à 12 km de Bergerac sur les côteaux de Pomport, à 15 km de Sainte-Foy-la-Grande, dans le Périgord pourpre.

Production : vente de vins à la propriété, d'appelations Monbazillac liquoreux, Bergerac blanc sec, rosé et rouge, jus de raisin verjus.

Accueil : découverte d'une ferme viticole en culture biologique depuis 1989, mention Nature et Progrès. Biodiversité et respect des terroirs. Gîte paysan : 3 chambres (2 lits 140 et 2 lits 90). Ancienne ferme accolée à des chais, vous serez au cœur du vignoble périgourdin sous les coteaux où châteaux, maisons périgourdines, forêts et prairies vous raviront.

Activités possibles : balade dans le vignoble, dégustation et découverte des vins, découverte de maisons périgourdine traditionnels. Aux alentours : base aquatique.

25 - DOUBS

JEANNIN Pascale et Patrick — 2501

6 pers.
BS 200€
HS 280€
WE 90€
(2 nuits)

Ferme de Bellevue
25380 VAUCLUSE
tel / fax : (+33) (0)3 81 44 39 77
mel : p.jeannin@wanadoo.fr

Situation : alt. 500 m. Vallée du Dessoubre, Maiche 12 km, Besançon 70 km, Montbéliard 45 km, Cirque de Consolation 15 km, Saut du Doubs 40 km. D410.

Production : agriculture bio. Ferme familiale laitière. Pommes de terre, basse-cour, chevaux Comtois attelés. Lait, œufs, légumes du jardin. Bio contrôle Ecocert.

Accueil : le calme, la convivialité, un environnement agréable, "vert", l'envie d'échanger et de partager des moments sympas, tout en découvrant la réalité au quotidien d'une ferme en bio. Nous vous proposons un gîte spacieux (6 pers. + lit bébé) sur le site de la ferme. A bientôt !

Activités possibles : soins aux animaux, découverte des différents travaux de la ferme. Randonnées sur place, sites et points de vue nombreux, grottes, musée, ski de fond et descente, patinoire (15 km).

FERME AUBERGE DE LA FAYE 2502

60 pers.
16€

KOEBEL Josette et Philippe
La Faye - 25620 FOUCHERANS
tel / fax : (+33) (0)3 81 59 27 34
mel : la.faye@wanadoo.fr
web : www.fermeauberge-lafaye.com

Situation : située à Foucherans, non loin de Besançon, la ferme la Faye accueille les touristes désireux se retrouver dans un cadre authentique, entre terroir et tradition.

Production : moutons, vaches, ânes, chiens.

Accueil : auberge paysanne dans une ferme isolée, en pleine nature. A table, en fonction des saisons, vous pourrez trouver de l'agneau, du bœuf ou du porc, des terrines maison, fabriquées à la ferme. Salle en rondins avec une capacité de 60 personnes, idéal pour organiser des repas de mariages, communions, baptêmes, soirées à thèmes, séminaires, etc. Ouvert toute l'année.

Activités possibles : cheval, escalade, canoë, randonnée pédestre.

FERME ÉDUCATIVE 2503

English spoken

50 pers.
23 à 35€/J
en pension complète

50 pers.
pension complète
35€/adulte
28€/-16 ans
27€/-12 ans
23€/-6ans

Ass. CLAJ - 16, rue de la Fontaine
25370 ROCHEJEAN
tel / fax : (+33) (0)3 81 49 94 85
tel : (+33) (0)3 81 49 91 84
mel : claj-batailleuse@wanadoo.fr
web : www.claj-batailleuse.com

Situation : alt. 950 m, au pied du Mont d'Or, à 5 km de la station de ski de Métabief et du lac de St Point (10 km de la frontière suisse).

Production : vaches laitières, chèvres, poules, lapins, poneys, jardins, fromages de chèvres. Bio mention Ecocert.

Accueil : toute l'année dans un chalet en pension ou demi-pension, familles, groupes et surtout groupes d'enfants : colos et classes de découverte. Ferme à 500 m du centre d'accueil. Salle de vente et d'accueil, salle de classe, aire de jeux.

Activités possibles : les enfants accueillis en séjour s'occupent des animaux sous notre responsabilité (donner le foin, traire, nourrir poules et lapins). A proximité, location de ski, poneys, vélos et VTT, baignades en lac, randonnées, piscine.

BOURGEOIS Chantal et Pierre 2506

6/7 pers.
Été :
285 à 326€
Hiver :
370 à 550€
WE 110€
(2 nuits)

les Antoines
25240 CHAPELLE DES BOIS
tel / fax : (+33) (0)3 81 69 21 76

Situation : alt. 1080 m à 1340 m. Morez 17 km, Pontarlier 45 km, au sein du Parc naturel du Haut-Jura, à la frontière suisse.

Production : agriculture biologique lait, fruitière au village, comté, morbier, raclette, beurre.

Accueil : notre maison, une ancienne ferme comtoise, se situe face aux rochers du Risoux, à 600 m du village. Bâtiments agricoles à 100 m. Nous vous accueillons dans un gîte paysan neuf et spacieux (100 m^2) aménagé dans l'ancienne grange, à côté de notre habitation. Chauffage au sol, bois granulés, matériaux sains et naturels.

Activités possibles : découverte de la ferme et des activités forestières. Hiver : proximité immédiate des pistes de ski de fond (70 km de piste balisés) école de ski, raquettes. Été : randos pédestres, VTT, lacs, écomusées. Flore très riche au mois de juin.

COURGEY Ferjeux et Agnès 2507

5/6 pers.
BS 210€
HS 270€
WE 65€
(2 nuits)

1, rue des Roseaux
25380 SURMONT
tel : (+33) (0)3 81 86 84 16

Situation : alt. 700 m. au village (130 hab.), peu de circulation. 4 km Saucey-le-Grand, 22 km Maiche, 50 km Besançon, 50 km Pontarlier, 50 km Montbéliard.

Production : lait à comté, porcs fermiers.

Accueil : gîte paysan indépendant, même lieu que la ferme. Surface de 62 m² + terrasse couverte de 14 m² avec table de jardin. Village calme, échange avec la famille, visite possible de la ferme.

Activités possibles : visite de la ferme, balade découverte de la région, sentier de randos et VTT balisé au village et environ, paysages verdoyants et variés, animations dans les environs, cascades.

COURVOISIER Christian et Françoise 2508

3/4 pers.
BS 200 à 230€
HS 290 à 400€
WE 80€
(2 nuits)

route principale
25240 CHAPELLE DES BOIS
tel : (+33) (0)3 81 69 21 28
web : www.chapelledesbois.com/courvoisier.htm

Situation : au pied du Risoux, au cœur du massif jurassien, entre Morez (16 km) et Mouthe (19 km), en bordure de la frontière suisse (900 m du village). Pays de montagne, forêts, prés, bois, de vaches montbéliardes et de fromage de Comté.

Production : en bio, vaches laitières, jeunes bêtes, veaux, poules, lapins ; lait, fromage blanc, œufs.

Accueil : gîte paysan situé à l'étage au-dessus du garage.

Activités possibles : visite de la ferme ; nombreux sentiers de randonnées à pied, en VTT, visite écomusée avec fabrication du pain, lac 2 km, visite fruitière (fromagerie bio).

LA DOLÈZE 2509

2 gîtes
Gîte 1 : 9 pers.
BS 350€
HS 480€
Gîte 2 : 6 pers.
BS 250€
HS 350€
WE 170/130€

GUINCHARD Michelle et Dominique
1 rue de la Faye
25510 LA SOMMETTE
tel : (+33) (0)3 81 56 02 84
mel : dominique.guinchard@wanadoo.fr

Situation : ferme comtoise dans un village de 170 habitants à 720 m d'alt. sur les plateaux du Jura, au bord de la Vallée de la Reverotte. Forêt de sapin, pâturages, 50 km de Besançon, 45 km de la Suisse.

Production : dans la ferme familiale voisine, élevage et production de lait à comté, veaux de lait (vente de viande sur place).

Accueil : 2 gîtes aménagés dans la grange de la maison comtoise des propriétaires. Le gand gîte est adapté aux personnes handicapées. Magasin de brocante à proximité tenu par les propriétaires.

Activités possibles : visite de la ferme voisine, chemins de randonnée et VTT balisés, cascades, rivières, pêche, spéléo. Fruitières à comté, nombreux sites touristiques, ski de fond et de piste.

26 - DRÔME

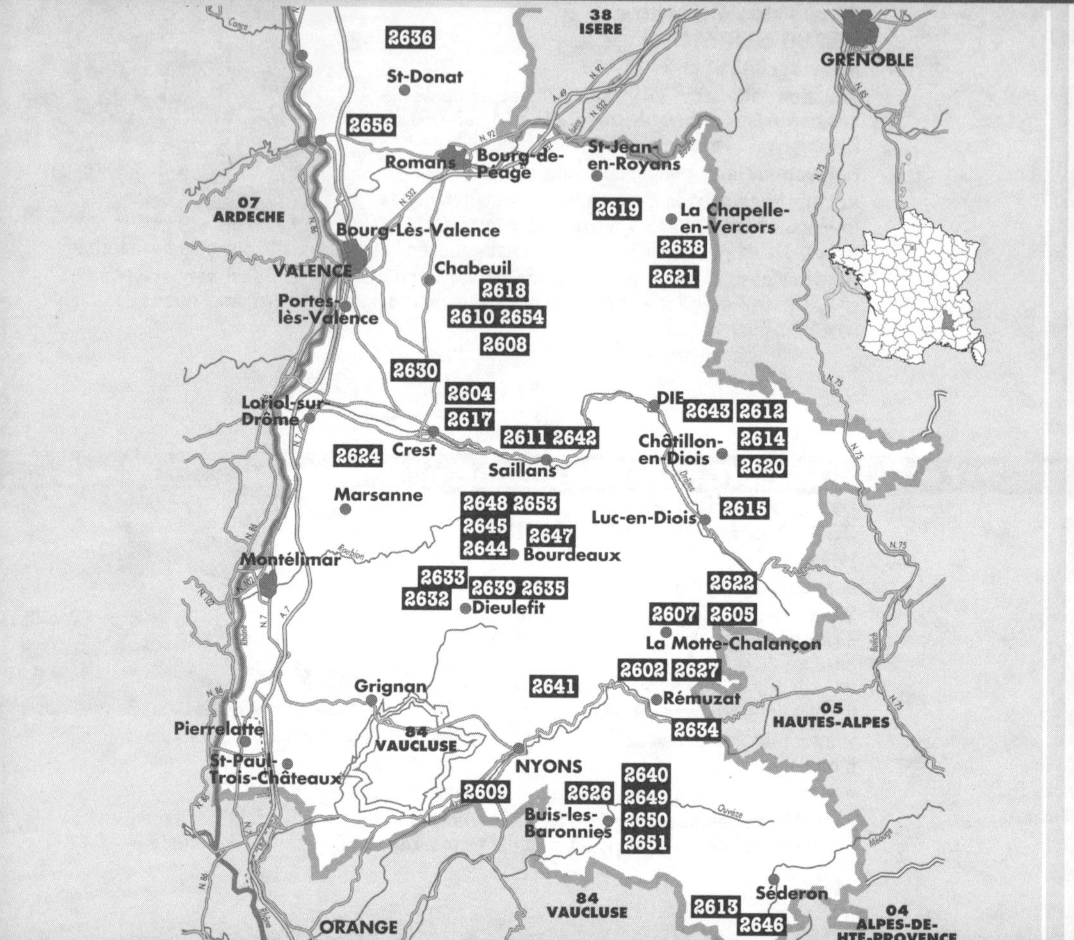
38
ISERE
GRENOBLE
2636
St-Donat
2656
Romans
Bourg-de-Péage
St-Jean-en-Royans
07
ARDECHE
2619
La Chapelle-en-Vercors
2638
2621
Bourg-Lès-Valence
VALENCE
Chabeuil
2618
2610 2654
2608
Portes-lès-Valence
2630
2604
2617
Loriol-sur-Drôme
DIE
2643 2612
2614
2620
Châtillon-en-Diois
2611 2642
Crest
2624
Saillans
Marsanne
2648 2653
2645
2647
2644
Bourdeaux
Luc-en-Diois
2615
Montélimar
2633
2639 2635
2632
Dieulefit
2622
2607 2605
La Motte-Chalançon
2602 2627
2641
Grignan
Rémuzat
05
HAUTES-ALPES
2634
Pierrelatte
84
VAUCLUSE
St-Paul-Trois-Châteaux
NYONS
2640
2649
2650
2651
2609
2626
Buis-les-Baronnies
Séderon
84
VAUCLUSE
2613
2646
04
ALPES-DE-HTE-PROVENCE
ORANGE

BOLLING Gertrud et Gisbert 2602

1 ch.
2 pers.
16€

5+4 pers.
7€

English spoken
Man spricht Deutsch
Si parla italiano

Léoux
26510 VILLEPERDRIX
tel : (+33) (0)4 75 27 41 58
fax : (+33) (0)4 75 27 41 34
mel : gisbert.bolling@wanadoo.fr
web : jeune-et-randonnee.com

Situation : alt. 900 m. Valence à 1h30, Avignon à 2h, Nyons à 40 mn, La Motte-Chalencon à 20 mn, route de Nyons à Gap.

Production : ferme dans la montagne, chevaux Haflinger. Production de céréales et légumes lacto-fermentés. Farines de seigle, blé, légumes.

Accueil : chambres paysannes et relais paysan. Bienvenue à toute personne qui cherche la joie de vivre.

Activités possibles : promenades guidées pour rééducation physique. Stages : jeûne et randonnée. Equitation à 13 km, tennis à 13 km.

LA FERME DE BAUME ROUSSE 2604

2 gîtes
Gîte 1 :
6 pers.
BS 320€
HS 420€
Gîte 2 :
2 pers.
BS 240€
HS 300€
VE 80/120€
(2 nuits)

15 pers.
8,50 à 20€

5 ch.
14 pers.
45€

produits paysans

English spoken
Se habla español

COZON Stéphane et HAAS Marion
Domaine en Bio-Dynamie
26400 COBONNE
tel : (+33) (0)4 75 25 08 68 - fax : (+33) (0)4 75 25 39 30
mel : info@lafermedebaumerousse.net
web : www.lafermedebaumerousse.net

Situation : sud Vercors à 430 m d'alt., à 10 mn de Crest, 45 de Romans, Valence, Die, Montélimar, sur la D731.

Production : fromages de brebis, lait, viandes, lavande fine, plantes médicinales (...) énergie solaire.

Accueil : 1 gîte de 5 chambres, 1 gîte de 2 chambres, 1 studio, table. Le Dodécadome, bel espace bioclimatique de 120 m² pour stages, séminaires, formations. Spa en plein air à la lavande (bain bouillonnant). Visites de ferme.

Activités possibles : découverte de la vie de la ferme et de ses travaux au fil des saisons, journées lavande, séjours lavande et spa, organisation de séjours art et bien être. Ateliers : peinture, botanique, écriture ; accueil et organisation de stages, séminaires, résidences, expositions, concerts.

FERME ÉQUESTRE DE MOTTE VIEILLE 2605

3 gîtes
Gîte 1 :
4/5 pers.
BS 330€
HS 380€
Gîte 2 :
jusqu'à
11 pers.
BS 355€
HS 400€
+ 50€
/pers.sup
Gîte 3 :
5 pers.
BS 355€
HS 400€
WE 50/60€
(2 nuits)

11 pers.
13€

produits paysans

RONAT Marie et Jean Louis
Motte Vieille
26470 LA MOTTE CHALANCON
tel / fax : (+33) (0)4 75 27 23 45
mel : motte.vieille@free.fr
web : www.motte.vieille.free.fr

Production : polyculture, élevage : poneys, chevaux, chévres, brebis, volailles.

Accueil : 1 gîte paysan à 300 m de la ferme : 4/5 pers., ou jusqu'à 11 pers. sur la ferme.

Activités possibles : sur place : visite et vie de la ferme. Equitation : leçons, promenades, randonnées. Circuits pédestres, VTT. Aux alentours : circuits géologiques, site de réintroduction des vautours. Baignade : piscine, rivières ou plan d'eau. Pêche : rivière ou plan d'eau. Via Ferrata. Villages typiques.

RELAIS DE SAINT ANTOINE 2607

17 pers.
(3 dortoirs de 8, 4 et 5 lits)
37€ (cavaliers)
32€ (autres)

15 pers.
16€

1 ch.
2 pers.
36€

JOUVE Francine
Saint Antoine
26470 LA MOTTE CHALANCON
tel / fax : (+33) (0)4 75 27 21 30

Situation : alt. 670 m, en Drôme provençale entre Nyons (38 km) et Die (50 km). Ferme isolée mais proche du village.

Production : polyculture, volailles, chevaux, porcs, vaches allaitantes sur l'exploitation du frère.

Accueil : table paysanne, chambre paysanne, relais paysan : cavaliers, pédestres, cyclistes, motards, aviateurs (les tarifs indiqués comprennent repas du soir, nuit en dortoir et petit déjeuner, ainsi que la nuit du cheval pour les cavaliers). Sanitaires communs entre chambre paysanne et relais paysan.

Activités possibles : tennis, piscine, baignade et pêche au Plan de Cornillon, randonnées pédestres et équestres, les vautours à Rémuzat.

LA MIELLERIE DES CHARDONS BLEUS 2608

7 pers.
BS 425€
HS 450€

produits paysans

English spoken
Man spricht Deutsch
Se habla español
Si parla italiano

CAMPBELL Ralph et PENSA Evelyne
Direction Plan de Baix D70
26400 BEAUFORT SUR GERVANNE
tel : (+33) (0)4 75 76 45 61
mel : chardons-bleus@wanadoo.fr
web : www.lamielleriedeschardonsbleus.com

Situation : alt. 380 m. 17 km de Crest, 45 mn sud-est de Valence. Dans le Parc du Vercors, flancs sud, à 1,5 km du village de Beaufort-sur-Gervanne (commerces) à qq kms des sites d'escalade d'Omblèze et des chutes de la Druise.

Production : apiculture : vente de nos miels (de lavandes et du Parc du Vercors), pains d'épices et autres délices. Petite gamme de cosmétiques à base de cire et de miel.

Accueil : gîte type chalet, labellisé "Accueil du parc du Vercors" : 54 m², 2 chambres, pièce à vivre + cuisine, sdb avec baignoire, salon de jardin, lave-linge.

Activités possibles : découverte de la miellerie (extraction de miel), observation de la ruche vitrée. Baignade, découverte des sites du Vercors, botanique, festival de jazz à Crest en août, randonnée (GR9) et escalade, ou farniente !

FERME DES AYGUES 2609

4 pers.
BS 305€
HS 350€
WE 152€ (2 nuits)

English spoken
Man spricht Deutsch

MATHIEU Marie-Christine et Philippe
26110 MONTAULIEU
tel / fax : (+33) (0)4 75 27 40 44
mel : fermeaygues@wanadoo.fr

Situation : alt. 450 m, en zone de moyenne montagne de la Drôme Provençale, Nyons à 15 mn, Vaison-la-Romaine à 30 mn, Orange à 1h, Montélimar à 1h, Avignon à 1h10.

Production : ferme arboricole en bio Nature et Progrès. Olives noires AOC de Nyons, huile d'olive, tapenade d'olives noires, jus de fruits, confitures, lavande fine, fruits en saison.

Accueil : gîte paysan.

Activités possibles : piscine sur le lieu d'accueil ainsi que stage d'aquarelle : initiation ou perfectionnement suivant la demande. Escalade, randonnées pédestres, tennis à 10 mn, visites sites historiques (Vaison-la-Romaine...), découverte de la Provence.

PELURSON Geneviève et Bernard 2610

6 empl.
24 pers.
tarifs dégressifs
5 à 3,50€ /pers.
ec 4 à 2,80€

English spoken

6,50€/J
4€/1/2J

15 pers.
15€

2 ch.
2 x 2 pers.
40€

Quartier les batailles
26120 OURCHES
tel : (+33) (0)4 75 60 31 69

Situation : alt. 350 m, 8 km de Crest, 18 km de Romans et Valence, près du Vercors drômois, du Diois et de l'Ardèche.

Production : chiens de race, volailles (oies, dindes, canards, pintades, poulets), brebis, cochons, lapins.

Accueil : 2 chambres/studios indépendants avec 2 plaques électriques et frigo. Table paysanne sur réservation, camping paysan (tarifs dégressifs suivant nombre de nuitées), accueil d'enfants accompagnés avec visite commentée et démonstration de chien de berger. Ouvert toute l'année. Chauffage solaire.

Activités possibles : démonstrations de chien de berger, découverte des travaux, soins aux animaux, initiation à l'éducation canine (sur demande). Aux alentours : VTT, randonnées pédestres et équestres, baignade piscine, rivière (8 km), pêche, jeux à la rivière.

REYNARD Sylviane et Jean Marc 2611

25 empl.
5€+taxe/pl.
2,50€/pers.
enfants : 1,80€
elec 2,50€

3€

15 pers.
15 à 17€

produits paysans

Quartier Nichon
26400 MIRABEL ET BLACONS
tel / fax : (+33) (0)4 75 40 00 70
mel : sylviane.reynard@club-internet.fr

Situation : alt. 200 m au bord de la Drôme ; 8 km de Crest, 40 km de Valence, 30 km de Die.

Production : élevage de chèvres, de porcs en plein air, poules. Polyculture (en bio). Fromages de chèvres, charcuteries, œufs.

Accueil : camping paysan en aire naturelle, table paysanne, accueil à la journée ou 1/2 journée sur RdV de classes et groupes.

Activités possibles : traite, visite fromagerie, gardiennage des chèvres, baignade dans la Drôme, balades pédestres, canoë, visite du site historique à Crest.

L'ESCAVALE 2612

10 pers.
16€
tout compris

2 ch.
2/4 pers.
40€

6 pers.
270€
WE 85€
(2 nuits)

ROUQUIER Christine
L'Escavale - Borne
26410 GLANDAGE
tel : (+33) (0)4 75 21 17 99
mel : jomaz@voila.fr
web : escavale.skyblog.com

Situation : alt. 930 m. Dans le sud du Parc du Vercors, Grenoble, Valence et Gap à 100 km, Die à 30 km. Grand calme et pleine nature dans un hameau de montagne.

Production : chevaux, lapins, basse-cour, potager, cueillette sauvage et confitures.

Accueil : table paysanne, chambres paysannes ou gîte paysan. Accès lave-linge.

Activités possibles : nombreuses promenades pédestres, baignade à la rivière, farniente... Aux alentours : promenades à cheval, piscine.

LES TOMES POUS 2613

English spoken
Man spricht Deutsch
Si parla italiano

8 enfants 22€/J

goûter paysan maxi 10 pers. 8 € et 6,5 € (enfants)

produits paysans

SANTACROCE-ZEIDLER Dany et Helmut
Ferme du Pous - Vergol
26570 MONTBRUN LES BAINS
tel / fax : (+33) (0)4 75 28 81 11
mel : tomespous@yahoo.fr

Situation : alt. 1000 m, face au Mont Ventoux, à 10 km du village de Montbrun, à 45 km de Vaison-la-Romaine, à 50 km de Sisteron et Carpentras.

Production : élevage caprin, loin du village dans les montagnes. Basse-cour, ânes, cochons. Fromages de chèvre (Banon AOC, picodon, tome pâte pressée). Confitures, herbes aromatiques. Production d'électricité par panneaux photovoltaïques.

Accueil : goûter paysan avec visite de la ferme et de l'installation photovoltaïque. Accueil d'enfants : journée découverte pour les enfants de 6 à 12 ans (10 maxi), réservation indispensable. Accueil de groupes scolaires et parascolaires.

Activités possibles : escalade, canyoning, baignade, randonnées à pied et à cheval.

BERTHOUZE Jean-Paul 2614

2/4 pers. 140€ WE 61€ (2 nuits)

Borne
26410 GLANDAGE
tel / fax : (+33) (0)4 75 21 10 65

Situation : alt. 930 m, à 28 km de Die, 100 de Valence, Grenoble, Gap, dans le Parc du Vercors, Préalpes du Sud.

Production : lapins, poules, potager et petits fruits.

Accueil : gîte paysan en pleine nature et au calme, chez un paysan retraité.

Activités possibles : découverte du jardinage. Fabrication de fromage de brebis, transhumance, faune et flore très riches juqu'à 2000 m d'altitude. Petites et grandes randonnées.

GUILHOT Aline et Jean-Luc 2615

6 pers. BS 260€ HS 290€ WE 13€/pers /nuit sup. animaux 7€/sem

La Cour
26310 MISCON
tel / fax : (+33) (0)4 75 21 36 31

Situation : alt. 800 m. Petit village de moyenne montagne, 45 habitants. A 10 mn du Claps, de Luc-en-Diois et tous ses commerces.

Production : polyculture, élevage. Brebis, volailles, lapins, cochons. Noyer et tilleul. Céréales et foins pour autoconsommation à la ferme.

Accueil : gîte paysan au cœur de la ferme.

Activités possibles : découverte des travaux de la ferme. balades en alpage. GR sur Miscon. À Luc-en-Diois : tennis, baignade, via ferrata.

GÎTE DES AUBES 2617

2 gîtes
Gîte 1 : 2/4 pers. 540€
Gîte 2 : 6/8 pers. BS 540€ HS 790€ WE 240/270€ (2 nuits)

PAILLOT Jean-Michel - La Ferme des Aubes - 26400 AOUSTE SUR SYE
tel / fax : (+33) (0)4 75 25 14 52
mel : contact@gite-des-aubes.com
web : www.gite-des-aubes.com

Situation : alt. 450 m. Un site enchanteur en pleine nature, privilégié pour le calme, la détente et le ressourcement en toutes saisons. Exposé plein sud avec piscine. Village à 3 mn, Valence à 30 mn.

Production : Agriculture biologique sur 40 ha d'un seul tenant, polyculture, élevage de moutons pour une petite production d'agneaux, culture de blé, fabrication de pain au levain naturel, pâtisseries, confitures, fruits, légumes au fil des saisons...

Accueil : 2 gîtes tout confort, cuisine intégrée, salon séjour, chambres, wc, sdb, lave-linge, télé, jeux extérieurs, terrasse couverte, barbecue, terre plein extérieur avec balançoires, piscine... Draps fournis.

Activités possibles : découverte de la fabrication du pain au levain naturel, parcours santé, balades, départ sentier de randonnée, détente piscine, ping-pong, tranquilité assurée.

produits paysans

BERGER Elisabeth 2618

15 pers. 19€

Les Péris
26120 CHÂTEAUDOUBLE
tel : (+33) (0)4 75 59 41 94
mel : rene.bergerdescabanes@wanadoo.fr

Situation : alt. 305 m, au pied du Vercors. 5 km de Chabeuil (CD 154), 15 km de Valence, 18 km de Romans.

Production : polyculture, élevage, nuniculture. Potager, veaux, brebis, chèvres, cochons, volailles.

Accueil : table paysanne, cuisine aux plantes sauvages et aromatiques, légumes anciens et oubliés, volailles. Association "les menus curieux".

Activités possibles : visite de la ferme. Aux alentours : piscine, différents GR, vol à voile, parapente, cheval.

L'AFFÛT GOURMAND 2619

12 pers. 16€
1 ch. 2 pers. 50€

FAURE Joëlle et René
Les Blaches
26190 BOUVANTE LE HAUT
tel / fax : (+33) (0)4 75 48 57 91

Situation : alt. 600 m. Ferme située à 15 km de St-Jean-en-Royans, D 131, à 40 km de Romans, 80 km de Grenoble.

Production : exploitation de vaches laitières, bovins, lait, moutons, fromages, beurre, potager.

Accueil : table paysanne : en passant par Bouvante, venez découvrir notre ferme et partager un repas ou un goûter.

Activités possibles : visite de la ferme, soins aux animaux, promenade autour du lac, pêche, ski, circuit VTT, GR9.

COLEIRO Jean-Louis 2620

12 pers.
15€

6 pers.
320€
WE 100€
(2 nuits)

Se habla español

Borne
26410 GLANDAGE
tel : (+33) (0)4 75 21 17 31
mel : molouis@free.fr
web : www.gites-borne.fr.st/

Situation : à 90 km de Valence, Grenoble, Gap. Hameau de montagne à 930 m d'altitude dans les pré-Alpes du sud, Parc régional du Vercors. Bois, pâturages et torrent, flore et faune variées, promenades et randos jusqu'à 2000 m à travers forêts et alpages.

Production : fromages de brebis.

Accueil : gîte paysan et relais paysan dans un hameau de montagne intime et convivial, idéal pour les amoureux de la nature et du calme.

Activités possibles : pêche, escalade, rando, raquettes, et ski de fond sur place ou en station à 18 km.

COTTIN Christine 2621

15 pers.
15€

Les Chaberts
26420 ST AGNAN EN VERCORS
tel / fax : (+33) (0)4 75 48 25 77

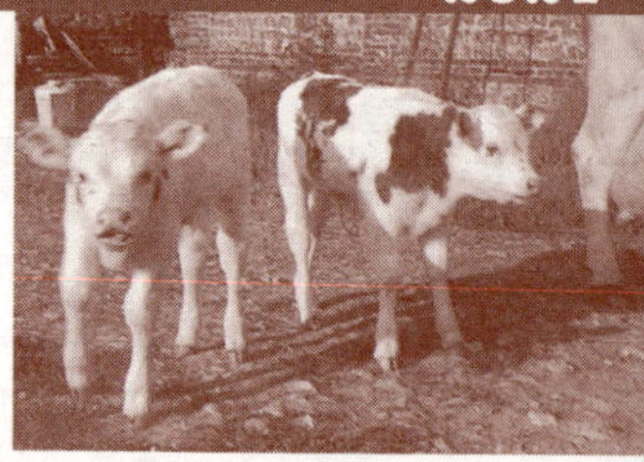

Situation : dans le Vercors à 50 km de Grenoble, Romans, Valence. A 35 km de Die, dans la Vallée de la Vernaison, entourée de montagnes, sapins et prairies, à 800 m d'alt.

Production : vaches laitières pâturant sur la ferme. Ferme en agriculture biologique, volailles, lapins.

Accueil : table paysanne sur réservation, avec spécialité "ravioles maison", légumes du jardin, fromage et dessert à base de lait.

Activités possibles : visite de grottes à proximité, promenades dans la nature, jeux de boules, traite des vaches...

LAGIER Chantal et Robert 2622

10 pers.
15€

3 ch.
8 pers.
36€

26310 CHARENS
tel : (+33) (0)4 75 21 45 61
mel : lagier.robert@wanadoo.fr

Situation : alt. 860 m. A 15 mn de Luc, 30 mn de Die, 100 km de Valence, 80 km de Gap.

Production : élevage ovin et culture de foins et céréales pour l'alimentation des brebis. Noyers et tilleuls.

Accueil : table et chambres paysannes.

Activités possibles : soins aux animaux, jardinage. Promenade sur sentiers balisés, découverte de l'environnement, VTT.

FERME-AUBERGE LA VAUMANE 2624

30 pers.
18 à 35€

Man spricht Deutsch

PERMINGEAT Jean-Marie
Route d'Autichamp D 591
26400 CHABRILLAN
tel / fax : (+33) (0)4 75 76 79 11
mel : fermelavaumane@wanadoo.fr
web : www.fermeaubergelavaumane.com

Situation : alt. 300 m. A 30 km de Valence, 17 km de la sortie A7 Loriol, D104 direction Crest Die Gap.

Production : chèvres, polyculture, jardin, volailles plein air, œufs, porc, le tout certifié AB.

Accueil : auberge paysanne, spécialités : le cabri, la Brousse, la caillette aux salades sauvages, pintadeau, canard, lapin. Pain bio issu du blé touselle de la ferme.

Activités possibles : escapade caprine (sentier découverte), spectacle à la ferme (ferme en fête, civam).

LEROY-GAUBERT Marie-Thé et Clément 2626

6 enfants
35€/J

La Batie
26110 ST SAUVEUR GOUVERNET
tel / fax : (+33) (0)4 75 27 33 39

Situation : estive de Gisfort, alt. 1000 m, 30 km de Nyons, 25 km de Buis-les-Baronnies.

Production : brebis de plein air, agneaux, lapins, confitures, légumes, tilleul, ânes, chèvres.

Accueil : accueil d'enfants de 6 à 12 ans sous tipi en juillet-août.

Activités possibles : soins aux animaux, vie sur l'estive, visite au troupeau avec les ânes.

AIRE NATURELLE DE POMMEROL 2627

English spoken

25 empl.
75 pers.
2€/pl.
7€/pers.
elec 2€
sup. véhicule : 2€

Animaux en laisse uniquement

MORIN Joël et Laurence
26470 POMMEROL
tel / fax : (+33) (0)4 75 27 25 63
mel : pomerol.camping@wanadoo.fr
web : accueilpaysandrome.com

Situation : alt. 800 m. en Drôme Provençale. Nyons, Die, Serres à 45 km. Montélimar, Valence à 95 km.

Production : ânes, ovins, porcs en plein air, charcuterie, noix, légumes de saison, confitures, tilleul, jus de fruits.

Accueil : accueil familial sur le lieu d'habitation avec la découverte et le respect du magnifique cadre avec les Gorges de Pommerol. Camping paysan : 3 wc, 3 douches, 6 lavabos, 2 cabines-lavabos, lave-linge, aire de jeux, salle commune avec cheminée.

Activités possibles : découverte de la vie rurale, randonnées pédestres. Découverte des activités de la ferme, soins aux animaux. Aux alentours : tennis, piscine, plan d'eau, équitation.

LE MAS DE L'ÂNE — 2630

2/4 pers. 205€ WE 70€ (2 nuits)

English spoken

Si parla italiano

ROSSETTI Marc
Le Mas
26400 VAUNAVEYS LA ROCHETTE
tel : (+33) (0)4 75 25 73 34
mel : le.mas.ane@wanadoo.fr
web : www.masdelane.com

Situation : alt. 400 m. Au pied des contreforts ouest du Vercors (La Raye), à 10 mn de Crest, 25 mn de Valence, Die et Romans.

Production : élevage et vente d'ânes éduqués et d'ânons, basse-cour, confitures, œufs.

Accueil : gîte paysan indépendant, attenant à la ferme traditionnelle en pierres à 2,5 km du village perché de Vaunaveys. Matériel pour jeunes enfants à disposition. Vous cotoierez le troupeau d'une vingtaine d'ânes qui entretient les 14 ha de prés, bois et landes. Certains ânes peuvent vous accompagner sur les chemins environnants.

Activités possibles : soins aux animaux, randonnées :à pied, avec ânes, VTT. Baignades en rivière et canoë (10 km). Centre historique de Crest. Villages perchés. Petite piscine hors sol sur place.

LE PEREYRET — 2632

5/9 pers. 390€ jusqu'à 5 pers. 460€ de 6 à 9 pers. WE 160 à 200€ (2 nuits)

GONTARD Renée et Jean
Le Pereyret
26160 LA BÉGUDE DE MAZENC
tel / fax : (+33) (0)4 75 46 20 82
mel : le.pereyret@laposte.net
web : lepereyret.free.fr

Situation : alt. 200 m.à 15 km à l'est de Montélimar, 12 km de Dieulefit, en Drôme Provençale. D540/D9. Ferme provençale en pierres avec jardin ombragé et fleuri. Grand calme pour se reposer ou jouer sans danger.

Production : nouveaux retraités, notre ferme continue avec nos enfants (bio) qui pourront vous faire apprécier leurs produits : melons, ail, échalottes, poulets, lapins et œufs.

Accueil : gîte spacieux et chaleureux avec cheminée + chauffage par le sol. Grand espace ombragé et fleuri, extérieur avec salon de jardin, barbecue, portique, cabane dans les arbres.

Activités possibles : soin aux animaux, baignade en rivière ou piscine, randos pédestres, équestres, VTT. Nombreux artisans d'art. Villages provençaux typiques.

FERME DES HAUCHES — 2633

English spoken

Man spricht Deutsch

7 enfants 320€/séjour

5 pers. 320€ WE 95€ (2 nuits)

produits paysans

Famille KRICHEL
Les Hauches - 26460 TRUINAS
tel / fax : (+33) (0)4 75 53 49 55
tel : (+33) (0)4 75 53 30 08
mel : hauches@tiscali.fr
web : accueilpaysandrome.com

Situation : alt. 550 m, Montélimar à 35 km, Crest à 25 km, Marseille à 2h, Lyon et Grenoble à 1h30.

Production : vaches, agneaux, chevaux, cochons, volailles, lapins, potager, pain au levain. Agriculture biologique Ecocert, Nature & Progrès.

Accueil : entourée de forêt de vieux chênes et de pâtures, notre ferme est un coin de paradis. 1 gîte indépendant pour vous accueillir, idéal pour une famille, chauffage central bois, eau chaude solaire. Séjours de découverte de la vie à la ferme et ateliers d'art (dessin, landart, vidéo) pour enfants 6-14 ans (agrément J&S, bons CAF).

Activités possibles : à la ferme : fabrication du pain au levain (four à bois), soins aux animaux, coups de main au jardin contre légumes. À proximité : ateliers d'art et d'écriture, spectacles, randonnées à pied ou à dos d'âne, escalade, rivière.

GITE DE CHAMORIN 2634

6 pers.
BS 280€
HS 360€
WE 110€
(2 nuits)

CORNILLAC René et Claudine
Chamorin - 26510 VERCLAUSE
tel / fax : (+33) (0)4 75 27 86 15
mel : chamorin@numeo.fr
web : gitedechamorin.free.fr

Situation : en Drôme Provençale, au cœur des Baronnies, pays du tilleul et de la lavande. Alt. 550 m entre Nyons (35 km) et Gap (70 km). Havre de calme et de paix, bénéficiant d'un point de vue exceptionnel.

Production : ferme à taille humaine. Troupeau de brebis, poules et canards. Légumes du jardin, fruits selon la saison, huile de noix, essence de lavande, tilleul, ...

Accueil : nous habitons un petit coin de paradis et souhaitons le partager avec ceux qui aiment la nature et apprécient les contacts humains. Gîte sur la ferme, lumineux, confortable, terrasse, chauffage central. Alimentation au village.

Activités possibles : découverte de la ferme, baignade, rando, faune-flore...

LE CLOS DU PERRIER 2635

English spoken
Se habla español

10 pers.
15€

2 gîtes
Gîte 1 :
3 pers.
BS 250€
HS 300€
Gîte 2 :
5 pers.
BS 280€
HS 350€
WE
80/110€
(2 nuits)

DHERBET Anne-Claude
Le Clos du Perrier
26460 BOUVIERES
tel : (+33) (0)4 75 53 35 52
mel : bertrabddem@voilà.fr
web : www.leclosdu perrier.fr.st

Situation : ferme isolée à 800 m d'alt. sur la montagne du Vesc. A 30 mn de Nyons et Dieulefit.

Production : plantes aromatiques, médicinales et tinctoriales. Brebis, volailles. Jardin potager. Pratiques respectueuses de l'environnement.

Accueil : 2 gîtes paysan. Table paysanne sur la terrasse.

Activités possibles : découverte et visite de la ferme. Randonnée pédestre et VTT. Balades. Ateliers théatre/cirque. Four à pain. Ateliers teinture végétale.

FERME DU CHAMP DES GRAMES 2636

4/6 pers.
BS 190€
Petites vacances
210€
HS 295€
WE 100€
(2 nuits)

produits paysans

English spoken
Man spricht Deutsch

DUCROS Françoise
et GRAILLAT Patrick
Le Champ de Grâmes
26260 BATHERNAY
tel / fax : (+33) (0)4 75 45 60 30
mel : fducros.pgraillat@wanadoo.fr
web : pro.wanadoo.fr/amaury.graillat/

Situation : à 5 mn de St Donat/Herbasse, 15 mn de Hauterives.

Production : élevage de porcs en plein air. Charcuterie fermière.

Accueil : gîte paysan au pied de Bathernay à 30 m de la ferme. Grande salle avec clic-clac, cuisinette, mezzanine 1 chambre avec 2 lits 90 et 1 chambre avec 1 lit 140.

Activités possibles : visite de l'élevage. Belles promenades autour de la ferme. Auberge troglodytique au village. Eglise du XI° siècle. Lac Champos à 5 mn. Palais idéal du facteur Cheval à 15 mn.

LA CHATELAINE 2638

12 pers.
22€ ou 16€
pour les
pensionnaires

5 ch.
11 pers.
(2/4 pers./ch.)
44€

HOEFFLER Suzanne et Pierre
Le Château
26420 VASSIEUX EN VERCORS
tel / fax : (+33) (0)4 75 48 27 26

Situation : ferme située sur un plateau à 1050 m d'alt., maison en pierre, Vercors sud. Haut lieu de résistance. Route des Grands goulets, traversée du Vercors. Gare TGV Valence à 1h, Die à 30 km, Romans à 50 km, Valence à 70 km.

Production : agneaux, charcuterie maison. Troupeau de moutons, agneaux de l'Adret. Basse-cour, légumes jardin et champs.

Accueil : retraités. Ferme reprise par le fils de la maison.

Activités possibles : ski de fond en hiver, grandes randonnées pédestres, visite des musées (3), visite de grottes.

FERME D'ESPAGNE 2639

produits paysans

8 pers.
18€

1 ch.
45€

2 gîtes
Gîte 1 :
2/4 pers.
320€
Gîte 2 :
2/4 pers.
320€
WE 110
à 125€

MEYLAN Sylvette
Route de Nyons
26220 DIEULEFIT
tel : (+33) (0)4 75 46 39 20
mel : sylvette.meylan@tiscali.fr

Situation : alt. 400 m, 30 km de Montélimar et Nyons, 2 km centre du village de Dieulefit. Petit domaine de 2,5 ha bordé au sud par la D538 et au nord par un ruisseau et sa cascade.

Production : légumes bio mention Ecocert, fleurs coupées, jeunes plants.

Accueil : 2 gîtes (36 m² chacun), 1 chambre paysanne, table paysanne.

Activités possibles : jardinage, cueillette, fabrication de conserves, de confitures. Randonnées pédestres, équestres, vélo, piscine, baignade à la rivière, villages typiques, artisans d'art.

FERME D'ALAUZON 2640

English spoken
Se habla español

15 pers.
25€

16 pers.
18€
petit déj.
compris

empl. libre
5€
+3€/adulte
+2€/enfant
Cabanes :
4pers.
50€/nuit

HANEN Laurence
26170 LA ROCHE SUR BUIS
tel : (+33) (0)4 75 28 24 57
mel : laurence.hanen@wanadoo.fr
web : www.buis-les-baronnies.com/alauzon

Situation : alt. 780 m, 10 km de Buis-les-Baronnies, 30 km de Vaison-la-Romaine, 77 km d'Avignon.

Production : jardin potager, fruitiers et élevage diversifié : brebis, cochons, poules, lapins et Fanette l'ânesse.

Accueil : chaleureux et familial. L'originalité de l'endroit tient surtout à sa situation isolée et à son autarcie. Énergies renouvelables : panneaux photovoltaïques, chauffe-eau solaire, cuiseur solaire ; eau de source. Table paysanne sur réservation. Hébergement : 2 relais paysans de 10 et 6 places, camping et location de 3 cabanes.

Activités possibles : visite de la ferme, balades, recherche de fossiles, rivière, circuit VTT, découverte des travaux de la ferme. Aux alentours : escalade + promenades équestres.

LA GRANGE NEUVE 2641

12 pers. prix variable selon saison et menu

English spoken

AMAR Janine
26110 VALOUSE
tel : (+33) (0)4 75 27 72 59
mel : janine.amar@wanadoo.fr

Situation : alt. 715 m, à 20 mn de Nyons, 15 mn de Dieulefit, 40 mn de Vaison-la-Romaine. Située au col de Valouse, face et au pied de la montagne de Miélande.

Production : élevage chevaux et volailles. Légumes.

Accueil : dans un site magnifique, face et au pied de la montagne de Miélande, table sur réservation. En réservant à l'avance vous choisirez le menu en fonction des possibilités de la saison et du prix. L'été je propose crèpes, tartes ou pâtisseries à toutes heures.

Activités possibles : nombreux départs de randonnées pédestres et VTT, promenades équestres. Escalade à proximité.

UNE OASIS AU MILIEU DES VIGNES 2642

produits paysans

2 gîtes
Gîte 1 : 2 pers.+ 2
BS 235€
HS 300€
Gîte 2 : 5 pers.
BS 265€
HS 330€
WE 100 à 110€
40 à 50€ (1 nuit)

MOUYON Aimée et Roger
Quartier planchetieu - 26340 SAILLANS
tel : (+33) (0)4 75 21 54 46
mel : contact@gite-planchetieu.com
web : www.gite-planchetieu.com

Situation : au cœur de la vallée de la Drôme au milieu des vignes et tout près de la riviere Drôme et de la montagne de la Roche, entre vignes et campagne, à 1km du village de Saillans.

Production : légumes du jardin, œufs, élevage familial, herbes aromatiques.

Accueil : gîte "Oasis" : 1 chambre avec 1 lit 2 places 1 salle d'eau wc, 1 cuisine américaine, 1 salle à vivre avec clic-clac 140 + une terrasse couverte de 12 m², terrasse en plein air, espace pour jouer et la nature en grand tout autour ! Gîte "Tilleul" (5 pers.) : 1 cuisine salle à manger, 1 salle d'eau wc, 1 chambre et lit 140, 1 mezzanine avec 3 lits 90, 1 terrasse avec barbecue fauteuils etc. et l'espace tout autour pour jouer, parquer la voiture !

Activités possibles : baignades, pêche, canoë-kayak VTT, randonnées, escalade, parapente, vol à voile, ski (à 1h), sieste et récolte du tilleul.

AU PAYS D'YVETTE 2643

4 ch.
10 pers.
38€

English spoken

Se habla español

SALVAYRE Céline et Jérôme
Route du Bez
26410 CHATILLON EN DIOIS
tel : (+33) (0)4 75 21 29 57
mobile : (+33) (0)6 73 60 29 32
mel : celine.salvayre@wanadoo.fr
web : perso.wanadoo.fr/aupaysdyvette

Situation : au pied du Vercors, avec vue sur le Glandasse, "Le Pays d'Yvette" est une maison de village avec jardin.

Production : maraîchage biologique, fruitiers, volailles (familiale). Les terres sont dispersées autour du village de Châtillon en Diois (1km maximum).

Accueil : vieille maison de village, disposant d'une grande salle commune, ouverte sur un jardin. Chambre paysanne : à l'étage, avec sanitaires privatifs mais au rez-de-chaussée.

Activités possibles : VTT, accro-branche.

LES TOILES DU BRUZON 2644

12 pers. 17€ · 2 ch. 7 pers. 47€ · 10 pers. 14€ petit déj. compris · forfait cavalier 32€

produits paysans

MARCHAND Pascale et Jean-Luc
Le Bruzon - 26460 TRUINAS
tel : (+33) (0)4 75 53 35 01
fax : (+33) (0)4 75 53 49 17
mel : p-jmarchand@cario.fr
web : www.lestoilesdubruzon.com

Situation : entre Provence et vallée de la Drôme, à 650 m d'altitude, à 10 mn de Dieulefit, 1h de Valence et Montélimar, 35 mn de Nyons.

Production : ferme caprine avec transformation fromagère, potager et basse-cour, mouton, lapin...

Accueil : vous pouvez venir manger à la table familiale le soir sur réservation. Chambre paysanne indépendante, avec sanitaires privatifs (1 chambre avec jardin). Relais paysan. Accueil cavalier : forfait comprenant nuitée, petit déjeuner, repas et nourriture du cheval.

Activités possibles : visite de la ferme, randonnées, VTT, baignade à 6 km. Nombreux festivals aux alentours (Crest jazz vocal, Saou chante Mozart, Contes à Bourdeaux). Expos pastel. Regard sur les étoiles si le temps le permet.

FERME 2645

15 pers. 17€

produits paysans

FAURE Christine
26460 TRUINAS
tel : (+33) (0)4 75 53 49 51
mel : jeanpierre.faure3@wanadoo.fr
web : www.accueilpaysandrome.com

Situation : entre Drôme Provençale et collines drômoise, entre Nyons (capitale de l'olive), Valréas (enclave des Papes), Montélimar (nougat), Dieulefit (poterie) et Crest (donjon). A 10 km de Dieulefit et 7 km de Bourdeaux.

Production : légumes du jardin, chèvres, chevaux, volailles, lapins.

Accueil : table paysanne sur réservation. Ferme très accueillante : piscine, terrain de boules, promenades équestres, vue magnifique... Calme et convivialité. Produits de la ferme et de ferme voisines (lapins, volailles, gibier en saison, caillettes de porc ou de sanglier, fromages de chèvre).

Activités possibles : soins aux animaux, découverte de la traite, randos, terrasse, jeux pour enfant, piscine.

FERME D'EYROLLE 2646

10 pers. 14€ · 1 ch. 2 pers. 38€

AUFFRET Maïté et Patrick
26570 BARRET DE LIOURE
tel : (+33) (0)4 75 28 86 81 ou : (+33) (0)6 98 34 97 23

Situation : alt. 1080 m. Site isolé. Domaine boisé de 50 ha au milieu de 800 ha de nature. Plein soleil, face au Mont Ventoux. A 40 mn de Sisteron, 30 mn de Buis-les-Baronnies, 10 mn de Montbrun-les-Bains, sur la D542.

Production : bois de chauffage (et de construction dans une moindre mesure) en taille douce et raisonnée. Cueillette et séchage des plantes et baies sauvages, confitures, liqueurs, grand jardin (légumes).

Accueil : petite maison en pierres, autonome en énergie : chauffage bois et électricité solaire, système de récupération d'eau de pluie. Table paysanne : produits bio ou sauvages, tendance végétarienne et graines germées. Chambre paysanne (toilettes communes).

Activités possibles : gestion et connaissance de la forêt. Apprendre à reconnaître et cuisiner les plantes et baies sauvages, fabrication du pain au levain. Atelier d'écriture. Centre national de vol libre à 15 mn. Canyoning.

TZIG'ANE 2647

4 pers.
15€
(enfants 13€)

24 pers.
5€/pers.
enfants : 4€
elec 2€

1 ch.
5 pers.
44€

English spoken

CHAMBART Pascaline et Alain
Le Bois Montjoux - 26460 BOURDEAUX
tel / fax : (+33) (0)4 75 53 36 94
web : ane-et-rando.com

Situation : à flanc de côteau, perchée à 500 m et surplombant le village, ferme avec ânes, abeilles et soleil ! À 15 mn de Dieulefit, 45 mn de Nyons ou Montélimar.

Production : troupeau de 16 ânes éduqués pour la rando pour découvrir par les sentiers la forêt de Saou, la montagne de Couspeau. Miels de lavande, toutes fleurs et pain d'épice. Volailles en liberté. Framboisiers et jardin potager.

Accueil : le pigeonnier, c'est la chambre suitée, jusqu'à 5 pers. avec sdb. La roulotte, c'est le relais paysan. Matériaux naturels et énergies renouvelables.

Activités possibles : randos avec ânes bâtés (membre fédé. nat. ânes et rando). Découverte des activités de la ferme. Aux alentours : piscine et tennis à 5 mn, site d'escalade, vautours fauves, festivals (conte, jazz vocal, Saou chante Mozart), villages perchés, circuit saveur gourmande.

LA FERME BOUDONNE 2648

2 gîtes
Gîte 1 :
2/4 pers.
BS 280€
HS 350€
Gîte 2 :
6 pers.
BS 350€
HS 450€
WE 40 à 50€/nuit

15 pers.
16€

2 ch.
2/4 pers.
45€ +10€/pers.sup

1 à 4 pers.
25€ tout compris/pers.

produits paysans

GONTIER Armelle et Philippe
26460 LE POËT CELARD
tel : (+33) (0)4 75 53 32 81
mel : boudonne@wanadoo.fr
web : www.lafermeboudonne.com

Situation : alt. 500 m. Site magnifique et calme en pleine nature avec piscine, sur 17 ha de prés et bois. Vue panoramique sur les montagnes et le village de Bourdeaux. A 5 km de Bourdeaux, 10 km de Dieulefit et 25 km de Crest.

Production : petits élevages : vaches, cheval, pigeons, poules, oies, lapins. Légumes naturels, confitures.

Accueil : plusieurs possibilités : 2 gîtes, 2 chambres paysannes, 2 emplacements camping. Une table paysanne de 15 personnes. Lave-linge, barbecue, terrasses ombragées.

Activités possibles : sur place : sentier randonnées, balade et visite accompagnée de la ferme, soins aux animaux. Piscine, ping-pong, jeux, farniente…

FERME EQUESTRE LA VISTE 2649

7 enfants
290€/séjour

GERARD Véronique
La Viste
26170 LA ROCHE SUR LE BUIS
tel / fax : (+33) (0)4 75 28 16 18
mobile : (+33) (0)6 15 59 41 02
mel : laviste26@aol.com
web : www.laviste.com

Situation : alt. 620 m. Entourée d'eaux vives et d'escarpements, la ferme de la Viste se situe en Drôme Provençale, au pied de la montagne de la Nible (1200 m).

Production : élevage de chevaux.

Accueil : accueil d'enfants sous tentes ou chambre en période de vacances scolaires. Camps multi-thématiques (découverte de la promenade à cheval et théâtre, Terre, chants, contes Indiens, cirque, musique...). Week-end et randonnées à la carte.

Activités possibles : promenades, visite des Baronnies...

AHOUDIG-KUKLA Myriam 2650

Ferme lou couli
Les Sias
26170 LA ROCHE SUR LE BUIS
tel : (+33) (0)4 75 28 17 33

Situation : alt. 700 m, en Drôme provençale, région des Baronnies, dans la vallée du Menon. Le hameau des Sias se trouve à 7 km de Buis-les-Baronnies, à 20 km de Vaison-la-Romaine, 80 km d'Avignon.

Production : fruitiers (cerises, abricots, prunes), petits fruits (framboises, groseilles). Animaux vivant à la ferme : jument, poney, chèvre, mouton, lapins et volailles de la basse-cour. Produits paysans : les jus de fruits et confitures sont fabriqués avec nos fruits mûris sur l'arbre.

Accueil : accueil d'enfants sous tentes pour des séjours d'une semaine, pendant les vacances d'été, sur les thèmes suivants : cirque à la ferme, cirque et danse. Piscine hors sol, balade à poney et en carriole.

Activités possibles : différents sites d'escalade, nombreux itinéraires pédestres, équestres et VTT. Piscine et tennis à Buis. Rivière.

DAVIDOFF Tamara 2651

8 pers.
(2 yourtes)
17€/nuit/pers.

English spoken

Le Pré St Jean
26170 LA ROCHE SUR LE BUIS
tel / fax : (+33) (0)4 75 28 28 25
mobile : (+33) (0)6 12 54 67 46

Situation : alt. 900 m. Dans une vallée protégée près de Buis-les-Baronnies, parmi les plantes aromatiques locales. La ferme fonctionne à l'énergie solaire, bâtiments en matière végétale bioclimatique.

Production : plantes médicinales et petits fruits en agriculture biodynamique. Confection de bougies d'oreille.

Accueil : camping paysan avec location de yourtes mongoles. Toilettes sèches. Cuisine commune.

Activités possibles : Promenade, séances énergétique chinoises, réflexologie, Elixir de Bach.

LAURIE Renée-France et Jean-Claude 2653

2 gîtes
Gîte 1 :
4/5 pers.
BS 250€
HS 300€
Gîte 2 :
6/8 pers.
BS 300€
HS 350€
WE 48/50€

Les Gardons
26460 LE POËT CELARD
tel : (+33) (0)4 75 53 30 60

Situation : entre Vallée de la Drôme et Drôme Provençale. En pleine Nature. Vue sur la Forêt de Saou.

Production : agriculteur à la retraite. Reprise des terres pour de la polyculture et élevages.

Accueil : 2 gîtes paysans.

Activités possibles : randonnées, visite du village et des villages alentour.

MESTRE Nadège 2654

15 pers.

Le Pescher du Bas
26400 OMBLÈZE
tel / fax : (+33) (0)4 75 76 42 30
mel : contact@lafermedupescher.com
web : www.lafermedupescher.com

Situation : ferme écologique dans le Parc du Vercors à 20 mn de marche tranquille.

Production : maraîchage biologique, énergies solaire et hydraulique.

Accueil : table paysanne 15 personnes SUR RESERVATION.

Activités possibles : visite des Gorges d'Ombleze, soirée au Moulin de la Pipe, randonnées naturalistes.

AU CHANT DES ÂNES 2656

3 ch.
6 pers.
40€

English spoken
Man spricht Deutsch
Wij spreken nederlands

DALENOORD Herman
Les Chardières
26600 MERCUROL
tel / fax : (+33) (0)4 75 07 42 16
mobile : (+33) (0)6 77 34 66 59
mel : choup26@free.fr

Situation : Drôme des Collines. Face au petit village de Mercurol, proximité sortie autoroute Tain-Tournon.

Production : petite vigne (vin blanc), brebis, ânes.

Accueil : chambres paysannes.

Activités possibles : proximité Lac de Champos (baignade) et Lac Aiguille. Parcours aventure, parc animalier. Circuit des vins fins. Balades à vélo et à pied (Drôme des collines). Activités culturelles sur St Donat, Romans, Valence.

27 - EURE

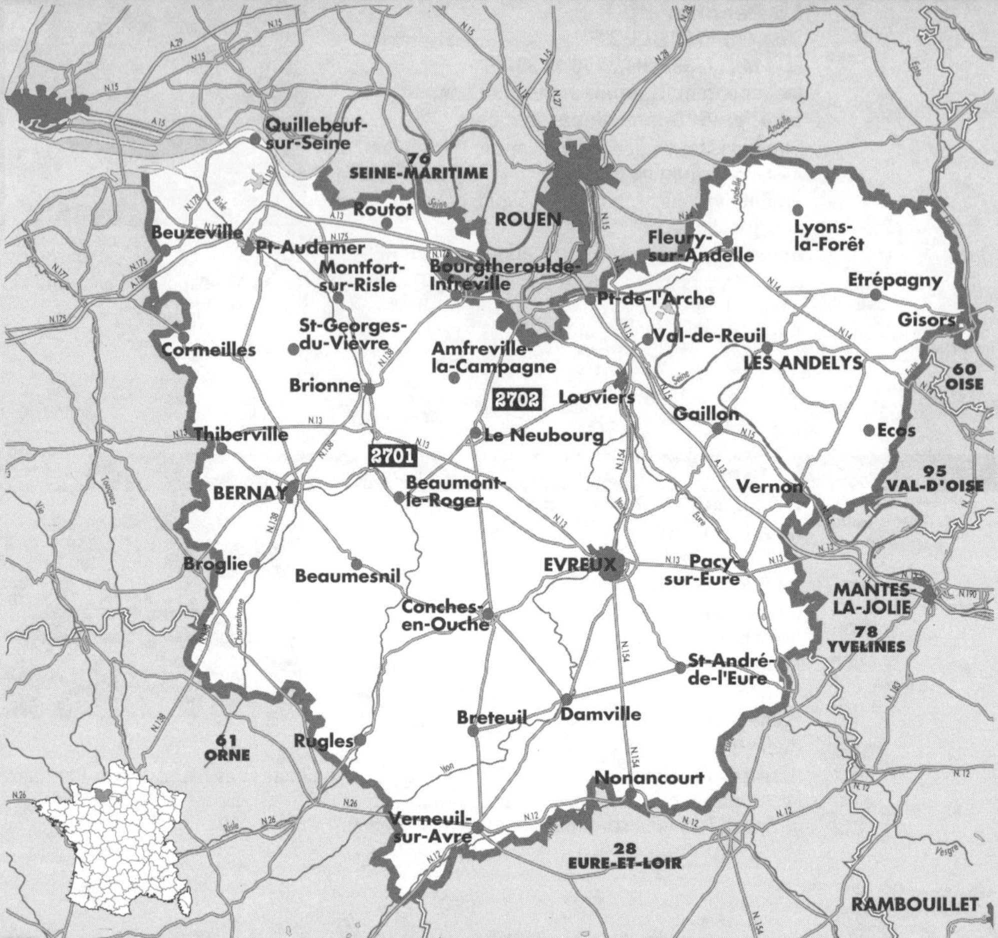
Quillebeuf-sur-Seine
76
SEINE-MARITIME
Routot
ROUEN
Beuzeville
Pt-Audemer
Montfort-sur-Risle
Bourgtheroulde-Infreville
Fleury-sur-Andelle
Lyons-la-Forêt
Etrépagny
Gisors
Pt-de-l'Arche
Val-de-Reuil
LES ANDELYS
Cormeilles
St-Georges-du-Vièvre
Amfreville-la-Campagne
Brionne
2702
Louviers
Gaillon
60
OISE
Thiberville
Le Neubourg
Ecos
2701
95
VAL-D'OISE
BERNAY
Beaumont-le-Roger
Vernon
Broglie
Beaumesnil
EVREUX
Pacy-sur-Eure
MANTES-LA-JOLIE
Conches-en-Ouche
78
YVELINES
St-André-de-l'Eure
Breteuil
Damville
61
ORNE
Rugles
Nonancourt
Verneuil-sur-Avre
28
EURE-ET-LOIR
RAMBOUILLET

LA CHAUMIÈRE AUX PONEYS 2701

2 gîtes
Gîte 1 : 25 pers.
Gîte 2 : 37 pers.
WE 420/680€ (1 nuit)
520/780€ (2 nuits)

produits paysans

English spoken

Se habla español

25 enfants classe verte ou centre de vacances : 38€/J
séjour de vacances : 50€/J

37 pers. 15€

2 empl. 20 pers. (tipi) 7€/pers.

M-Pascale, Franck, Marie-Edwige, Nelly, Hilaire - 5, route de Beaumont
27170 LE TILLEUL OTHON
tel : (+33) (0)2 32 45 26 17 - fax : (+33) (0)2 32 45 79 34
mel : chaumiere.poneys@free.fr
web : www.lachaumiereauxponeys.com

Situation : à 130 km de Paris, entre Evreux et Lisieux sur la N13. Ancien corps de ferme normand situé au cœur du village. Paysage de plaine, forêt à 3 km, vallée de la Risles offrant nombreuses balades.

Production : culture, élevage de chevaux et poneys. Jardin potager, farine et pain bio (Biocer), crème, yaourts, cidre et jus de pomme fait maison, basse-cour.

Accueil : centre de vacances pour enfants 5-15 ans, classes vertes et autres groupes constitués (agrément DDJS et Education Nationale). Camping sous tipi l'été pour centres de loisirs. Gîtes de groupe et relais paysan.

Activités possibles : équitation (poney-club), attelage, ânes bâtés, nuits sous tipi, piscine l'été. Frabrication de produits fermiers, animation sur l'environnement, l'architecture, énergies renouvelables, sorties en minibus (9 pl).

LA FERME DE HEURTEVENT 2702

3 pers. 20€
enfant : 10€

1 ch. 40€

English spoken

Se habla español

JOURDAIN Emmanuelle et Jean-Paul
8 rue du Heurtevent
27370 MANDEVILLE
tel : (+33) (0)2 32 40 48 47
fax : (+33) (0)2 32 25 13 04
mel : jeanpaul.jourdain@wanadoo.fr

Situation : à 100 km de Paris, proche de Louviers. Dans un petit village de plateau. Ferme avec bâtiment en brique. A proximité de la vallée d'Eure, de Seine et Oison. Forêts domaniales, plaines de culture.

Production : ferme laitière, 4 races de vaches. Yaourts, lait, crème, beurre. Basse-cour, jument Connemara, moutons, beau potager. Cultures pour les animaux : prairies et céréales.

Accueil : chambre paysanne seule, ou avec repas possible. Vie de la basse-cour, traite, fabrication de crème, yaourts, faits avec vous à votre demande. Relais équestre (2 boxes ou prairies), accueil de cavaliers.

Activités possibles : la vie de vaches, traite, une journée à la basse-cour, potager, fabriquer vos produits laitiers. Balade en plaine, en forêt, en vallée.

29 - FINISTÈRE

BÉCAM Josée et Robert — 2901

2 gîtes
Gîte 1 : 2/5 pers. BS 250€ HS 350€
Gîte 2 : 2/10 pers. base 5 pers : BS 250€ +25€/pers.sup HS 350€ +35€/pers.sup
WE 110€ +15€/pers.sup (2 nuits)

8 pers. 14€
4 ch. 8 pers. 39€
Breton parlé

Creac'h Gourlès - 29420 PLOUVORN
tel / fax : (+33) (0)2 98 61 33 62
mel : joseebecam@wanadoo.fr
web : www.inet-bretagne.fr/becam

Situation : Sur la D19, à l'ouest de Morlaix, à 10 mn de la mer et 20 mn des Monts d'Arrée, à 15 km de Roscoff, sur la vallée de l'Horn, d'où "Plouvorn".

Production : après plusieurs années de polyculture traditionnelle (chou-fleurs, endives, vaches laitières) nous nous recentrons vers une petite production liée à la table et la vente de proximité (lait, œufs, volaille, lapins, agneaux, porcs, chèvres, légumes, jus de pomme et confiture).

Accueil : nos 4 chambres paysannes permettent à nos accueillis de se poser pour une nuit ou plus (réductions de 10% aux adhérents des "amis d'Accueil Paysan") et de partager notre table dans un environnement façonné par plusieurs générations dans ce cadre de verdure inspirant calme et quiétude. 2 gîtes paysans.

Activités possibles : découverte de l'environnement, pêche, randos, plage, patrimoine bâti... possibilité de grasse mat' ou tout simplement de ne rien faire.

JÉGOU Marie-Claire et Yves — 2902

3 empl.
15 pers.
2€/pl.
4€/pers.
elec 2€

3 gîtes
Gîte 1 :
3 pers.
BS 220€
HS 320€
Gîte 2 :
5 pers.
BS 280€
HS 390€
Gîte 3 :
7 pers.
BS 340€
HS 460€
WE
130/160
/180€
(2 nuits)

3, Kerivin
29280 PLOUZANÉ
tel : (+33) (0)2 98 45 82 32
mobile : (+33) (0)6 84 16 74 88

Situation : 6 km à l'ouest de Brest, route D789 puis C5 à gauche. 12 km du Conquet, la mer à 3 km.

Production : vaches laitières et élevage des génisses, 2 ânesses, 2 chèvres, 1 mouton, potager, petite basse-cour.

Accueil : salle d'accueil équipée (table de ping-pong, baby-foot, fléchettes et autres). 3 gîtes paysans, camping paysan.

Activités possibles : découverte des activités de la ferme (traite matin et soir), distribution des restes et déchets cuisine aux petits animaux. Plages de sable fin surf, bodyboard, piscines à l'eau de mer), équitation, circuits de randonnées pédestres à partir du gîte, GR34 à proximité, visite de Brest, musée de la marine, océanopolis, îles d'Ouessant, Molène et enclos paroissiaux. Animations musicales, fêtes médiévales.

LE GUELLEC Geneviève — 2903

10 empl.
30 pers.
3,30€/pl.
3,50€/pers.

English spoken
Se habla español

29710 POULDREUZIC
tel : (+33) (0)2 98 54 41 55

Situation : Finistère sud. Quimper à 20 km, Baie d'Audierne. A Pouldreuzic, prendre direction "plage et port de Penhors", 2ème camping à droite.

Production : production laitière et céréalère, veaux, génisses, lait en agriculture durable.

Accueil : à Kerguivit, l'accueil s'inscrit dans une longue tradition familiale qui permet, depuis quelques décennies, des échanges conviviaux entre les générations de campeurs. Camping paysan.

Activités possibles : découverte des activités liées à l'élevage. Initiation à la langue bretonne. Plage surveillée à 1,5 km. Découverte calvaires, chapelles, pêche en mer, pêche à pied, surf, fun-board.

LA VALLÉE DU RIVOAL — 2906

produits paysans

English spoken

15 pers.
14€

4 ch.
15 pers.
39,50€

3 gîtes
Gîte 1 :
2 pers.
240€
Gîte 2 :
3 pers.
290€
Gîte 3 :
4 pers.
330€

LE BORGNE Véronique et Yves
Kerfranc - 29590 LOPÉREC
tel : (+33) (0)2 98 81 11 30
mel : leborgne-y@wanadoo.fr

Situation : au cœur des Monts d'Arrée, à 4,5 km de Brasparts, sur la D21 dans la vallée boisée, dans le centre Finistère, à 30 mn des plages, Brest, Quimper, Morlaix.

Production : ferme adossée à la colline, dans la vallée verdoyante et calme où vous découvrirez vaches allaitantes et porcs en plein air en agriculture durable. Charcuterie, viandes. Vaches allaitantes.

Accueil : membre de l'ass. de produits fermiers des Monts d'Arrée. Chambres paysannes avec sanitaires privés, table paysanne, 3 studios avec coins cuisine et sanitaires privés.

Activités possibles : visite de la ferme, soins aux animaux, circuits de rando dans la vallée du Rivoal à partir de la ferme (GR37 et 380). Aux alentours : randos pédestres, circuits des enclos paroissiaux, visite de moulins et maisons bretonnes, découverte des Monts d'Arrée.

FERME DU PALUD 2908

1 ch.
"les oiseaux"
2/4 pers.
48€

English spoken
Se habla español

3 gîtes
Gîte 1 :
3/4 pers.
"le penty"
BS 350€
HS 500€
Gîte 2 :
3/4 pers.
"la roseraie"
BS 350€
HS 500€
Gîte 3 :
3/4 pers.
"la gavotte"
BS 350€
HS 500€
WE 150€
(2 nuits)

CREACH Noëlle et Vincent
Le Palud - 29680 ROSCOFF
tel : (+33) (0)2 98 61 20 69 - mobile : (+33) (0)6 89 69 84 76
mel : fermedupalud@wanadoo.fr
web : perso.wanadoo.fr/lafermedupalud

Situation : au nord du Finistère, à 100 m de la plage, à 1km du centre ville. Le calme de la campagne près de la côte. A 22 km de Morlaix, 60 km de Brest.

Production : production trad. de la zone légumière (chou-fleur, artichaut, pomme de terre primeur). Elevage et attelage de chevaux bretons. Cadre fleuri avec maisonnettes indépendantes en pierre.

Accueil : toute l'année, 1 chambre, 3 gîtes paysans. Cheminée dans 2 des gîtes (bois fourni). Petit déjeuner à la demande.

Activités possibles : promenades en calèches avec chevaux bretons, soins et ferrage des chevaux. Poules, volières. Découverte du jardin, de la ferme, de la pêche à pied. A Roscoff : jardin exotique, port de pêche et de plaisance, centre nautique. 10 mn de bateau pour visiter l'île de Batz.

KEREBEL Marie-Claire et BOURHIS André 2909

English spoken
Se habla español
Breton parlé

1 ch.
2 pers.
40€

5/6 pers.
BS 400€
MS 450€
HS 500€
WE 135€
(2 nuits)

accompagné

Kerdélan - 29180 PLOGONNEC
tel : (+33) (0)2 98 91 87 52 ou : (+33) (0)6 86 60 55 69
web : www.gite-de-kerdelan.org

Situation : entre Quimper et Douarnenez (13 km). A 7 km de Locronan (cité de caractère) sur la commune de Plogonnec (tous services à proximité), à 3,5 km du bourg, près du lieudit Lopéau, sur la VC4.

Production : vaches laitières (prod. à l'herbe), basse-cour. Lait, confitures, jus de pomme.

Accueil : dans un cadre de verdure au calme (vue sur le bois du Duc), site ouvert à l'année. Chambre paysanne indépendante au RdC de notre maison, avec petit déj. à la table familiale. Gîte dans 1 grange entièrement rénovée (chanvre, chaux). RdC : cuisine, séjour (cheminée), chambre 2 pers., wc, sdb ; étage : 2 chambres, 3 lits 1 pers + 1 lit 2 places, wc, sdb ; extérieur : jardinet, coin détente, portique.

Activités possibles : balades à la ferme et alentour. Circuits VTT balisés sur la commune et location VTT sur place. Centre équestre à 3 km, GR38, mer à 10 mn. A Quimper : cité historique. A Douarnenez : port de pêche et de loisir. Pointe-du-Raz et Crozon à 40 km. Grand éventail d'animations estivales.

BELLOUR Anne et René 2910

English spoken
Se habla español
Si parla italiano
Breton parlé

4 pers.
BS 280€
HS 310€
WE 45€
(1 nuit)

produits paysans

Le Favet - 29640 LANNÉANOU
tel / fax : (+33) (0)2 98 78 11 41
mobile : (+33) (0)6 60 27 11 41
mel : anne.bellour@wanadoo.fr
web : www.site.voila.fr/bellour

Situation : à 20 mn des Monts d'Arrée ou des chaos granitiques d'Huelgoat ou 20 mn dans la direction opposée c'est la côte (Plestin).1/4 h de Morlaix ou du château du Taureau.

Production : lait et viande bio (mention AB). Elevage extensif (Limousin et Charolais) dans pâturages vallonnés. Petit élevage de volailles et lapins. Lait, viandes, œufs bio.

Accueil : gîte paysan dans une ancienne chaumière bretonne qui ne trahit pas l'âme du passé ni l'esprit de créativité de l'hôtesse. Grand espace champêtre au calme. Soirée dégustation crêpes bio.

Activités possibles : baby-foot, balançoires, balades attelées avec poney, soins à la basse-cour, balades montées à cheval, randonnées pédestres, initiation au breton et toponymie, confection de crêpes sur biligs.

EARL LE BRETON — 2911

2 gîtes
Gîte 1 : 4/5 pers. BS 230€ MS vac scol.305€ HS 380€
Gîte 2 : 6/8 pers. BS 350€ MS vac scol.450€ HS 600€ WE 35€ (1 nuit)

English spoken

LE BRETON Marie et Claude
La Forêt - 29560 LANDEVENNEC
tel / fax : (+33) (0)2 98 27 31 76
mobile : (+33) (0)6 68 40 73 19

Situation : dans la presqu'île de Crozon, au calme, dans le Parc naturel régional d'Armorique, bord de mer à 500 m, plages à 9 km.

Production : ferme laitière en agriculture durable : vaches pies rouges, petite basse-cour, œufs, 2 cochons.

Accueil : gîte "ty coz" dans un penty (maison typique bretonne) entièrement rénovée : grande cheminée (bois fourni), 2 chambres (1 lit double, 2 lits simples), extérieur avec salon de jardin, lave-linge, lit et matériel bébé. Gîte "la grange" ouverture été 2006 : RdC entièrement aménagé fauteuils roulants (agrément APF), 3 ch. indép., jardin clos 600 m^2.

Activités possibles : découverte de l'exploitation. Suivant la marée, promenade sur l'Estran et pêche à pied (palourdes, huîtres, pétoncles). Circuit de randonnée à 200 m (GR37), champignons (forêt domaniale à 200 m), Abbaye Bénédictine, centre équestre à 800 m, centre nautique à 9 km, île d'Ouessant et de Molène au départ de Camaret.

SEZNEC André et Maryse — 2912

4 pers. BS 300€ MS 350€ (juin-sept) HS 457€ WE 50€ (1 nuit)

Kergaradec
29550 PLONEVEZ-PORZAY
tel / fax : (+33) (0)2 98 91 73 61
mel : gite-kergaradec@tiscali.fr
web : gite.en.bretagne.online.fr

Situation : au cœur de la baie de Douarnenez, à 2 mn de Locronan, en zone touristique. Dans un rayon de 30 km : Quimper, presqu'île de Crozon, Pointe du Raz. Plage à 6 km, tous commerces à 3 km.

Production : élevage de vaches laitières, basse-cour, chevaux bretons.

Accueil : gîte dans une maison rénovée, RdC : salon et cuisine aménagée tout confort ; étage : 2 chambres et salle d'eau. Chauffage électrique, terrasse, salon de jardin, pelouse à proximité.

Activités possibles : visite de la ferme, plages, sentiers pédestres. Nombreux sites touristiques à visiter dans un rayon de 30 km, ports de pêche, fêtes folkloriques.

JÉGO Alain et Marie-Françoise — 2913

5 pers. BS 300€ MS 350€ HS 450€ WE 100€

English spoken

Leslé
29300 ARZANO
tel : (+33) (0)2 98 71 77 18
mobile : (+33) (0)6 74 70 99 76
mel : amf.jego@wanadoo.fr

Situation : site protégé de la vallée du Scorff, à 10 km de Quimperlé, 20 km de Lorient.

Production : cidre, jus de pommes, pommes, légumes produits sans engrais chimiques ni pesticides. Volailles et ânes.

Accueil : gîte indépendant rénovation éco-habitat. Découverte du milieu naturel très riche : rivière, prairies, talus. Découverte de l'activité fermière : vergers de pommiers, conservation de variétés anciennes. Randonnées. Accueillants disponibles.

Activités possibles : randonnées, pêche, découverte de la flore et de la faune, chapelles, moulins, jardinage, promenade avec les ânes ou en canoë-kayak, visite de Quimperlé/Le Faouët. Plages à 25 km.

SCEA BIO DE KERGOARAT 2914

8 pers.
+ 1 bébé
BS 450€
HS 600€
WE 200€

LEA René et OLLIVIER Marie-Louise
Kergoarat
29430 PLOUESCAT
tel / fax : (+33) (0)2 98 69 67 51
mel : mlollivier@aol.com

Situation : petite station balnéaire. Gîte à 300 m de la mer dans le Finistère Nord. A 50 km de Brest, 38 km de Morlaix, 27 km de Landivisiau.

Production : production de légumes biologiques depuis 1991 : choux-fleurs, carottes, oignon, pommes de terre, brocolis, échalottes. Cheval, chèvre, poules.

Accueil : gîte dans l'ancienne maison de ferme. Cours indépendante fermée. Grande maison bien équipée (cuisine et literie neuves), chambre indépendante pour bébé toute équipée, bibliothèque. Toute l'année, un panier de légumes attend les locataires.

Activités possibles : visite d'exploitation. Randonnées en bord de mer et campagne. Voile, char à voile, tennis, skate. Pêche à pied. Découverte du patrimoine local.

MARC Laurent et Frédérika 2915

6 pers.
BS 380€
HS 500€
WE 100€
(2 nuits)

Keraeret - 29250 PLOUGOULM
tel : (+33) (0)2 98 29 98 27
mobile : (+33) (0)6 64 96 60 50

Situation : au Nord Finistère, à 5 km de St-Pol-de-Léon, 20 mn de Morlaix et 45 mn de Brest. C'est une petite maison située à 300 m de la plage dans un charmant petit coin tranquille.

Production : cultures légumières très diversifiées : choux-fleurs, choux-pommes, choux brocolis, artichauts, carottes, poireaux, oignons, pommes de terre et autres petits légumes. Productions intéressantes car diversifiées et respectueuses de la saisonnalité.

Accueil : petite maison en pierre comprenant, au RdC : salon-séjour avec cheminée en pierre, cuisine aménagée indépendante, 1 chambre, 1 sdb, 1 wc ; à l'étage : 2 chambres, 1 wc. A l'extérieur, 2 terrasses closes : 1 devant la maison et 1 derrière avec barbecue fixe.

Activités possibles : petit sentier longeant la mer à 300 m avec possibilité d'une belle balade rejoignant un petit bois. Pêche à pied, baignade, sentier allant vers la "piste de santé" pour garder la forme… visite de la ferme avec possibilité d'acheter les légumes.

TRAOUEN Eric et Christelle 2916

2/4 pers.
BS 220€
HS 290€
WE 100€
produits paysans
English spoken

Kerlinou - 29390 LEUHAN
tel : (+33) (0)2 98 82 54 28
fax : (+33) (0)2 98 82 50 69
mobile : (+33) (0)6 70 03 19 69
mel : traouen.compagnie@hotmail.fr

Situation : centre Finistère. En plein cœur des Montagnes Noires. Site bénéficiant d'un vaste réseau de sentiers de randonnées. A 30 mn des plages, 25 km de Quimper.

Production : Pommes de terre, vaches allaitantes limousines (label rouge). Vente directe aux particuliers.

Accueil : gîte entièrement rénové, en plein cœur de l'exploitation, avec vue imprenable sur les montagnes noires. Idéal pour les personnes recherchant le calme et la nature.

Activités possibles : découverte des activités de la ferme. Nombreux chemins de randonnées au départ de la ferme. Piscine en plein air à 3 km. Centre équestre à 5 km. Visite du château de Trévarez à 5 km.

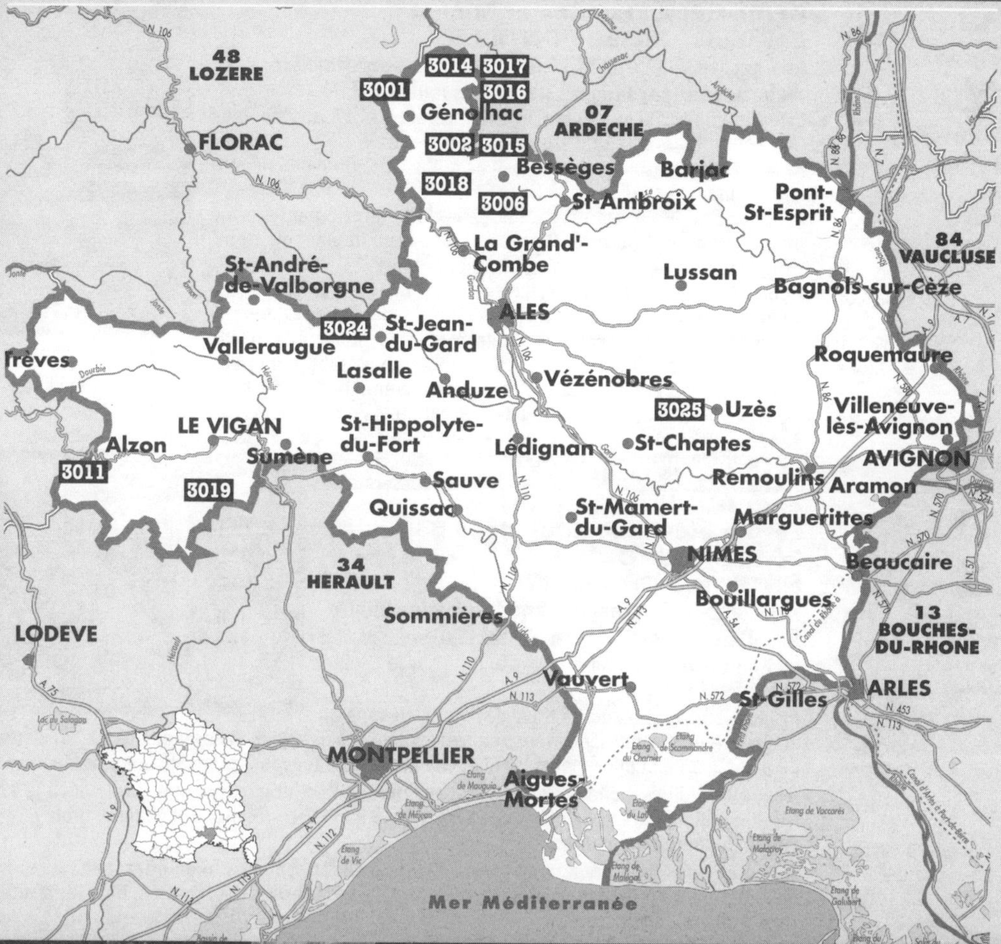
48
LOZERE
3001
3014
3017
3016
Génolhac
07
ARDECHE
FLORAC
3002
3015
Bessèges
Barjac
3018
3006
St-Ambroix
Pont-
St-Esprit
84
VAUCLUSE
La Grand'-
Combe
St-André-
de-Valborgne
Lussan
Bagnols-sur-Cèze
ALES
3024
St-Jean-
du-Gard
Valleraugue
Roquemaure
Trèves
Lasalle
Anduze
Vézénobres
3025
Uzès
Villeneuve-
lès-Avignon
LE VIGAN
St-Hippolyte-
du-Fort
Alzon
Sumène
Lédignan
St-Chaptes
AVIGNON
3011
Remoulins
Aramon
3019
Sauve
Quissac
St-Mamert-
du-Gard
Marguerittes
NIMES
Beaucaire
34
HERAULT
Bouillargues
Sommières
13
BOUCHES-
DU-RHONE
LODEVE
Vauvert
ARLES
St-Gilles
MONTPELLIER
Aigues-
Mortes
Mer Méditerranée

FERME DE BASSOULS 3001

après accord

English spoken

6 pers. 19€

1 ch. 2 pers. 42€

4 pers. BS 280€ HS 320€ (6 pers. 420€) WE 110€ (2 nuits)

BÉRIL-HEIM Francine et Michel
Bassouls - 30450 PONTEILS
tel / fax : (+33) (0)4 66 61 20 41 - mel : bassouls@tele2.fr
web : accueilpaysangard.free.fr/bassouls.html

Situation : alt. 700 m, à 9 km de Villefort (Lozère),17 km des Vans (Ardèche), le hameau de Bassouls (2,5 km de la D901) est isolé. Face au Mont Lozère, limitrophe avec le Parc national des Cévennes, il domine la vallée de la Cèze.

Production : "Pour notre santé et celle de la terre", petite ferme en bio, mention Nature & Progrès. Basse-cour, lapins, moutons, 1 âne. Légumes et petits fruits, jus et confitures.

Accueil : simple et chaleureux, familial, engagé, sur une ferme cévenole traditionnelle. Table et chambre paysanne : douche et wc privatifs. Gîte paysan : salle à manger, cuisine, sdb wc, 1 chambre avec lit superposé, salon, mezzanine avec couchage 2 adultes, draps fournis. Gîte et chambre ensemble (6 pers.) loc. à la semaine possible.

Activités possibles : découverte de la ferme, soins aux animaux, balançoire, ping-pong. Baignade, randos, ânes bâtés, chevaux, visites diverses, lac à 10 km, gorges (canoë, kayak).

LE MAS DE COCAGNE 3002

English spoken

Man spricht Deutsch

15 pers. 16€

2 ch. 7 pers. 1/2 pension : 35€/pers.

6 empl. 30 pers. 4€/pl. 3,50€/pers.

chez BUCH et MARTON
Ferme bio-écologique de la Baraque
30450 AUJAC
tel / fax : (+33) (0)4 66 61 12 77
web : accueilpaysangard.free.fr/cocagne.html

Situation : alt. 350 m, 45 km d'Alès (1h), versant sud du Mont Lozère, climat méditerranéen, sur le GR44A et Sentier Cévenol.

Production : sur nos qq ha travaillés, nous élevons qq animaux (vaches, ânes, moutons, poules) et cultivons des fruits et des légumes. La cueillette de plantes aromatiques, petits fruits et champignons sauvages, complète notre production.

Accueil : à pied, à cheval, en voiture, sur réservation, environnement rural sauvage et traditionnel : camping 6 empl. dont 1 tipi + bloc sanitaire, chambre paysanne, table paysanne, location ânes bâtés.

Activités possibles : rivière sur place à pied à 15 mn, balades avec ânes, sites historiques à découvrir à pied, visite culturelle du site de la ferme. Lac, grottes, balades d'altitude à 30 mn en voiture.

BORREL-COUTUROU Hermine et J.-Pierre 3006

English spoken

Man spricht Deutsch

Wij spreken nederlands

4/6 pers. BS 230€ HS 330€ WE 85€ (2 nuits)

produits paysans

Le Mas Rivière
30410 MOLIÈRES SUR CÈZE
tel / fax : (+33) (0)4 66 24 26 51

Situation : dans les Cévennes, alt. 250 m, à 30 km d'Alès, 70 km de Nîmes, 2 km de piste après la route.

Production : en agriculture bio mention Nature et progrès : chèvres, moutons, cochons, poules, petits fruits et légumes. Fromages, confitures, œufs, fruits, viandes, châtaignes transformées.

Accueil : à l'ombre des châtaigniers, à 200 m de la ferme, notre gîte est un chalet en bois, intérieur mobilhome avec chambre mansardée à l'étage, terrasse couverte, cuisine d'été.

Activités possibles : visite et découverte de la ferme, traite et soins aux animaux, aide à la fabrication des fromages, jardinage. Châteaux, randonnées pedestres, baignade, canoë, kayak, musée, grottes.

FERME DE VALCROZE 3011

English spoken
Man spricht Deutsch

2 gîtes
Gîte 1 : 10 pers. BS 340€ HS 440€
Gîte 2 : 6 pers. BS 260€ HS 360€
WE : 160/120€ (2 nuits)

produits paysans

SALZE - ZIMMERMANN
Rénate et Charles
Valcroze - 30770 ALZON
tel : (+33) (0)4 67 82 04 21
mel : valcroze.salze@wanadoo.fr
web : www.fermedevalcroze.com

Situation : alt. 680 m, entre Larzac et Parc national des Cévennes, Nîmes et Montpellier à 1h30, Millau à 50 mn, Le Vigan à 20 mn, Cirque de Navacelles 15 km, Mont Aigoual 50 km, Alzon 3 km.

Production : troupeau de 60 brebis laitières, production de foin et de céréales pour nos bêtes, fromages de brebis, poules, potager, cultures sans engrais chimique ni pesticide.

Accueil : 2 gîtes paysans dans des maisons anciennes en pierre, rénovées, 4 chambres dans l'un, 2 chambres et 1 mezzanine dans l'autre, terrasses, le tout dans un petit hameau entouré de prés et de bois, à 3 km du village. Calme.

Activités possibles : balades et randonnées sur le Causse ou en Cévennes, découverte de la vie paysanne, baignade en rivière à 15 km, centres équestres à proximité.

FERME EQUESTRE 3014

English spoken
Man spricht Deutsch

11 maxi balade
13€/1h
22€/2h
27€/ 1/2journée
54€/journée

FRANKENBERGER Nicole
Hameau de Montselques
30450 PONTEILS
tel : (+33) (0)4 66 61 18 66
fax : (+33) (0)4 66 61 24 59
mel : nicole.frankenberger@wanadoo.fr
web : www.cheval-cevennes.com

Situation : alt. 460 m sur la D51 adossé au Mont Lozère, à 8 km de Villefort (Lozère), 8 km de Génolhac (Gard). Proximité du Parc national des Cévennes.

Production : élevage de chevaux.

Accueil : équitation d'extérieur, balade à l'heure, 2h, demi-journée ou journée, bivouacs, randonnées de 2 à 6 jours. Tarifs de groupe à partir de 5 personnes.

Activités possibles : balades, randonnées à cheval, à pied, à vélo, rivières, lacs, châteaux et grottes.

DUBAILLE Jean-Louis 3015

5/6 pers.
360€

Rouis
30450 SENECHAS
tel : (+33) (0)4 66 61 17 86
mel : accueilrouis@wanadoo.fr

Situation : Entre Génolhac (7 km) et Bessèges (13 km), 300 m alt. , à 45 mn d'Alès, 1h30 de Nîmes (A9), de Bollène (A7), 2h de Marvejols (A75).

Production : ruches, brebis, chevaux, lapins. Prairies, bois et châtaigneraies. Miels des Cévennes et des Garrigues, confiture de châtaigne.

Accueil : 1 gîte paysan à l'intérieur du mas traditionnel, entrée indépendante, grande terrasse, grand séjour avec cheminée, lave-linge, lit et chaise bébé.

Activités possibles : connaissance des abeilles, pêche et baignade en rivière, balades et randonnées (Parc national des Cévennes), villages et châteaux médiévaux, Gorges de l'Ardèche et de la Cèze à 45 mn.

LES COLLINETTES 3016

1 ch.
2 pers.
45€

English spoken
Se habla español

Florent, Patrick, Marie-Thé
Chassac - 30450 AUJAC
tel : (+33) (0)4 66 61 55 07
mobile : (+33) (0)6 70 23 28 17
mel : contact@collinettes.com
web : www.collinettes.com

Situation : alt. 600 m, à 5 km d'Aujac, face au Mont Lozère, à 1h d'Alès, 1h30 de Nîmes, 2h de Montpellier, 30 mn des Vans, de Villefort, en zone périphérique du Parc national des Cévennes.

Production : jardins, légumes et fruits rouges, confitures maison, lapins, poules.

Accueil : chambre paysanne douillette dans un mazet indépendant (2 pers. + 1 lit possible pour enfant). Louable à la semaine formule gîte.

Activités possibles : balades avec nos ânes bâtés (1/2 journée, journée ou rando de plusieurs jours), baignade à 15 mn en voiture, cheval, balades à ânes accompagnées avec visite du château d'Aujac et de La Clède.

MAS LA SOUREILHADE 3017

English spoken
Se habla español

2 gîtes
Gîte 1 :
2/3 pers.
BS 250€
HS 315€
Gîte 2 :
4/6 pers.
BS 250€
HS 315€
WE 80/95€
(2 nuits)

GIMENEZ Marie et Michel
Rieusset
30450 PONTEILS ET BRESIS
tel : (+33) (0)4 66 61 13 67
mel : contact@cevennes-gite-soureilhade.com
web : www.cevennes-gite-soureilhade.com

Situation : alt. 600 m, 10 km Villefort (Lozère) et Genolhac, 25 km des Vans (Ardèche), face au versant sud du Mont Lozère en bordure du Parc nat. des Cévennes.

Production : confitures en fonction de la saison : châtaignes, fruits rouges, pommes-coing.

Accueil : gîtes situés dans un ancien mas restauré, au cœur d'une nature riche et préservée, le calme et la beauté du site en font leurs atouts. Gîte paysan 2/3 pers. avec cheminée et gîte paysan 4/6 pers. dans ancienne clède aménagée. Ouvert toute l'année.

Activités possibles : cueillette de champignons en saison, pêche à la truite en rivière. Point de départ idéal pour de nombreuses activités de plein air et de découverte du patrimoine. Station de ski nordique à 25 km.

JARDINS DE TIGNAC 3018

English spoken
Man spricht Deutsch
Se habla español

3 gîtes
Gîte 1 :
2 pers.
BS 220€
HS 240€
Gîte 2 :
2/4 pers.
BS 240€
HS 260€
Gîte 3 :
4/6 pers.
BS 370€
HS 400€
WE 110/110/130€
(2 nuits)

CHABROL Elisabeth et HELFERICH
Roman - 26 rue du Stade
30530 CHAMBORIGAUD
tel / fax : (+33) (0)4 66 61 44 71
mel : jardindetignac@tele2.fr
web : www.gites-le-relais.com

Situation : petit village de vallée au pied du Mont Lozère, à 25 km au nord d'Alès, zone périphérique du Parc national des Cévennes.

Production : légumes, petits fruits, confitures, plats préparés, ânes, brebis, volailles.

Accueil : 3 gîtes paysans dans une ancienne ferme restaurée. Activités dans la grange aménagée : spectacles, expositions. Formules clé en main, location de l'ensemble possible. Vente directe des produits de la ferme.

Activités possibles : séminaires, stages. Baignade, tennis, location d'ânes, randonnées, VTT.

CARDABELLE 3019

9 pers.
18€
enfant : 8€

3 ch.
9 pers.
44€

English spoken

COLAS KUROWSKI Brigitte et J.-Jacques
Navas - 30120 MONTDARDIER
tel : (+33) (0)4 67 81 54 02
mobile : (+33) (0)6 73 92 70 39
mel : cardabelle@free.fr
web : cardabelle.free.fr

Situation : sur le Causse de Blandas, alt. 680 m, à 15 mn du Vigan, à proximité du Cirque de Navacelles (7 km), du Parc national des Cévennes et du Causse du Larzac. A 1h de Millau, 1h15 de Montpellier et 1h30 de Nîmes.

Production : légumes, fruits rouges, œufs, apéritifs, confitures, sirops.

Accueil : 3 chambres de 3 personnes et table paysanne. Maison ancienne dans un hameau calme. Vie rurale traditionnelle au rythme des saisons.

Activités possibles : découverte de la vie sur le Causse. Organisation de randonnées et de séjours. Four à pain. Baignade en rivière à 15 mn. Mont Aigoual, grottes, sites naturels (Causse, Gorges de la Vis, Cévennes) et historiques (villages templiers...). Participation à la cuisson du repas dans le four à pain.

BOUDET Marie et Luc 3024

1 ch.
2 pers.
43€

9 pers.
BS 320€
HS 450€
WE 180€
(2 nuits)

English spoken

Bannière
30270 SAINT JEAN DU GARD
tel : (+33) (0)4 66 85 13 05 ou (+33) (0)8 71 01 62 50
mel : boudetluc@free.fr
web : http://boudetluc.free.fr

Situation : mas cévenol, à 4 km de St-Jean-du-Gard à 32 km d'Alès. Zone périphérique du Parc national des Cévennes.

Production : troupeau de brebis laitières avec fabrication de fromages et charcuterie d'agneau.

Accueil : chambre paysanne indépendante avec douche et wc, frigo et couchette enfant. Gîte paysan : 2 salles d'eau et wc, 3 chambres, grande pièce cuisine avec cheminée. Eau chaude solaire.

Activités possibles : découverte de la traite des brebis, conduite du troupeau et fromagerie. Canoë, piscine, rivière, musée, aquarium à 3 km.

AUBUSS'ÂNE 3025

10 pers.
10€

MARTINEZ Cloé et SAUNIER Yoan
Chemin de Collorgues
30130 AUBUSSARGUES
tel : (+33) (0)4 66 63 23 89

Situation : à 8 km d'Uzès sur la route d'Anduze, à 30 km de Nimes, Alès et Anduze et à 20 km du Pont du Gard.

Production : vignes, asperges, céréales, paille et foin, jardin potager. Petit troupeau de 8 ânes pour la randonnée.

Accueil : vous partagerez à la table familiale nos produits fermiers ainsi que ceux des fermiers voisins, tous les soirs sur réservation.

Activités possibles : sur le lieu d'accueil, partez randonner sur des chemins balisés avec des ânes bâtés à travers les vignobles, la garrigue et les oliviers. Aux alentours : visite du Pont du Gard, de la ville d'Uzès (le Duché, la tour fénestrelle, les vestiges romains). Canoë-kayak, baignade.

31 - HAUTE-GARONNE

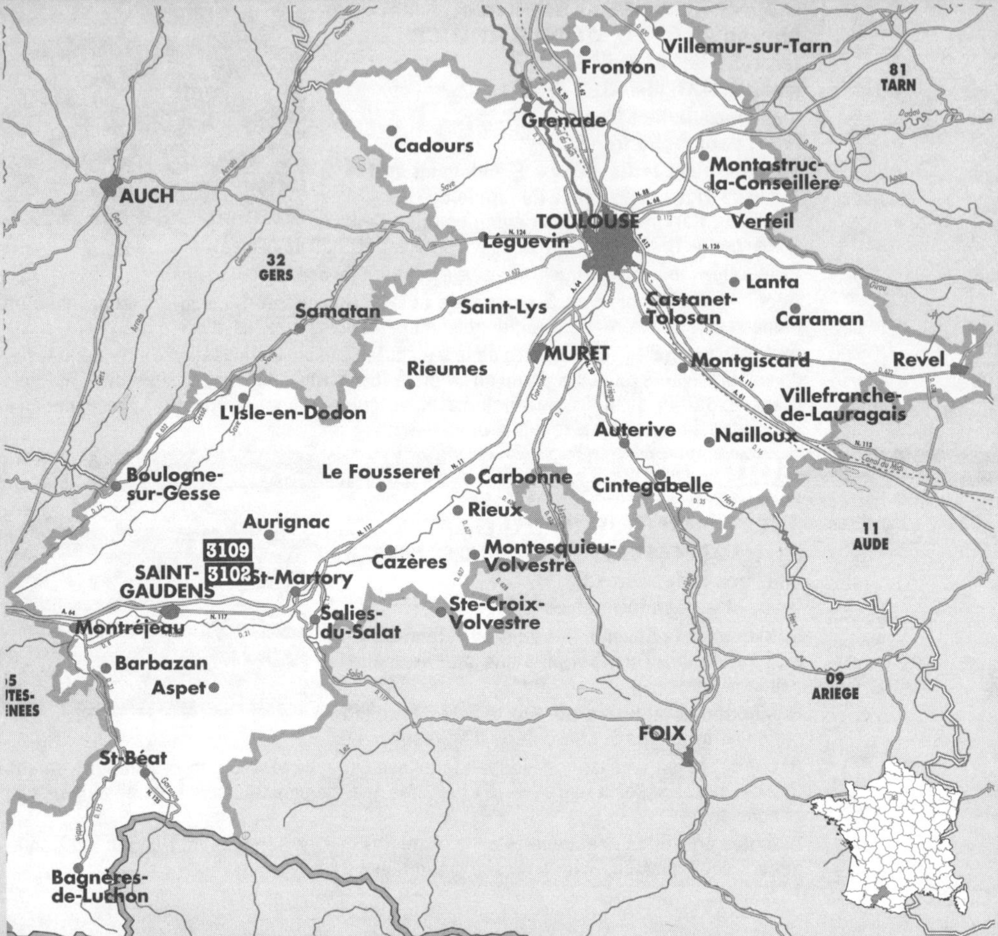

LE LIRON 3102

7 enfants 42€/J

10 pers. 13€

ROZERON Elisabeth et Pierre
Cazeneuve-Montaut
31420 AURIGNAC
tel : (+33) (0)5 61 98 71 47
mel : pierre.rozeron@wanadoo.fr

Situation : face à la chaîne des Pyrénées, à 50 mn au sud-ouest de Toulouse, dans une région vallonée avec très beau point de vue.

Production : élevage de brebis en bio (Qualité France) et canards gras.

Accueil : gîte d'enfants agrément J&S, vacances "théâtre à la ferme" pour enfants 8-12 ans. Table paysanne.

Activités possibles : piscine sur le lieu d'accueil, randonnées pédestres, sentiers botaniques, visite patrimoine local : préhistorique, médiéval.

POIGNONEC Alain 3109

English spoken

Man spricht Deutsch

Se habla español

8/10 pers.
BS 210€
HS 380€
WE 90€
(2 nuits)

produits paysans

Las Bordes
31420 CAZENEUVE MONTAUT
tel : (+33) (0)5 61 98 93 98
mel : poignonec.clementine@neuf.fr

Situation : situé dans un hameau au milieu des prés, à 8 mn d'Aurignac, 20 km de St Gaudens, 80 km de Toulouse.

Production : vaches laitières rustiques (Tarines et Suisses) et fabrication d'une tomme appelée "Le Têtu".

Accueil : gîte paysan : 5 pièces, 160 m^2, TV, lave-vaisselle, lave-linge, téléphone, cheminée, salon de jardin.

Activités possibles : vous pourrez être en contact avec les animaux de la ferme, assister à la fabrication fromagère et à la traite des vaches tout en jouant au flipper ! Autres activités : randonnées pédestres, sentiers botaniques, VTT, escalade, cheval, piscine, sites préhistoriques et gallo-romains.

32 - GERS

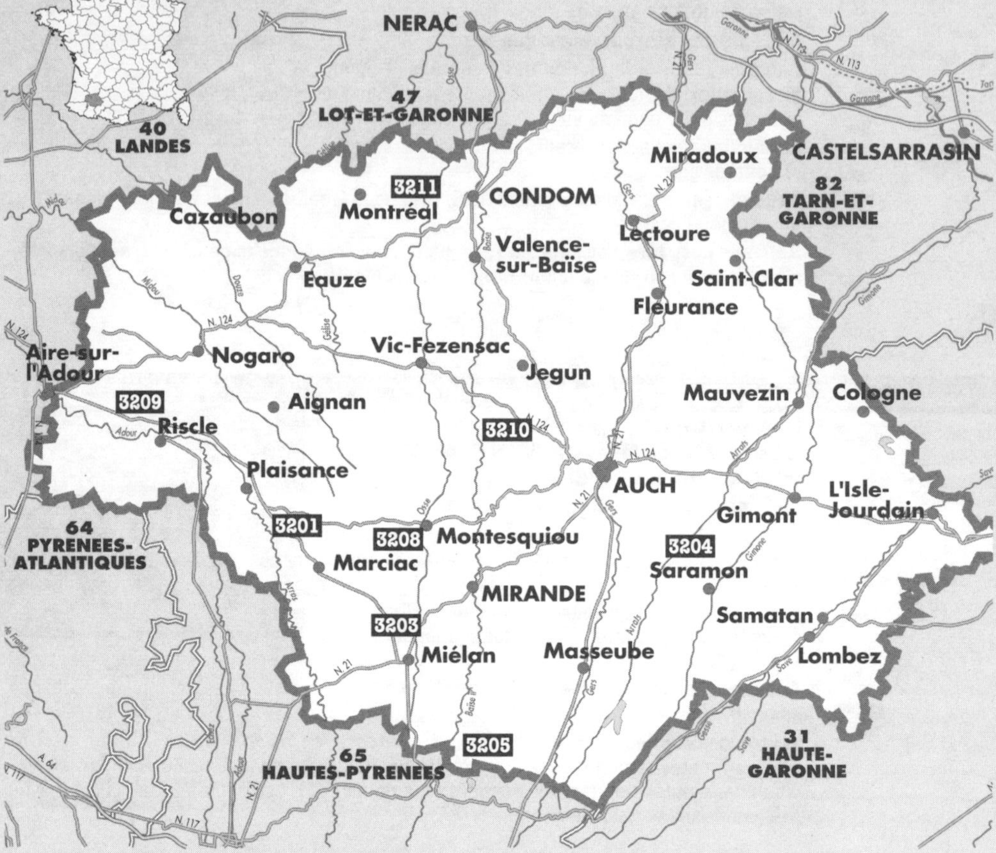
NERAC
47
LOT-ET-GARONNE
40
LANDES
Miradoux
CASTELSARRASIN
82
TARN-ET-GARONNE
3211
CONDOM
Montréal
Cazaubon
Valence-sur-Baïse
Lectoure
Eauze
Saint-Clar
Fleurance
Vic-Fezensac
Aire-sur-l'Adour
Nogaro
Jegun
Mauvezin
Cologne
3209
Aignan
Riscle
3210
Plaisance
AUCH
L'Isle-Jourdain
Gimont
3201
3208
Montesquiou
64
PYRENEES-ATLANTIQUES
3204
Saramon
Marciac
MIRANDE
Samatan
3203
Miélan
Masseube
Lombez
3205
65
HAUTES-PYRENEES
31
HAUTE-GARONNE
N. 124
N. 21
N. 117
N. 113
A. 64
Garonne
Gers
Osse
Baïse
Adour
Arrats
Gimone
Save
Midou
Douze
Gélise

CHATILLON Jean-Claude 3201

English spoken
Man spricht Deutsch

2 ch.
6 pers.
33€

32230 LOUSLITGES
tel / fax : (+33) (0)5 62 70 96 62

Situation : alt. 240 m, à 40 km d'Auch, 8 km de Marciac, 25 km de Mirande, de Vic-Fezensac.

Production : bovins viande (35 vaches allaitantes limousines, tous les produits sont engraissés sur la ferme).

Accueil : 2 chambres paysannes.

Activités possibles : soins aux animaux (bovins, cochons), randonnées, tennis, lacs (baignade), festivals : jazz à Marciac, Country à Mirande, Tempolatino à Vic-Ferensac.

ALADENISE Philippe et FOUGÈRE Cécile 3203

1 ch.
3 pers.
30€

produits paysans

Méliet
32170 LAAS
tel / fax : (+33) (0)5 62 67 57 96
mobile : (+33) (0)6 86 79 73 42

Situation : en coteau, alt. 250 m, 10 mn de Mirande, 15 mn de Marciac, 45 mn de Tarbes et Auch, chemin donnant sur la D156.

Production : troupeau de 45 chèvres sur 15 ha en coteau, transformation et vente directe des fromages de chèvres bio (Qualité France) cochons, volailles. 4 poneys.

Accueil : chambre paysanne.

Activités possibles : découverte des travaux de la ferme, promenade et randonnées attelées (MATE), festivals de country à Mirande, de jazz à Marciac, randonnées, lacs, golf à 6 km.

THIEL-HANSEN Angela 3204

English spoken
Man spricht Deutsch

15 pers.
10 à 20€

5 empl.
3,20€/pl.
3,20€/pers.

2 pers.
210€
WE 34€
(1 nuit)

Villeneuve
32450 LARTIGUE
tel / fax : (+33) (0)5 62 65 94 95
mel : mama.mia1@voila.fr
web : www.a-la-ferme.de

Situation : alt. 250 m, à 20 km d'Auch, 6 km de Saramon, 5 km de Castelnau-Barbarens.

Production : ancienne ferme (20 ha de prod. bio), élevage et transformation du porc gascon, fromage de chèvres, agneau, volailles, fruits, légumes bio, label AB (contrôle Ecocert depuis 1993).

Accueil : gîte et table paysannes. Camping paysan : caravanes et cabanes à louer.

Activités possibles : soins aux animaux, randos, marches à thèmes, détente (pétanque, quilles, palettes gascons), espace loisirs pour les enfants, buvette avec grillades bio et bière allemande.

LA FERME DE L'ASTARAC — 3205

English spoken

ROUSSEL Christine et Charles-Henri
La Métairie
32300 PONSAN SOUBIRAN
tel / fax : (+33) (0)5 62 67 08 41
mel : roussel.charlie@wanadoo.fr

Situation : alt. 240 m. Au sud du Gers, Vallée de la petite Baïse. Auch 35 mn, Tarbes 45 mn, Lannemezan 20 mn. Accès par D2 ou D929, notre ferme est au centre du village.

Production : ferme familiale aux activités diversifiées : céréales, canards barbarie gavés, fruits rouges. Foie gras, confits, terrines, plats cuisinés de canards. Confitures, gelées, coulis, nectar, vinaigre, sorbets aux fruits.

Accueil : dans une ancienne métairie, accueil groupes, visite, fabrication confiture, dégustation (canards, confitures). Sur réservation, durée +/- 1h30. Point de vente. Sorbets maison.

Activités possibles : visite du village, maisons à colombages, sentier de découverte, parcours de pêche, aire de pique-nique. Fabrication des confitures et gelées.

EARL DE GUILLAUMET — 3208

English spoken
Man spricht Deutsch

2 ch.
2 pers.
46€

2/6 pers.
BS 250€
HS 450€
WE 150€
(2 nuits)

LAUGIER Pierre et sa famille
Le Guillaumet - 32320 BASSOUES
tel : (+33) (0)5 62 62 25 04
mel : lafermedeguillaumet@wanadoo.fr
web : fermedeguillaumet.com

Situation : zone de coteaux, à 15 mn de Marciac, Mirande ou Vic-Fezensac, à 30 mn de Tarbes, et Auch, à 1h d'Espagne et 1h30 de Toulouse ou de l'océan. Ferme isolée à 2 km du village de Bassoues.

Production : agriculture biologique. Porcs noirs gascons : viande et charcuteries. Agneaux. Maraîchage, lapins, volailles.

Accueil : gîte paysan : 2 ch., séjour/cuisine en bois cordé. Lac de 3500 m². Dégustations des produits de la ferme, goûters, paniers pique-nique. Jeux enfants, accueil chevaux et cavaliers.

Activités possibles : randonnées (pédestres, cyclistes, équestres), proximité du GR de Saint-Jacques-de-Compostelle. Pêche, circuits gastronomiques. Découverte des travaux de la ferme, festivals (Marciac, Mirande, Vic Fezensac), marchés, curiosités (architecturales et historiques (renseignements sur place).

LE CABANON DU GERS — 3209

English spoken
Se habla español

9 pers.
15€

3 ch.
9 pers.
80€

BERGIA Laurent et DUCLA Patricia
Doumenges
32400 CAUMONT
tel : (+33) (0)6 75 08 48 40
fax : (+33) (0)5 62 69 76 36
mobile : (+33) (0)6 74 09 35 74
mel : contact@lecabanondugers.com
web : www.lecabanondugers.com

Production : confits, asperges, tomates, volailles, haricots tarbais, moutons, chevaux, chèvres.

Accueil : chambres paysannes avec salle d'eau, wc, TV, au bord d'une piscine couverte et chauffée dans un parc de 10 ha avec hammam, sauna, spa et tennis.

Activités possibles : balade à chevaux, randonnée pédestre, rando 4x4, soins aux animaux. Nous sommes à côté du circuit automobile de Nogaro, à 30 mm de Marciac et de son jazz.

FERME LES PERDILLES 3210

English spoken

3 ch.
10 pers.
40€

3 gîtes
Gîte 1 : 2 pers. BS 220€ HS 240€
Gîte 2 : 4 pers. BS 320€ HS 340€
Gîte 3 : 9 pers. BS 450€ HS 500€

LE ROUX Paul
Les Perdilles
32350 BIRAN
tel : (+33) (0)5 62 64 69 06
mobile : (+33) (0)6 14 84 64 79
mel : perdilles@club-internet.fr

Situation : dans le Gers, à 12 km d'Auch, 13 km Vic-Fesenzac, proche N124. Côteaux isolés, calme et tranquille.

Production : agneaux labelisés et veaux.

Accueil : 3 chambres dans le prolongement de notre maison, avec entrée indépendante. Cuisine, salle à manger commune aux 3 chambres, sanitaires privés. Location nuit ou semaine.

Activités possibles : randonnées, contact avec les animaux. Thermes à 12 km, base de loisirs à 12 km, canoë à 4 km.

LA FERME DE HUSTET 3211

2 ch.
8 pers.
48€

produits paysans

English spoken

Se habla español

BEAURAIN Régine et Louis
32250 MONTREAL DU GERS
tel / fax : (+33) (0)5 62 28 26 53
mel : louis.beaurain@wanadoo.fr

Situation : sur une colline au cœur de la Gascogne entre Condom et Montréal.

Production : gavage de canards, à l'ancienne, et transformation (foie gras, confits, plats cuisinés...) Vigne et Armagnac. Vente directe de la totalité de la production.

Accueil : 2 vastes chambres paysannes confortables et bien équipées, avec salle d'eau ou de bain et wc, eau chaude solaire, pompe à chaleur, badigeons à la chaux, frigo, mise à disposition d'un jardin ombragé.

Activités possibles : visite de la ferme située sur un sentier de petite randonnée connecté au chemin de Saint-Jacques-de-Compostelle. Dégustation de nos produits, initiation aux échecs. A 10 km : bastides et châteaux, baignade, canoë, cheval, golf, tennis. L'été dans le Gers : festival de jazz, salsa, country, et plein de villages en fête.

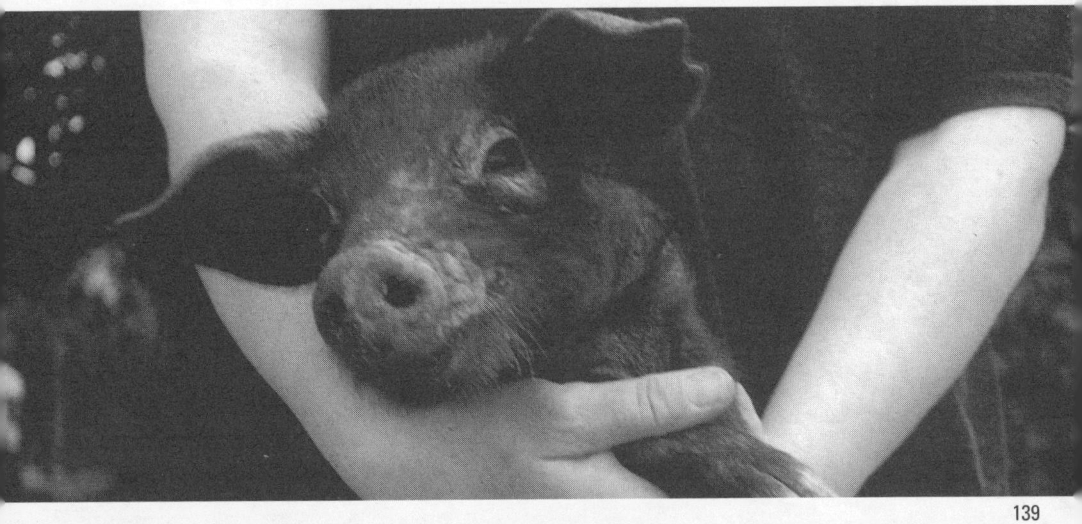

33 - GIRONDE

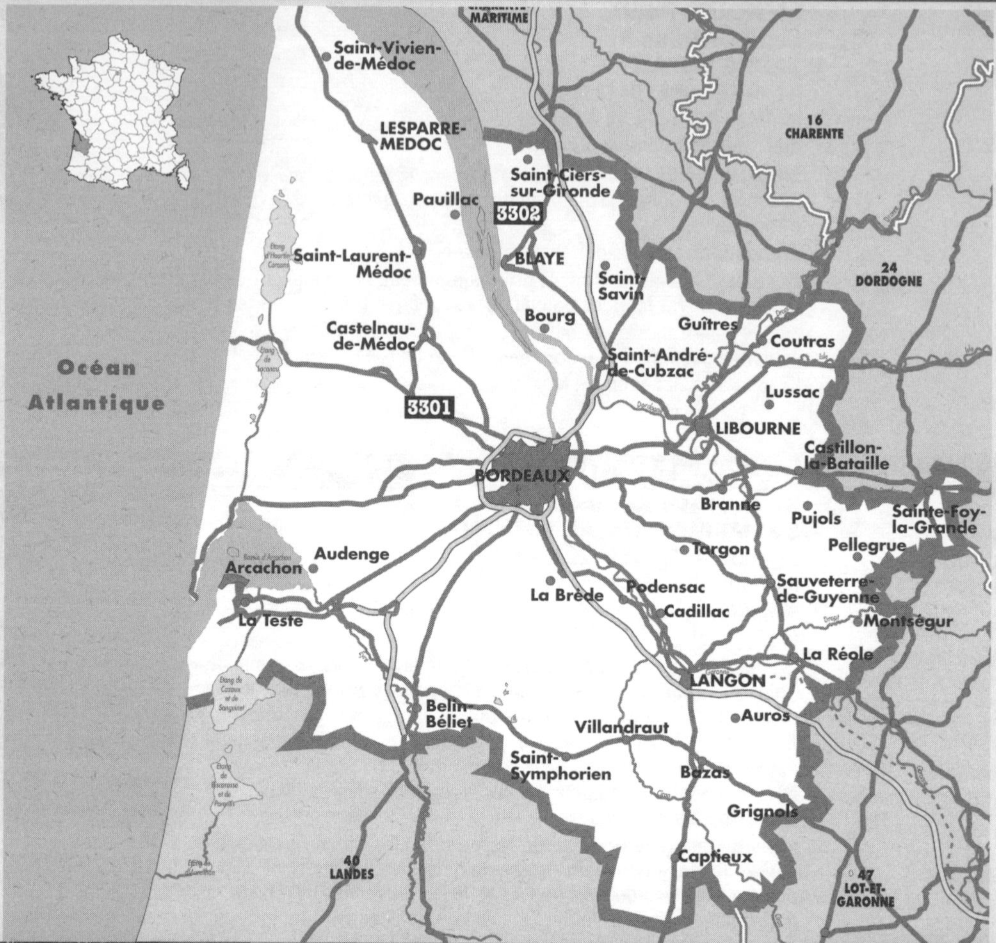
MARITIME
Saint-Vivien-de-Médoc
LESPARRE-MEDOC
Pauillac
Saint-Ciers-sur-Gironde
3302
16
CHARENTE
Saint-Laurent-Médoc
BLAYE
Saint-Savin
24
DORDOGNE
Bourg
Castelnau-de-Médoc
Guîtres
Coutras
Saint-André-de-Cubzac
Océan
Atlantique
Lussac
3301
LIBOURNE
Castillon-la-Bataille
BORDEAUX
Branne
Pujols
Sainte-Foy-la-Grande
Pellegrue
Audenge
Arcachon
Targon
La Brède
Podensac
Sauveterre-de-Guyenne
La Teste
Cadillac
Montségur
La Réole
LANGON
Belin-Béliet
Auros
Villandraut
Saint-Symphorien
Bazas
Grignols
40
LANDES
Captieux
47
LOT-ET-GARONNE

VILLEMONTE de la CLERGERIE Isabelle et Hervé 3301

English spoken

Man spricht Deutsch

8 pers. 13€

3 ch. 7 pers. 42€ (dégressif 37€)

6 empl. 24 pers. 5€/pers.

1 chemin de la Gravette
33160 SALAUNES
tel / fax : (+33) (0)5 56 58 50 82
mobile : (+33) (0)6 89 89 84 46
mel : fvillemonte@yahoo.fr
web : www.elevageduplec.fr

Situation : 20 km du lac de Lacanau, 20 km du vignoble du Médoc, 25 km de Bordeaux.

Production : élevage poneys Connemara, 40 ha de prairie. chèvre, mouton, potager, fruits rouges, basse-cour.

Accueil : à proximité de la route de Lacanau, dans les landes médoquines, cavalier ou non, amoureux de la nature, nous vous accueillons pour partager la passion de notre métier. Chambres et table paysannes. Centre équestre sur place. Les chiens sont admis au camping seulement, et en laisse (non autorisés dans les chambres).

Activités possibles : l'élevage est aussi un centre équestre où l'on peut pratiquer toutes les disciplines de l'équitation. A proximité, lac et mer pour les activités nautiques, VTT, balades en forêt.

DELOTTIER France et Thierry 3302

English spoken

Man spricht Deutsch

groupes forfait 60€ jusqu'à 20 pers. +3€/pers.sup

à partir de 18€

1 ch. 2 + 2 enf. 38€

la Montagne - 33390 ANGLADE
tel : (+33) (0)5 57 64 40 74
mel : dyn.delottier@club-internet.fr

Situation : au cœur du marais blayais, à 5 mn de Blaye, 45 mn de Bordeaux, 1h de Royan. A10 sortie 38 à 10 mn de la ferme.

Production : élevage de brebis et production d'agneaux de l'estuaire en label agneau de Pauillac. Chasse-pêche : friture du marais et de l'estuaire, gibier sauvagine de l'estuaire.

Accueil : chambre paysanne et relais paysan. En toute simplicite au milieu de la nature nous vous proposons des visites guidées ou libres. VTT, balades et pêche sur un carrelet en bordure de rivière à côté de la ferme. Location de canoë-kayak, descente de rivière et parcours à l'interieur des marais. Espace naturel bain de boue argilo-limoneuse.

Activités possibles : visite de vignobles, piscine municipale, Lac de Montendre, pôle nature de Vitrezay, citadelle de Blaye. Centre équestre à 2 mn.

34 - HÉRAULT

LE VIGAN
Ganges
Claret
30
GARD
Le Caylar
3401
3408
St-Martin-de-Londres
12
AVEYRON
3406
Les Matelles
LODEVE
81
TARN
Lunas
3405
Lunel
Castries
St-Gervais-sur-Mare
3412
Brenas
Gignac
Aniane
Castelnau-le-Lez
Bédarieux
La Salvetat-sur-Agout
Clermont-l'Hérault
MONTPELLIER
Mauguio
Pignan
Lattes
3403
Olargues
St-Pons-de-Thomières
Roujan
Montagnac
Murviel-lès-Béziers
Pézenas
Mèze
Frontignan
3404
St-Chinian
Servian
Sète
3411
Florensac
3410
BEZIERS
Capestang
Agde
Olonzac
NARBONNE
Mer Méditerranée
11
AUDE
N. 112
N. 109
N. 113
A. 9
A. 61
N. 9

LE DROGO Didier Mathelyn — 3401

3 ch.
7 pers.
48€

6 pers.
15€

English spoken

16€

2 gîtes
Gîte 1 :
2/3 pers.
BS 200€
HS 290€
Gîte 2 :
2 pers.
BS 190€
HS 270€
WE 95/85€
(2 nuits)

La Roque
34700 SAINT PIERRE DE LA FAGE
tel : (+33) (0)4 67 44 63 49
mel : didier.le-drogo@laposte.net
web : laroque.free.fr/

Situation : alt. 650 m, Causse du Larzac, à 15 km de Lodève, près du Cirque de Navacelles, 1h de Montpellier, 3/4h de Millau, 30 mn de Couvertoirade, Lac de Salagou et rivières. A l''orée d'une forêt, entourée de garrigue, au calme. Grands espaces.

Production : fromages pur chèvre fermier, génisses.

Accueil : 2 gîtes paysans et 3 chambres paysannes (avec sdb et wc privatifs) dans des maisons indépendantes, avec possibilité de coupler les espaces gîtes et chambres.Table paysanne réservée aux hôtes des chambres. Relais paysan.

Activités possibles : randonnées pédestres et équestres, VTT (GR7 et chemins forestiers), baignades rivières et lac, repos, tourisme, cités templières.

DOMAINE DU PIOCH — 3403

3 gîtes
Gîte 1 :
4 pers.
BS 268€
HS 446€
Gîte 2 :
4 pers.
BS 325€
HS 530€
Gîte 3 :
4 pers.
BS 350€
HS 583€
WE 100/110 /120€
(2 nuits)

10 pers.
14,50€

1 ch.
2 pers.
35€

30 empl.
6€/pl.
4€/pers.
elec 2,50€

OUDHOF Théa et Nico
Le Pioch
34330 FRAÏSSE SUR AGOÛT
tel : (+33) (0)4 67 97 61 72
mel : nico-oudhof@wanadoo.fr
web : www.lepioch.com

Situation : alt. 780 m, à 30 mn. de Lacaune et St Pons, au milieu de trois lacs artificiels.

Production : moutons viande, fruits rouges.

Accueil : 3 gîtes paysans, table paysanne avec les produits de la ferme, camping 30 emplacements.

Activités possibles : sorties pédestres guidées, livre avec 14 sorties, GR 71, pêche dans l'étang de la ferme.

English spoken — Wij spreken nederlands
Man spricht Deutsch — Flamand parlé

FERME DES ENCLAUSES — 3404

5 pers.
457€
WE 76€
(1 nuit)

English spoken

12 pers.
15€

5 ch.
10 pers.
15,50€/pers

6 empl.
3,60€/pers.
elec 1,50€

WALRAVE Thérèse et Yves
34220 COURNIOU
tel : (+33) (0)4 67 97 03 58
fax : (+33) (0)4 67 97 35 33

Situation : alt. 350 m, Parc régional du Haut-Languedoc, à 55 km de Béziers (Hérault), 50 km de Castres (Tarn), à 1km du village.

Production : ferme ancienne : brebis Noire du Velay, viande d'agneau, légumes, œufs.

Accueil : table et chambres paysannes avec cuisine et séjour à disposition, camping paysan, gîte paysan et chalet en rondin. Draps fournis. Accueil des cavaliers.

Activités possibles : pêche, lac sur place, animation attelage, transhumance, marionnettes.

BRIERE Didier et DELFOSSE Aline 3405

4 pers.
500€
WE 200€
(2 nuits)

English spoken

Hameau des Vailhes
34700 LODÈVE
tel : (+33) (0)4 67 44 43 80
mobile : (+33) (0)6 30 63 61 57

Situation : alt. 350 m, entre Montpellier et Millau, au pied du Larzac. Lodève se trouve à 12 km et le gîte est à 100 m du bord du lac du Salagou.

Production : création d'un élevage de chevaux lourds pour traction agricole et attelage. Production de fourrage et pension de chevaux de trait.

Accueil : maison sur un étage, jardin arboré et ferme avec vue sur le lac. Les 2 chambres et la sdb-wc sont à l'étage.

Activités possibles : baignade, VTT, voile, randonnées, pêche.

THERON Marie-Claude et Jacky 3406

12 pers.
15€

19 pers.
10€

English spoken
Se habla español
Occitan parlé

2 gîtes
Gîte 1 :
4 pers.
BS 135€
HS 280€
Gîte 2 :
6 pers.
BS 135€
HS 280€
Tarif hors saison
(de nov. à mars)
100€/sem
WE 40€
(1 nuit)

Le Pradinas - Servies
34260 AVÈNE
tel : (+33) (0)4 67 23 42 25

Situation : alt. 570 m, à 10 mn de la station thermale d'Avène, 35 mn de Bédarieux et Lodève dans le Parc naturel du Haut-Languedoc. Ferme de moyenne montagne (pâturages jusqu'à 1000 m).

Production : agriculture et élevage traditionnels, brebis et bovins viande en extensif. Basse cour. Quelques porcs en plein air.

Accueil : accueil au hameau (la ferme est à 100 m) dans maisons en pierres rénovées avec cheminées.

Activités possibles : repos, randonnées pédestres, VTT, découverte du gardiennage de troupeaux, récolte des truffes en hiver. Pêche, chasse, sites naturels nombreux, mer à 1h.

VIENNEY Nicole 3408

15 pers.
15,50€

15 pers.
14,50€
petit déj. compris
sup. chauffage
(de nov. à mars) :
3€/chambre

Ranquas
34520 ST MAURICE NAVACELLES
tel : (+33) (0)4 67 44 63 01
mel : le.ranquas@free.fr
web : le.ranquas.free;fr

Situation : au pied de la Séranne, dans un cadre naturel protégé, alt. 600 m, à 30 km de Lodève et de Ganges.

Accueil : ferme caussenarde. Accueil chez l'habitant, table paysanne, possibilité demi-pension ou pension complète. Relais paysan.

Activités possibles : promenades, randonnées. A voir : Cirque de Navacelles, Gorges de la Vis, dolmens, menhirs.

LA FERME DES BOUQUETS 3410

16 pers.
14€

5 ch.
16 pers.
39€

English spoken

MIZRAHI Mélissa
La Garrigue - 34210 LA CAUNETTE
tel / fax : (+33) (0)4 68 27 84 35
mobile : (+33) (0)6 26 30 84 60
mel : mizmel@wanadoo.fr - web : www.lesbouquets.fr

Situation : alt. 400 m, ferme située sur un Causse entre Minervois et Montagne Noire. Narbonne, Béziers et la mer à 40 mn, St-Pons et les lacs à 25 mn, Carcassonne à 1h.

Production : chèvres, volailles et œufs, porc plein air, chevaux, pigeons, lapins, légumes du jardin, verger "en sec": amandes. Confitures, conserves, petits fruits.

Accueil : table paysanne avec les produits de la ferme, chambres paysannes avec sanitaires privatifs. Accueil convivial, grande bibliothèque et docs, jeux, tonnelles ombragées, vue imprenable sur la mer et les Pyrénées. Pas de TV !

Activités possibles : sur place : promenades commentées, confitures, pain, soins aux animaux, jardinage, piscine, causses et falaises. Aux alentours : équitation, sentiers balisés, grottes, châteaux cathares, minerve, rivières..

FOURNIER Luc et SANZ Marie 3411

4 pers.
BS 220€
HS 420€
WE 100€
(1 nuit)
200€
(2 nuits)

Se habla español

Cazo
34360 SAINT CHINIAN
tel : (+33) (0)4 67 38 20 93
mel : luc.fournier34@laposte.net

Situation : petit hameau typique au cœur de la garrigue et des vignes. A 4 km de St Chinian, 25 km de Béziers et Narbonne, 30 km de la mer. Situé entre les derniers chainons de la Montagne Noire et les premiers contreforts des Cévennes. A proximité des sites gallo-romains et cathares.

Production : ferme ovine et caprine d'animaux des races à faible effectif. Polyculture : vigne, oliviers. Olives, huile d'Olive, Vin. Confitures, légumes du jardin, vinaigre. Raisins.

Activités possibles : découverte de la vie de la ferme. Visite du vignoble et de l'oliveraie. Visite des abris des bergers, les capitelles. Soins des animaux, initiation à la traite. A proximité : centre équestre, randonnées pédestres, mer 30 km, lac 40 km, rivière 4 km. Canoë-kayak 15 km. Piscine 4 km. Pêche. Repos, chaise longue.

LE BALCON DU SALAGOU 3412

4/6 pers.
BS 250 à 350€
HS 450 à 550€
(-50€ sans les draps)

English spoken
Man spricht Deutsch
Se habla español
Si parla italiano

RENTSCH Paul et Marie-Paule
Le Village - 34650 BRENAS
tel : (+33) (0)4 67 95 15 68
mel : mariepaule.chesaux@free.fr

Situation : alt. 425 m, petit village pittoresque adossé aux contreforts du Larzac, proximité du lac du Salagou (à 15 mn), du Parc régional du Haut Languedoc (à 1/2h), du Larzac (Pont de Millau) et de la mer (à 1h).

Production : personnelle : jardin potager cultivé dans le respect de l'environnement. Dans le village : élevage de brebis, de vaches et de volailles, apiculture et production viticole biologique.

Accueil : gîte : cuisine (avec lave-vaisselle), salle à manger, salon, 3 chambres à 2 lits, wc et salle de bains séparés, buanderie, véranda, terrasse avec vue exceptionnelle (escalier intérieur sur 2 étages, ne convient pas aux très jeunes enfants ni aux personnes à mobilité restreinte). Nos prix correspondent à une location avec draps et linge de toilette.

Activités possibles : baignades, sports lacustres, pistes VTT, randonnées pédestres et équestres, promenades dans les bois, pétanque (espace aménagé dans le village), siestes au calme.

35 - ILLE-ET-VILAINE

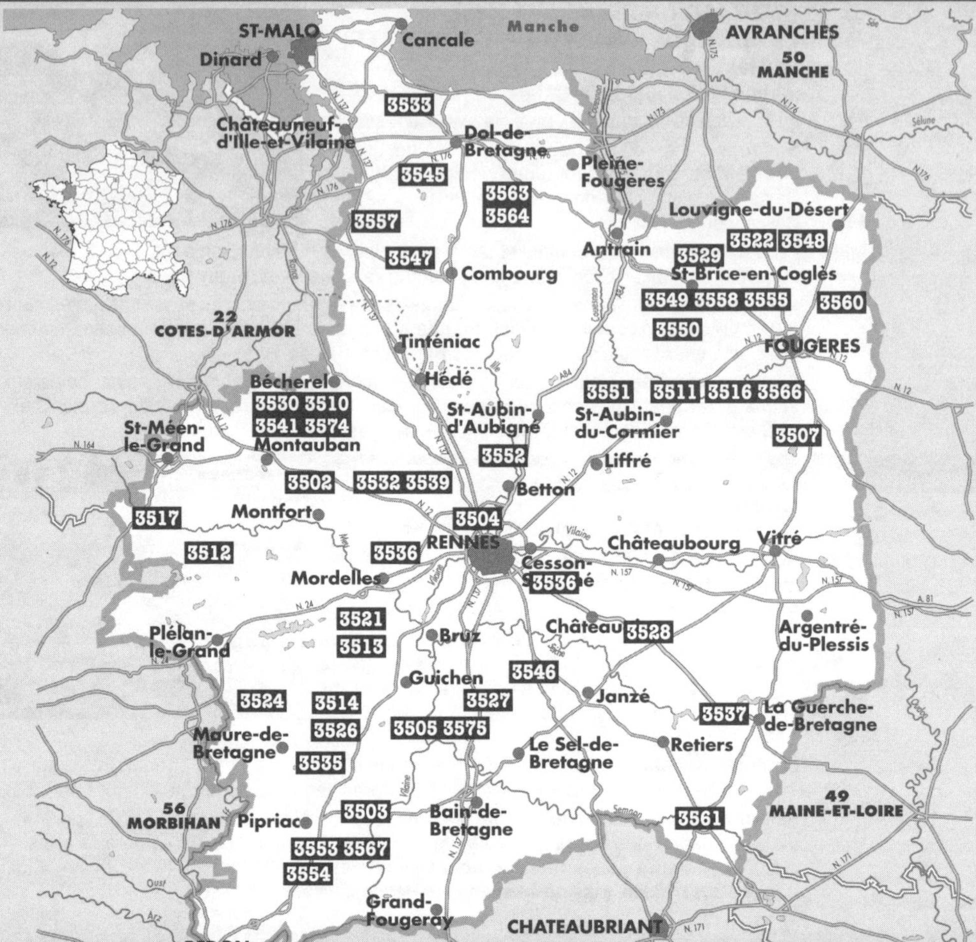

DUVAL Marie Christine et Dominique 3502

4/7 enfants
37,50€/J/
-10ans
41€/J/
+10ans

La Marche
35137 BÉDÉE
tel : (+33) (0)2 99 09 20 09
mobile : (+33) (0)6 62 75 63 14
mel : duvalmc@wanadoo.fr

Situation : à 35 km de Rennes, 60 km de St Malo, 10 km du lac de Trémelin et de la forêt de Paimpont (Brocéliande).

Production : céréales, foie gras, élevage et pension de chevaux.

Accueil : accueil famillal de groupes d'enfants de 4 à 10 ans pendant les vacances scolaires, pendant le week-end.

Activités possibles : découverte des soins des animaux (chevaux, poules, lapins, oies), jeux buissonniers, activités manuelles, vélos, ping-pong, balançoires, piscine, découverte du poney.

LA FERME AUX PONEYS 3503

20 pers.
3,20€/pers.

LOUAZEL Jean Luc
Le Fresne
35480 GUIPRY
tel / fax : (+33) (0)2 99 34 07 38

Situation : la ferme est située entre Rennes et Redon dans la campagne de Guipry, à 3 km de Lohéac et 4 km de Guipry.

Production : élevage de chevaux, poneys et double-poneys.

Accueil : la ferme est un lieu de découverte pour enfants et adultes : centre aéré, handicapés, écoles. Chaque personne participe à la préparation des chevaux pour une ouverture à la vie : je touche, je regarde, je participe, je découvre... Camping paysan, douche, wc sanitaires, abri, manège et box.

Activités possibles : poneys, initiation à l'équitation. Randonnées, balades. Jeux équestres, animation pour enfants la vie des Indiens. Balade en roulotte. Jeux nature.

FERME DE BEL AIR 3504

8 enfants
nous consulter
(forfait 95€ pour 8 pers. sur 1/2J)

BENIS Gwënola et Pascal-Yves
35520 MONTREUIL LE GAST
tel / fax : (+33) (0)2 99 66 90 08
mel : ferme.debelair@wanadoo.fr
web : perso.wanadoo.fr/lafermedebelair

Situation : 15 km au nord de Rennes sur l'axe Rennes-St Malo. 40 km de la mer.

Production : sur 30 ha nous produisons de l'herbe, du foin et des céréales pour une autonomie maximum dans l'alimentation des poneys, chevaux, ânes, cochons, chèvres, poules.

Accueil : école d'équitation et ferme pédagogique, nous accueillons enfants et adultes pour des cours d'équitation, des balades, de l'attelage. Groupes d'enfants ou d'adultes handicapés en activité ferme et équitation. Balade à la demi-journée, stage pendant les vacances sans hébergement, CLSH l'été.

Activités possibles : soins aux animaux, équitation adaptée, sentiers de randonnées, piscine à 15 km.

FERME DES CINQ SENS 3505

12 enfants maxi 8,50€/1/2J 13€/J 28€/séjour

29 pers. 11,50€

20 pers. 2,50€/pl. 3€/pers. elec 2,50€

produits paysans

BOURREE Jean-Michel et COTTAIS Philippe
Le Fresne - 35480 GUIPRY
tel / fax : (+33) (0)2 99 34 03 11
mobile : (+33) (0)6 70 35 85 11

Situation : située entre Rennes et Redon, à 30 km de chacune des villes. A 70 km de Nantes, gare SNCF à 6 km.

Production : vaches allaitantes, volailles fermières, moutons, chèvres, porcs, céréales. Volailles fermières, pain au levain naturel (cuit au feu de bois). Pain Qualité France.

Accueil : relais paysan, accueil d'enfants de 5 à 12 ans, en séjour ou à la semaine. Accueil toute l'année de classes, institutions, groupes. Ferme pédagogique. Camping paysan. Salle pour groupes.

Activités possibles : soins aux animaux, confection d'herbiers, fabrication pain et beurre. Balade à poney ou en roulotte, piscine à 3 km, village de l'automobile (musée), site mégalithique à 10 km, village d'artisanat et d'art à 15 km, musée de la soie à 15 mn.

LA FERME DU FAIRE A CHEVAL 3507

6 empl. 25 pers. 2,80 à 4€/pers.

English spoken

GALAIS Stéphane
La Regrette
35210 PARCÉ
tel : (+33) (0)2 99 97 64 71
mobile : (+33) (0)6 81 27 74 56

Situation : à 40 km de Rennes et du Mont-St-Michel, 20 km de Vitré, 8 km de Fougères.

Production : vaches allaitantes de race Salers sur 25 ha de prairies permanantes.

Accueil : camping à la ferme, école d'attelage et d'équitation. Sentiers de découverte et sensibilisation à l'environnement. Soins aux animaux de la ferme.

Activités possibles : cours d'équitation et d'attelage, préparation aux examens fédéraux, préparation des chevaux et meneurs à la compétition. Débourrage, pension, équitation comportementale, encadrement assuré par deux moniteurs BEES.

LA FERME DES BOIS 3510

5 pers. BS 255€ (vac scol.) HS 325€ 1nuit 70€ 2nuits 100€

GOVIN Monique et Claude
Les Bois
35850 ROMILLÉ
tel / fax : (+33) (0)2 99 23 21 36
mel : govin.claude@wanadoo.fr

Situation : Rennes à 25 km, St Malo à 1/2 h, Dinan ville médiévale à 35 km, forêt de Brocéliande à 35 km, Mont-St-Michel à 70 km. Gîte à 3,5 km du bourg, prendre la D68 direction Miniac-sous-Bécherel.

Production : ferme du fils en agriculture bio. Production porcine, truies plein air. Charcuterie fermière (bio) à proximité, jus de pommes.

Accueil : gîte paysan mitoyen avec la maison d'habitation du fils, cour séparée par arbustes, pelouse jeux plein air.

Activités possibles : découverte de la ferme, soins aux petits animaux. A proximité : poney club, sentiers de randonnée, piscine.

HARDY Maryvonne et Prosper 3511

15 pers.
BS 680€
HS 730€
WE 250€
(1 nuit)
300€
(2 nuits)

10 pers.
6 couchages d'appoint

16€ (sur réservation)

3 ch.
10 pers.
42€

produits paysans

La Fosse
35140 VENDEL
tel / fax : (+33) (0)2 99 97 64 62

Situation : A 10 km de Fougères et 30 km du Mont-St-Michel. Alt. 80 m. A84, sortie 28 ou 29.

Production : vaches laitières en agriculture durable. Viande bovine en caissettes.

Accueil : Maryvonne et Prosper sont paysans et c'est avec plaisir qu'ils vous feront découvrir la vie de paysans d'aujourd'hui en vous parlant d'agriculture, d'énergies renouvelables. En effet, ils essayent d'être autonomes sur leur ferme, dans l'alimentation de leurs animaux, dans leur mode de chauffage (solaire, chaudière à bois déchiqueté). Tout cela pour leur qualité de vie mais aussi pour vous qui pouvez être accueillis dans une ancienne grange rénovée : 3 chambres dont une au rdc, une salle de repos, une cuisine, une salle de séjour (30 pers.), 3 wc, 1 sdb par chambre. Sur réservation : repas conçu à partir de produits de la ferme et cuit éventuellement au feu de bois.

FERME DU PRESBYTÈRE 3512

3 enfants
37,50€/J/ -10ans
41,50€/J/ +10ans
52€/J/ +14 ans

MAUNY Martine et Michel
Le Presbytère
35750 BLÉRUAIS
tel : (+33) (0)2 99 07 52 22
fax : (+33) (0)2 99 07 50 97
mel : maunym@wanadoo.fr

Situation : 3 km de la forêt de Brocéliande, 7 km du lac de Trémelin.

Production : production laitière en agriculture durable. Petits animaux. Potager.

Accueil : accueil familial individualisé de 3 enfants jusqu'à 12 ans.

Activités possibles : découverte de la traite et aux soins des animaux. Rythme de la ferme en fonction des saisons, jardinage, pêche, activités manuelles à partir de matéraiux naturels, piscine.

PIEL - SCHMITT Thérèse et Bernard 3513

30 maxi
6€/1/2J
10€/J

Se habla español

Le Chêne
35580 BAULON
tel / fax : (+33) (0)2 99 85 34 27

Situation : 25 km sud-ouest de Rennes (près D69).

Production : légumes, pain, vaches en agriculture biodynamique.

Accueil : accueil d'enfants.

Activités possibles : marché paysan tous les jeudis de 16h à 20h à la ferme, animation de groupes (scolaires, centres de loisirs) autour de la production des aliments, sentiers à thèmes (l'arbre, la haie, le paysage), randonnées pédestres (circuits), autre ferme d'accueil avec roulottes, ferme-auberge à Guignen.

PRIOUL Josic et GEFFRAUD Françoise 3514

English spoken
Se habla español

60 pers.
15,10 à 18,10€

8/10 pers.
BS 470€
HS 510€
WE 180€
(1 nuit)

« France »
35580 GUIGNEN
tel / fax : (+33) (0)2 99 92 05 56
mel : fermeauberge.france@wanadoo.fr
web : www.auberge-gite-france.new.fr

Situation : à 30 mn de Rennes et 40 mn de Redon par la D177. A 3 km de Guignen sur la D42. Site mégalithique de St Just, rives de la Vilaine/Le Boël.

Production : viande bovine, basse-cour, canards, veaux, porcs (agriculture biologique contrôle Ecocert). Servi à l'auberge : terrines, quiches, volailles, veaux, cochon grillé, desserts maison.

Accueil : auberge paysanne 2 salles, WE et jours fériés sur réservation ; en semaine pour groupes (réservation), accueil pédagogique. Gîte paysan en géothermie (chauffage) et eau chaude sanitaire solaire.

Activités possibles : ferme équestre à 5 km, musée de l'automobile à 7 km, musée de la soie (secret de soie) à 8 km, piscine à 15 km.

ACCUEILLAGE 3516

2/6 enfants
37,50/J/ -10ans
41,50/J/ +10ans
52,50/J/ +14ans

LEFEUVRE Catherine et René
La Villalant
35140 VENDEL
tel / fax : (+33) (0)2 99 97 67 91

Situation : à 35 km de Rennes par A84, à 15 km de Fougères, à 30 km de Vitré.

Production : jardin potager et fruitier, petits animaux, poney Haflinger et vache Froment du Léon.

Accueil : accueil familial personnalisé de 2 à 6 enfants et/ou ados (groupes constitués par tranche d'âge) pour de court séjours, vacances, week-end.

Activités possibles : soins aux petits animaux, poney Haflinger et vache Froment du Léon ; jardinage, préparation légumes, fruits, desserts. Balade nature, activités manuelles, apprentissage de repas équilibrés. Forêt, piscine, mer, découverte de Fougères.

LAMOTTE Huguette et Daniel 3517

6 enfants
37,50€/J/ -10 ans

produits paysans

English spoken

La Ville Marion
35290 GAEL
tel / fax : (+33) (0)2 99 07 77 32
mel : lamottedaniel@wanadoo.fr

Situation : Rennes à 40 km, Ploermel à 20 km, forêt de Brocéliande à 10 km.

Accueil : jardin, arbres fruitiers, petits animaux, chevaux.

Accueil : accueil familial de groupes (6 enfants maxi) de 8 à 14 ans, WE & vacances scolaires.

Activités possibles : balades en cariole, atelier bois, activités manuelles, pêche, VTT, forêt de Brocéliande, piscine, observations diverses.

GUILLEVIC Sylvie et Gilles 3521

4 enfants
37,50€/J/ -10ans
41,50€/J/ +10ans

Launay Hamet
35310 BRÉAL SOUS MONTFORT
tel : (+33) (0)2 99 60 50 01

Situation : à 15 km de Rennes et 20 km de la forêt de Brocéliande, à 15 km de la base de loisirs de Trémelin.

Production : légumes, fruits du jardin, lait, pain, jus de pomme, miel dans fermes alentour. Petits animaux (chèvres, poules, lapins).

Accueil : accueil familial d'enfants de moins de 14 ans à la journée, vacances scolaires et WE. Agrément Jeunesse & Sports. Agrément DASS (1 enfant). Tarifs selon l'âge de l'enfant.

Activités possibles : observation de la chaîne alimentaire, plaisir et patience du jardinage, soins et découverte des petits animaux, fabrication du beurre, yaourts, chantilly. Bricolage, construction à partir de récupération, cuisine, balades. Dans les fermes voisines : fabrication du pain, visite du jardin du maraîcher, observation de la traite, fromage de brebis.

LE FLOCH Olga et Gilles 3522

English spoken
Se habla español

4 enfants
37,50/J/ -10ans
41/J/ +10ans
52/J/ +14ans

Le Haut Morand
35420 POILLEY
tel : (+33) (0)2 99 95 14 78
mobile : (+33) (0)6 89 16 65 65

Situation : à 13 km de Fougères, à 5 km du Parc floral de Haute-Bretagne.

Production : vaches laitières, veaux, taurillons, volailles fermières, chèvres naines, poneys, céréales.

Accueil : familial et personnalisé (2 à 4 enfants). Agrément Jeunesse et Sports. Agrément DAS (1 enfant). Les enfants pourront prendre le temps de s'amuser tout en découvrant l'univers de la ferme : ses rythmes, ses besoins, ses apports.

Activités possibles : balades à pied ou à cheval, soins aux animaux, vélo, balançoire, découverte de la traite des vaches, activités manuelles, découverte du cycle des cultures (blé, maïs), pairies.

SECRETS DE SOIE - MUSÉE 3524

100 pers.
6€/adulte
4€/enfant

English spoken
Man spricht Deutsch
Si parla italiano

AUBRÉE Jacky
La Sorais - 35330 CAMPEL
tel / fax : (+33) (0)2 99 34 93 93
mel : secretsoie@aol.com
web : www.secretsdesoie.fr

Situation : à 30 mn au sud-ouest de Rennes. A proximité de la forêt de Brocéliande. Environnement préservé en lisière de forêt.

Production : présentation de l'élevage de vers à soie et 300 mûriers. Lieu de démonstration avec sensibilisation à l'importance des insectes et au lien entre l'homme et la nature.

Accueil : seul musée de la soie au nord de la Loire, secrets de soie propose des visites animées. Chaque guide animateur adapte ses commentaires au public.

Activités possibles : outre la visite découverte, des stages textiles sont proposés. Sentier de randonnée autour du musée. A proximité : fermes de la Gommerais, des 5 sens et France.

FERME FRUITIERE DE LA GOMMERAIS 3526

6€/1/2J
10€/J
produits paysans

HIGNET Béatrice et Jean-Paul
La Gommerais
35330 LA CHAPELLE BOUËXIC
tel / fax : (+33) (0)2 99 85 43 27
mobile : (+33) (0)6 83 66 18 45
mel : beatrice.hignet@wanadoo.fr

Situation : à mi-chemin entre Rennes et Redon, à 20 mn de Rennes, aux limites du pays de Vilaine et de Brocéliande.

Production : jus de pomme, cidre, vinaigre, confitures, miel, fruits rouges, céréales, pommes de terre, chanvre.

Accueil : accueil de groupes à la journée, accueil autour des produits paysans. Location de roulottes pour des séjours itinérants. Vente au marché bio de Guichen le jeudi (16h-19h), à Maxent le mardi (17h-22h) l'été.

Activités possibles : accueil de groupes sur thèmes : "vie de l'abeille et produits de la ruche", "des petits fruits à la confiture", etc. Découverte des goûts par les pommes pour la fabrication de jus. Lecture de paysage avec le support roulotte. Pour les séjours en roulotte, étapes possibles chez les collègues paysans de la région de Brocéliande.

EQUIDÉTENTE 3527

8 pers.
20€/1/2J
36€/J
English spoken

LABOUCHE Fabienne et Didier
La Corbinais
35890 LAILLE
tel / fax : (+33) (0)2 99 42 54 00
mel : dlabouche@aol.com

Situation : à 15 mn de Rennes, en vallée de Vilaine, en bordure du GR39.

Production : quelques naissances de Shetland par an, élevage de chevaux, débourrage.

Accueil : en vallée de Vilaine, accueil accompagné d'enfants à la journée ou à la demi-journée. Accueil social (3 agréments). Loueurs d'équidés (shetlands, doubles poneys, chevaux).

Activités possibles : équitation sur place, découverte de l'environnement, piscine à 10 km, cinéma à 5 km, musée de l'automobile à 20 km, ferme-auberge à 20 km.

RUPIN Paul 3528

produits paysans

Les Monts
35150 Piré-sur-Seiche
tel : (+33) (0)2 99 37 81 63

Situation : à 20 km de Rennes et 6 km après Châteaugiron, en direction de La Guerche-de-Bretagne (D463).

Production : poulets, pintades, canes, canards, élevés à partir des céréales produites sur la ferme, en plein air sur parcours herbeux.

Accueil : autour des produits paysans : volailles fermières, œufs, pommes. Vente à la ferme le vendredi de 17h à 19h et le samedi de 10h à 13h. Vente au marché de Châteaugiron le jeudi matin, de Nouvoitou le vendredi de 16h à 19h.

Activités possibles : visite de la ferme. Site de la Roche aux fées, Châteaugiron, ville d'Art et d'Histoire.

LES COULEURS DE L'ARC EN CIEL 3529

BAGOT Bernadette et Victor
La Totinais
35460 LA SELLE EN COGLÈS
tel : (+33) (0)2 99 18 57 88

5 empl.
1,50€/pl.
4€/pers.
enf -12ans : 3€
elec 2€

4 enfants
37€/J/-10ans
41€/J/+10ans

13 pers.
BS 13,25€
+ 1€
si chauffage

Situation : 30 mn Rennes par A84 (sortie 30),13 mn de Fougères, 45 mn du Mont-St-Michel, 10 mn du Parc floral de Haute-Bretagne.

Production : 4 ha de patrimoine, bâtiments XVII° et XVIII° siècle, étang aménagé, bosquet, arbres anciens variés. Elevage poneys Fjord, vaches, chèvres naines, volailles, ânes.

Accueil : lieu associatif visant à l'harmonie, favorisant l'épanouissement en lieu de vie pour 4 mineurs (agréé DAS), salle pour groupes (120 personnes), camping, jardin pour accueil de groupe encadré. Tous accès handicap moteur (sauf lieu de vie).

FERME DU PRESSOIR 3530

Annick, Daniel, Jacques, Michel et Stéphanie
Le Bas Courtil
35190 SAINT PERN
tel : (+33) (0)2 99 66 81 52 ou (+33) (0)2 99 66 87 33
fax : (+33) (0)2 99 66 80 86
mel : stpiel@wanadoo.fr

4 pers.
BS 150€
HS 200€
WE 70€

produits paysans

English spoken
Gallo parlé

Situation : dans le pays de Brocéliande, entre Rennes et Dinan, près de Becherel (4 km).

Production : céréales, élevage de porcs avec transformation. Naissance en plein air. Le tout en agriculture biologique mention AB.

Accueil : groupes sans hébergement autour des produits paysans. Charcuterie bio, vente à la ferme le mercredi matin et le jeudi. Petit marché paysan tous les samedis matins (miel, œufs, cidre, légumes, fromage, pain). Gîte équipé de toilettes sèches, au-dessus du magasin de la ferme.

Activités possibles : découverte de la ferme à travers les cultures, l'élevage, la fabrication de charcuterie. Randonnées (GR37).

GALLÉE Marie-Thérèse et Jean-Yves 3532

La Besneraye
35137 PLEUMELEUC
tel / fax : (+33) (0)2 99 07 09 73
mobile : (+33) (0)6 70 57 26 54

16€

1 ch.
2/3 pers.
42€

Situation : à 2 km de la RN12 (Rennes-St Brieuc). A 20 km de Rennes, à 20 km forêt de Brocéliande, à 45 mn des plages : St-Brieuc, Dinard, St-Malo, Mont-St-Michel.

Production : ferme céréalière (blé, pois, colza, semences ray-grass), énergie renouvelable (chaudière à bois), fruits et plantes cultivés ou sauvages utilisés pour la fabrication de confitures et patisseries sucrées ou salées à consommer sur place.

Accueil : 1 chambre aménagée dans une demeure de caractère, sanitaires privés. Table paysanne le soir sur réservation. Environnement verdoyant et boisé. Ouverture juin 2007 d'un gîte paysan rando plume de 19 places.

Activités possibles : bois, rivière, circuit de petite randonnée. Piscine avec hamam à 10 km, équitation à 5 km, base de loisir à 17km, commerces à 3 km.

ENTRE TERRE ET MER 3533

6 enfants
37,50 à 41,50€/J

RENARD Marie-Armelle et Patrice
2, route de la Salle
35110 LA FRESNAIS
tel : (+33) (0)2 99 58 61 72

Situation : à 76 km de Rennes, 18 km de St Malo, 3 km de la baie du Mont-St-Michel.

Production : production céréalière bio, contrôle Qualité France.

Accueil : accueil familial d'enfants, de 3 à 16 ans ; accueil à caractère social (3 agréments DAS), loisirs (6 agréments Jeunesse et Sports).

Activités possibles : découverte de la ferme, confection pain, cuisine, jardinage, cabanes, pêche, vélo, balade en forêt, à la mer... Jeux et bricolage.

THOMAS Jean-Paul et Noëlle 3535

English spoken
Man spricht Deutsch

produits paysans

Brangolo
35330 MAURE DE BRETAGNE
tel : (+33) (0)2 99 34 51 55
mobile : (+33) (0)6 07 44 92 27

Situation : D61, route de Maure-de-Bretagne à Plélan (commune de Maure-de-Bretagne), à 30 mn de Rennes et de Redon.

Production : l'exploitation : lait ; les ventes : poulets, pintades, veaux de lait, bœufs ; les cultures : herbe, mélanges céréaliers, maïs.

Accueil : ventes et accueil des clients à la ferme, vente de produits fermiers.

Activités possibles : visite de l'exploitation le samedi de 10h à 12h. Aux alentours : musée de la soie, de l'automobile.

MAGASINS BRIN D'HERBE (2 magasins) 3536

produits paysans

Le Verger - Route de Châteaugiron
35135 CHANTEPIE
tel / fax : (+33) (0)2 99 41 48 95
Le Grand Chevillé
35132 VEZIN
tel / fax : (+33) (0)2 99 64 79 40

Situation : les deux magasins jouxtent Rennes : l'un à l'ouest, l'autre au sud-est.

Production : légumes et fruits bio, volailles fermières, agneaux, bœufs, porcs et veaux bio, pain bio, cidre et jus de pomme bio et fermiers, produits laitiers, miel, épicerie bio, produits du commerce équitable.

Accueil : 20 producteurs vous proposent un choix de produits fermiers et biologiques, issus de fermes à taille humaine, avec des paysans qui pratiquent une agriculture durable, respectueuse de l'homme et de la terre.

Activités possibles : connaissance des produits, rencontre de producteurs, parfois des fêtes aussi ! Ouverture des magasins : mercredi 9h-12h30/14h-19h ; vendredi 9h-19h ; samedi 9h-12h30/14h-18h.

LE MANOIR DE JARSAIS 3537

1 ch.
4 pers.
40€

BOUDET Marie-Claude et Jean-Yves
Les Jarsais - 35130 ARBRISSEL
tel / fax : (+33) (0)2 99 96 25 65
mobile : (+33) (0)6 09 12 25 30
mel : boudetjy@hotmail.com

Situation : dans un environnement verdoyant et boisé au pays de la Roche aux fées à 10 mn du site mégalithique, 20 mn de Vitré (cité de caractère) et 30 mn de Rennes sur la D47 entre La Guerche et Retiers.

produits paysans

English spoken

Production : lait, poulets fermiers de race "coucous de Rennes" nourris avec les céréales produites sur notre exploitation.

Accueil : au cœur d'un agréable jardin, vaste chambre à l'étage d'un ancien manoir du 16° siècle pour 2 adultes et 2 enfants avec sdb et wc privatifs. Nous accueillons les camping-caristes pour une nuit "maximum" dans le cadre du réseau France-passion.

Activités possibles : découverte de la ferme. Activités manuelles avec mosaïque, scropbooking, jardinage. Possibilité de départ de randonnées pédestres et VTT à partir de la ferme. Piscine, cinéma, pêche en étang et tous commerces à 5 mn.

FERME DE LA MOLTAIS 3539

produits paysans

CHAUVIN Stéphanie et Benoit
La Moltais
35850 GÉVÉZÉ
tel / fax : (+33) (0)2 99 69 90 77
mel : benoit.chauvin417@orange.fr

Situation : dans le pays de Rennes, à 15 km de Rennes, sur l'axe Rennes-St-Malo.

Production : lait et fromages (tomme, petit moulin, petit frais). Alimentation des animaux basés sur l'herbe (agriculture durable).

Accueil : vente directe de fromages fermiers le mercredi et vendredi après-midi, et le samedi matin.

Activités possibles : visite de la ferme.

GUIT-BREIZ 3541

produits paysans

MASSON Dominique
Le Champ Blanc
35360 LA CHAPELLE DU LOU
tel : (+33) (0)2 99 06 58 25
fax : (+33) (0)2 99 61 70 96

Situation : à 30 km de Rennes et 4 km de Montauban-de-Bretagne.

Production : canard gras : foie gras, magrets, confit, pâtés, rillettes.

Accueil : visite 3 week-end en octobre et 3 week-end en mai.

Activités possibles : visite de Bécherel, cité du livre ; château du Lou du lac.

MUSÉE DE LA PAYSANNERIE 3545

English spoken

ROMÉ Mickaël
Les Cours Paris - 35120 BAGUER MORVAN
tel / fax : (+33) (0)2 99 48 04 04

Situation : proche de la côte : 30 km du Mont-St Michel, 25 km de Saint-Malo, 15 km de Viviers-sur-Mer. 2 km du menhir du champ Dolent. Cadre assez vert, un peu de relief, isolé et tranquille.

Production : vaches allaitantes destinées à la production de veaux de lait biologiques, petits animaux de ferme d'antan (ânes, chevaux, moutons, chèvres, basse-cour...)

Accueil : le musée de la paysannerie vous fera découvrir une grande collection de matériel agricole, à l'intérieur d'une maison paysanne, un jardin potager, des ateliers d'artisans... 1h à 1h30 de visite. De 10h à 19h tous les jours en juillet/août et mai/juin/septembre.

Activités possibles : visite du musée agricole avec ferme : 5€/pers., 4€ pour les groupes supérieurs à 10 pers. Visite du potager. Soins aux animaux, balades avec des ânes.

LES JARDINS DE ROCAMBOLE 3546

30 enfants
6€/1/2J
10€/J

English spoken
Se habla español

BIENVENU Luc et BANNER Christine
La lande aux Pitois
35150 CORPS NUDS
tel : (+33) (0)2 99 57 68 32
mel : bannier.c@wanadoo.fr

Situation : à 15 km au sud de Rennes, dans une exploitation maraichère en bio, dans un espace agréablement paysager.

Production : maraîchage bio.

Accueil : accueil de jardiniers amateurs sur des parcelles en location de 60, 100 ou 140 m^2 avec lopins de 8 ou 15 m^2 en serre. Cet accueil s'accompagne d'une formation et de conseils.

Activités possibles : accueil de groupes scolaires pour des activités de découverte de la vie au jardin. Accueil de groupes adultes pour des visites du jardin potager biologique. Cours de jardinage biologique.

PIOT Marie Angeline 3547

4 enfants
37,50€/J

La Saudrais
35270 MEILLAC
tel : (+33) (0)2 99 45 20 40

Situation : situé dans le pays de la Bretagne romantique, à 30 mn de Rennes, à 30 mn de Saint Malo, à 5 mn de Combourg.

Production : vaches laitières et culture de blé.

Accueil : accueil d'enfants en week-end ou vacances scolaires. Accueil familial pour les enfants dans une ferme en pleine campagne, au milieu des champs, des chemins de randonnées et de rivières. Calme et espace assurés pour se défouler et découvrir les joies de la campagne (Agrément J&S).

Activités possibles : connaissance de la ferme : animaux, culture. Participation aux activités (traite, soins aux animaux). Découverte de la nature. Bricolage, randonnées, vélos. Aux alentours : piscine et pêche.

THEBAULT Franck et Claire 3548

3 enfants
37,50/J/
-10 ans
41,50/J/
-14ans
52€/J/
+14 ans

La pierre à l'âne
35420 POILLEY
tel : (+33) (0)2 99 95 14 62
ou (+33) (0)2 99 95 12 70

Situation : sur l'axe Fougères-Saint James, au nord de l'Ille-et-Vilaine.

Production : porcs et vaches laitières, herbe et maïs.

Accueil : nous pratiquons l'accueil familial d'enfants (agrément J&S et DAS).

Activités possibles : donner à manger aux animaux, découverte de la nature.

AUX COULEURS DU TEMPS 3549

37,50
à 52€/J
+15€
le WE

English spoken

DESCORMIERS Juliette et Jean-Pierre
La salle verte
35460 SAINT BRICE EN COGLES
tel : (+33) (0)2 99 97 72 04
mobile : (+33) (0)6 72 16 87 43
mel : jean-pierredescormiers@wanadoo.fr

Situation : à 1,5 km du bourg de St-Brice-en-Cogles. Forêt environnante, voie verte pour rejoindre le Mont-St-Michel et chemins de randonnées.

Production : petits animaux (chevaux, poneys, ânes...) et jardin.

Accueil : accueil d'enfants et d'adolescents sur les vacances scolaires et WE. Accueil à la journée.

Activités possibles : soins aux petis animaux (poneys, ânes), jeux extérieurs, vélos, randonnées. Jardinage, cuisine, activités manuelles, piscine, etc. Projet individuel à la journée pour adolescents.

FERME AUBERGE LA MAISON NEUVE 3550

14 empl.
2€/pl.
3,50€/pers.
elec 3€

19 pers.
S 220€/nuit
S 450€/nuit
WE 450€

English spoken

80 pers.
13 à 25€

13€

5 ch.
15 pers.
45€

40 pers.
11€

BOBON Marie Armelle et Luc
La Maison Neuve - 35490 CHAUVIGNÉ
tel : (+33) (0)2 99 95 05 64 ou (+33) (0)2 99 95 08 32
web : www.ferme-auberge-35.fr

Situation : situé à proximité de la Vallée du Couesnon, entre Rennes et Mont-St-Michel. D175 à hauteur de Romazy ou A84 sortie 29 direction St-Sauveur-des-Landes, puis D18 tout droit jusqu'à Chauvigné.

Production : sur la ferme (du frère), élevage de Salers et de cervidés, basse-cour et petits animaux.

Accueil : Marie-Armelle et Luc vous accueillent dans un cadre authentique et paisible : chambres, gîte, auberge, camping et boutique de produits biologiques et artisanats. Accueil de groupes et d'individuels. Restauration traditionnelle.

Activités possibles : randonnée pédestre ou autre, GR39, chemin de Compostelle, nb PR au départ de la ferme. Visite de la ferme proche, élevage de Salers et cervidés, soins aux animaux, pêche. Possibilités animations sur place : jouets buissonniers, pain, poterie, pâte à sel, art et nature, découverte du patrimoine et environnement. Base nautique et accrobranche à 15 km.

CHUINARD Martine et Serge 3551

3 enfants
37,50 à
52,50 €/J
nous
consulter

1, rue de Valjoie
35490 GAHARD
tel : (+33) (0)2 99 39 61 05

Situation : à la campagne entre Rennes et le Mont-St-Michel, à 2 mn de la N175 entre Sens de Bretagne et St Aubin le Cormier, à 10 mn de l'A84 , 3 mn de la forêt.

Production : lapins, poules, moutons, légumes du jardin.

Accueil : accueil d'enfants. 2 chambres pour enfants, maison avec grand terrain, salle commune + coin cuisine, salle de bains et sanitaires communs.

Activités possibles : jardinage, soins aux animaux, balades en vélo en forêt, visite de fermes voisines, piscine, randonnées par les chemins, (en été, la mer), activités manuelles. Equitation au centre équestre à Gahard.

LES VERGERS DE L'ILLE 3552

produits paysans

LEHUGER Etienne
La grande Guimondière
35520 MELESSE
tel / fax : (+33) (0)2 99 66 09 42
mel : forel.sylvie@wanadoo.fr

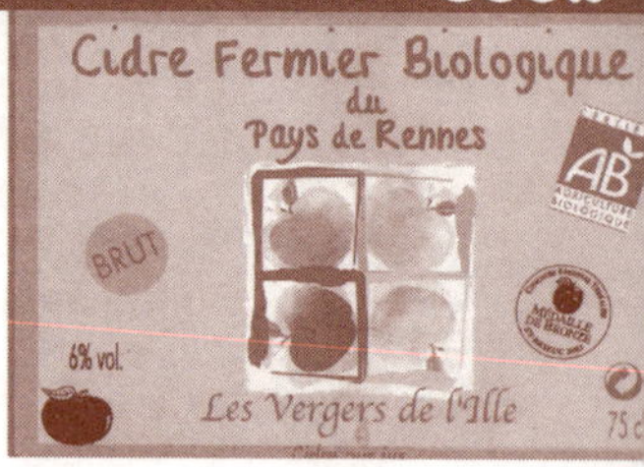

Situation : la ferme se situe au nord de Rennes, à une dizaine de km.

Production : verger pomme à couteau, et pomme à cidre (agriculture biologique).

Accueil : vente le samedi après-midi à la ferme, d'octobre à décembre, à Saint-Grégoire, à "la Fouinardière". Pomme à couteau, cidre, jus de pomme... en agriculture biologique.

CHALET DE CAHARET 3553

5 pers.
15€

1 ch.
2/4 pers.
40€
pers.seule :
35€
suite
familiale :
75€

ESLAN Marie Antoinette
46, rue Pasteur
35550 PIPRIAC
mobile : (+33) (0)6 22 12 45 37
mel : chalet2caharet@aol.com

Situation : idéalement situé au carrefour des pays de Vilaine et de Brocéliande, le chalet de Caharet est une ancienne demeure de maître fin XIX°. A proximité du site mégalithique de St Just, du manoir de l'automobile de Lohéac, du village d'art et d'artisans de la Gacilly, de la Vallée de la Vilaine.

Accueil : spacieuse chambre paysanne double au 1er étage d'une maison de maître. Sanitaires privatifs, véranda, salon, coin lecture, billard, jardin à disposition des hôtes. La chambre peut-être transformée avec une autre chambre attenante qui permet de faire une suite familiale. Chaque chambre a un couchage 2 pers.

Activités possibles : art floral, activités manuelles, cuisine (conserves et confitures), randonnées pédestres et à vélo.

VALLÉ Isabelle — 3554

4 enfants
37 à 52€/J
+15€
le WE

English spoken

Poubreuil - 35550 SAINT JUST
tel : (+33) (0)2 99 72 05 52 - fax : (+33) (0)2 99 72 66 24
mobile : (+33) (0)6 26 23 95 31
mel : isabelle.valle@free.fr - web : www.gite-les-galopins.net

Situation : 45 km au sud de Rennes, 20 km nord de Redon. A 500 m des landes de Cojoux (site naturel protégé) qui abritent les célèbres sites mégalitiques de St Just. 45 mn de la mer.

Production : légumes et fruits du jardin, confitures, foin. Elevage : ânes, chevaux, chèvres, poules, vaches.

Accueil : accueil de 4 jeunes de 8 à 18 ans à la journée, en week-end et en vacances. Ici nous privilégions le contact avec les animaux (chevaux, ânes, chêvres,vache, poules, chiens, chats) et le respect de la nature en général.

Activités possibles : sur place : randonnées avec des ânes, nuitée en tipi, balades en carriole, visite de fermes, soins aux animaux, bricolage, jardinage, cueillettes de saison, cuisine. Aux alentours: baignade (25 km), canoë (10 km), bâteau (8 km). Animation sur le thème de la préhistoire et sorties nature (association Nature et mégalithes à 1km).

HAREL Fabienne et Joseph — 3555

3 enfants
31,50€/J

produits paysans

Berthelon
35133 SAINT GERMAIN EN COGLES
tel : (+33) (0)2 99 99 81 03

Situation : à 3 km de Fougères.

Production : ferme laitière en agriculture biologique.

Accueil : accueil d'enfants dès 3 ans le week-end et les vacances scolaires (Agrément Jeunesse et Sport).

Activités possibles : découverte de notre ferme. Dépôt de produits biologiques vendredi de 16h à 19h.

FERME DU PONT RICOUL — 3557

10/12 enfants
5€/1/2J
10€/J
(3€
sous toile)

Agnès BREHERET
et Didier GROSSET
35720 SAINT PIERRE DE PLESGUEN
tel : (+33) (0)2 99 73 91 07

Situation : sur l'axe Rennes-St Malo : à 40 km de Rennes et 30 km de St Malo.

Production : volailles, porcs, viande bovine, légumes. Galettes sarrazin et pain.

Accueil : accueil d'enfants.

Activités possibles : découverte de la ferme et de son environnement.

GALLE VEILLARD Jérôme et Pascale 3558

2 enfants
37 à 52€/J

La Roche
35460 SAINT ETIENNE EN COGLES
tel : (+33) (0)2 99 98 88 92
mel : veillard.galle@club-internet.fr

Situation : à 10 km de Fougères (nord-est de l'Ille et Vilaine). Grande maison entourée de talus et de prairies avec un jardin potager. En lien avec la ferme où se trouvent les animaux et le four à pain.

Production : blé, maïs, jardin potager, vaches, volailles, chèvres. Animaux domestiques.

Accueil : accueil de 1 ou 2 enfants ou jeunes (de 3 à 16 ans) basé sur la découverte du milieu rural, de l'agriculture paysanne et de son rythme de vie.

Activités possibles : fabrication du pain 2 fois par semaine, activités manuelles et sportives, vie quotidienne d'une ferme.

SERRAND Claudine et Jacques 3560

3 enfants
37,50/J/
-10 ans
41,50/J/
-14 ans
51,50€/J/
+14 ans

4, rue des Renardières - 35133 LE LOROUX
tel / fax : (+33) (0)2 99 95 22 72
mel : claudine.serand@terre-net.fr

Situation : aux portes de la Bretagne (D806), nous vous accueillons sur une ferme située à 10 mn de Fougères, 45 mn de Rennes et Laval.

Production : production laitière biologique. Vaches nourries à l'herbe et au foin. Blé panifiable bio (contrôle Ecocert).

Accueil : accueil d'enfants en week-end ou périodes scolaires. Accueil au sein d'une famille vivant au rythme des saisons, de la ferme et de ses animaux (ânes, chiens, lapins, poules, oies, canards, pintades, dindes, veaux et vaches).

Activités possibles : traite des vaches, soins aux animaux (petits et gros), bricolage à partir d'éléments naturels trouvés sur la ferme, jardinage (suivant saison), sans oublier, pour les plus gourmands, la cuisine (produits de la ferme et du potager). Pour les plus sportifs, balades à pied et à vélo, ping-pong, volley, basket, foot. Pour les plus petits, le bac à sable les attend.

GAIGEOT Jean-Marie et Marie-Odile 3561

3 ch.
6 pers.
40€

7/8 pers.
BS 240€
HS 300€
WE 120€

Penchat
35640 MARTIGNE-FERCHAUD
tel / fax : (+33) (0)2 99 47 91 85
mobile : (+33) (0)6 11 03 54 64

Situation : sud-est de l'Ille-et-Vilaine. Axe Rennes-Angers. A la frontière entre Bretagne et Pays de Loire.

Production : production laitière basée sur un système herbagé et autonome. Atelier porcin.

Accueil : dans un village calme et tranquille. Gîte 3 chambres, nuit, semaine ou week-end. Possibilité de louer chambres individuelles. Petit déjeuner. Chauffage à bois déchiqueté. Produits fermiers.

Activités possibles : découverte de la ferme. Grands circuits de randonnées entre forêts et étangs. Pêche. Sites touristiques variés. A proximité swing golf, équitation... A Martigné-Ferchaud, les Etincelles Aquatique, un spectacle féerique son et lumière (mi-août).

L'ANE DE GOUTTIÈRE 3563

Initi'âne (promenade accompagnée 2h30) 25€/âne

Balad'âne (balade libre) 25€/âne/1/2J ou 40€/âne/J

Randod'âne (randonnée 2 jours et +) 35€/âne/J

PRESSENDA Frédéric et Omnes Frédérique
Raingo, n°6 - 35120 EPINIAC
tel : (+33) (0)2 99 80 04 82
mel : ane-de-gouttiere@wanadoo.fr
web : www.bourricot.com/anedegouttiere

Situation : campagne préservée (bois, landes, bocage). A 1/2h de St Malo et du Mont-St-Michel, 1/4h de Combourg (berceau du romantisme), 10 mn de Dol-de-Bretagne (cité médiévale). A proximité du Parc de la Higourdais (espace naturel protégé).

Production : troupeau d'ânes communs et de race. Elevage de moutons avranchins en vente directe. Elevage familial de moutons d'Ouessant et de lapins. Potager familial écologique.

Accueil : balades et randonnées avec les ânes. Promenades d'initiation accompagnées. Stages sur le thème de l'âne. Pension pour ânes. Installation écologique : chaudière à bois déchiqueté, chauffe-eau solaire, toilettes sèches. Projet de phytoépuration.

Activités possibles : soins aux animaux, visite commentée de l'installation (chaudière, panneaux solaires). Visite de cités de caractère (Combourg, Dol), du Mont-Dol... Promenades au fil des saisons dans la campagne environnante.

AU CLAIR DE L'ÂNE 3564

Enfants : 10€/45mn

Famille accomp. rando : 12€/45mn 27€/2h30 40€/4h

English spoken

YGER L. Michel et
CAPDEVILA Isabelle
5, Chemin de la Fléhardevic
35120 LA BOUSSAC
tel : (+33) (0)2 99 80 07 23
mel : auclairdelaune@free.fr
web : www.auclairdelane.com

Situation : dans un environnement rural à 8 km ou sud-est de Dol-de-Bretagne.

Production : un cheptel de cinq âne domestiques, planche potagère à vocation pédagogique.

Accueil : accueil individualisé et organisation de projets par collectivités dans l'objectif de l'éducation à l'environnement et à la valorisation du patrimoine.

Activités possibles : découverte sensibilisation à l'animal (enfant 4 à 12 ans). Accompagnement balades et randonnées. Promenade en attelage. Animation enfant/familles. Animation collectivité (>15 pers.) : tarifs à définir selon projet.

GALAIS Marie-Annick 3566

2 enfants 37,50€

1, rue des Landes
35210 PARCE

Situation : 10 km de Fougères. 3/4h du Mont-St-Michel.

Accueil : accueil d'1 ou 2 enfants de 5 à 10 ans. Maison individuelle en milieu rural.

Activités possibles : 1 jour sur 2 au minimum, activités à la ferme du Faire à Cheval (2 km) avec soins aux petits animaux, balade à poney, en calèche... Découverte de l'environnement.

LA BERGERIE DES BOIS 3567

DE JONG Jan et Emmy
La Bergerie des Bois
35480 MESSAC
tel : (+33) (0)2 99 34 78 83
fax : (+33) (0)2 99 34 77 74

English spoken
Man spricht Deutsch
Wij spreken nederlands

6 empl.
2,5€/pl.
2€/pers.
elec 1€

2 gîtes
Gîte 1 : 4/6pers.
BS 250€
HS 400€
Gîte 2 : 4/6pers.
BS 295€
HS 450€
WE 100/120€ (2 nuits)

Situation : au bout d'un chemin forestier (2,5 km), se cache dans l'espace naturel de Cordinières au bord de la Vilaine.

Production : production forestière (énergie bois), chevaux, poneys.

Accueil : gîte avec 2 chambres et camping paysan. Implantation sur un terrain boisé, le long de la vilaine, sur 1 km de rive.

Activités possibles : nature, forêt, promenade (cheval), VTT, canoë, pêche, etc.

LA FONTAINE 3574

SIMON Agnès et Daniel
La Fontaine
35850 LANGAN
tel : (+33) (0)2 99 68 23 76

1 adulte
20€/1/2J
40€/J

Situation : 25 km au nord de Rennes direction Dinan. 10 km de Bécherel, cité du livre. 10 km du canal Ille de Rance. Dans un manoir du XVI° siècle rénové.

Production : dans un cadre bocager, vous trouverez potager, berger et petits animaux.

Accueil : accueil à la journée individualisé d'une personne adulte handicapée ou personne âgée.

Activités possibles : Animations autour du jardin en fonction des saisons. Art floral, cuisine, pain, bibliothèque, partenariat avec un centre équestre ou visites de fermes. Balades.

GÎTE LE CELLIER 3575

MOISAN Marie-Annick
Le Mortier
35890 BOURG DES COMPTES
tel : (+33) (0)2 99 52 16 04
fax : (+33) (0)2 99 57 50 69
mobile : (+33) (0)6 87 09 58 27
mel : gîte.lecellier@orange.fr

5/7 pers.
BS 330€
HS 380€
WE 100€ (1 nuit)
180€ (2 nuits)

Situation : à 20 mn de Rennes, aux abords de la Vilaine.

Production : élevage de bovins-viande sur l'exploitation.

Accueil : gîte paysan : belle demeure indépendante en pierre, avec four à pain, aspect d'origine, intérieur typique avec meubles anciens, poutres et pierres apparentes, cheminée à l'ancienne. Vous trouverez toute votre indépendance sur un jardin clos avec terrasse et salon de jardin, pour un séjour calme et paisible.

Activités possibles : situé sur le GR39 et à proximité de la rivière de la Vilaine, lieu idéal pour pratiquer la randonnée à pied ou à VTT, la pêche, etc. A proximité : pédalos, visite de châteaux, musée de l'automobile, musée de la soie. Piscine à 10 km.

36 - INDRE

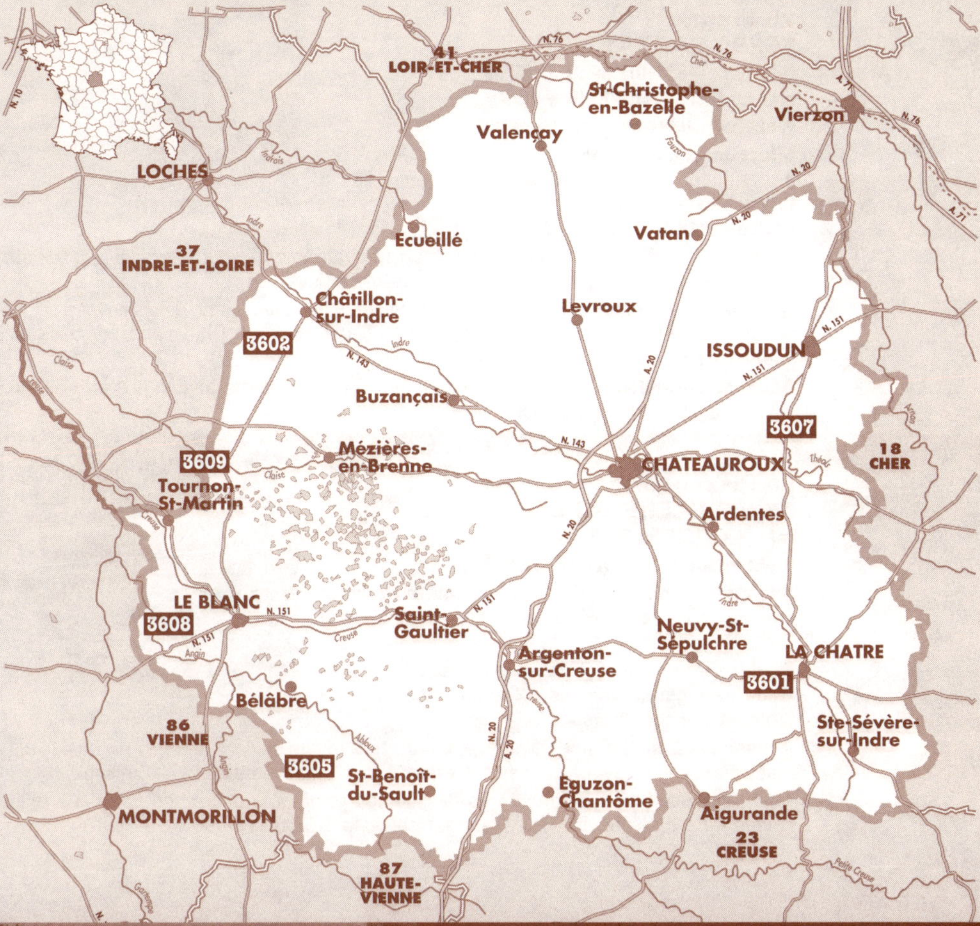
41
LOIR-ET-CHER
St-Christophe-en-Bazelle
Vierzon
Valençay
LOCHES
Vatan
Ecueillé
37
INDRE-ET-LOIRE
Châtillon-sur-Indre
Levroux
3602
ISSOUDUN
Buzançais
3607
18
CHER
3609
Mézières-en-Brenne
CHATEAUROUX
Tournon-St-Martin
Ardentes
LE BLANC
3608
Saint-Gaultier
Neuvy-St-Sépulchre
LA CHATRE
Argenton-sur-Creuse
3601
Bélâbre
86
VIENNE
Ste-Sévère-sur-Indre
3605
St-Benoît-du-Sault
Eguzon-Chantôme
Aigurande
MONTMORILLON
23
CREUSE
87
HAUTE-VIENNE
N. 76
N. 20
A. 71
N. 151
N. 143
A. 20
N. 10

LA FERME D'HÉLICE 3601

SEWALT Bram et Jozé
25 Fragne
36230 SARZAY
tel / fax : (+33) (0)2 54 31 32 30
mel : info@ferme-dhelice.com
web : www.ferme-dhelice.com

English spoken
Man spricht Deutsch
Wij spreken nederlands

15 pers. petit déj. 5€ dîner 16€
14 pers. 15€
6 empl. 24 pers. 1€/pl. 5€/pers. elec 2€
6 pers. 60€/nuit

Situation : alt. 205 m, D41, à 7 km de la Châtre, 35 km de Châteauroux. Parc naturel de La Brenne 20 km, Creuze 20 km, parcours à pied ou à bicyclette dans le pays de George Sand, barrages à 35 km.

Production : céréales polycultures bio, fourrages, jardin potager. Contrôle Ecocert. Petits animaux (poules, oiseaux, canards). Ane, chèvre, cheval.

Accueil : ouvert toute l'année. Table paysanne, petit déjeuner, dîner. Relais paysan : chambres 4, 4 et 6 pers. Camping paysan (pour 1 ou plusieurs nuits). Gîte, maison de vacances pour 6 personnes.

Activités possibles : promenades à pied, en VTT, en roulotte, baignades, aire de jeux, jardinage, ou ne rien faire, juste être là.

SEIGNEUR Odile et Jean 3602

La Pissonnière
36700 CLÉRÉ DU BOIS
tel : (+33) (0)2 54 38 76 45
mel : oj.seigneur@wanadoo.fr

1 ch. 2 pers. 30€
6/8 pers. 290€ WE 70€ (1 nuit) 120€ (2 nuits)

Situation : à 8 mn de Chatillon-sur-Indre, 20 mn de Loches, 1h de Tours, 45 mn de Châteauroux, près du Château des Effes.

Production : jument Guérande, `quelques poules. Nous partageons volontiers les légumes de notre jardin et nos confitures.

Accueil : ancienne ferme. Paysans à la retraite, avec un environnement proche de l'agriculture paysanne, avec vaches et chevaux. Chambre paysanne et gîte paysan.

Activités possibles : Balades près des étangs et dans le bois. Ping-pong. Soins aux volailles. Parc animalier (5 km), Parc naturel de la Brenne (5 km).

FERME DE LA PETITE MENARDIERE 3605

DOYELLE Chantal et Philippe
La Petite Ménardière
36370 LIGNAC
tel : (+33) (0)2 54 25 67 72
mel : philippe.doyelle@wanadoo.fr

produits paysans

English spoken

6 pers. 13€
2 ch. 2 + 2 enf. 38€ dès la 2ème nuit : 35€

Situation : dans le Parc régional de la Brenne, entre Bélabre (10 km) et Lignac (3 km). Au carrefour du Berry, du Poitou et du Limousin. Paysage naturel préservé, calme assuré.

Production : élevage de races anciennes : poules Limousine et Noir du Berry, ânes grand noir du Berry, chèvres cou clair et Poitevine. Fromages de chèvres.

Accueil : vous serez accueilli dans une petite ferme, lieu paisible entouré de haies, une mare, des chants d'oiseaux, de grenouilles. Les journées sont rythmées par le soin aux animaux, chèvres, vaches, ânes, basse-cour... Chambres paysannes tout confort, table paysanne.

Activités possibles : location ânes bâtés, découverte des différents travaux de ferme, balades sur nombreux chemins, découverte vallée de l'Anglin et du Parc de la Brenne.

À LA FERME CHEZ NICOLE ET JEAN-MARIE 3607

6 pers.
15 à 20€

1 ch.
2 pers.
41€

CARRAND Nicole et Jean-Marie
Ferme de Pontfichard - 36100 SAINT AUBIN
tel : (+33) (0)2 54 21 23 35 - fax : (+33) (0)2 54 03 27 03
mel : jcarrand@free.fr - web : www.alaferme.fr.vu

Situation : alt. 163 m, dans un p'tit coin perdu, au bord d'une forêt domaniale, en pleine nature, pour se ressourcer en Berry dans le calme. A 15 km au sud d'Issoudun, 20 km de Lignières, 30 km de Châteauroux.

Production : ferme céréalière de Champagne Berrichonne (96 ha) accompagnée d'une diversification sur la transformation de fruits, légumes cultivés naturellement et plantes sauvages : sirop de sureau, soupe à l'ortie, confit d'oignons.

Accueil : table paysanne sur réservation, dans la convivialité ; chambre paysanne (2 pers + 1 ou 2 enfants) avec salon lecture, musique, TV.

Activités possibles : Nicole, très proche de la nature, vous propose : atelier cuisine, jardin initiatique, sortie nature découverte flore & faune, location vélos pour se ressourcer en forêt. A 15 km tous complexes sportifs (piscine à vagues), châteaux, jardins médiévaux.

GUZA Serge et Maryse 3608

English spoken
Man spricht Deutsch

10 pers.
12€

1 ch.
1/3 pers.
31€/1pers.
35€/2pers.
44€/3pers.

Le Bois d'haut
36220 MÉRIGNY
tel / fax : (+33) (0)2 54 37 36 52
mel : serge.guza@phytobrenne.com
web : www.phytobrenne.com

Situation : dans le Parc naturel régional de la Brenne, situé dans la vallée de l'Anglin, D43 entre Merigny et Fontgombault.

Production : production de plantes aromatiques et médicinales en bio et biodynamie, culture et cueillette. Lapins, poules noires du Berry, âne, vache, chien, chat.

Accueil : stages producteur, botanique et herboristerie ; accueil de stagiaires de différentes écoles ; table et chambre paysannes.

Activités possibles : vélo (sur place), rando, baignade (Anglin, Creuse), etc. Animateur d'un sentier ethnobotanique au départ de la ferme.

EARL FERME DE LA CHARITÉ 3609

English spoken
Se habla español

8 pers.
10€

4 pers.
BS 250€
HS 290€

produits paysans

GAGNOT Fred et Angélique
La Charité - 36220 TOURNON ST MARTIN
tel / fax : (+33) (0)2 54 37 52 77
mel : fermedelacharite@wanadoo.fr

Situation : Au sein du PNR de la Brenne, dans la Vallée de la Creuse, à la croisée du Berry, du Poitou et de la Touraine, à 3km du bourg de Tournon-St-Martin, sur la RD 50 direction Martizay. A 1h de Chateauroux et Poitiers, 1/2h de Châtellerault, 1/4h du Blanc.

Production : ferme herbagère d'élevage de vaches, moutons et porcs. Transformation et vente directe de viandes et de charcuteries.

Accueil : venez passer un agréable moment de détente dans un environnement préservé : gîte paysan tout confort, accessible handicapés, jardin clos, et relais paysan : chambre dortoir et grande pièce à vivre, double sanitaires.

Activités possibles : découverte de la ferme, soins aux animaux, tours de tracteurs, balades sur les chemins de la ferme, activités liées à l'eau (pêche et ornithologie sur l'étang de la ferme, pêche en rivières (4 proches), canoë-kayak, stade d'eaux vives) et découverte du Parc naturel régional de la Brenne.

38 - ISÈRE

01
AIN
BELLEY
LYON
Pont-de-Chéruy
Crémieu
Morestel
69
RHONE
ALBERVILLE
Heyrieux
La Verpillière
74
HAUTE-SAVOIE
Villefontaine
Bourgoin-Jallieu
LA TOUR-DU-PIN
CHAMBERY
3820
VIENNE
Le Pont-de-Beauvoisin
St-Jean-de-Bournay
Virieu
St-Geoire-en-Valdaine
3815
42
LOIRE
Le Grand-Lemps
La Côte-St-André
St-Laurent-du-Pont
Allevard
Roussillon
3835
3809
Voiron
Le Touvet
Rives
Goncelin
St-Etienne-de-St-Geoirs
3814
Beaurepaire
3831
Tullins
3835
ST-JEAN-DE-MAURIENNE
St-Egrève
3832
Ismier
Roybon
Meylan
Vinay
Fontaine
Domène
73
SAVOIE
GRENOBLE
St-Martin-d'Hères
St-Marcellin
Echirolles
Eybens
3823
3834
3807
Villard-de-Lans
Vizille
TOURNON
Vif
Le Bourg-d'Oisans
Pont-en-Royans
3801
St-Jean-de-Vaulx
26
DROME
3817
VALENCE
Monestier-de-Clermont
La Mure
Valbonnais
07
ARDECHE
Clelles
Mens
Corps
05
HAUTES-ALPES
3825
3833
DIE

AU CHAMOISÉ DE SAINT JEAN 3801

15 pers.
15€

LADET Catherine
Les Pellissiers
38220 SAINT JEAN DE VAULX
tel / fax : (+33) (0)4 76 73 16 03
mel : chamoisedestjean@free.fr
web : www.lafermetherapeutiquedestjeandevaulx.com

Situation : alt. 1000 m sur le plateau matheysin à 30 km de Grenoble, 11 km de Vizille et de La Mure, 2 km des Lacs de Laffrey.

Production : polyculture-élevage. Mini conservatoire d'espèces en voie de disparition : brebis Solognotes, chèvres de Rove... + vaches tarines et jersiaises.

Accueil : table paysanne, ouvert le WE (sur réservation 48h avant). Accueil à la journée de petits groupes de personnes handicapées enfants ou adultes dans le cadre de projets thérapeutiques, sur l'année, en partenariat avec l'association FTSJV (voir site), les établissements médico-sociaux intéressés et les administrations de tutelle (DDASS et DPPA).

FERME DU CLOS 3807

8 pers.
18€

2 ch.
8 pers.
45€

produits paysans

English spoken

DOUCET Angélique
Le Clos - 38680 CHÂTELUS (accès par Choranche)
tel : (+33) (0)4 76 36 10 94 - mel : FermeDuClos@aol.com

Situation : dans un écrin de verdure préservée, au cœur du Parc naturel du Vercors. Alt. 337 m, face aux majestueuses falaises de Presles (grottes de Choranche) et du bournillon en surplomb de la rivière "la Bourne". A49 sortie St Marcellin, entre Grenoble et Valence, à 5 mn de Pont-en-Royans (village classé) et 20 mn de Villard-de-Lans.

Production : fromages fermiers de chèvres, noix, huile, miel, petits fruits, potager, volaille, lapins, cochons. Elevage trad. plein air, respect. de l'environnement sur 9 ha de prairies, vergers et bois.

Accueil : la chaleur d'une ferme du XIX° rénovée, en pierres et en poutres apparentes ; venez partager l'ambiance familiale et conviviale de la table paysanne (menu campagnard, produits naturels locaux). Pour vous reposer, de grandes chambres conviviales avec vue imprenable sur le Vercors (1 lit double, 1 lit enfant et/ou bébé, sdb).

Activités possibles : soins aux animaux, traite, promenades. A proximité : pêche, VTT, randonnées, escalade, spéléo, équitation, sites exceptionnels.

GENÈVE Éliane et Félix, SUDUL Bernard 3814

3 gîtes
ïte 1 : 4 pers.
BS 130€
HS 340€
ïte 2 et 3 :
pers. chacun
BS 130€
HS 340€
WE 100€

6 empl.
20 pers.
6€/pl.
nf -7ans : 3€
,50€/pers.
elec 2,30€
caravane
6€/J/2pers.

15 pers.
18€

5 ch.
12 pers.
40€/2pers.
18€/1pers.

produits paysans

English spoken

Les Routes
38340 POMMIERS LA PLACETTE
tel / fax : (+33) (0)4 76 56 32 18
mel : elianegeneve@aol.com

Situation : massif de La Chartreuse, alt. 700 m. Voreppe à 7 km, Voiron 14 km, St-Laurent-du-Pont 10 km et Grenoble 20 km.

Production : ferme de 8 ha, au relief accidenté avec vaches allaitantes, lapins, poulets, légumes, petits fruits, noix, œufs. Productions organiques naturelles.

Accueil : 3 formules. Grande maison de caractère en pierre et bois avec coin cheminée, 5 chambres et table paysanne, salle de réunion ; camping paysan location caravane 2 pers. ; gîtes : 3 chalets dans une prairie proche de la maison d'habitation. Animaux acceptés dans les gîtes et le camping mais pas dans la maison.

Activités possibles : possibilité de découvrir la forêt et le totem paysan de Félix, une vraie passion. Randonnées sur place, ski à 18 km, piscine à 7 km et lac à 25 km.

GILLIBERT Bernard 3815

3 gîtes
Gîte 1 : 4 pers. 180€
Gîte 2 : 6 pers. 340€
Gîte 3 : 2 pers. 310€
WE 72/140/96€ (2 nuits)

16€

7€/pers.

Les Millières - Chemin de l'Etang
38260 FARAMANS
tel : (+33) (0)4 74 54 23 26

Situation : alt. 400 m, moraine glacière face aux Alpes. Lyon à 1h, Grenoble, Vercors à 45 mn, et Valence à 70 km.

Production : chevaux, volailles.

Accueil : relais, camping et gîte paysans.

Activités possibles : promenades en calèche. Tennis, pêche, forêt pour randonnée, golf, base de loisirs.

MAUBLEU Sylvie et Daniel 3817

7 enfants
35€/J
245€/séjour

La Grange
38650 SINARD
tel / fax : (+33) (0)4 76 34 01 44

Situation : alt. 840 m, D110, à 30 km au sud de Grenoble en direction de Lus-la-Croix-Haute, aux portes du Trièves, près du barrage de Monteynard.

Production : vaches laitières et allaitantes, qui pâturent sur les parcelles autour des bâtiments et sont nourries avec le foin et les céréales que nous produisons. Volailles, pain, lapins, potager.

Accueil : accueil d'enfants de 4 à 12 ans durant les vacances scolaires (une à plusieurs semaines).

Activités possibles : découverte du Trièves, de la vie à la ferme (traite, fenaison, moisson, basse-cour) des soins aux animaux, du respect de la nature et des autres. Balades avec les ânes et les chevaux de trait, pain pétri et cuit au four à bois.

RELAIS ÉQUESTRE DE LA COMBE NOIRE 3820

6 enfants
30€/J
230€/séjour

8 pers.
15€

2 ch.
8 pers.
41€

Si parla italiano

COSTANZO Chrystel
et BOUCHOUX Stéphane
491, route de Plambois
38490 FITILIEU
tel : (+33) (0)4 76 31 04 98
mel : chrystel.costanzo@wanadoo.fr
web : www.lacombenoire.com

Situation : alt. 350 m, sur la RN75, à 3 km des Abrets, 50 km de Grenoble, 60 km de Lyon, 30 km de Chambéry, A43 sortie Chimilin, Walibi.

Production : élevage de chiens, de lamas, de chats, et de chevaux.

Accueil : l'accueil se fait parmi nos chiens et nos chevaux, au cœur d'une propriété de 27 ha, en pleine nature.

Activités possibles : piscine municipale à 2 km, zoo a 2 km, 2 grands lacs, équitation à charavine (10 mn de la maison), l'autre Aiguebellette (côté Chambery), paint-ball a 1 km, Walibi à 8 km...

LA FERME DES CHARRIÈRES 3823

10 à 50 pers.
18,50 à 28€

English spoken
Man spricht Deutsch

MIHATSCH Jocelyne
Le Noyaret - 38320 HERBEYS
tel : (+33) (0)4 76 72 09 34
fax : (+33) (0)4 76 73 62 27
mel : info@fermedescharrieres.fr
web : www.fermedescharrieres.fr

Situation : alt. 650 m, 15 mn de Grenoble, 30 mn de Chamrousse, 5 mn d'Uriage, 15 mn de Vizille.

Production : petit élevage de volailles et grand jardin vous entourent dans un cadre rural. Légumes biologiques et confitures.

Accueil : la Ferme de Charrières vous propose de découvrir son auberge paysanne et sa cuisine traditionnelle composée de produits issus de la ferme (bio) et de produits locaux. Un séminaire, un pot de bienvenue, un anniversaire, un départ en retraite, un évènement au sein de votre structure... La Ferme des Charrières vous propose également la préparation d'apéritif et de buffet où les produits locaux seront mis en valeur !

LA POULÂNERIE 3825

16 pers. (tipi) 10€/pers.

pour la visite de la ferme

refuge 5 pers. 10€

2 gîtes
Gîte 1 : 8 pers. 310€
Gîte 2 : 4 pers. (yourte meublée) 220€
WE 110 à 70€ (2 nuits)

POULAT Eric et Mireille
Ferme de Vareilles
38710 PRÉBOIS
tel / fax : (+33) (0)4 76 34 70 59
mel : poulanerie@club-internet.fr
web : www.bourricot.com www.ane-et-rando.com

Situation : alt. 800 m, 1h de Grenoble, 1h de Gap, au cœur du Trièves.

Production : élevage d'ânes, basse-cour familiale, production de foin et de céréales (agriculture bio mention AB).

Accueil : 1 gîte paysan à la semaine ou week-end (8 pers.), 2 tipis de 8 places chacun et 1 yourte du Kirghistan (4 pers.) complètement aménagée.

Activités possibles : randos avec ânes de bât (journée, semaine) réseau FNAR, circuit itinérant de yourte en tipi. Visite de la ferme (réseau fermes pédagogiques du Trièves). Soins aux animaux, baignade à la rivière à proximité.

LA FERME DES SOURCES 3829

15 pers.
20€

English spoken
Se habla español

BUISSON Alain et
POINTURIER Stéphanie
Les guichards
38122 MONTSEVEROUX
tel : (+33) (0)4 74 16 87 19
mel : stephanie.fermedesources@wanadoo.fr

Situation : alt. 350 m. A 20 km au sud-est de Vienne, Montsevrous est situé entre les deux vallées de la Varèze et de la Sanne, village offrant aux visiteurs culture et patrimoine.

Production : à l'orée du bois de Vernay blottie entre deux collines, notre ferme abrite : chèvres, vache, ânes, basse-cour.

Accueil : passionnés par notre métier, nous serons heureux de partager avec vous notre vie paysanne, ainsi vous pourrez découvrir nos différentes productions laitières, bouchères et potagères à notre table paysanne.

Activités possibles : visite de châteaux, musées, sites archéologiques, randonnées, cheval, marche en forêt, VTT, chemins balisés.

FERME DE NAMIERE 3831

15 pers.
18 à 25€

4 pers.
360€
WE 125€
(3 nuits)

English spoken

DENAT Anne
38120 MONT SAINT MARTIN
tel : (+33) (0)4 76 75 55 72
mel : lejardindesdaines@wanadoo.fr
web : perso.wanadoo.fr/lejardindesdaines

Situation : 20 mn de Grenoble, balcon sud de la Chartreuse, Parc naturel régional.

Production : élevage de daims. Vous découvrirez la vie de ces cervidés dans le milieu agricole. Produits dérivés de la viande de daim (terrine, plats cuisinés).

Accueil : joli corps de ferme datant du siècle dernier, en partie rénové dans le style Chartrousin. Gîte paysan.

Activités possibles : repos, balades nature, activités dans la vallée à 15 mn.

LE MAS DE CRAPONOZ 3832

15 pers.
28 à 34€

ZÉGNA Yveline et Daniel
109, Chemin des Communaux
38490 BERNIN
tel : (+33) (0)4 76 08 99 55
mel : masdecraponoz@wanadoo.fr

Situation : maison ancienne faisant partie du hameau Craponoz, situé au pied de la Chartreuse dans la vallée du Grésivaudan.

Production : vin, fruits, légumes, volailles.

Accueil : table paysanne : repas sur réservation avec les produits de la ferme.

Activités possibles : visite de cave commentée. Randonnée par "le chemin du facteur" jusqu'à la dent de Crolles.

LE CRIS-CATH UN P'TIT COIN DE PARADIS 3833

produits paysans

15 pers.
15€

3 ch.
6 pers.
40€
1/2 pension :
55€ pour 2

6 pers.
27,50€
(1/2 pension)

PITIOT Cathy et ZANARDI Christian
L'Eglise - 38710 TRÉMINIS
tel : (+33) (0)4 76 34 71 96

Situation : alt. 950 m. Dans le Trièves, au cœur d'un village typique dans un cirque de montagne entre Grenoble et Sisteron. Pour nous rejoindre, quittez la RN75 à Lalley ou St- Maurice-en-Triève, puis empruntez D66 et D216 jusqu'à Tréminis-l'Eglise.

Production : petite ferme de 20 ha avec polyculture élevage : fromage de vache, de chèvres, œufs, légumes, produits dans le respect de l'environnement.

Accueil : seul, en famille ou entre amis, pour une nuit ou un séjour, nous vous proposons une formule avec le repas du soir. Grande salle commune avec un coin pour les enfants, terrasse, 3 chambres et 2 petits dortoirs avec deux blocs sanitaires.

Activités possibles : découvrez les animaux de la ferme, le jardin, la fabrication du fromage ou des ravioles; à 10 km le centre écologique Terre Vivante. Nombreuses randonnées pour tout niveau, au départ de la ferme.

LA CHÈVRERIE — 3834

4 pers.
18€

1 ch.
4 pers.
48€

English spoken

BOYADJIAN Martha
Le Pouillard
38520 OULLES EN OISANS
tel : (+33) (0)4 76 80 18 32

Situation : alt. 1400 m, 60 km de Grenoble, 70 km de Briançon, 12 km de Bourg d'Oisans près de la station de l'Alpe d'Huez, zone périphérique du Parc national des Ecrins.

Production : élevage de chèvres, poules en plein air, ânes, jardin potager. Bio sans mention, fromage de chèvres, légumes de saison, œufs, confiture de baies et fruits sauvages, tarte de légumes et plantes sauvages.

Accueil : prendre le temps de partager les choses simples. Repos dans site grandiose et sauvage. Chambre paysanne, sdb, wc communs, table paysanne dans une ancienne ferme rénovée de caractère, avec vue imprenable sur la Meije.

Activités possibles : soins aux animaux, traite, découverte de la nature, de la flore, de la faune alpine, fabrication de pain et de confiture maison. Randonnées pédestres à ski, à raquettes. Proximité des lacs de montagne (2h de marche).

LA FERME D'ANTAN — 3835

3 gîtes
Gîte 1 et 2 :
pers. chacun
BS 180€
HS 240€
Gîte 3 :
4 pers.
BS 240€
HS 300€
WE
30 à 40€
et 40 à 50€
(1 nuit)

50 pers.
24 à 27€

English spoken

FAURE Bernard
Les Buissonneys
Chemin du Pont de Fer
38920 CROLLES
tel : (+33) (0)4 76 08 14 35
mobile : (+33) (0)6 62 52 32 87
mel : fermedantan@wanadoo.fr
web : fermedantan.dyndns.org

Situation : 20 km de Grenoble, 30 km de Chambéry, vallée du Grésivaudan, plaine de Crolles.

Production : blé, orge, céréales, vaches, chevaux, basse-cour, chèvres, lapins, cochons.

Accueil : dans le cadre d'une ferme fonctionnant sur le principe des fermes des années 50, nous proposons des repas paysans réalisés avec les produits de la ferme, avec possibilité d'hébergement, avec, pour ceux qui le souhaitent, participation aux activités de la ferme. 3 gîtes paysans, auberge paysanne.

Activités possibles : soins aux animaux, piscine à 500 m, ski à 15 km, parapente à 2 km, vélo, escalade.

FERME ENTRE PLAINE ET VAL — 3836

nous consulter

produits paysans

English spoken

POINT Claire et Jean-Luc
406 chemin Gustinière Les Roches
38260 PAJAY
tel : (+33) (0)4 74 84 67 14
web : www.lechemindesfermes.com

Situation : au cœur des la plaine-vallée de Bièvre-Valloire entre Alpes et Massif Central. Notre ferme se situe au milieu d'un triangle situé à 60 km de Lyon, de Grenoble et de Valence.

Production : maïs et céréales (blé, millet, sorgho), 1 ha de tabac, 4 cochons, 4 brebis et 5 mères lapines. Lentilles et haricots secs en vente directe.

Accueil : expliquer et partager nos choix de vie, amour de la nature et de notre région. Actuellement nous proposons quelques goûters avec animation pédagogique, ou accueil pédagogique avec les réseau "le chemin des fermes".

Activités possibles : animations avec les enfants autour des cultures et des animaux, balades balisées, pêche, découverte du patrimoine architectural.

39 - JURA

21
COTE-D'OR
25
DOUBS
Dampierre
Rochefort-sur-Nenon
DOLE
Montbarrey
Villers-Farlay
Chemin
3902
3920
Chaussin
3917
3903
Arbois
Salins-les-Bains
Chaumergy
Poligny
Sellières
3909
Voiteur
Nozeroy
3911
Champagnole
Bletterans
3918
71
SAONE-ET-LOIRE
LONS-LE-SAUNIER
Les Planches-
en-Montagne
Conliège
LOUHANS
Beaufort
St-Laurent-
en-Grandvaux
Clairvaux-
les-Lacs
Morez
SUISSE
Orgelet
St-Amour
St-Julien
Moirans-en-
Montagne
ST-CLAUDE
Arinthod
Lac
Léman
GEX
3904
01
AIN
Les Bouchoux
3919

CANNELLE Régine et Denis 3902

8 pers. 13€

1 ch. 3 pers. 42€

4 pers. 14€

6 pers. BS 310€ HS 398€ WE 150€ (2 nuits)

English spoken

Château Sainte Marie
39120 BALAISEAUX
tel : (+33) (0)3 84 81 85 45
mel : maison.cannelle@laposte.net
web : www.jura-vacances.com/attelage

Situation : alt. 260 m, à 15 mn de Dole, 25 mn d'Arbois, bois attenant à la ferme de 25 ha, grand parc arboré, lieu calme.

Production : chevaux comtois dressés, viande vaches charolaises, volaille, lapins, pigeons.

Accueil : 1 chambre paysanne, 1 gîte paysan, 1 relais paysan. Accueil de chevaux et de cavaliers.

Activités possibles : promenade en attelage, fabrication du pain, découverte des étangs, beaucoup de chemins balisés.

FERME DES NOUVELLES 3903

produits paysans

nous consulter

10 pers. 10 et 12€

2 ch. 6 pers. 40,80€ et 34€

6 empl. 15 pers. 3€/pl. 3€/pers. elec 3€

ÉTIÉVANT Marie-Jo et Maurice
35, rue des Nouvelles (Mesnay)
39600 ARBOIS
tel : (+33) (0)3 84 66 21 53 - fax : (+33) (0)3 84 37 40 30

Situation : alt. 300 m au cœur du vignoble et au pied du 1er plateau. Dole 35 km, Lons-le-Saunier 40 km, Besançon 45 km. A 2 km de la N83, 15 km de l'A39, 10 km de la N5 et 10 km de la gare TGV Mouchard.

Production : vaches laitières monbéliardes, basse-cour, vigne, jardin. Lait, Comté et Morbier, vin AOC Arbois, pain, légumes, fruits...

Accueil : pour partager une tranche de vie, caresser les lapins, veaux, monbéliardes, découvrir le Comté et l'Arbois (AOC) et tout savoir sur le métier de paysan, nous accueillons sur plusieurs nuits en chambres (tarif dégressif) ou camping paysans. Table paysanne pour déguster les produits de la ferme ou simple rencontre de qq heures (tout sur réservation préalable).

Activités possibles : visite et découverte de la ferme et de la fruitière fromagère (traite et fabrication du fromage). Nombreux sentiers balisés pour randos à pied, vélo, pêche à la truite, piscine, tennis, grottes, Maison Pasteur ou... relaxe. A 40 mn : lacs et neige.

LAPERRIERE Pascale et François 3904

4 pers. BS 250 à 320€ (été) HS 300 à 400€ (hiver) WE 100€ (2 nuits)

English spoken

Man spricht Deutsch

Combe de Laisia
39310 LES MOLUNES
tel : (+33) (0)3 84 41 61 42

Situation : alt. 1200 m, entre les villages de Lajoux et les Moussières, au cœur du PNR du Haut-Jura. Saint-Claude et les Rousses à 16 km, Genève à 45 km, Besançon et Lyon à 110 km.

Production : agriculture biologique et biodynamique (vaches laitières Villard de Lans, cochons, poules), fabrication traditionnelle de fromages locaux (lait, beurre, fromages) mention AB.

Accueil : gîte paysan dans ancien chalet d'estive rénové : cuisine, séjour, sdb au RdC, 1 chambre 1 lit 2 pers., 1 chambre 2 lits 1 pers. à l'étage (draps fournis), toilettes sèches, chauffage au bois, lumineux et confortable.

Activités possibles : visite de la ferme et de la fromagerie (traite et fabrication du fromage), découverte des travaux d'été (foins) ; randonnées, VTT, lacs, piscines, ski de fond, de piste, raquette, luge... Artisans, musées, expositions, cinéma, spectacles... et repos !

BAILLY Guy et Françoise — 3909

produits paysans

Man spricht Deutsch

1 ch.
3 pers.
41€

5 à 8 pers.
BS 290 à 370€
HS 345 à 460€
WE 136 à 167€ (2 nuits)

4, Chemin sous la ville
39230 BRÉRY
tel / fax : (+33) (0)3 84 85 25 54
mel : g.bailly3@tiscali.fr

Situation : alt. 260 m, à 15 km de Lons-le-Saunier et Poligny, 7 km sortie A39, face à Château-Chalon et la vallée de Beaumes-les-Messieurs, 35 km des lacs, 60 km des pistes de ski.

Production : céréales et apiculture AB, basse-cour, miels du Jura, pains d'épices.

Accueil : 1 gîte dans villa neuve. Au RdC : cuisine et séjour ; à l'étage : 2 chambres et sdb. 1 chambre paysanne avec sdb indépendante, terrasse avec table. Bâtiments écologiques (eau chaude solaire).

Activités possibles : visite de la miellerie, explications sur la vie des abeilles et les travaux des champs ; randos, pêche, grottes, sentier botanique au village, tennis de table.

MIVELLE Anne-Marie et Bernard — 3911

9 pers.
225€ (hors vac scol.)
465€ (vac février)
375€ (vac scol.)
WE 136€ (1 nuit)
155€ (2 nuits)

La Grange des Prés
39250 MIGNOVILLARD
tel : (+33) (0)3 84 51 17 97
mel : bernard.mivelle@libertysurf.fr
web : www.gitemivelle.chez.tiscali.fr

Situation : alt. 900 m, près de Nozeroy (petite cité de caractère) et de la forêt de la Joux. Pontarlier à 20 km, proximité de la Suisse.

Production : lait à comté, élevage.

Accueil : gîte paysan dans une ancienne ferme avec entrée et vue indépendantes, terrasse et pelouse clos. 3 chambres, 1 salle de vie avec coin cuisine, sdb, lave-linge, cheminée, TV.

Activités possibles : découverte de la traite, des foins, visite de la ferme et de la fruitière à Comté ; randos pédestres, VTT, ski de fond à proximité, visite guidée de Nozeroy, tourbières, fonderie de cloches, nombreuses grottes, cascades, lacs, équitation, accrobranches, baignade à 15 mn.

EARL LES MELINCOLS — 3917

produits paysans

PEIFFER Edwige et Eric,
AYMONIER Christiane & Gérard
Les Mélincols - 39110 MARNOZ
tel : (+33) (0)3 84 73 29 78 ou (+33) (0)3 84 73 19 66
fax : (+33) (0)3 84 73 28 17

Situation : à 1km de Salins-les-Bains, 50 km de Dole, Lons-le-Saunier, Besançon, Pontarlier.

Production : atelier principal laitier en AOC Comté, race montbéliarde.

Accueil : visite et vente à la ferme ; viande de bœuf et veau en caissette à partir de 10 kg, poulets, lapins, porcs.

Activités possibles : thermes, randonnées et Fort Aventure à 1 km; piste de ski à 45 km, lac à 30 km, baignade.

POUILLARD Jean-Luc 3918

5 pers.
BS 275€
HS 380€
WE 120€
(2 nuits)

Rue du Bas de l'Etang
39140 COSGES
tel : (+33) (0)3 84 85 04 52
mel : jean-luc.pouillard@wanadoo.fr

Situation : dans la Bresse jurassienne, à mi-chemin entre Lons-le-Saulnier et St-Germain-du-Bois, à la jonction du Jura, de l'Ain et de la Saône-et-Loire. Alt. 228 m.

Production : lait de vache, œufs, volailles fermières élevées en liberté et nourries aux céréales (poulets, canards, dindes, oies), légumes.

Accueil : dans un site agréable et calme où il fait bon se reposer, le propriétaire vous accueille avec une grande hospitalité afin de vous faire découvrir ce beau métier de paysan. Contact avec les animaux et vente directe à la ferme ; gîte type F3 avec cour fermée, salon de jardin, barbecue. Possibilité de recevoir chevaux + calèches avec hébergement.

Activités possibles : découverte des soins aux animaux (vaches, volailles), jardinage ; centre équestre, baignade, visite dans la montagne, musées, cascades, lacs...

PERRIER Bernard 3919

6 empl.
2,80€/pers.
elec 2,50€

15 pers.
13€

4 ch.
12 pers.
48€

19 pers.
12€

La Dalue
39130 BELLECOMBE
tel : (+33) (0)3 84 41 69 03
fax : (+33) (0)3 84 41 66 22
mel : perrier.ladalue@wanadoo.fr
web : gite-la-dalue.com

Situation : ferme isolée en plein cœur de la forêt, dans les Combes du Haut-Jura.

Production : fourrage.

Accueil : ferme typiquement Haut-Jurassienne, dans une nature préservée. Salle à manger aménagée dans l'ancienne étable, escalier peint d'une fresque régionalisée. Activités équestres à 5 km. Camping paysan.

Activités possibles : randonnées pédestres, VTT, équestres, ski de fond, raquettes...

EARL DU ROSSIGNOLET 3920

produits paysans

BRUGNOT Corinne et Pascal
Route de Mont sous Vaudrey
39120 VILLERS ROBERT
tel : (+33) (0)3 84 71 54 52
mel : earl-du-rossignolet@wanadoo.fr

Situation : alt. 200 m. Dans la Bresse jurassienne sur la route entre Lons-le-Saunier (45 km) et Dole (15 km). A 20 km de Poligny, Arbois et Salins-les-Bains.

Production : vaches montbéliardes allaitantes, veaux sous la mère, porcs.

Accueil : vente de viande de bœuf (génisse), veau, porc transformé. Vente au détail à la ferme le vendredi et samedi matin et avec d'autres producteurs : filet de carpes, gourgeonnette, Comté, Morbier, fromage de chèvre.

Activités possibles : randonnées pédestres, cheval, VTT, pêche, par aquatique.

40 - LANDES

LACROIX Marie-Thérèse et Joseph 4002

40320 SAINT GEOURS DE MARENNE
tel : (+33) (0)5 58 57 32 31
mobile : (+33) (0)6 71 71 88 48

Se habla español

1 ch.
2 pers.
35€

2 gîtes
Gîte 1 :
2 pers.
BS 250€
HS 300€
Gîte 2 :
3 pers.
BS 300€
HS 350€

Situation : Dax à 15 km, Soustons à 13 km, N10.

Production : retraité dans une ferme exploitée par le fils. Maïs semence, carottes, kiwis fruits.

Accueil : chambres paysannes. Chambres plain pied, sdb, wc privatifs, sorties individuelles, salon commun. Gîtes paysans.

Activités possibles : randonnées pédestres, plages, pêche sur le lac, tennis, fronton.

FERME HOURCQ 4003

6 pers.
BS 380€
HS 455€
WE 108€
(1 nuit)

English spoken

MESPLEDE Christophe
Hourcq
40400 LESGOR
tel / fax : (+33) (0)5 58 57 54 47

Situation : ferme typique de la Haute Lande avec son four à bois, à 35 km de l'océan, 30 km de Dax, 35 km de Mont-de-Marsan.

Production : élevage de canards "prêt à gaver", maïs grain, forêt de pins maritimes.

Accueil : 1 gîte paysan avec 3 chambres (2 lits 140, 4 lits 90), équipement tout confort.

Activités possibles : promenades en forêt (vélos à disposition), pêche, ping-pong, découverte des landes.

CURCULOSSE Béatrice 4004

produits paysans

Stounotte
40400 MEILHAN
tel : (+33) (0)5 58 44 14 13
mel : curculossebea@hotmail.com

Situation : petit village situé sur la RN124, 20 km Mont-de-Marsan, 35 km de Dax. Ferme à 4 km du bourg.

Production : exploitation de 50 ha. Vente de canards gras entiers à découper, gavés traditionnellement au maïs grain. Autres : maïs doux, haricots verts, gavage.

Accueil : ventes à la ferme de canards entiers à la saison (d'octobre à mai).

Activités possibles : centre équestre, piscine, randos pédestres, courses landaises, circuits de la Chalosse, gîte paysan.

PRODUITS PAYSANS 4005

produits paysans

HILLOTTE Frédéric
Chemin du Lisé
40290 HABAS
tel / fax : (+33) (0)5 58 98 03 30

Situation : entre Dax (20 km) et Orthez (20 km). A 1,5 km du village. Le domaine de Lisé, situé sur un coteau, surplombe les alentours. Pour accéder au domaine prendre la route du Tilh puis la 1ère à droite, c'est tout en haut.

Production : ferme landaise avec production de maïs et vigne, avec toute sa vinification.

Accueil : vente en bouteille de vin de Pays des Landes à la ferme.

Activités possibles : randonnées pedestres (circuit de la Chalosse), pêche (plusieurs lacs à distance de 1 et 2 km alentour).

FERME GASCONNE DU PAYS D'ORTHE 4006

DUTRUEL Jacques
Manibe
40300 BELUS
tel : (+33) (0)5 58 73 65 32
fax : (+33) (0)5 58 73 63 98
mobile : (+33) (0)6 09 82 08 53
mel : jacquesmanibe@fermegasconne.com
web : www.fermegasconne.com

produits paysans

English spoken
Se habla español

Situation : au sud des Landes, limite Béarn et Basque.

Production : cochons de lait et porcelets, porcs fermiers et gras toute l'année. charcuteries et salaisons de porc gascons élevage en liberté.

Accueil : dans une ferme landaise type XVI° et XVII° siècle : dégustation à la ferme. Vue sur les Pyrénées à flanc de collines boisées.

Activités possibles : visite de le ferme sur rendez-vous. Promenade et découverte de la flore.

DUTOUYA Nicole 4007

A l'orée de la Chénaie
40180 HINX
tel / fax : (+33) (0)5 58 89 74 25
mobile : (+33) (0)6 82 38 87 08
mel : chenaie@free.fr
web : chenaie.free.fr

15 pers.
12 à 16€

English spoken
Se habla español

Situation : à 10 km de Dax, 1h de la montagne, du pays Basque, 30 mn de la côte, 10 mn de Préchacq-les-Bains (thermes).

Production : maïs, canards, vaches allaitantes, poules, poulets.

Accueil : table paysanne. Nous mettons à disposition notre temps libre pour faire découvrir aux personnes qui nous ont fait l'honneur de venir, l'exploitation, la région, les traditions. Disponibilité, convivialité, respect, sourires, etc.

Activités possibles : découverte des activités de la ferme avec l'agriculteur, randonnées, VTT, VTC, piscine, etc.

DUSSAU Marinette et Patrick 4008

Ferme de Gibelle
40320 PIMBO
tel / fax : (+33) (0)5 58 44 49 04
mobile : (+33) (0)6 88 49 62 77
mel : mpdussau@wanadoo.fr

4 pers.
BS 190€
HS 250€
15€/1nuit

produits paysans

Situation : à 40 km de Mont-de-Marsan et Pau (gare, aéroport, cinéma). A 100 km des Pyrénées (montagne) et 100 km de l'océan Atlantique. Zone boisée et vallonée sur D371, à 2 km du village. Chemin de St-Jacques-de-Compostelle.

Production : maïs, fèverolles, pois, tournesol, conduit en agriculture bio. 1500 canards gras et 1000 canettes/an. Tous nos animaux sont nourris avec les céréales de la ferme. Tout est transformé en plats cuisinés et conserves.

Accueil : gîte paysan, entrée indépendante. RdC : cuisine équipée, lave-linge, TV, douche et wc indép. ; étage : 2 chambres 1 lit 140, 2 lits 90 ; salon jardin, barbecue.

Activités possibles : randos pédestres, VTT, piscine à 7 km, découverte de l'activité de la ferme. A proximité : supermarché, pharmacie, médecin.

41 - LOIR-ET-CHER

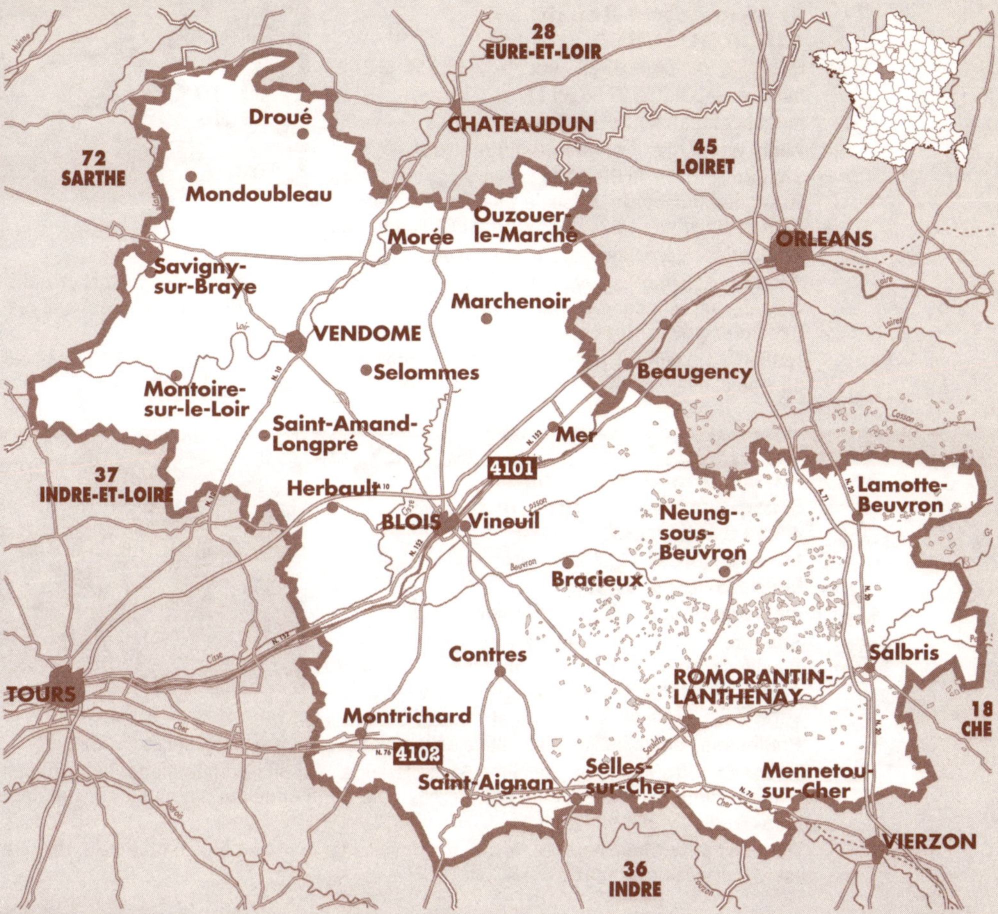

CHAMBRES PAYSANNES 4101

4 ch.
8 pers.
40 à 70€

BRETON Suzanne et Jean-Yves
2, ferme de la Bouzie
41500 SUÈVRES
tel : (+33) (0)2 54 46 82 88 - fax : (+33) (0)2 54 46 87 22
mobile : (+33) (0)6 87 38 35 17
mel : bretonsuzanne@yahoo.fr
web : www.members.aol.com/labouzie/

Situation : 15 km de Blois , 3 km des bords de la Loire, 20 km de Chambord , 30 km de Chaumont, Cheverny, 5 km de Suèvres et à 2h de Paris par l'A10 sortie Mer.

Production : céréales, maïs doux et asperges vertes.

Accueil : 4 chambres paysannes (dont une suite familiale) dans le prolongement de notre maison, entrée indépendante sur la salle à manger et cuisine communes aux chambres. Sanitaires privés. Possibilité location à la semaine.

Activités possibles : visites de villages et châteaux de la Loire, circuit de la Loire à vélo ou à pied, des moulins à eaux de Suèvres, découverte de la vie à la ferme.

DOMAINE DES MAISONS BRÛLÉES 4102

1 ch.
46€/2pers.
49€/3pers.

produits paysans

AUGÉ Béatrice et Michel
5 impasse vallée du Loing
41110 POUILLÉ
tel : (+33) (0)2 54 71 58 23
fax : (+33) (0)2 54 71 51 57
mel : auge-michel-beatrice@wanadoo.fr

Situation : entre Tours et Vierzon, à 1/2h de Blois, Pouillé se trouve sur la rive gauche du Cher, accès par D17 St-Aignan (10 km) ou Montrichard (10 km) en sortant de la N76 ou A85 (sortie St-Roman/Cher).

Production : domaine viticole, cultivé en biodynamie sur l'aire d'appellation Touraine.

Accueil : notre chambre paysanne "Nuit de Lune" est une grande pièce de plain pied indépendante avec sdb, petite cuisine équipée. Cette chambre est plutôt conçue pour week-end ou week-end prolongé.

Activités possibles : balades, repos, découverte de la région à pied ou à vélo. Histoire avec visite des châteaux.

42 - LOIRE

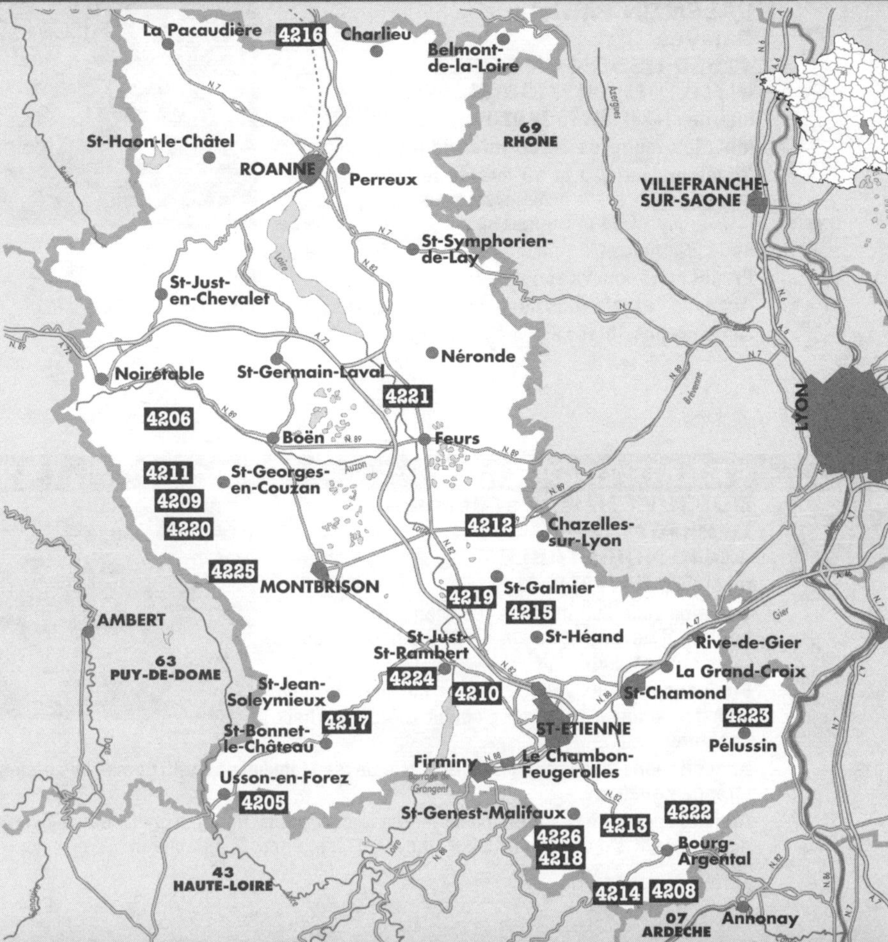

La Pacaudière
4216
Charlieu
Belmont-de-la-Loire
69 RHONE
St-Haon-le-Châtel
ROANNE
Perreux
VILLEFRANCHE-SUR-SAONE
St-Symphorien-de-Lay
St-Just-en-Chevalet
Néronde
Noirétable
St-Germain-Laval
4221
LYON
4206
Boën
Feurs
4211
St-Georges-en-Couzan
4209
4220
4212
Chazelles-sur-Lyon
4225
MONTBRISON
St-Galmier
4219
4215
AMBERT
St-Héand
Rive-de-Gier
63 PUY-DE-DOME
St-Just-St-Rambert
La Grand-Croix
4224
St-Jean-Soleymieux
4210
St-Chamond
4223
4217
ST-ETIENNE
St-Bonnet-le-Château
Pélussin
Firminy
Le Chambon-Feugerolles
Usson-en-Forez
4205
St-Genest-Malifaux
4213
4222
4226
4218
Bourg-Argental
43 HAUTE-LOIRE
4214
4208
07 ARDECHE
Annonay

FERME ÉQUESTRE LES FOUGÈRES 4205

English spoken

5 ch.
10 pers.
40€

10 pers.
17€

10 pers.
WE 166€
(1 nuit)
200€
(2 nuits)

VALENTIN Patricia
Salayes
42550 USSON EN FOREZ
tel / fax : (+33) (0)4 77 50 65 55
mobile : (+33) (0)6 70 72 92 01
mel : les-fougeres@club-internet.fr

Situation : alt. 900 m au sud de la Loire, dans les monts du Forez, le village se situe aux portes de l'Auvergne et de la Haute-Loire. Paysages de forêts et de prairies.

Production : poneys et chevaux.

Accueil : Patricia vous accueille en chambres paysannes ou en relais paysan.

Activités possibles : activités tourisme équestre.

FERME DU PHAUX 4206

English spoken
Man spricht Deutsch
Se habla español

2 gîtes
Gîte 1 :
10 pers.
350€
Gîte 2 :
6 pers.
250€
WE
170/100€
(1 nuit)

DUSSUPT Hélène et Jean-Paul
Le Phaux
42440 NOIRÉTABLE
tel : (+33) (0)4 77 97 80 33

Situation : alt. 800 m, dans les Monts du Forez, en bordure d'Auvergne, 80 km de St Etienne, 60 km de Clermont-Ferrand.

Production : fruits rouges, seigle bio pour le pain. Transformation à la ferme : coulis, sirops, sorbets, confitures...

Accueil : dans un bâtiment de ferme, gîte paysan familial de 6 à 15 pers., salle pour soirée (grange de 120 m^2).

Activités possibles : soirée musique une fois par mois. Randos, plan d'eau à 4 km, ski de piste à 20 km, ski de fond à 10 km, cheval, VTT, motocross, champignons.

LINOSSIER Thérèse et Pierre 4208

English spoken
Occitan parlé

1 ch.
2 pers.
38€

2 gîtes
Gîte 1 :
4 pers.
220€
Gîte 2 :
10 pers.
400€
WE 100€
(1 nuit)
190€
(2 nuits)

Le Bourg
42220 BURDIGNES
tel : (+33) (0)4 77 39 69 50
ou : (+33) (0)4 77 39 60 81
fax : (+33) (0)4 77 39 63 85

Situation : alt. 900 m, dans Parc naturel régional du Pilat, 34 km sud de St-Etienne, aux confins de l'Ardèche et de la Haute-Loire, N82 et D29.

Production : retraités de la production laitière, nous vous aiderons à découvrir un village où la solidarité est vivante. Notre ferme continue avec nos enfants qui vous accueillent et vous font déguster leurs meilleurs yaourts.

Accueil : 1 gîte paysan de 4 pers. (accès. pers. handicapées) et 1 gîte paysan 10 pers., 1 chambre paysanne ou + si gîte libre.

Activités possibles : très beaux sentiers balisés en boucle, ski de fond, raquette, piscine ludique à 6 km, safari-parc à 20 km, Parc Robinson, musées, Accrobranche.

LES PETITS BERGERS 4209

3 enfants
15€/1/2J
30€/J

MECHIN Eliane et Pierre-Yves
Diminasse
42920 CHALMAZEL
tel : (+33) (0)4 77 24 87 55

Situation : alt. 950 m, dans les Monts du Forez, à 60 km de St-Etienne, 8 km de St-Georges-en-Couzan, 35 km de Montbrison et d'Ambert.

Production : élevage ovins à 1000 m d'altitude, volailles l'été. Brebis, agneaux, confitures, œufs.

Accueil : 3 enfants de 6 à 10 ans en séjour durant les vacances de février et juillet avec nos trois enfants. Les mercredis en période scolaire, possibilité de coucher le mardi soir.

Activités possibles : découverte des soins aux animaux, de la nature, cueillette, développement photo noir et blanc, randonnées à pied et à cheval.

LE PIGEONIER DE CESSIEUX 4210

3 ch.
9 pers.
37€

CROS Annie et Paul
Cessieux
42170 CHAMBLES
tel / fax : (+33) (0)4 77 52 02 78

Situation : alt. 500 m, entre Monts du Forez, plaine du Forez et Gorges de la Loire (site protégé). 20 km à l'est de St-Etienne, 8 km d'Andrézieux (aéroport St-Etienne), 8 km de l'A72.

Production : retraités de la production laitière, notre ferme continue avec notre repreneur. Vaches laitières fabrication de yaourts, fromage de brebis, divers conditionnements de lait cru.

Accueil : 3 chambres paysannes de 2, 3 et 4 pers., possibilité de faire son repas, pièce de vie.

Activités possibles : randos pédestres, VTT, plan d'eau de Grangent, piscine, tennis, musée des Civilisations, monuments historiques, sites touristiques, itinéraire de Saint-Jacques-de-Compostelle.

PLAGNE Josiane et André 4211

5 pers.
BS 243€
HS 270€
WE 120€
(2 nuits)

Pré Martin
42920 CHALMAZEL
tel : (+33) (0)4 77 24 81 17

Situation : alt. 1000 m, au cœur des Monts du Forez, à 40 km de Montbrison et d'Ambert.

Production : production laitière, élevage, basse-cour. Lait, œufs.

Accueil : gîte paysan, à la semaine, à la nuit ou WE, tout confort, chambre, séjour, cuisine, sdb, wc, terrain clos avec jeux enfants, chauffage en +.

Activités possibles : découverte de la vie des animaux, traite, naissances, soins. Ski de piste et de fond à 7 km, balades pédestres ou VTT, tennis, plan d'eau à 20 km, Parc naturel Livradois-Forez, volcans d'Auvergne.

FERME DU VAL FLEURY 4212

40 enfants maxi
7,70€/J
5,30€/1/2J

goûter paysan
30 pers.
7,50 à 12,50€

PONCET Isabelle et Michel
Jancenay
42140 CHAZELLES SUR LYON
tel / fax : (+33) (0)4 77 54 21 15
mel : fermeduvalfleury@wanadoo.fr
web : fermeduvalfleury.free.fr

Situation : alt. 550 m, à 30 km de St Etienne, 45 km de Lyon, 3,5 km du centre de Chazelles-sur-Lyon direction St Héand, Chevrières D11, carte Michelin 88, pli 18.

Production : ferme typique des Monts du Lyonnais en agriculture bio. Vaches laitières montbéliardes, génisses, petits animaux. Lait bio Qualité France, pains spéciaux et pâtisseries maison servis au goûter.

Accueil : école à la ferme (1/2 journée ou 1 journée). Animation et goûter paysan pour groupes constitués. Les vendredis d'été, programme tout public sur réservation.

Activités possibles : approche active de la ferme au fil des saisons. Nombreux ateliers, fabrication de pain et de beurre, jeux sensoriels.

ROUCHOUZE Marie-Claude et Gérard 4213

6 pers.
BS 250€
+chauffage
HS 310€
WE 120€
+chauffage
(1 nuit)

La Faurie
42220 BOURG ARGENTAL
tel : (+33) (0)4 77 39 64 20

Situation : maison indépendante dans petit hameau de montagne, alt. 793 m, dans le Parc du Pilat, limite Ardèche, à 28 km au sud de St-Etienne, 68 km de Lyon, 20 km du col de l'Œillon, 18 km au nord d'Annonay.

Production : retraités de la production laitière, notre ferme continue avec notre fils : vaches laitières, élevage bovin, basse-cour.

Accueil : gîte paysan (6 pers. + lit bébé) dans maison indépendante de plain pied, cour fermée. Séjour, coin cuisine, 3 chambres, bac à sable, salon de jardin. Gîte au calme. Chauffage en plus.

Activités possibles : découverte et vie de la ferme et de ses animaux, découverte de la nature. Nombreux sentiers pédestres,VTT, piscine ludique (5 km) safari-parc à Peaugres (20 km), ski de fond, équitation. Parc Robinson à 5 km en pleine forêt.

ROUX Annie et Pierre 4214

7 pers.
BS 320€
HS 380€
WE 140€
(2 nuits)
200€
(3 nuits)

English spoken

Chemin des Salettes
42220 SAINT SAUVEUR EN RUE
tel : (+33) (0)4 77 39 21 14
fax : (+33) (0)4 77 39 24 29
mel : rouxannie@wanadoo.fr

Situation : alt. 800 m. Dans le Parc naturel régional du Pilat, à 25 km au sud de St-Etienne, à la limite de l'Ardèche et de la Haute-Loire.

Production : vaches laitières, porcs. Charcuterie fermière toute l'année (saucissons, terrines, jambon, saucisses...)

Accueil : gîte paysan, accueil à la semaine ou en WE.

Activités possibles : présentation de notre cadre de vie, visite de la ferme, vaches, porcs. Plan d'eau, baignade à 1 km, terrain de sports et jeux d'enfants à 50 m. Nombreux sentiers balisés, marche et VTT, ski de fond (10 km), équitation (10 km), safari-parc de Peaugres (Ardèche) à 25 km, sentier botanique (10 km), parc Robinson (10 km) en pleine forêt de pins et sapins.

GÎTE CHEMIN GUILLAUME 4215

4/8 pers.
BS 300€
HS 360€
WE 130€
(2 nuits)
tarif pte sem (du lundi au vendredi) : 210€

FAYOLLE Anne Marie et Maurice
11, rue des Passementiers
42330 AVEIZIEUX
tel : (+33) (0)4 77 94 00 94
mel : gitecheminguillaume@free.fr
web : gitecheminguillaume.free.fr

Situation : alt. 580 m, au cœur du village fleuri, dans les Monts du Lyonnais et à proximité du Parc naturel régional du Pilat, à 17 km au nord de St Etienne et 7 km de St Galmier.
Production : la ferme de notre fils est à 500 m. Vaches laitières.
Accueil : dans les Monts du Lyonnais, un gîte paysan classé 3 étoiles : 2 chambres + mezzanine, grand séjour, TV, coin cuisine, lave-linge, micro-ondes. Très calme, à l'étage, vue sur le jardin fleuri et la campagne environnante ; aire de verdure avec table de pique-nique et barbecue, aire de jeux. Animaux non admis.
Activités possibles : visite de la ferme, nombreuses balades au départ du village, VTT, piscine (5 km), Poney-club au village. Visites de sites (source Badoit), musées (art et industrie, art moderne, chapeau à Chazelles-sur-Lyon), parc de Courzieu, zoo... et le calme de la campagne...

FERME DE LA GRANGE BLANCHE 4216

6/9 pers.
BS 190€
HS 220€
WE 65€
(2nuits)

VINCENT René et BURTHIER Eliane
Grange blanche
42720 BRIENNON
tel : (+33) (0)4 77 60 88 98
mel : vincent.burthier@wanadoo.fr

Situation : alt. 250 m, au nord du département de la Loire, 85 km St Etienne, 90 km Lyon, 45 km Charolles, 35 km Digoin. Sur la D43 au carrefour du Brionnais et du Charolais, à 14 km de RN7. Au bord du canal de Roanne à Digoin et du fleuve Loire.
Production : élevage Charolais, petite basse-cour (3 chèvres, lapins, poules).
Accueil : dans une ferme brionnaise en pierres jaunes du pays, 1 gîte paysan indépendant sur 2 niveaux, cadre verdoyant pour découvrir la douceur de vivre à la campagne.
Activités possibles : découverte de la ferme, soins aux animaux, promenades au bord du canal, découverte de la nature : pêche en Loire et canal, port de plaisance et parc des canaux à Briennon pour les enfants. Nombreux sites historiques (églises romanes, abbayes et musées), balades en ânes à proximité (3 km).

LA FENIÈRE 4217

2 à 12 pers.
BS 350€
HS 430€
WE 200€
(1 nuit)

English spoken
Se habla español

CRÉPINGE Marie-Dominique et Jean Fils
42380 LURIECQ
tel / fax : (+33) (0)4 77 50 06 85
web : www.lafeniere.perso.cegetel.net

Situation : alt. 650 m. Dans les Monts du Forez, orienté au sud. 40 km de St Etienne, 70 km du Puy-en-Velay. Limite Loire, Haute-Loire, Puy-de-Dôme. Sur D498, sortie A72 Andrézieux, sortie N88 Firminy.
Production : producteurs de lait de vaches, en zone de moyenne montagne sèche avec céréales pour nos animaux. Lait et selon les périodes yaourts, fromages blancs.
Accueil : au cœur d'un hameau pittoresque, "La Fenière" (gîte paysan) vous accueille dans le cadre sobre et authentique d'une vieille bâtisse spacieuse, rénovée en bio-construction. Grand séjour, coin cuisine, 2 sdb, 2 wc, 2 chambres au RdC, 2 chambres à l'étage, en mezzanine. Chauffage au bois, Terrasse couverte petit jardin en contrebas.
Activités possibles : découverte des nombreux sentiers (randonnée, VTT...), du patrimoine historique et artisanal, visite de la ferme. Bourg médiéval 6 km, équitation 10 km, piscine 20 km, Hautes-Chaumes.

GITE DU CRICRI 4218

6 pers.
BS 280€
HS 350€
WE 120€
(1 nuit)

MASSARDIER Christelle et Jean-Guy
Colombier
42660 MARLHES
tel : (+33) (0)4 77 51 85 75
mel : giteducricri@wanadoo.fr
web : http://perso.orange.fr/giteducricri

Situation : alt. 900 m. Dans le Parc régional du Pilat, à 35 km de St Etienne, 80 km du Puy, limite Haute-Loire, sur la D10 à 2 km du village de Marlhes.

Production : exploitation laitière en montagne. Vaches, veaux, cochons, poulets, lapins, chien, chat, cheval, poney. Lait, œufs, saucissons.

Accueil : maison indépendante avec balcon, terrasse, jardin ; cuisine, salon, salle à manger, 2 ch. 2 wc, sdb, douche, calme en pleine campagne. Location à la demande : nuit, WE, semaine.

Activités possibles : randos pédestres, VTT, équestres, cueillette des fruits des bois, pêche, jeux d'enfants, découverte des travaux de la ferme. Possibilité piscine, golf, musées.

LA FERME DES CHÊNES 4219

5 pers.
BS 250€
HS 290€
WE 100€
(2 nuits)

produits paysans

CHARMEY Annie et Michel
Route de la Gare
42330 CHAMBOEUF
tel : (+33) (0)4 77 54 14 38
mobile : (+33) (0)6 74 59 06 15
mel : michel.charmey@tiscali.fr

Situation : au pied des Monts du Lyonnais. A l'entrée de St Galmier et à 25 km de St Etienne.

Production : tabac Blond, élevage de volailles fermières avec les céréales produites sur l'exploitation. Vente directe : poulets, pintades, canards.

Accueil : gîte paysan 5 places + lit bébé. Séjour, coin cuisine, 2 chambres, salle d'eau, 2 wc. Jardin et terrasse couverte.

Activités possibles : découverte et visite de la ferme. Sentiers pédestres, piscines municipales à 2 et 5 km. Tennis au village. Nombreuses visites : Badoit, musées.

GRIOT Anne-Marie 4220

English spoken

3 ch.
2/8 pers.
50€

8 pers.
15€

6/8 pers.
BS 280€
HS 350€
WE 100 à 150€
(1 nuit)

Les fougères
42920 CHALMAZEL
tel / fax : (+33) (0)4 77 24 83 26
mel : annemarie.griot@free.fr

Situation : alt. 1000 m, dans les Monts du Forez, à 5 mn de la station de Chalmazel.

Production : Michel, agriculteur, produit du lait pour la fabrication de la fourme de Montbrison. Anne-Marie, accompagnatrice moyenne montagne, s'occupe du jardin et des petits animaux.

Accueil : Anne-Marie vous accueille en chambre et relais paysans, possibilité de louer à la semaine.

Activités possibles : initiation au jardinage, à la botanique, sensibilisation à l'environnement. Randos pédestres,VTT ou en raquettes avec Anne-Marie. Soins aux petits animaux pour les enfants.

LYONNET Joëlle et Jean-Yves 4221

6 enfants
25€/J
210€/séjour

3 ch.
12 pers.
40€

English spoken

Lachat - 42510 BALBIGNY
tel / fax : (+33) (0)4 77 28 23 30
mel : jyjoly@cegetel.net

Situation : alt. 350 m, au centre du département de la Loire, à l'entrée des Gorges de la Loire et aux portes de l'Auvergne. A 25 km de Roanne, 60 km de St Etienne, 80 km de Lyon et 100 km de Clermont-Ferrand. A 1km de la RN82 et à 3 km de l'A72.

Production : Vaches laitières élevées en agrobiologie. Jardin, petits animaux, chiens de berger et cheval.

Accueil : 3 chambres paysannes de 2, 4 et 6 pers. avec sdb et wc, une pièce de vie avec espace cuisine. Le RdC et les extérieurs sont aménagés pour les personnes à mobilité réduites. Utilisation matériaux sains et énergies renouvelables. Gîte d'enfant pendant les vacances scolaires. Possibilité semaine équestre sur demande.

Activités possibles : découverte de la ferme, soins aux animaux, randonnées, et activités diverses dans le respect du rythme de chacun pour l'accueil des enfants. Aux alentours : pêche, piscine, restauration (à 5 mn), musées.

ROYET Michèle et Jean Louis 4222

2 gîtes
Gîte 1 :
4/5 pers.
BS 200€
+chauffage
HS 330€
Gîte 2 :
2 pers.
BS 150€
+chauffage
HS 230€
WE 120/80€
(2 nuits)

Grange Neuve
42220 GRAIX
tel : (+33) (0)4 77 20 49 62

Situation : alt. 1000 m. Au cœur du Parc du Pilat, versant sud du Massif, à 25 km de St Etienne par CD8 et 25 km d'Annonay. Ancienne ferme, au milieu des prés et des bois. 10 km de Bourg-Argental (tous commerces).

Production : nous sommes producteurs retraités. Poules, lapins, jardin. Ferme reprise : vaches laitières et charcuteries. Nous nous ferons un plaisir de vous faire découvrir l'agriculture de notre région.

Accueil : 1 gîte 4/5 pers. : 50 m², accessible aux personnes à mobilité réduite. 1 gîte 2 pers. Ouverture toute l'année semaine et WE. Chauffage en plus.

Activités possibles : Devalkart à 1 km, promenades dans les bois, cueillettes. Nombreux chemins balisés. Ski de fond, raquettes. Musée, artisanat. Safari-parc à Peaugres. Piscines à 9 et 25 km.

LE JARDIN DU TRUCHET 4223

English spoken
Man spricht Deutsch

2 pers.
12€/pers.

2 ch.
4/5 pers.
42€/2pers.

EPARVIER-MERCIER Annie
Le Truchet
42410 PÉLUSSIN
tel : (+33) (0)4 74 87 68 98
ou : (+33) (0)8 77 39 77 40
mel : annie.mercier14@wanadoo.fr

Situation : dans les Monts du Pilat. Belle montagne, belle campagne, beaucoup de diversité. 20 km de Vienne, 60 km de Lyon.

Production : maraîchage biologique. A proximité : fermes en élevage bovin et caprin.

Accueil : chambre et table paysanne. Je suis une autochtone et peux parler de l'histoire et de la culture de la région.

Activités possibles : toutes sortes de visites intéressantes au plan historique, architectural, culturel. Possibilité de randonnées à pied, à vélo. Descentes de trotinettes du Pilat. Visite de caves.

CAMPING DE BEBIEUX 4224

DEVARREWAERE Gilbert
Bebieux
42170 SAINT JUST SAINT RAMBERT
tel : (+33) (0)4 77 52 33 57

25 empl.
3€/pl.
2€/pers.
elec 2,50€

Situation : plaine du Forez à 400 m d'alt. 20 km de St-Etienne.

Production : culture maraichère en production raisonnée.

Accueil : camping paysan : accueil à la ferme. Bordure de rivière, mi-ombragé.

Activités possibles : sur place : table de ping-pong, terrain volley, jeu de boules, balançoire. Piscine à 5 km, chemins de randonnée, Gorges de la Loire à 7 km.

BERGERIE DU BELVÉDÈRE 4225

FAVIER Eric et CUMPS Joëlle
La Mure
42560 GUMIÈRES
tel : (+33) (0)4 77 76 55 27

13 pers.
16€

Situation : petite ferme nichée à 1000 m dans les Monts du Forez, à 25 km de Montbrison et 45 km de St-Etienne.

Production : agneaux, fromages de chèvre et de vache, volailles, œuf. Légumes. Fabrication artisanale de pain.

Accueil : table paysanne, les repas sont composés exclusivement de produits de la ferme. Accueil sur réservation de préférence.

Activités possibles : randonnées pédestres (circuits balisés), cueillette de fruits des bois, champignons.

LA GRANGE AUX MILLE SAVEURS 4226

CARTAL Odile et Michel
Bel Air - 42660 JONZIEUX
tel / fax : (+33) (0)4 77 39 97 17 ou (+33) (0)6 79 62 39 01
mel : michel.cartal@free.fr
web : www.lagrangeauxmillesaveurs.org

produits paysans

English spoken
Se habla español
Portugais parlé

45 enfants
6,30€/1/2J
8,30€/J

goûter complet
8,10€
à la carte :
2,50 à 6,90€

2 ch.
3 pers.
43€

Situation : alt. 920 m. A 22 km de St-Etienne et 10 km de Firminy. Dans le Parc naturel régional du Pilat, à 15 km du Col de la République. Bâtiments de caractère, rénovés sur un site champêtre.

Production : petits fruits rouges, plantes médicinales et aromatiques, en AB. Produits transformés : fruités, nectars, sorbets, sirops, vinaigre et condiments.

Accueil : refuge LPO. 2 chambres pays. tout confort (wc, sdb). Visite libre du parcours botanique sur la ferme (15 juin au 15 septembre). Libre cueillette des légumes et fruits.

Activités possibles : école à la ferme (à la 1/2 journée ou à la journée). L'éveil des sens, une approche de l'environnement, de l'écologie. La valorisation de l'enfant en tant qu'acteur. Pôle Solaire: expérimentations, démonstrations de pièges à soleil. Stages à la journée. Parcours botanique, du séchoir... Sentiers pédestres. Piscines 8-15-25 km.

43 - HAUTE-LOIRE

LE LANTEÏROU 4302

English spoken

6 pers. 12€

2 ch. 6 pers. 36€

3/4 pers. BS 280€ HS 300€ WE 100€ (2 nuits)

MONNET Marie
Champagne - 43430 LES VASTRES
tel / fax : (+33) (0)8 72 35 57 02
mel : lanteirou@free.fr

Situation : alt. 1100 m. 12 mn de St Agrève, 10 mn du Chambon-sur-Lignon, entre Le Puy-en-Velay et Valence, proximité Mont Mézenc, Gerbier de Jonc, Lac de Devesset et St Front. Accès par la D15 puis D151.

Production : légumes, œufs, petits fruits (selon méthodes respectueuses de l'environnement), confitures, choucroute, pains...

Accueil : Le Lanteïrou vous accueille avec ses couleurs et les parfums de sa table dans la lumière et le silence du plateau. Gîte paysan : vous séjournerez dans une petite maison en bois chaleureuse à l'ambiance scandinave, habitat en bioconstruction. 2 chambres paysannes. Table paysanne spécialité cuisine autour du monde, repas végétarien sur demande.

Activités possibles : jardinage, découverte et cuisine des plantes sauvages au printemps. Aux alentours : diverses activités culturelles et sportives, randonnées pédestres et VTT, baignade, circuits botaniques, chaumières, écomusée, tourbières.

SANIAL Marie-Thérèse 4303

2 gîtes
Gîte 1 : 4 pers. BS 250€ HS 320€
Gîte 2 : 6/8 pers. BS 320€ HS 480€
WE 100€ et 130 à 160€ (2 nuits)

Occitan parlé

Veyssier - 43150 LES ESTABLES
tel : (+33) (0)4 71 08 34 39 - mel : veyssier@wanadoo.fr

Situation : alt. 1500 m. Au pied du Mont Mézenc. 32 km du Puy, 12 km du Mont Gerbier de Jonc, sources de la Loire, Lac d'Issarlès. Arrivée par CD 631 ou 36.

Production : mention bio Ecocert, vches allaitantes, produits de jardin, fromage chèvres, lapins, volaille, pour consommation familiale.

Accueil : dans fermes reprises par le fils, 1 gîte paysan 4 pers. 2 ch, séjour, coin cuisine, salle d'eau, wc, chauff. central. Gîte de neige situé en zone skiable, accès gratuit ski nordique, vue imprenable. A 2 km, dans une autre ferme, gîte paysan 6/8 pers. avec 3 ou 4 ch, séjour, coin cuisine, 2 salles d'eau, 2 wc, chauff. électrique.

Activités possibles : visite de la ferme et des animaux, cueillette de plantes médicinales, connaissance de la flore, station météo, causette à l'ombre du sorbier en écoutant la marmotte. Ski alpin et nordique, randonnées, parapente, escalade, escalade, saut à l'élastique. Lacs, sites botaniques, géologique, volcanique et éolien, chiens de traîneaux, dentelle du Puy.

LA BERGERONNE 4304

2 pers. BS 220€ HS 260€ WE 80€ (2 nuits)

COURT Michelle
La Bergeronne
43190 CHENEREILLES
tel : (+33) (0)4 71 59 86 92

Situation : alt. 850 m. 4 km de Tence, 10 km du Chambon-sur-Lignon, 45 km du Puy-en-Velay. Proximité du barrage de la Valette.

Production : élevage de brebis noires du Velay pour production d'agneaux, poulailler familial, légumes.

Accueil : maisonnette indépendante dans la cour du propriétaire. 1 cuisine-séjour, 1 chambre, salle d'eau, wc, poële à bois, télé. 200 m du village, cuisine, séjour, et chambre toutes équipées, chauffage fuel. Cour clôturée, pré, ruisseau, salon de jardin, calme.

Activités possibles : conduire et ramener les brebis au champ. Base de voile, randonnées VTT, pédestres et équestres, tennis, marché de Tence, baptêmes de montgolfière, balade en forêts de sapins et cueillette de cèpes.

DRAVET Pierre et Sigrid 4305

6 pers.
380€
WE 110€
(2 nuits)
English spoken

Le Moulinas - Les Merles
43520 MAZET SAINT VOY
tel : (+33) (0)4 71 65 06 45
mel : pierre.dravet@wanadoo.fr

Situation : alt. 1100 m. 10 mn du Chambon-sur-Lignon, 20 mn de St Agrève, 35 mn du Puy-en-Velay, 1h de St Etienne, 1h30 de Valence.

Production : double poneys, volailles et jardin potager.

Accueil : gîte paysan dans maison traditionnelle du plateau. Tout confort, jeux enfants.

Activités possibles : poneys pour les enfants, produits de la ferme, randos pédestres, VTT, baignade, équitation, marché, circuit botanique, ski de fond.

GÎTE DE LA BERGERIE 4306

13 pers.
14,50€
6/13 pers.
à partir de
380€
WE 160€
(2 nuits)
produits paysans

VIGOUROUX Martine et Jean-Louis
Le Cros
43350 SAINT GENEYS
tel / fax : (+33) (0)4 71 00 50 00
mel : vigouroux.lecros@wanadoo.fr

Situation : alt. 900 m. A 20 mn du Puy-en-Velay et de la Chaise-Dieu, 5 km de St-Paulien (D906), puis 1km de St Geneys. Sur le GR40 (tour du Velay) et le chemin de St-Jacques-de-Compostelle.

Production : troupeau de moutons, ânes, culture de la lentille verte du Puy, volailles, potager, conserves d'agneau.

Accueil : nous vous accueillons en relais paysan aménagé en 2005 dans notre belle maison en pierre de pays pour une halte de 1 nuit ou + (location à la semaine ou plusieurs nuits poss) 1 chambre de 2 pers. et 1 dortoir 11 pers. Dépaysement et repos assurés. Repas randonneur sur réservation. Gîte paysan.

Activités possibles : randonnées pédestres, VTT sur place, garde du troupeau. A 5 km, piscine, kart, accrobranche, ânes bâtés, cheval, pêche.

LE REFUGE DE PETIT ÂNE 4309

English spoken

15 pers.
13€
2 ch.
9 pers.
37€
8 pers.
10€

LARDANCHET Corinne et Sylvain
Valentin - 43160 BERBEZIT
tel / fax : (+33) (0)4 71 00 09 22

Situation : dans une petite vallée, à 1000 m d'alt. Nature préservée et variée, nombreux chemins de randonnées, sites pittoresques. Parc naturel régional du Livradois-Forez, La Chaise Dieu à 15 mn, Le Puy-en-Velay à 45 mn.

Production : élevage d'ânes, jardin familial, basse-cour.

Accueil : dans une ferme traditionnelle restaurée, 2 chambres paysannes (4 et 5 pers.), sanitaires individuels ; relais paysan avec 2 chambres mansardées (2 x 4 pers.), sanitaires communs. Séjour 40 m² avec cuisine équipée et coin cheminée. Eau de source, chauffage au bois et fioul.

Activités possibles : visite de l'Asinerie, stages de formation, rando libre ou organisée de 1h à plusieurs semaines. Jeux pour enfants, cueillette fruits, champignons sauvages. A proximité : pêche en étang, château, poterie, centre équestre, baignade, abbaye, musée, centre VTT, sites géologiques, Gorges de l'Alliers (canoë).

LESGUILLONS Françoise et Pierre 4310

2 ou 3 enfants 27€

La Jaroussière de Venteuges
43300 LANGEAC
tel / fax : (+33) (0)4 71 74 03 37
mel : francoise.lesguillons@wanadoo.fr
web : lajaroussiere.free.fr

Situation : alt. 750 m. Dans la Vallée de Desges, à 18 km de Langeac, 13 km de Saugues, 12 km des Gorges du Haut-Allier.

Production : élevage de 50 chèvres en bio. Fabrication de fromages et ventes sur les marchés. Mention Ecocert.

Accueil : nous accueillons 2 ou 3 enfants dans un cadre familial pout' un séjour d'une semaine de préférence.

Activités possibles : nous proposons aux enfants de découvrir notre vie paysanne : nourrir et caresser les animaux, fabriquer et vendre des fromages, jouer et profiter des grands espaces.

LE JARDIN DES NIELLES ET DES SENTEURS 4312

6 pers.
BS 200€
HS 250€
WE 80€ (1 nuit)
100€ (2 nuits)

Occitan parlé

NUGIER Christian - Cheyrac
43500 SAINT VICTOR SUR ARLANC
tel / fax : (+33) (0)4 71 03 34 82
mobile : (+33) (0)6 87 36 68 60
mel : lejdn@aol.com
web : www.carredherbe.com

Situation : alt. 1000 m, aux confins du Velay, du Livradois et du Forez, dans le Parc naturel Livradois-Forez, à 4 km de Craponne-sur-Arzon, 14 km de La Chaise-Dieu, 40 km de Brioude, Ambert et Le Puy-en-Velay.

Production : plantes aromatiques et médicinales, infusions, sels de cuisine, huiles de soins, shampoings, lotions, eaux florales, huiles essentielles.

Accueil : gîte paysan dans une petite maison avec une cour et un cerisier. RdC : cuisine-salle à manger ; étage : 2 chambres avec chacune 1 grand lit et 2 lits superposés, salle de bain. Exposition plein sud.

Activités possibles : découvrir l'herborisation, assister et participer aux passes de distillation ; pêche en étang, randos, festivals country et musique classique.

44 - LOIRE-ATLANTIQUE

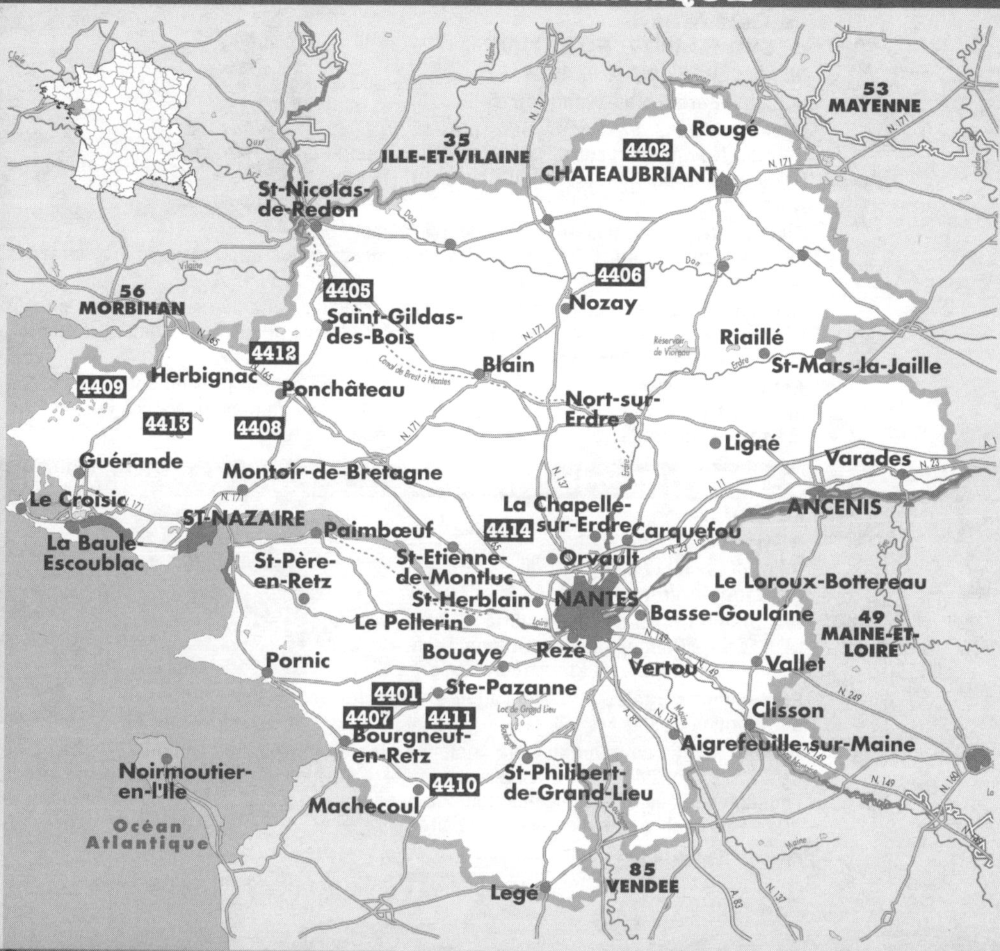

AVENARD Marie Anne et Bernard — 4401

3 ch.
6/8 pers.
39€/nuitée

6 pers.
BS 320€
HS 410€
WE 160€
(2 nuits)

La Gerbretière
44680 SAINTE PAZANNE
tel / fax : (+33) (0)2 40 02 44 04
mel : avenard.b.ma@wanadoo.fr

Situation : dans le Pays de Retz, près de la D758 (Nantes-Noirmoutier) entre Nantes et Pornic. Lac de Grand Lieu et baie ostréicole de Bourgneuf (15 km). Noirmoutier et Grande Brière à 60 km.

Production : ferme laitière en biologique exploitée par notre successeur Christian. Lait, yaourts, jus pommes et à proximité jus de raisins et vins du pays nantais.

Accueil : gîte paysan dans un petit village très calme : 3 chambres, séjour avec cheminée. Peut être loué en chambres paysannes (sanitaires privés dans chaque chambre), coin cuisine et vaisselle à disposition.

Activités possibles : pêche à l'étang, sentiers pédestres tout près de chez nous ou un peu plus loin, marais breton, musées régionaux, Nantes, Planète Sauvage à Port-st Père (5 km), l'océan à 12 km.

GIRARD Marie-Thérèse — 4402

English spoken

8 pers.
14€

8 pers.
BS 320€
HS 410€
WE 160€
(1 nuit)

La Gélardière
44660 ROUGÉ
tel / fax : (+33) (0)2 40 28 21 86
mel : lagelardiere@wanadoo.fr

Situation : à 6 km de Châteaubriant, sur la D41 qui relie Fercé à Rougé, à 60 km d'Angers, Laval, Rennes, Nantes. Sur la route de Chateaubriant-Fercé.

Production : céréales, pommiers à cidre. Agriculture bio, mention Qualité France.

Accueil : relais paysan dans une ancienne étable rénovée, de plain pied : 4 chambres de 2 lits, 2 sdb, 2 douches privées, 2 wc, cuisine équipée, terrasse avec salon de jardin. Location à la nuit, à la semaine ou au week-end, ou en gîte paysan à la semaine. Chaudière bois déchiqueté et panneaux solaires.

Activités possibles : balades en carriole, vélo, marche.

LE GUÉ AUX BICHES — 4405

2 gîtes
Gîte 1 :
8/9 pers.
BS 400€
HS 600€
Gîte 2 :
4/5 pers.
BS 300€
HS 400€
WE 230/100€
(2 nuits)

English spoken
Se habla español

45 enfants
9€/J
5€/1/2J

15€/adulte
8€/enfant

5 ch.
13 pers.
43€

24 pers.
13€
petit déj. compris

GALLIOT Florence et CÉLARIÉ Christophe
44530 ST GILDAS DES BOIS
tel / fax : (+33) (0)2 40 01 58 09
mobile : (+33) (0)6 09 77 08 99
mel : legueauxbiches@aol.com
web : http://legueauxbiches.free.fr

Situation : dans le Pays des 3 rivières, sur D2 entre Gildas-des-Bois et Missillac, Nantes à 45 km, Redon à 20 km, océan à 30 km (Penestin, La Baule).

Production : élevage à but pédagogique : moutons, chèvres angora, poules, lapins, chevaux, laine, potager, jus de pommes, pain à base de farine bio cuit au feu de bois, confitures.

Accueil : 5 chambres paysannes, table d'hôte, 2 gîtes paysans, 1 relais paysan, 1 salle de réception, école à la ferme ; dans site de 14 ha au bord de l'étang.

Activités possibles : sur place : soins aux animaux, découverte de la nature, du travail de la laine et du tissage, promenades, pêche, vélo. A proximité : chemins de rando, canoë, marais de Brière, équitation, marais salants, plages, forêt domaniale, golf.

LE CABARET DES OISEAUX 4406

2 ch.
48€

2 gîtes
Gîte 1 :
10 pers.
BS 400€
HS 600€
Gîte 2 :
5 pers.
BS 250€
HS 440€
WE
320/240€
(2 nuits)

PLANTARD Marie-Paule et Emile
Sainte Marie
44170 TREFFIEUX
tel / fax : (+33) (0)2 40 51 42 79
mel : cabaretdesoiseaux@hotmail.fr

Situation : près de l'étang de Gruellau à 10 mn de Nozay, 15 mn de Châteaubriant, 20 mn de Nort/Erdre, 40 mn au nord de Nantes et Rennes.

Production : polyculture biologique, légumes, attelage de chevaux, chèvres, volailles.

Accueil : 2 gîtes paysans mitoyens dans une ancienne longère de shiste rénovée avec des matériaux écologiques avec chacun : sdb, wc, cuisine équipée. Terrasse avec salon de jardin, pelouse, portique. Idéal pour se ressourcer...

Activités possibles : à proximité du site naturel de l'Etang de Gruellau, pêche, parcours de santé.

FERME DU MARAIS CHAMPS 4407

4 pers.
mobilhome
BS 165€/sem
HS 285€/sem
WE 90€
(2 nuits)

produits paysans

English spoken

PAGEOT Stéphanie, Guylain et Sébastien
Nombreuil
44580 BOURGNEUF EN RETZ
tel / fax : (+33) (0)2 40 21 97 63
mel : ferme.marais.champs@wanadoo.fr

Situation : à 4 km de la mer, entre D758 et D05, 45 km de Nantes et de St-Nazaire, 40 km de l'île de Noirmoutier.

Production : ferme laitière en agriculture bio : lait, fromage blanc, tomme, viande de bœuf, veau, porc, œufs.

Accueil : mobilhome tout confort, 1 chambre avec 1 lit 2 pers., 1 chambre avec 2 lits 1 pers., cuisine aménagée, séjour, salon, sdb, wc, lave-linge. Terrasse abritée avec salon de jardin, ambiance bord de mer dans une prairie verdoyante qui inspire calme et sérénité.

Activités possibles : visite de la ferme et fromagerie, promenades, plages, baie de Bourgneuf avec ses marais salants et ses ostréiculteurs, musées régionaux.

FERME-AUBERGE LE CANARD DU PÂTIS 4408

60 pers.
22,50 à
30,50€

produits paysans

CHOISY-BENIGUEL Josiane
La Graffinière - 44160 BESNE
tel / fax : (+33) (0)2 40 01 30 01
mobile : (+33) (0)6 82 22 30 77
mel : josiane.beniguel@wanadoo.fr

Situation : 40 km de Nantes, 25 km de St-Nazaire. Village associé au Parc de Brière, à 50 km des marais salants.

Production : canards gras, poulets, pintades, oies, dindes bio. Canards à rôtir servis à l'auberge, foies gras, cou farci au foie gras, boudin de canard, terrine, magret grillé, rôti de canard en croûte de sel.

Accueil : ferme-auberge 50 couverts et 20 sur mezzanine. Week-end et jours fériés ; toujours sur réservation en semaine pour les groupes. Agriculture bio certifié par SAS Ecocert F32600, sauf pour le canard gras (absence de charte).

Activités possibles : se promener dans les marais environnants, observer une faune ornithologique très riche, emprunter le GR3, l'océan à 30 km (La Baule), piscine à 10 km.

ARNOULD Nicolas et WEISS Ursula 4409

2 ch.
4 pers.
45€

produits paysans

English spoken

Man spricht Deutsch

25 enfants visite de saline 3€/1/2J

4 pers.
15 à 25€

4 pers.
BS 390€
HS 500€
WE 130€
(2 nuits)

Pen d 'Hué - 44350 SAINT MOLF

tel : (+33) (0)2 40 62 52 04 - mobile : (+33) (0)6 75 72 77 39

mel : arnould.weiss@free.fr - web : arnould.weiss.free.fr

Situation : sur la presqu'île guérandaise, dans un hameau tranquille en bordure des marais salants, à 6 km des plus belles plages du sud-Bretagne, dans le Parc régional de Brière, 10 mn de Guérande, 15 mn de la Baule, 25 km de St Nazaire.

Production : exploitation salicole, producteur de sel de Guérande. Vente de sel de notre exploitation.

Accueil : gîte paysan ou 2 chambres paysannes (2 x 2 pers.). Dans une chaumière traditionnelle récemment rénovée, poutres apparentes, grande cheminée.1 ch. avec 1 lit double, 1 ch. avec 2 lits simples, chacune avec sdb-wc séparés ; terrasse avec salon de jardin, barbecue, petit jardin, piscine pour les enfants, vélos à dispo.

Activités possibles : visite de nos salines, plages, promenade dans les marais salants, excursion en Brière, Guérande, La Baule, la côte sauvage, exploitations ostreïcoles, aquarium du Croisic, chantier naval de St-Nazaire.

PLANTIVE Hélène et Bernard 4410

4 pers.
BS 285€
HS 385€
WE 55€
(1 nuit)

1 – La Poterie

44270 SAINT MEME-LE-TENU

tel : (+33) (0)2 40 02 25 95

mobile : (+33) (0)6 32 44 93 16

mel : bernard.plantive@wanadoo.fr

Situation : près de la RD13 à 35 km au sud de Nantes, 20 km de Pornic, 15 km de la plage, 12 km des parcs ostréicoles, petite maison typique du Pays de Retz sur un site calme et verdoyant, pour profiter de la campagne à proximité de l'océan.

Production : exploitation laitière, jus de pommes, confitures maison.

Accueil : gîte paysan dans un village très calme, tout confort : 2 chambres de 2 pers. à l'étage + 1 clic-clac dans la pièce de vie. Réfrigérateur-congélateur, lave-linge, cheminée. Jardin clos avec balançoire donnant sur une grande prairie. Terrasse avec salon de jardin, barbecue.

Activités possibles : visite de la ferme, pêche en étang et en rivière, canoës. Plage découverte des marais salants à 15 km, piscine, cinéma tous commerces à 3 km.

DUBREIL Patrice et Marie-Hélène 4411

English spoken

Man spricht Deutsch

10 empl.
60 pers.maxi
2,70€/pl.
2,60€/pers.
elec 2,20€

produits paysans

La Métairie d'Ardennes

44680 SAINTE PAZANNE

tel / fax : (+33) (0)2 40 02 60 67

mel : famille.dubreil@wanadoo.fr

web : www.metairie-ardennes.com

Situation : à mi-chemin entre Nantes et Pornic, en bordure d'une rivière, des haies bocagères donnent l'ombre et la tranquillité.

Production : 200 chèvres environ en agriculture biologique, transformation en fromage.Vente à la ferme.

Accueil : le camping est situé en bordure de rivière, le calme est assuré. La proximité de l'élevage de chèvres et de la fromagerie permettent de comprendre les liens qui font l'agriculture paysanne.

Activités possibles : pêche, promenades à pied, océan à 20 km, la Loire à 15 km, Nantes à 25 km.

LA FERME DU FORSDOFF 4412

AUGÉ Karine et Frédéric
Le Forsdoff - 44780 MISSILLAC
tel : (+33) (0)2 40 24 49 38 - fax : (+33) (0)2 40 24 46 84
mobile : (+33) (0)6 75 65 21 78
mel : frederic.auge6@wanadoo.fr

produits paysans

English spoken

25 empl. 3€/pl. 3€/pers. elec 2,50€

3 gîtes
Gîte 1 : 2 pers. 290€
Gîte 2 : 4 pers. 390€
Gîte 3 : 8 pers. 680€
WE 120/180/280€ (2 nuits)

Situation : ferme de 27 ha attenants, située à Missillac, au carrefour de 3 départements : Loire-Atlantique, Morbihan et Ille-et-Vilaine. A 30 mn de l'océan, entre Vannes et Nantes.

Production : en conversion en agriculture bio. Volailles, lapins, porcs, moutons pour la production de produits de la ferme, baudet du Poitou, jument, volailles, cochons d'Inde pour l'ornement et la pédagogie, maraîchage.

Accueil : 3 gîtes, aire naturelle de camping, salle de réception 120 pers. et salle de séminaire 40 pers., produits de la ferme. Calme, espace, faune et flore au cœur d'une ferme traditionnelle.

Activités possibles : découverte de la vie de la ferme : animaux (agnelage, entretien des animaux), potager (apprendre à cultiver), produits de la ferme. A proximité : golf de la Bretesche, océan à 30 mn, Parc de la Brière, marais salants. Restauration à emporter en période estivale.

BRASSERIE DE LA BRIERE 4413

Le Nézyl
44410 SAINT LYPHARD
tel / fax : (+33) (0)2 40 91 33 62
mel : brasserie.briere@wanadoo.fr
web : brasseriebriere.over-blog.com

produits paysans

Situation : au plein cœur du Parc naturel régional de Brière (2ème plus grand marais de France), 10 km de Guérande, 15 km de St Nazaire.

Production : fabrication de bières artisanales : blonde, ambrée, blanche, blonde bio et bière de saison. Vente directe et magasin de produits locaux.

Accueil : visite de la brasserie : brassage, fermentation et embouteillage. Pour les particuliers : sans rendez-vous. Pour les groupes : merci de nous contacter.

Activités possibles : ouverture toute l'année. De la Toussaint à Pâques : de 9h à 12h et de 14h à 18h (fermé le dimanche). Le reste de l'année : de 9h à 12h et de 14h à 19h tous les jours.

MINIER Marylise et Daniel 4414

La Gouérie - 44119 TREILLIERES
tel / fax : (+33) (0)2 40 77 83 00
mobile : (+33) (0)6 30 74 93 51
mel : minier.daniel@free.fr

6 pers. BS 325€ HS 450€

Situation : en bordure nord de Nantes (3 km du tramway). A la campagne, D75 vers la Chapelle/Erdre, proche des vallées pédestres Erdre et Cens. Plages et océan à 50 km, commerces à 10 mn.

Production : végétales et triticales (blé et orge), tournesol, et jardin potager : légumes, etc.

Accueil : 1 gîte paysan en pierres apparentes entièrement rénové : 1 pièce avec lit convertible, salon séjour 50 m² + cheminée, coin cuisine américaine équipée (lave-vaisselle, four, micro-onde et frigo congélateur), télévision. 4 chambres à l'étage, 2 salles d'eau (une au RdC avec lavabo, douche, lave-linge, sèche-linge et coin bébé et l'autre à l'étage), 2 sanitaires indépendants, une terrasse.

Activités possibles : promenades, randonnées à pied ou en vélo, croisières sur l'Erdre, golf et centre équestre à 2 km, visite de Nantes : château, musées, cathédrale etc. Activités sur Nantes : piscine, cinéma, bowling, golf, etc.

46 - LOT

LES JARDINS DU CÉLÉ — 4601

DUBUISSON Thierry
Le Prieuré
46320 ESPAGNAC SAINTE-EULALIE
tel : (+33) (0)5 65 40 08 34
mobile : (+33) (0)6 03 35 24 18

15 pers.
15 à 20€

English spoken

Man spricht Deutsch

Situation : alt. 300 m, à 20 km de Figeac et 40 km de St-Cirq-Lapopie, dans la vallée du Célé.

Production : fruits, légumes, céréales, foin, tout en bio, mention AB, contrôle Ecocert. Confitures, gelées, jus de fruits, sorbets. Veaux de la ferme.

Accueil : l'accueil à la ferme se situe dans l'ancien prieuré d'Espagnac Sainte Eulalie. En été, ouverture à partir de 11h , table paysanne à partir des produits de la ferme (jus sorbets, crêpes) mais aussi bière café et thé bio. Hors saison, l'accueil se fait dans le salon du prieuré.

Activités possibles : randonnées sur les chemins de St-Jacques-de-Compostelle, canoë, kayak, spéléo, escalade, pêche, VTT, visite du Prieuré.

LE RUCHER DE PECH LARIVE — 4606

3 ch.
10 pers.
35 à 40€

produits paysans

English spoken

GAULT Véronique et GIRMA José
Pech Larive
46330 BOUZIÈS
tel : (+33) (0)5 65 30 20 93
web : www.lerucherdepechlarive.com

Situation : alt. 300 m, ferme en énergie autonome située entre causses et vallées, à 5 km des grottes de Pech Merle et de St-Cirq-Lapopie. Suivre les panneaux "chambres chez l'habitant" à Bouziès.

Production : miel, pain d'épices et nougats, spécialités à tartiner, confitures. Production en AB, contrôle Ecocert.

Accueil : ancienne ferme du XIX°, isolée au milieu des bois avec vue sur la vallée du Lot. 2 chambres paysannes de 2/3 pers. avec coin jardin sans vis-à-vis, 1 chambre 2 pers. ou studio coin cuisine 4 pers. Terrasse pour barbecue.

Activités possibles : partager notre façon de vivre sur un site autonome (énergie solaire, bassin d'irrigation en eaux de pluie), canoë, kayak, spéléologie, randos à pieds, cheval, âne, vélos à disposition...

AILLET Jean-Marie et Jacqueline — 4608

produits paysans

15 pers.
10€

1 ch.
2/3 pers.
38€

15 pers.
11€

La Loge
46260 CONCOTS
tel / fax : (+33) (0)5 65 31 55 04

Situation : alt. 280 m, situé dans Parc naturel des Causses du Quercy à 27 km de Cahors, 35 km de Caussade et Villefranche-de-Rouergue D911.

Production : élevage de brebis "Causse du Lot" en agriculture bio. Production et vente directe d'agneau label bio Ecocert. Huiles essentielles (lavande, genièvre...). Chaudière à bois déchiqueté, production de plaquettes forestières.

Accueil : pleine nature, maison typique du Quercy ; relais paysan, possibilité de location week-end ou semaine hors saison. Chambre paysanne. Repas du soir sur réservation.

Activités possibles : visite élevage de brebis "Causse du Lot", vélos, ânes, chevaux. Tennis à 2 km, canoë-kayak, spéléo, escalade, VTT, équitation à 10 km, randos, GR36 à 500 m (variante du GR65 par vallée du Célé), GR65 à 5 km (chemin de St-Jacques-de-Compostelle). Nombreux sites à visiter : Rocamadour, St-Cirq-Lapopie...

GITE DE SIFFRAY — 4610

6 pers.
BS 240€
HS 485€
WE 200€
(2 nuits)

produits paysans

BORIE Ghislaine et Luc
Siffray - 46150 CATUS
tel : (+33) (0)5 65 22 77 81 - fax : (+33) (0)5 65 22 78 03
mobile : (+33) (0)6 77 78 86 47
mel : ferme@ghislaine-borie.com
web : www.ghislaine-borie.com

Situation : dans une authentique maison quercynoise indépendante, à 200 m de la ferme, proche de la D6, entre Cahors et Sarlat, à 2,5 km du Lac Vert de Catus.

Production : foie gras de canards, volailles élevées, abattues et transformées, viande de bœuf et veau Salers découpée à la ferme. Cultures fourragères, céréales et troupeau de vaches, bœufs en bio (AB), volailles en conversion.

Accueil : gîte paysan 3 chambres (2 lits 140 et 2 lits 90), salle de séjour avec coin cuisine, wc indépendant, chauffage central, terrain clos. Visite de la ferme gratuite et personnalisée ; vente directe de toute la production.

Activités possibles : détente et repos, baignade et pêche au Lac Vert à 2,5 km, sentiers de randos balisés à 200 m du gîte, sites touristiques : Rocamadour, Vallée de la Dordogne, etc.

GÎTE DU MOULIN À VENT 4611

4 pers.
BS 220€
HS 450€
WE 150€
(2 nuits)

produits paysans

FLIS Isabelle et Jean-Louis
Salvezou - 46150 CATUS
tel : (+33) (0)5 65 22 78 54
mobile : (+33) (0)6 80 89 57 48
mel : jl.i.flis@wanadoo.fr

Situation : à 3,5 km de Catus, tous commerces.

Production : cultures fourragères, céréales, élevage de bovins Salers en bio AB, volailles élevées, abattues et transformées, chevaux Mérens. Foie gras de canard, viande de bœuf et veau Salers découpés à la ferme.

Accueil : à 2 km de la ferme, le gîte paysan est une ancienne grange rénovée, au milieu d'un terrain boisé de 1470 m^2 : 2 chambres, 1 lit 140, 2 lits 90 et un lit bébé, séjour, coin cuisine, chauffage électrique, TV, tout électroménager, salon de jardin, barbecue. Visite de la ferme tous les jours, vente directe de la production au consommateur.

Activités possibles : randos pédestres, VTT, baignade surveillée au Lac Vert. Sites touristiques : Cahors, Rocamadour, Padirac, Vallée de la Dordogne. Nombreux châteaux et grottes. Vallée du Lot et ses vignobles.

LES GONIES 4612

2 gîtes
Gîte 1 :
4 pers.
BS 175€
HS 529€
Gîte 2 :
8 pers.
BS 299€
HS 999€

English spoken
Man spricht Deutsch
Se habla español
Wij spreken nederlands

20 pers.
18€

1 ch.
2 pers.
46€

6 empl.
4,50€/pl.
4,50€/pers.
elec 2€

KODDEN Ton et Mirella
Domaine les Gonies
46700 MAUROUX
tel / fax : (+33) (0)5 65 36 53 97
mel : info@lesgonies.org - web : lesgonies.org

Situation : au carrefour des 3 départements Lot, Lot-et-Garonne et Dordogne, 10 km de la cité médiévale Puy l'Evêque, 7 km de Fumel, sur la D5, dans la vallée du Lot, 45 km de Cahors.

Production : brebis, cochons, volailles, potager, fruitiers : figues, pommes, cerises, prunes, mirabelles, noix, noisettes. Tous ces produits sont transformés pour l'auberge.

Accueil : auberge paysanne aménagée dans notre ancienne ferme, camping paysan avec une vue magnifique. 2 gîtes avec sdb, wc, salle commune et coin cuisine équipé. Chambre paysanne avec sdb, wc. Endroit calme, rustique, ferme du XVII° siècle.

Activités possibles : découverte de la vie paysanne, alimentation des animaux, piscine. Alentour : promenades à pied, cheval, VTT. Visite de cités médiévales et de châteaux. Rivière (Lot) : pêche, canoë.

FERME ÉQUESTRE DU CRABOL 4613

English spoken
Se habla español

4/6 pers.
BS 360€
MS 460€
HS 600€
WE 150€
(2 nuits)

BONAFOUS Anne
Le Crabol
46150 CATUS
tel : (+33) (0)5 65 20 06 24
mobile : (+33) (0)6 32 74 28 17
mel : contact@ferme-equestre-ducrabol.com
web : www.ferme-equestre-ducrabol.com

Situation : le gîte est situé au sein de la ferme, avec vue sur les écuries. La bâtisse, entièrement restaurée, est typique du Quercy, avec un parc arboré.

Production : chevaux et poneys.

Accueil : les propriétaires de la ferme vivent sur place et sont à l'entière disposition des accueillis. Possibilité de vivre au rythme de la ferme équestre, de participer à ses activités. Il est possible de venir avec sa propre monture.

Activités possibles : promenade à poney, cheval. Randonnées pédestres ou équestres (poney, cheval) sur place. Lac, tennis, pédalo, plage à 1 km.

FERME ÉQUESTRE DE PECH MERLE 4614

GAUDEBERT Pascal
46330 CABRERETS
tel : (+33) (0)5 65 24 76 51
mobile : (+33) (0)6 11 93 25 23
mel : fermeequestre-pechmerle@wanadoo.fr

25€1/2J
60€/J
300€/séjour

10 pers.
10€

English spoken

Situation : sur le causse de Cabrerets, à 1km des grottes de Pech Merle et 2 km du village. Au bord de la piste équestre et du GR651.

Production : 25 chevaux de selle et d'attelage.

Accueil : relais paysan : gîte d'étape équestre en dortoir, dans un cadre rustique et sauvage. Repas prévus pour les randonneurs.

Activités possibles : randonnées, promenades, attelage. Autres activités possibles : spéléo, canoë, escalade, VTT, randonnées et parcours aventure.

FERME ÉQUESTRE DE BRANDOULY 4615

BAGNAUD Bernard et Janine
46320 SAINT SIMON
tel / fax : (+33) (0)5 65 40 57 27
mel : brandouly@aol.com
web : www.brandouly.com

10 pers.
13€

2 ch.
5 pers.
45€

6 pers.
10,50€

Situation : au cœur du Parc naturel régional des Causses du Quercy. A mi-piste de la vallée du Célé et de la Dordogne, sur les limites du Ségala et du Limargue, à proximité de Rocamadour et de Padirac.

Production : élevage de chevaux.

Accueil : relais paysan, 1 chambre paysanne, table paysanne.

Activités possibles : activités à la ferme : promenades à cheval et randonnée d'1 jour et plus. Autres activités : spéléo, canoë, aviation.

CHÂTEAU VENT D'AUTAN 4616

GODIN Anne
Moustans-Haut
46800 SAINT MATRE
tel : (+33) (0)5 65 31 96 75
fax : (+33) (0)5 65 31 91 78
mel : vinbio@cahorsaoc.com
web : www.cahorsaoc.com

produits paysans

Vinocure (1h30) :
75€/1pers.
135€/2pers.

English spoken

Situation : à 1km du village (direction Villeneuve-sur-Lot) au bord de la D656, tourner à gauche au panneau, les premiers bâtiments rencontrés font partie du domaine.

Production : bio certifié AB / Déméter : vin de Cahors, vin du Quercy, Mauzac en vendange tardive, Agace Pissette. Vinocure.

Accueil : vigneronne en biodynamie, Chai bioclimatique, produisant du vin et des produits de beauté aux polyphénols bios extraits des vins, et proposant la vinocure.

Activités possibles : vinocure = soins de remise en forme avec les polyphénols bio (salle de remise en forme, sauna, jacuzzi, massage) et produits de beauté.

47 - LOT-ET-GARONNE

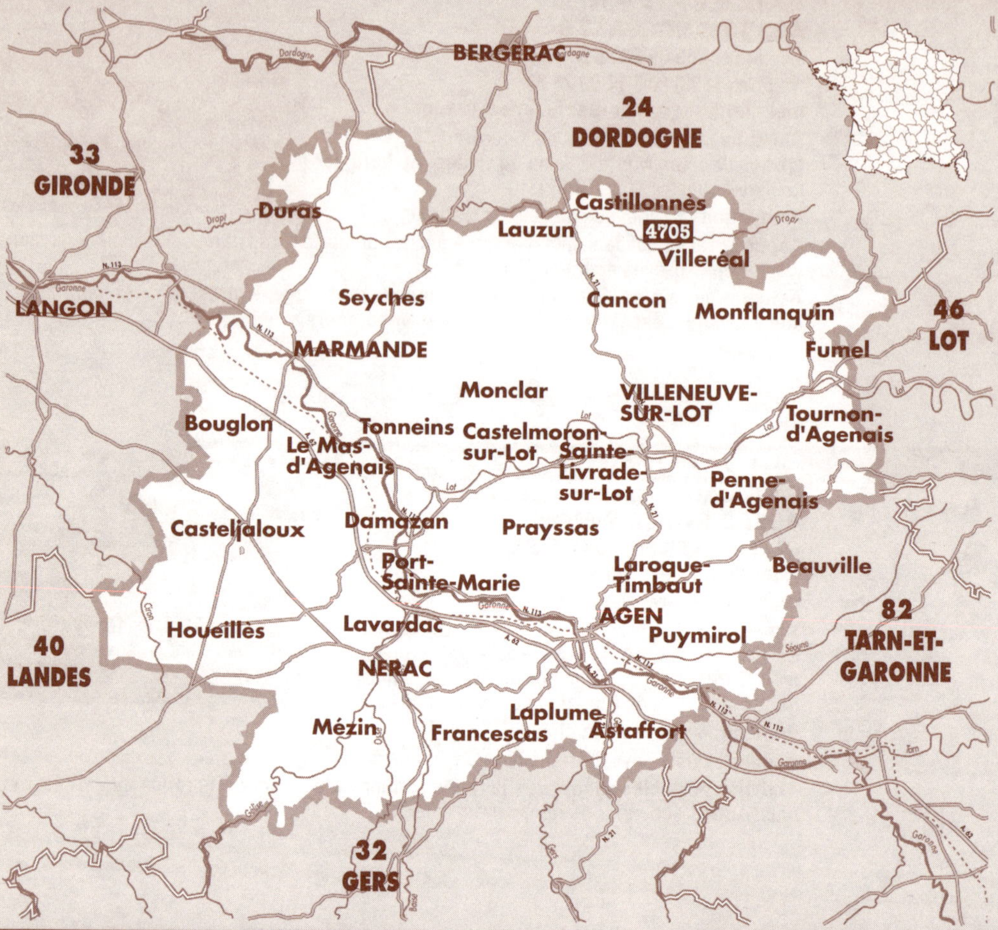

FERME DE MICHAUMAILLÉ 4705

RANC Marie-Thérèse et Jean-Marie
Michaumaillé
47210 BOURNEL
tel : (+33) (0)5 53 36 64 67
fax : (+33) (0)5 53 40 69 30

English spoken

Se habla español

Situation : sur D2 à 4 km de La Bastide-de-Villéréal et 9 km de Castillonnès (à mi-chemin entre Villeneuve/Lot et Bergerac), entre le Périgord et le Monbazillac.

Production : élevage, gavage et transformation d'oies et canards gras. Productions de conserves.

Accueil : visite guidée de la ferme, des élevages locaux et systèmes de production, labo de transformation, petites pépinières de plantes vivaces.

Activités possibles : visite des bastides, nombreux sites répertoriés, baignade à 4 km.

48 - LOZÈRE

LA FUSTIÈRE

4802

English spoken

Se habla español

4 pers.
16€

1 ch.
4 pers.
47€
1/2 pension : 32 à 37€/pers.

ARDON Chantal et Michel
Donnepeau
48170 ARZENC DE RANDON
tel / fax : (+33) (0)4 66 47 97 72
mel : la.fustiere@free.fr
web : www.accueil-paysan-lozere.com

Situation : alt. 1250 m, Au creux d'une vallée verdoyante, La Fustière est une ferme typique de Margeride en granit et toit de lauzes, à 20 km de Langogne, 35 km de Mende et 45 mn de l'A75.

Production : fromages de chèvres, volailles, lapins, charcuterie, légumes et pain au levain.

Accueil : 1 chambre paysanne avec mezzanine, douche et wc dans la chambre, table paysanne. Possibilité de repas végétarien. Accueil de cavaliers et chevaux.

Activités possibles : fabrication fromages et pain, découverte des soins aux animaux, randos pédestres, VTT, pêche, équitation, ski de fond, parc à loups et bisons à 45 mn.

MAGNANERIE DU SERRE — 4806

15€

2 ch.
3 pers.
31 à 42€

1 empl.
5€/pl.
3,90€/pers.

2 pers.
260€

MATAILLET Geneviève
48160 SAINT HILAIRE DE LAVIT
tel / fax : (+33) (0)4 66 45 27 99

Situation : au milieu des châtaigniers, notre ancienne magnanerie est située à 730 m d'alt. sur le versant méditerranéen des Cévennes. Vue splendide sur les serres et valats.

Production : confitures, crèmes de marron, châtaignes, jus de pomme.

Accueil : chambres paysannes avec petit salon, sdb et wc, studio paysan et un emplacement de camping d'environ 1200 m².

Activités possibles : visite de la châtaigneraie. Refuge de la Ligue pour la Protection des Oiseaux.

FERME AUBERGE DE LA BORIE — 4807

16€

6 pers.
33 à 39€

4 pers.
BS 340€
HS 420€

English spoken

BARTHES Jean-Christophe
La Borie
48400 LA SALLE PRUNET
tel : (+33) (0)4 66 45 10 90
web : www.encevennes.com

Situation : à 5 km de Florac. Au cœur du Parc national des Cévennes, La Borie est un hameau typique des Cévennes, accroché aux roches schisteuses, entre prairies, terrasses et châtaigniers.

Production : fromages de chèvres pelardons AOC en extensif bio, divers produits laitiers, tommes, sirops, confitures et conserves.

Accueil : à la bonne franquette ! Vous êtes invités à partager les produits de notre ferme autour de la cheminée : chevreau à la broche ou veau grillé ; nous aimons l'art du feu marié... au fromage.

Activités possibles : tous les jours entrée et sortie de pâturages ainsi que la traite. Tous les matins, vous pouvez découvrir la fabrication du fromage.

LES JARDINS DE VEYRASSI — 4808

English spoken
Man spricht Deutsch

4 pers.
BS 265€
MS 300€
HS 340€
WE 125€
(2 nuits)
150€
(3 nuits)

HIBLE Hélène et Jean-François
Le Veyrassi
48160 SAINT HILAIRE DE LAVIT
tel / fax : (+33) (0)4 66 45 40 06
mel : leveyrassi@free.fr
web : cevennes.com/veyrassi.htm

Situation : dans le Parc national des Cévennes, à 4 km de la N106, alt. 650 m, orientée sud-est, notre ferme est à mi-chemin entre Florac et Alès.Très belle vue sur les montagnes.

Production : sous mention Nature & Progrès, jus de fruits, confitures, châtaignes, légumes et fruits selon saisons.

Accueil : gîte paysan, RdC : séjour-cuisine, sdb, wc, terrasse avec salon de jardin et pré verger. A l'étage ; 1 chambre 1 lit 2 pl., mezzanine 2 lits 1 pl., chauffage central, draps fournis.

Activités possibles : location d'ânes, randonnées pédestres, découverte d'un jardin paysan, baignade, pêche, canoë, escalade, toutes activités de pleine nature aux alentours.

AU BANCILHON 4809

3 gîtes
Gîte 1 : 5 pers. BS 220€ HS 540€
Gîte 2 : 4 pers. BS 220€ HS 540€
Gîte 3 : 4 pers. BS 260€ HS 640€
WE 100 à 120€ (2 nuits)

15 pers. 18€

produits paysans

English spoken

LEROY Sabine - Lou Bancilhon
48370 ST GERMAIN DE CALBERTE
tel : (+33) (0)4 66 45 92 78 ou (+33) (0)4 66 45 94 06
mel : leroy@cevennes.com
web : www.cevennes.fr

Situation : dans le Parc national des Cévennes, 800 m d'alt., sur la voie communale 1 de St-Germain, entre Florac (50 mn) et St-Jean-du-Gard (50 mn).

Production : élevage de volaille en plein air et de lapins avec vente sur place, chèvres et moutons, potager avec vente de légumes, confitures maison et jus de fruits.

Accueil : 3 gîtes paysans avec 1 ou 2 chambres grand confort (TV-DVD et Internet via WiFi), cuisine super-équipée et jardin privatif, dans un mas du XIV° siècle entièrement restauré au cœur de la forêt cévenole. Table d'hôtes (hors juillet-août).

Activités possibles : sur place soins aux animaux, découverte de la traite des chèvres, dégustation du lait et des fromages, piscine, ping-pong, pétanque, randos. A St-Germain : sport, tennis, randos avec âne, musée des outils oubliés, château médiéval de St-Pierre, ruines gallo-romaines de St-Clément. Week-end à thèmes (description sur le site web).

LE RELAIS SALLÉSIEN 4811

2 gîtes
Gîte 1 : 6/8 pers. BS 300€ HS 400€
Gîte 2 : 6 pers. (mobilhome) BS 250€ HS 330€
WE 120€ (2 nuits)

15 pers. 15€

18 pers. 11€

English spoken

Man spricht Deutsch

COURVOISIER Delphine
et VILLEDIEU Jérôme
Les Salles - 48600 AUROUX
tel : (+33) (0)4 66 69 56 57
web : www.relais-sallesien.com

Situation : alt. 1180 m, ferme traditionnelle de Margeride, hameau typique au bord des Gorges du Chapeauroux, panorama sur les Monts du Velay et d'Ardèche, 17 km de Langogne, 8 km de Grandrieu, 3,5 km d'Auroux.

Production : élevage de chevaux quarter horse, potager, fruits rouges, sorbets, confitures, cueillettes, pension de chevaux, prestations espaces verts.

Accueil : 1 gîte pays. tte l'année, sdb, wc, cuisine équipée, terrasse ; 1 mobilhome ; relais paysan, sanitaires indépendants (2 douches, 2 lavabos, wc) ; table paysanne sur terrasse ou ds pièce principale : cheminée, convivialité, repas en commun (végétarien possible).

Activités possibles : randos avec âne et/ou cheval bâté, champignons, ski de fond, alpin, raquettes, pêche à la truite, canoë, lac de Naussac, VTT.

MATHIEU Céline et Claudette 4812

produits paysans

5 empl. 3€/pers. -14ans : 2€

2 gîtes
Gîte 1 : 3 pers. 290€
Gîte 2 : 2 pers. 240€

Faïsses-Le Régent
48160 ST ANDEOL DE CLERGUEMORT
tel : (+33) (0)4 66 41 02 67 ou (+33) (0)4 66 41 05 67

Situation : ferme traditionnelle du XVI° siècle à 650 m d'alt. dans un site typique des Cévennes au cœur de la chataigneraie et du Parc national. 1h d'Alès et de Florac, villages : Vialas à 8 km, Collet de Dèze à 12km.

Production : jus de fruits, confitures, châtaignes transformées, légumes de saison. Elevage de chevaux de Mérens et de vaches lourdaises. Agriculture biologique, mention Nature et Progrès.

Accueil : 1 studio rustique (2 pers) : pièce + mezzanine avec couchage 2 places. Salon de jardin dans la cour, sdb et wc (communs avec le camping) au sous-sol, aire naturelle de camping. Douche et wc à la ferme. 1 studio (3 pers.), gde salle (cuisine, séjour, canapé convertible), 1 alcove équipée d'1 lit 2 pers., 1 lit 1 pers., sdb et wc privatifs.

Activités possibles : à proximité : baignade, sentiers de promenade, itinéraires de randos, écomusée et programme d'animation du Parc des Cévennes : "le festival nature". Sur place : promenades sur les chevaux de Mérens, visite de la châtaigneraie et de l'estive.

49 - MAINE-ET-LOIRE

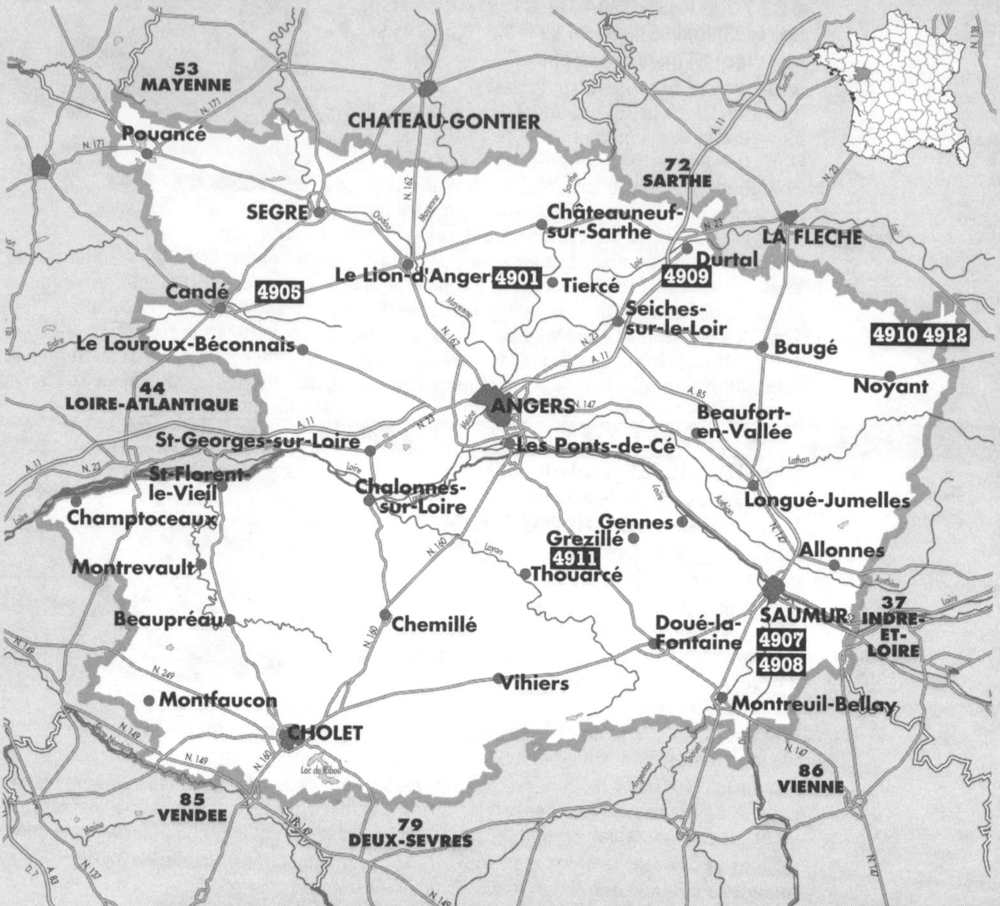

BILLOTTE Marie-Noëlle et Bruno 4901

2 gîtes
Gîte 1 :
2 pers.
BS 170€
HS 220€
Gîte 2 :
4 pers.
BS 220€
HS 280€
WE
68 à 88€
et 88 à 112€
(2 nuits)

English spoken
Man spricht Deutsch

« L'écotière »,
route de Champigné (D190)
49125 CHEFFES
tel : (+33) (0)2 41 42 14 14 ou (+33) (0)2 41 42 10 27
fax : (+33) (0)2 41 42 16 12
mel : contact@multibaies.com
web : www.multibaies.com

Situation : région des basses vallées angevines, à 20 km au nord d'Angers, sur les bords de la Sarthe.

Production : fruits : myrtilles et autres petits fruits (framboises, groseilles...), cerises, pommes ; plants de petits fruits.

Accueil : gîte paysan.

Activités possibles : pêche (en étang ou en rivière), vélo, promenade à pied ou en bateau.

LORTILLOIR Cathy et Jean-Marie 4905

6 pers.
BS 315€
HS 470€
WE 160€

English spoken

La Blottaie
49440 ANGRIE
tel : (+33) (0)2 41 94 37 09
mel : lablottaie@club-internet.fr
web : www.lablottaie.com

Situation : à 20 km Lion d'Angers, 40 km Angers, 70 km Nantes.

Production : élevage de moutons.

Accueil : pour un moment de détente à la campagne, dans un cadre pastoral et vallonné avec ruisseau et étang, dans une maison de pierres indépendante, entourée de pâturages avec cheminée et four à pain.

Activités possibles : fabrication pain, pêche, cueillette de plantes, baies, produits naturels forme et santé.

LA GRANGE 4907

6 pers.
BS 400€
HS 460€
WE 160€

MIZANDEAU Jean-Claude
La Motte - St Lambert des Levées
49400 SAUMUR
tel : (+33) (0)2 41 50 37 23
mel : jeanclaudemizandeau@yahoo.fr

Situation : 3 km du centre ville de Saumur. Campagne entourée de prés et de cultures maraichères, ancienne ferme d'un château en tuffeaux.

Production : retraité souhaitant faire connaître l'agriculture locale. Quelques animaux, cultures maraîchères.

Accueil : 1 gîte où une bouteille de vin de Saumur est toujours à l'arrivée. Le gîte se trouve dans l'ancienne grange du XVII°, bâtiment indépendant dans la cour du propriétaire. Possibilité d'accompagnement pour certaines activités (randonnées avec ânes).

Activités possibles : circuits pédestres avec ânes ou vélos. Pêche, découverte de l'agriculture, visite de fermes et visite des châteaux de la Loire, du cadre noir et des caves.

PETIT André — 4908

English spoken
Portugais parlé

11 pers. 15€

3 ch. 11 pers. 55€

Ile de Souzay
La ferme du Port
49400 SOUZAY CHAMPIGNY
tel : (+33) (0)2 41 38 19 64
mobile : (+33) (0)6 82 96 66 88
mel : arck@wanadoo.fr
web : www.loire-saumur.com/ile

Situation : la ferme est situé sur l'île de Souzay entre Saumur et Montsoreaux, au cœur du Parc régional. Ile accessible en voiture.

Accueil : l'accueil est fait par la famille Petit qui habite sur les lieux. Très convivial et calme. 3 chambres paysannes, sdb wc privés, salle commune, coin cuisine, possibilité table paysanne.

Activités possibles : promenades à pied, Loire à vélo, randonnées, canoë, pêche, navigation, visite de lieux touristiques, Saumur à 6 km.

LE MOULIN — 4909

English spoken
Polonais parlé
Finnois parlé

4 pers. 13€

4 pers. BS 210€ HS 260€ WE 100€ (2 nuits)

LE TALLUDEC Bozena et Alain
Le Moulin
49430 LEZIGNÉ
tel : (+33) (0)2 41 95 88 12
mel : bozenalt@yahoo.fr
web : www.moulin-neuf.com

Situation : en bordure du Loir, ancien moulin avec sa roue, espace naturel préservé de 2 ha. 25 km d'Angers, 30 km de la Vallée de la Loire.

Production : légumes cultivés selon les principes de l'agro-écologie, pain maison. Expérimentation de techbiques et d'un mode de vie écologiques, animation de l'association "Vivre et Devenir".

Accueil : dans une maison indépendante au bord de l'eau. Gîte paysan avec possibilité de séjour à la nuitée hors saison, table paysanne à dominante végétarienne.

Activités possibles : barque, pêche, VTT, randos, observation de la faune, conseils en hygiène de vie.

SCEA — 4910

30 pers. 2€/1/2J

5 empl. 4€/pl. 3€/pers. elec 3€

produits paysans

English spoken

COURCOUL Emmanuel
et SAMSON Céline
11, rue de l'Eglise
49490 CHAVAIGNES
tel : (+33) (0)2 41 82 35 83
mobile : (+33) (0)6 14 33 70 51
mel : emmanuelcourcoul@aol.com

Situation : 10 km entre Baugé et Noyant sur D766 (Tours-Blois). Petite commune enfoncée dans les terres à 2 km de D766 sur la gauche direction Tours.

Production : ferme XIX°, cadre très calme au cœur du Baugeois peuplé d'animaux divers. Bâtiments exceptionnels. Fromage de chèvres fermier. Autres produits du terroir possibles.

Accueil : venez vous ressourcer à la Ferme du Gué et déguster nos spécialités. Visite 30 personnes. Camping paysan.

Activités possibles : randonnée, visite chèvrerie, soins aux animaux, piscine à 10 km, sport équestre à 15 km, boule de fort.

LES CAVES 4911

15€

3 ch.
8 pers.
46€

3 pers.
225€
WE 120€
(2 nuits)

English spoken

POITEVIN Thierry et CAILLARD Nicole
3, rue des Noyers
49700 AMBILLOU CHÂTEAU
tel : (+33) (0)2 41 50 00 12
mel : thpoitevin@yahoo.fr
web : www.lestroglos.com

Situation : à mi-chemin entre zoo de Doué-la-Fontaine (10 km) et château de Brissac (15 km) sur la D156 en direction de Louerre. A deux pas de la Loire, entre Angers et Saumur, entouré de la forêt domaniale de Milly, de la route touristique des vins, de sites troglodytiques.

Production : ancienne exploitation agricole et lieu d'extraction du tuffeau. Présence d'animaux : poules, moutons d'Ouessant et production maraîchère personnelle, confitures maison, légumes et fruits du jardin.

Accueil : table paysanne sur réservation. Possibilité d'1 gîte pour 3 pers. Ancienne grange rénovée en 3 chambres paysannes (2 de 3 pers. + 1 de 2 pers.), sdb et sanitaires indépendants pour chacune.

LA FERME DE NAT 4912

15 pers.
90€/J/pers.
45€/1/2J

2 ch.
30€/we
1 nuit
50€/we
2 nuits
100€/sem
4 nuits
130€/sem
6 nuits

La Morchouanière
49490 BROC
tel : (+33) (0)2 41 82 37 08
mobile : (+33) (0)6 08 73 92 34

Situation : la ferme est située au milieu du triangle Tours, Angers, Le Mans, à 5 km du Lude. La ferme a été réhabilitée pour créer un espace de bien-être avec hébergements pour 6 personnes.

Production : un cheptel de 30 chèvres constitue la production, la transformation fromagère est prévue à partir d'avril 2006.

Accueil : 2 chambres de 3 lits, avec sanitaires de plain-pied, accessibles aux fauteuils roulants.

Activités possibles : découverte de la vie de la ferme et soins aux animaux (chèvres, ânes, lapins, volailles, agnelles). Suivant les saisons, cueillette de fruits et confection de confiture, visite du potager. Nous accueillons pour la journée ou la demi-journée les groupes d'enfants ou d'adultes handicapés encadrés avec un maximum de 15 personnes.

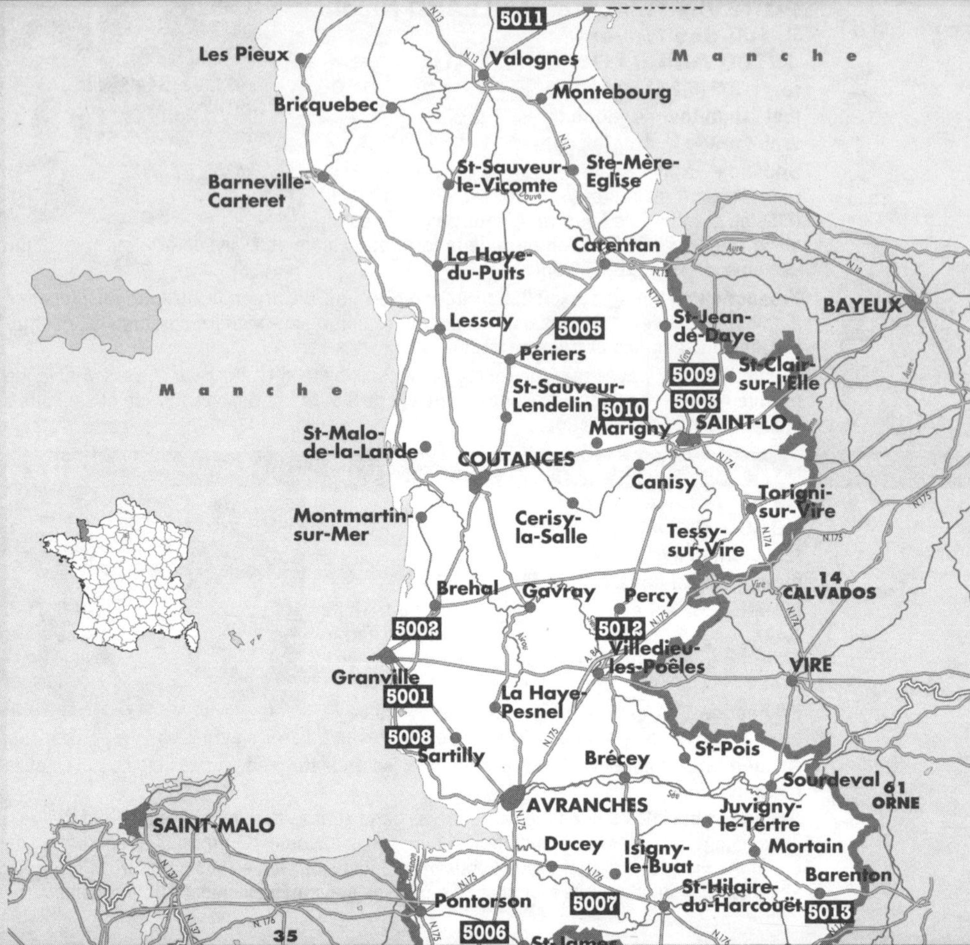

5011
Les Pieux
Valognes
Manche
Montebourg
Bricquebec
St-Sauveur-le-Vicomte
Ste-Mère-Eglise
Barneville-Carteret
Carentan
La Haye-du-Puits
BAYEUX
Lessay
5005
St-Jean-de-Daye
Périers
5009
St-Clair-sur-l'Elle
Manche
St-Sauveur-Lendelin
5010
5003
Marigny
SAINT-LO
St-Malo-de-la-Lande
COUTANCES
Canisy
Torigni-sur-Vire
Montmartin-sur-Mer
Cerisy-la-Salle
Tessy-sur-Vire
14
CALVADOS
Brehal
Gavray
Percy
5002
5012
Villedieu-les-Poêles
Granville
VIRE
5001
La Haye-Pesnel
5008
Sartilly
Brécey
St-Pois
Sourdeval
61
ORNE
AVRANCHES
SAINT-MALO
Juvigny-le-Tertre
Ducey
Isigny-le-Buat
Mortain
Barenton
Pontorson
5007
St-Hilaire-du-Harcouët
5013
35
5006

COUILLARD Françoise et Roger 5001

2 gîtes
Gîte 1 : 2 pers. 210€
Gîte 2 : 2 pers. 210€

1817, route du Chesnay
50380 SAINT PAIR SUR MER
tel : (+33) (0)2 33 61 50 30

Situation : 8 km de Granville, 40 km du Mont-St-Michel, 3 km de la mer.

Production : retraités.

Accueil : 2 studios paysans de 2 personnes (location juillet et août).

Activités possibles : sentiers pédestres, tennis, équitation, voile, centre thalasso.

LA FERME A GÉGÉ 5002

English spoken

50 enfants
6€/1/2J
10€/J
15€/séjour

25 empl.
5,50€/pers.
elec 2€

COUTANCE Gérard
La Brohonnière
50290 COUDEVILLE SUR MER
tel / fax : (+33) (0)2 33 51 57 68
mobile : (+33) (0)6 08 34 54 51

Situation : alt. 47 m. A 5 km de la mer, et 10 km de Granville, en rase campagne.

Production : vaches allaitantes. 11 ha avec différentes espèces d'animaux élevées, ânes, moutons, chèvres, cochons, volailles.

Accueil : camping paysan, accueil d'enfants, écoles, centres de loisirs. La sociabilisation en s'inspirant des animaux.

Activités possibles : découverte de soins aux animaux, balades, spectacles à la ferme.

L'AUBERGE PAYSANNE 5003

35 pers.
21€

English spoken
Japonais parlé

ÉNÉE Philippe et ses enfants
La Barberie
1, rue d'Isigny
50000 LE MESNIL ROUXELIN
tel / fax : (+33) (0)2 33 05 38 91
mel : enee.philippe@club-internet.fr

Situation : à 3 km de St Lô, entrée de la ferme par la D6, à 20 km des plages du débarquement.

Production : ferme bio contrôle Ecocert. Activité principale : le pain "du blé au pain", cochons en plein air transformés à la ferme, cidre, calva, poules, canards, ânes, chèvres.

Accueil : auberge paysanne, téléphoner pour les jours d'ouverture. Formule spéciale pour les groupes. Menu unique, cuisine au four à bois, produits bio, tendances plantes sauvages et japonaises. Ambiance conviviale.

Activités possibles : découverte de la vie et des activités de la ferme, grand étang.

HOUSSIN Michel et Marie-Noëlle 5005

5 empl.
20 pers.
5/pl.
3€/pers.
elec 1,50€

2 gîtes
Gîte 1 :
4 pers.
200€
Gîte 2 :
8/10 pers.
400€
WE
60/150€
(2 nuits)

La Lande
50190 MARCHÉSIEUX
tel : (+33) (0)2 33 46 09 48

Situation : dans le centre-Manche, dans le Parc régional des Marais Cotentin et Bessin. Cherbourg, Caen et Mont-St-Michel à 1h.

Production : production laitière en agriculture (bio mention Ecocert). Cidre, jus de pomme, lait, volaille, œufs, confitures.

Accueil : 2 gîtes paysans et 1 camping 5 emplacements.

Activités possibles : ferme à 3 km, découverte des marais (flore et faune), randos à pied ou à vélo, nombreuses activités possibles aux alentours, golf, équitation, tennis, musées, plages à 20 km, etc.

DUFOUR Françoise et François 5006

6 empl.
20 pers.
1,55€/pl.
4€/pers.

produits paysans

La Binolais
50240 SAINT SENIER DE BEUVRON
tel : (+33) (0)2 33 48 30 09
fax : (+33) (0)2 33 48 30 17
mel : francoisdufour50@aol.com

Situation : à 20 km d'Avranches, du Mont-St-Michel et de Fougères. Sur l'A84, sortie 32.

Production : ferme en agriculture biologique avec des vaches laitières, des chevaux, basse-cour. Produits paysans : vente de lait, jus de pommes, poulets, œufs.

Accueil : camping paysan avec beaucoup d'espace et de tranquilité.

Activités possibles : aux environs : mer, équitation, tennis, pêche à la truite, barques, pédalos, randonnées pédestres, VTT.

FERME DE LA JAUNIÈRE 5007

English spoken
Se habla español

2 enfants
38€/J

jusqu'à
8 pers.
BS 350 à
400€
HS 400 à
460€
WE
80 à 100€
(1 nuit)

MARQUER Jocelyne et MAC MILLAN Nigel
La Jaunière - Vezins
50540 ISIGNY LE BUAT
tel : (+33) (0)2 33 48 99 51
mobile : (+33) (0)6 24 76 03 39

Situation : dans la baie du Mont-St-Michel, à 20 mn d'Avranches, 30 mn de Fougères, 3 km de la N176, barrage hydroélectrique de Vezins.

Production : petite expoiltation bovins viande, volailles, légumes, fruits rouges et pommes, confitures, dans la verdoyante vallée de la Sélune.

Accueil : accueil familial de 2 enfants de 5 à 7 ans au siège de l'exploitation. Gîte paysan situé à 10 km de l'exploitation (St James). Tarif en fonction du nbre de personnnes (1er tarif indiqué : 4/5 pers., 2ème tarif 6/8 pers.), forfait chauffage.

Activités possibles : randos pédestres, VTT, bricolage, jeux de piste, cuisine.

ANGOT Christiane et Philippe — 5008

jusqu'à 10 pers.
BS 260 à 410€
HS 330 à 490€
WE 120€ (2 nuits)

English spoken

Se habla español

EARL Bas Pontfoult Le bas Pontfoult
50530 LOLIF
tel : (+33) (0)2 33 48 82 94
fax : (+33) (0)2 33 48 02 35

Situation : sud Manche. Baie du Mont-St-Michel, Granville à 10 km, Avranches à 15 km, mer à 1,5 km, Mont-St-Michel à 35 km.

Production : ferme laitière biologique, vaches laitières et lait contrôle Qualité France.

Accueil : gîte paysan avec séjour cuisine, 2 chambres 2 pers., 2 chambres 3 pers. Terrain clos 500 m. Le gîte est à 9 km de la ferme, à Saint Jean le Thomas.

Activités possibles : visite de la ferme. Plage à 1,5 km, voile à 8 km, randonnée GR et circuit cantonal à proximité, équitation, ULM.

ENÉE Germaine — 5009

Patois normand parlé

4 ch.
10 pers.
25€/1pers.
35€/2pers.
+8€ /pers.sup

1, route d'Isigny
50000 LE MESNIL ROUXELIN
tel : (+33) (0)2 33 57 00 53

Situation : Sur D6, à 3km de St Lô, 20 km des plages du débarquement.

Production : retraitée, sur le site de l'exploitation, conduite en agriculture bio par les enfants. production de blé, fabrication de pains cuits aux fours, et chauffés au fagot. Porcs transformés.

Accueil : chambre paysanne avec lavabos, sdb commune, cuisine équipée et séjour commun à dispo. Possibilité location longue durée, hors week-end et saison été.

Activités possibles : Présence de petits animaux : ânes, lapins, poulets, chiens.

FOSSARD Béatrice et Pascal — 5010

11 pers.
33€/J
231€/sem

1 ch.
2 pers.
33€

English spoken

La Jaminière
50570 HAUTEVILLE LA GUICHARD
tel / fax : (+33) (0)2 33 07 01 15
mobile : (+33) (0)6 76 70 57 25
mel : pascaletbea.fossard@wanadoo.fr
web : chambrepaysanne.site.voila.fr/
ou la jaminiere.site.voi

Situation : centre Manche. 15 km St-Lô, 25 km de la mer, 5 km Marigny, 40 km des plages du débarquement, 1h du Mont-St-Michel, proximité du Parc régional des Marais du Cotentin et du Bessin.

Production : ferme laitière en production biologique. Lait bio contrôle Ecocert.

Accueil : gîte pour enfants de 7 à 14 ans. Agrément Direction Départementale Jeunesse et Sports. Ouverture vacances scolaires d'été. Petite chambre paysanne mansardée au 2ème étage, lit 160, sdb, entrée indépendante, coin cuisine à dispo, ouvert toute l'année.

Activités possibles : découverte de la vie de la ferme, traite des vaches, soins aux animaux (veaux, cochons, âne, poules). Découverte de la nature. Pique-nique à la rivière, jeux de piste, pêche, mer, feu de camp, visite des environs.

FERME DE LA CAUBRIÈRE 5011

English spoken

12 pers. 8 à 12€

1 ch. 3/4 pers. 40€

6 empl. 20 pers. 2,40€/pl. 3,50€/pers. elec 1,80€

BOUGUILLON Fabienne et Didier
rue Caubrière
50310 VAUDREVILLE
tel / fax : (+33) (0)2 33 21 10 92
mobile : (+33) (0)6 03 10 89 74
mel : didier.bouguillon1@aliceadsl.fr

Situation : nord-Cotentin, proche des plages du débarquement, de La Hague, du val de Saire, du Parc naturel des Marais, 5 km de la plage, 8 km de la gare, accès Paris-Cherbourg en 4 voies.

Production : production laitère (vaches normandes), petits veaux, volailles, produits laitiers.

Accueil : chambre paysanne spacieuse avec sanitaires privés, accès coin détente avec cheminée, TV et DVD. Camping paysan dans 4000 m² avec sanitaires, jeux, préau avec tables, barbecue, herbes aromatiques. Accès possible aux occupants de la chambre. Table paysanne sur réservation pour les accueillis.

Activités possibles : découverte de la ferme, piscine à 8 km, sports de mer à 5 km, centre équestre à 1 km, pêche, randonnées.

GÎTE PAYSAN LA BUISSONNETTE 5012

4/5 pers. 170€

RANNOU Jean et Josette
Le Buisson - 50800 LA COLOMBE
tel : (+33) (0)2 33 90 20 29
mel : josette.rannou@tiscali.fr

Situation : ancienne ferme dans le calme et la tranquillité du bocage normand, bien que nous soyons à proximité de l'A84 (sortie 38). Nous avons la mer à Granville à 30 mn, de là nous pouvons embarquer pour la journée à l'île de Chausey. Mont-St-Michel à 40 mn. Commerces, gare SNCF (venant de Paris) et nombreux ateliers d'artisanat à découvrir dans la jolie ville de Villedieu-les-Poêles à 5 km.

Production : vache allaitante, ânesse, oies, poules et lapins. Jardin légumier et fruitier.

Accueil : gîte autonome. Etant en retraite nous nous tenons disponibles pour assurer un accompagnement dans des loisirs et le transport si nécessaire. Nous pensons que notre gîte convient à un couple avec 2 ou 3 enfants dont 1 bébé.

Activités possibles : confection de confitures et conserves, découverte de la vie des animaux et des soins qui leur sont nécessaires, chemins de randonnées, visite des ateliers d'artisanat, journée à Chausey.

ROCHARD Chrystelle et LECROSNIER Ludovic 5013

animation cuisine 30€

8 pers. 400€ WE 70€ (2 nuits)

Se habla español

La Motte - 50720 ST CYR DU BAILLEUL
tel : (+33) (0)2 33 49 64 62

Situation : dans le bocage normand, au milieu des poiriers (AOC poirés Donfrontais), près de la RN176 Paris-Le Mont-St-Michel. A 1h15 d'Alençon, Caen et Rennes. Village patrimoine de St Cyr.

Production : 35 vaches laitières, et un verger pour la production de poiré, cidre, Calvados, jus de pomme, poire et pommeau.

Accueil : gîte paysan 3 chambres, salle de bain et cabinet toilette, cuisine équipée, laverie, grande salle à manger (55m²) dans les anciennes cuisines du château. Calme, convivialité, dans notre belle demeure du XVI°-XVIII° siècle (tours, fontaine, boiseries). Jeux d'enfants à partager avec les nôtres.

Activités possibles : découverte des activités de la ferme. Possibilité d'animation cuisine thématique. Organisation WE pour familles et/ou individuel. Multiples randonnées pédestres (GR) ou VTT. Cascades de Mortain et expos à l'abbaye, site de la Fosse Arthour, centre équestre (8 km), piscine (15 km), musées locaux, Mémorial de Caen (1h15), plages à 45 mn.

MALISSART Annie-France 5101

2 ch.
5 pers.
38,50€

English spoken

9, rue Thiers
51500 MAILLY CHAMPAGNE
tel / fax : (+33) (0)3 26 49 43 47
mobile : (+33) (0)6 83 13 97 87
mel : afmalissart@infonie.fr

Situation : A 15 km au sud de Reims, dans le vignoble champenois, entouré de forêts. GR14, circuit "Route du champagne".

Production : viticultrice, producteur de Champagne.

Accueil : chambres paysannes.

Activités possibles : randonnées pédestres (GR), dans les vignes et la forêt, musées, circuits touristiques, les caves de Champagne, etc.

53 - MAYENNE

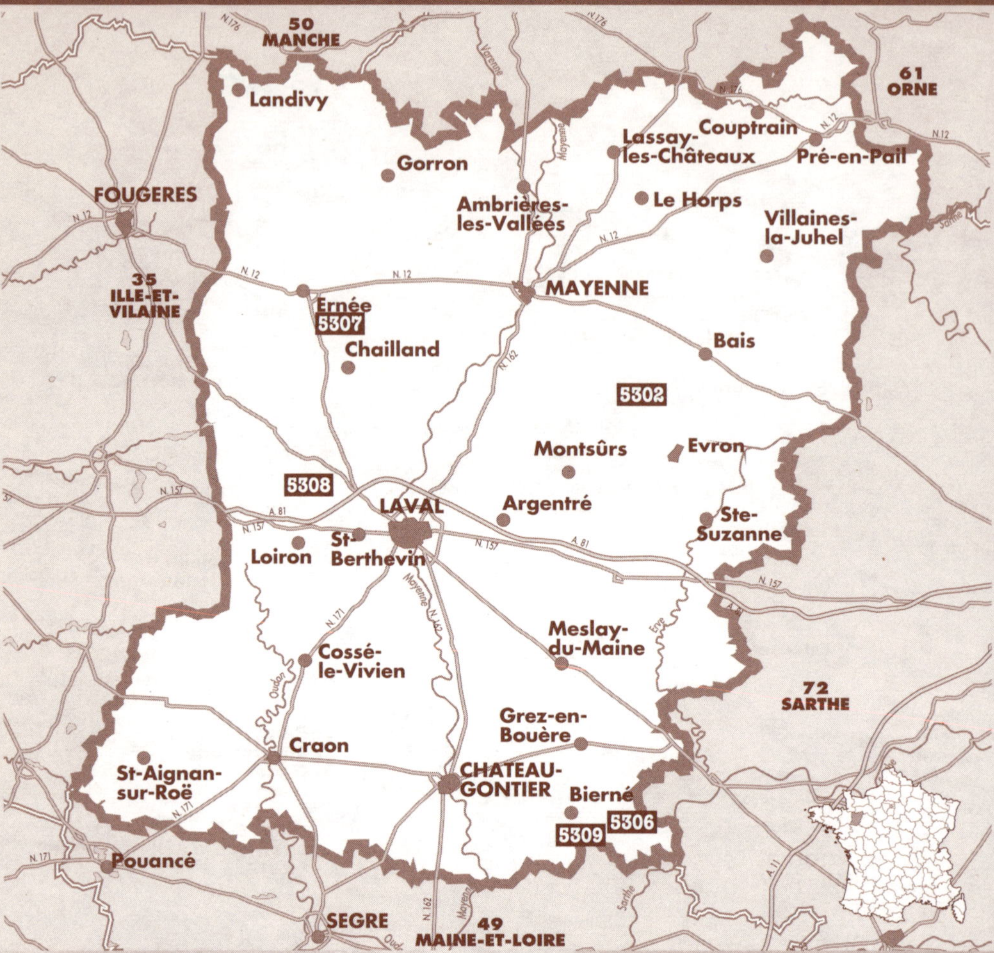
50
MANCHE
61
ORNE
35
ILLE-ET-VILAINE
72
SARTHE
49
MAINE-ET-LOIRE
Landivy
Gorron
Lassay-les-Châteaux
Couptrain
Pré-en-Pail
FOUGERES
Ambrières-les-Vallées
Le Horps
Villaines-la-Juhel
Ernée
5307
MAYENNE
Chailland
Bais
5302
Montsûrs
Evron
5308
LAVAL
Argentré
Ste-Suzanne
Loiron
St-Berthevin
Meslay-du-Maine
Cossé-le-Vivien
Grez-en-Bouère
Craon
St-Aignan-sur-Roë
CHATEAU-GONTIER
Bierné
5306
5309
Pouancé
SEGRE
N.12
N.176
N.162
N.157
N.171
A.81
A.11
Mayenne
Oudon
Erve
Sarthe
Varenne

LA FERME DE L'ERMITAGE 5302

2/4 pers.
215€
WE 80€
(2 nuits)

English spoken
Man spricht Deutsch

CLOTEAU-GIRARD Thierry et Marie
L'Ermitage - 53600 STE GEMMES LE ROBERT
tel : (+33) (0)2 43 90 63 02
fax : (+33) (0)2 43 66 57 25
mel : thierry.cloteau@wanadoo.fr

Situation : alt. 200 m, entre Le Mans (60 km) et Laval (40 km), à 8 km d'Evron et 3,5 km de Ste Gemmes-le-Robert sur la D552, dans un pays de collines et de bocage, au pied du Montaigu.

Production : agriculture bio depuis 1989 contrôle Ecocert : 18 vaches allaitantes nourries à l'herbe et au foin de nos prairies, jardin de plantes médicinales.

Accueil : gîte paysan pour dans petite maison ancienne (XVI°) aux solides murs de granit. Idéal pour amateurs de calme et de randonnée.

Activités possibles : site privilégié pour randonnées dans les chemins du bocage à pied, à vélo, à cheval. Baignade à l'étang du Gué-de-Selle (4 km). Nombreux sites historiques à visiter dans un rayon de 25 km.

ECOLOGÎTE LA MORLIERE 5306

6 ch.
16 pers.
50€

6/16 pers.
BS 370 à 700€
HS 470 à 870€

English spoken

RICROQUE Marylène et DEJOIE Odile
La Morlière - 53290 ST DENIS D'ANJOU
tel / fax : (+33) (0)2 43 70 91 65
mobile : (+33) (0)6 19 73 20 34

Situation : 7 km St Denis-d'Anjou (petite cité de caractère), sur les bords de la rivière "La Sarthe", Angers 45 km, Sablé 15 km, Laval 50 km,Tours et Nantes 100 km.

Production : polyculture, chèvres, basse-cour, ânes, chevaux et jardin potager. Pain cuit au feu de bois, farine, galettes de sarrasin, légumes et œufs, selon les saisons. Bio contrôle Ecocert.

Accueil : accueil toute l'année dans un gîte paysan modulable ou 6 chambres paysannes. Ferme restaurée avec des matériaux naturels et fonctionnant avec des énergies renouvelables, endroit idéal pour se ressourcer.

Activités possibles : découverte des activités de la ferme, information et partage sur les énergies renouvelables. Accueil de stages (salle de 80 m2). Randos pédestres, sites historiques, vélo.

GÎTE DE LONGUÈVE 5307

4 ch.
8/9 pers.
47€

8/11 pers.
530€
WE 330€
(2 nuits)

produits paysans

English spoken

FRETIGNE-VOISIN J.-Luc et Maryvonne
Longuève - 53500 MONTENAY
tel : (+33) (0)2 43 05 78 19
mel : gite.de.longueve@laposte.net
web : gite.de.longueve.free.fr

Situation : aux portes de la Bretagne, entre Normandie et Pays de Loire, à 25 km de Fougères et Laval, 2 km d'Ernée, dans une région de bocage et de vertes collines.

Production : Maryvonne et Jean-Luc vous accueillent dans leur ferme laitière en agrobiologie.

Accueil : chambres paysannes (sanitaires privés), cuisine et grande salle d'accueil avec mezzanine, vaste espace clos et arboré. Matériaux sains et énergies renouvelables.

Activités possibles : en plus des activités de la ferme, nombreux chemins de randos pédestres, cyclos et équestres, chemin de halage au bord de la Mayenne à 20 km, pêche en rivière ou en étang, sites touristiques variés (châteaux, site gallo-romain, villes d'art et d'histoire), mer à 1h.

GÎTE DE LA MANCELLIÈRE 5308

1 ch.
2 pers.
40€

English spoken

8 pers.
13€

10 pers.
250€ à 400€ selon nb de pers.

ODY Michèle et Albert
la Mancellière,Chemin de Pinceloup
53940 LE GENEST SAINT ISLE
tel / fax : (+33) (0)2 43 02 15 27
mel : les.ody@wanadoo.fr

Situation : situé dans le bocage mayennais attenant à une exploitation laitière, entouré de chemins pédestres et sites touristiques sur la route de la Bretagne, à 15 km de Laval et du chemin de halage de la Mayenne.

Production : lait, cultures fourragères, poneys.

Accueil : gîte d'étape ou de séjour en chambres de 2 à 3 lits, séjour 50 m², espace de jeux clos, barbecue.

Activités possibles : sites touristiques variés, randos pédestres, équestres, vélos, visite de la ferme, pêche en étang, baignade.

CLEMENCEAU Jean-Daniel 5309

1 ch.
4 pers.
44€/couple
semaine :
200€/couple

produits paysans

La Carterie
53290 BIERNE
tel : (+33) (0)2 43 07 99 27
Mobile : (+33) (0)6 74 37 59 81

Situation : D105 (route de St Denis d'Anjou), Chateau-Gontier à 15 km, Laval à 40 km, Angers à 45 km, Sablé-sur-Sarthe à 20 km.

Production : élevage de moutons (vendéens), âne, basse-cour, jardin potager, vente de viande d'agneau et de merguez, cidre, jus de pomme, œufs, légumes, confitures...

Accueil : Isabelle et Jean-Daniel vous accueillent à la ferme dans un cadre verdoyant et calme. Chambre paysanne avec coin cuisine, salle d'eau et wc privée. Salon de jardin, barbecue.

Activités possibles : découverte de la ferme, soins aux animaux, table de ping-pong, pétanque, prêt de vélo. A proximité : sentiers pédestres, circuit VTT, pêche, château du XV° siècle, villages médiévaux, musées, grottes préhistoriques et sites gallo-romains...

54 - MEURTHE-ET-MOSELLE

L'EBROUELLE

5402

8 pers.
12€

3 ch.
6 pers.
30€

English spoken

Man spricht Deutsch

GEHIN Marion et Michel
L'Ebrouelle - 54290 FROVILLE
tel : (+33) (0)3 83 72 88 50 - fax : (+33) (0)3 83 72 86 58
mobile : (+33) (0)6 83 11 59 44
mel : mm.gehin@club-internet.fr
web : mm.gehin.club.fr/ebrouelle/plaquette_2.html

Situation : entre Bayon et Froville, chemin sur 600 m, à 10 mn de la voie rapide Nancy-Epinal sur la D22, direction Baccarat, 2 km de la gare de Bayon, Nancy 33 km, Epinal 38 km, St-Dié 40 km.

Production : maraîchage et apiculture ; légumes, miel, confitures, frenette. Jardin paysan en bio, mention en cours.

Accueil : chambres et table paysanne sur réservation, repas végétarien bio. Calme, lieu isolé, stages à thèmes (écologies, non violence, calligraphie, végétarisme). Accueil convivial et familial.

Activités possibles : découverte de la nature, des animaux (âne, mouton, poules). Initiation cuisine végétarienne, fabrication du pain, cueillette plantes sauvages, jeux coopératifs, promenade, pêche, festival de musique baroque de Froville entre mai et septembre.

56 - MORBIHAN

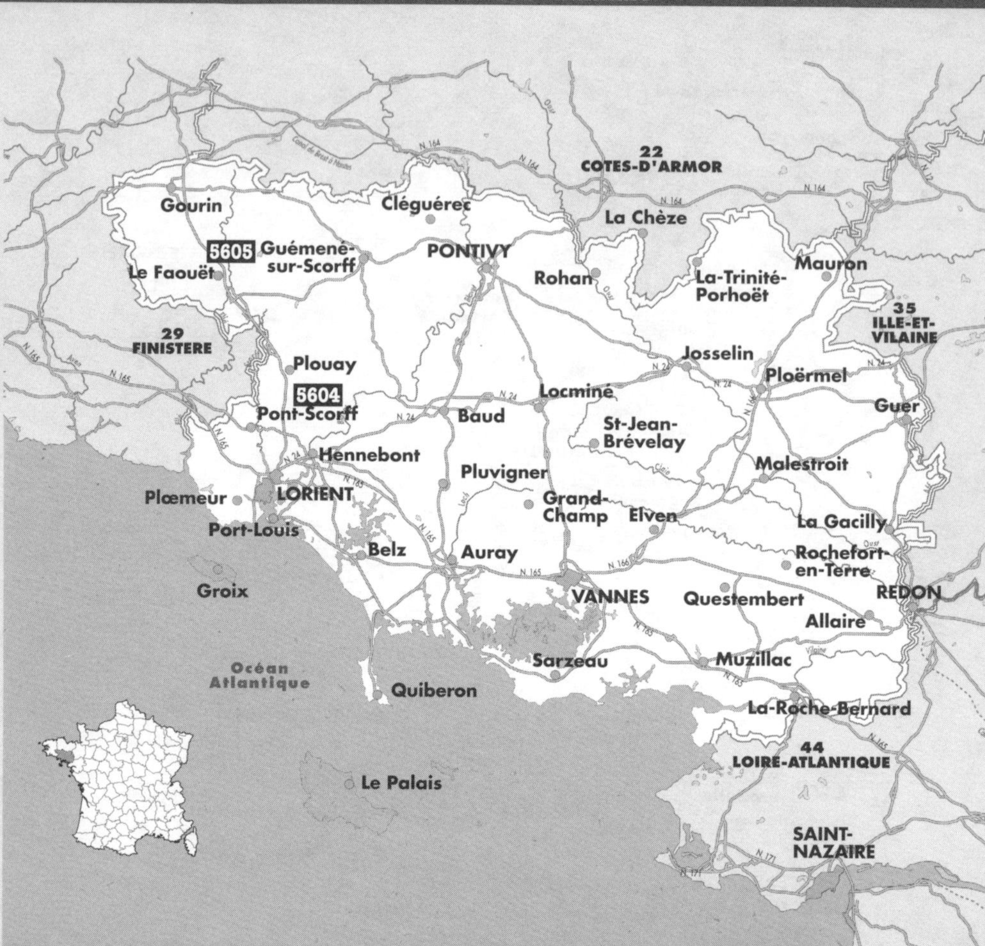
22
COTES-D'ARMOR
Gourin
Cléguérec
La Chèze
5605
Guémené-sur-Scorff
PONTIVY
Le Faouët
Rohan
La-Trinité-Porhoët
Mauron
35
ILLE-ET-VILAINE
29
FINISTERE
Plouay
Josselin
Ploërmel
5604
Pont-Scorff
Baud
Locminé
Guer
St-Jean-Brévelay
Hennebont
Malestroit
Pluvigner
Plœmeur
LORIENT
Grand-Champ
Elven
Port-Louis
La Gacilly
Belz
Auray
Rochefort-en-Terre
Groix
VANNES
Questembert
REDON
Allaire
Sarzeau
Muzillac
Océan
Atlantique
Quiberon
La-Roche-Bernard
44
LOIRE-ATLANTIQUE
Le Palais
SAINT-NAZAIRE
N. 164
N. 165
N. 24
N. 166
N. 171
N. 12

LE GARREC Annie et Aimé 5604

35 pers.

2 gîtes
Gîte 1 : 2 pers. BS 240€ HS 260€
Gîte 2 : 6 pers. BS 320€ HS 380€
WE 50/100€ (2 nuits)

produits paysans

Kergarrec Penquesten
56650 INZINZAC
tel / fax : (+33) (0)2 97 36 01 96
mel : anne.le-garrec@wanadoo.fr

Situation : nous sommes à 10 km d'Hennebont, 20 km des plages et de Lorient, 3 km de la vallée du Blavet.

Production : lait et cidre (en bio depuis 30 ans).

Accueil : relais paysan et 2 gîtes paysans.

Activités possibles : balade sur le chemin de halage à pied ou en vélo, canoë, VTT.

FERME DE LA HAYE 5605

15 pers. 12€

2 ch. 4 à 10 pers. 41€

MARCHESSEAU Véronique
et BERNARD Gilles
56630 LANGONNET
tel : (+33) (0)2 97 23 99 85

Situation : ferme située en centre-Bretagne, au pays du roi Morvan, à 45 mn de la mer et 30 mn des Monts d'Arrée.

Production : élevage de vaches allaitantes en agrobiologie, potager, serre, basse-cour.

Accueil : 2 chambres paysannes indépendantes de la maison d'habitation, sdb wc privés, pièce commune à dispo. Bâtiment chaleureux, calme, dans un ancien hangar agricole aménagé en construction ossature bois ; table paysanne sur réservation.

Activités possibles : visite de l'exploitation, randonnées pédestres, plan d 'eau à proximité (pêche, baignade).

57 - MOSELLE

LA FERME BUISSONNIÈRE 5701

MULLER Odile et Luc
Ferme de Thury
57220 NARBÉFONTAINE
tel / fax : (+33) (0)3 87 79 13 42
mel : luc.muller9@wanadoo.fr
web : perso.wanadoo.fr/fermebuis/accueil.htm

24 enfants
6,40€/1/2J
20,60€/J
229€/séjour

English spoken
Man spricht Deutsch

Situation : alt. 387 m, plateau lorrain entre Metz et Sarrebruck.

Production : lait, céréales (agriculture bio mention Ecocert), volailles.

Accueil : accueil enfant de 6 à 12 ans, à la semaine, en centre de vacances et de loisirs, en camping à la ferme, reconnu par Jeunesse et Sports, ANCV, CE, CCAS, CAF.

Activités possibles : découverte de soins aux animaux de la ferme : traite des vaches, ramassage des œufs, biberons aux veaux, découverte de la nature, du jardin, de la forêt et des champs. Education à l'alimentation, l'écocitoyenneté et la solidarité.

59 - NORD

DEVULDER Jacques et Francine — 5901

2 gîtes
Gîte 1 :
6 pers.
BS 220€
HS 250€
Gîte 2 :
6 pers.
BS 220€
HS 250€
WE 120€
(2 nuits)
+40€
/nuit sup

English spoken

28, route de Watten
59143 LEDERZEELE
tel : (+33) (0)3 28 62 40 76 - mobile : (+33) (0)6 31 65 34 26
mel : jdvldr@wanadoo.fr
web : perso.wanadoo.fr/devulder/gitefr.htm

Situation : sur la D26 entre Cassel (12 km) et Watten (6 km). A 12 km de St-Omer, à 3 km à vol d'oiseau des marais de Clairmarais, 45 km de la côte d'Opale et du Parc régional des Caps et Marais.

Production : jardin (plantes vivaces et aquatiques). Confitures.

Accueil : nous vous accueillons dans 2 gîtes paysans de 6 pers. chacun (2 chambres, 3 chambres + grand jardin indépendant), au calme.

Activités possibles : visite de la ferme voisine. Visite des retables. Randonnées pédestres dans la campagne environnante, dans les marais (barques possibles). Plage à 35 km (Malo-les-Bains) ou 45 km côte d'Opale. Nausicaa à Boulogne. Visite de villes à architecture typiquement flamande, du patrimoine des Flandres (retables, orgues...)

FERME DE L'HAGHEDOORN 5902

English spoken

4 ch.
8 pers.
40€

2 gîtes
Gîte 1 :
4 pers.
230€
Gîte 2 :
5 pers.
260€
WE 110
/160€
(1 nuit)

HERREMAN Marie-Noëlle et Denis
922, ferme de l'Haghedoorn
59270 MÉTEREN
tel : (+33) (0)3 28 41 22 41
fax : (+33) (0)3 28 42 27 41
mel : haghedoorn@wanadoo.fr

Situation : 5 km de Bailleul, Monts des Flandres, 6 km de la Belgique, 25 km de Lille, 1h de Calais (tunnel), 1h de la Hollande.

Production : céréales, pommes de terre, légumes de conserverie.

Accueil : 4 chambres paysannes, 2 gîtes tout équipés, possibilité de vous restaurer à l'estaminet flamand, jeux flamands, grands terrain pour les enfants.

Activités possibles : fabrication de gauffres. Découverte du patrimoine local, culture du tabac, houblon et vergers de Flandres.

MISSIAEN DELATTRE Marie-France et Claude 5903

5 pers.
BS 200€
HS 230€
WE
150/180€

Flamand parlé

11, contour de l'Eglise
59143 LEDERZEELE
tel / fax : (+33) (0)3 28 62 40 22

Situation : alt. 30 m. St Omer à 10 km, Cassel à 15 km, Marais audomarois à 8 km, Eurotunel à 50 km, Belgique à 25 km, D26 entre Watten et Cassel, à 30 km de la mer.

Production : 50 vaches et la suite, ferme d'élevage 40 ha dont 15 ha de prairies. Petits élevages (lapins, poules, oies, ânes, moutons). Plantes à tisanes, légumes.

Accueil : notre gîte paysan se trouve au centre du village à 1,2 km de la ferme, une ancienne brasserie sur 54 ares, cheminée au feu de bois, chauffage électrique en sus. Accueil au jardin pour une 1/2 journée ou à la journée (sur réservation) avec salle d'accueil accessible aux personnes à mobilité réduite.

Activités possibles : possibilité de balade avec les ânes. Beaucoup d'activités et de randonnées aux alentours.

POIDEVIN VANDAELE Thérèse et Michel 5904

5 pers.
BS 190€
HS 230€
WE 130€
(2 nuits)

English spoken
Flamand parlé

1083, rue du Middelbrouck
59143 MILLAM
tel / fax : (+33) (0)3 28 27 51 50

Situation : ferme située à 3 km du centre du village, 20 mn de St Omer, 25 mn de Dunkerque, marais audomarois et forets proches, Eurotunnel à 30 mn.

Production : lin, pomme de terre, légumes.

Accueil : accueil toute l'année dans un gîte paysan, plain-pied avec pelouse privative, salon de jardin, 2 chambres, lit BZ dans le salon. Notre gîte se situe dans un espace privé près d'une patûre composée de variétés anciennes de pommes.

Activités possibles : promenades à pied dans le bois voisin, pêche à 1 km, retables et orgues des Flandres. Venez découvrir le jardin notamment l'art topiaire dans toute sa splendeur.

WATTELLE André — 5906

5 pers.
BS 220€
HS 240€
WE 100€

719, rue Delpierre
59193 ERQUINGHEM LYS
tel / fax : (+33) (0)3 20 77 24 18
mobile : (+33) (0)6 19 72 48 42

Situation : à 1km du village, à 20 km de Lille, Roubaix, Tourcoing, Belgique à 5 km, à 1h15 du Tunnel sous la Manche.

Production : agriculteur en retraite, exploitation reprise par un neveu.

Accueil : 1 gîte paysan de 90m² dans le corps de ferme, entrée indépendante, salle de séjour avec cheminée, cuisine, 3 chambres, sanitaires, lave-linge, lave-vaisselle.

Activités possibles : visite du rûcher, visite d'exploitation arboricole, point de vente à 10 km.

RAUWEL Anne Marie et Gilbert — 5907

4 pers.
BS 200€
HS 230€
WE 120€
(1 nuit)

11, La Place
59670 OXELAERE
tel : (+33) (0)3 28 42 44 45
mobile : (+33) (0)6 82 76 59 89
mel : rauwel.anne-marie@wanadoo.fr

Situation : accès autoroute Lille-Dunkerque, sortie Cassel. A 20 km de St Ome, 8 km de la Belgique à 8 km, 1,5 km de Cassel, 20 km de St Omer. Plage Malo, Bray-Dunes à 30 km.

Production : agriculteur retraité. Fruits et légumes frais.

Accueil : 1 gîte paysan avec 1 chambre lit 2 pers., 1 chambre 2 lits 90, séjour, cuisine, sanitaire, lave-linge, TV.

Activités possibles : jardin potager, arbres fruitiers. Vente de produits fermiers. A Cassel, musée et parc, forêt et étang à Clairmarais à 20 km, mer à 20 km.

BENOIT Odette et Gérard — 5908

4/8 pers.
BS 200€
HS 220€
WE 100€
(2 nuits)

Flamand parlé

19 ter,chemin d'Esquelbecq
59470 LEDRINGHEM
tel : (+33) (0)3 28 65 66 91
mobile : (+33) (0)6 30 13 24 22

Situation : à 5 mn de Wormhout,10 mn de Cassel, sur le site des Monts de Flandres, à 20 km de la plage.

Production : plus de production (à la retraite) mais vente de produits fermiers à proximité, et produits du jardin.

Accueil : Odette et Gérard vous accueillent dans un gîte paysan avec pelouse privée et salon de jardin, cuisine équipée, séjour, salon, salle d'eau, wc, lave-linge, TV, 3 grandes chambres, 2 lits 2 personnes, 2 lits 1 personne, clic-clac dans le salon dont une chambre au RdC.

Activités possibles : nombreuses possibilités de balades, randonnées en plein cœur des Flandres. Calme et convivialité dans une ancienne ferme restaurée. Espace important autour de la ferme.

LA FERME DES ÂNES 5909

20 enfants
10€/J
5€/1/2J

6 empl.
5€/pl.
2€/pers.

English spoken
Man spricht Deutsch
Se habla español

DELCORDE Anne
13, route de la Colme
59630 BROUCKERQUE
tel / fax : (+33) (0)3 28 27 11 31
mobile : (+33) (0)6 72 32 19 83
mel : lafermedesanes@free.fr

Situation : à 15 km de la mer du Nord, de Dunkerque, Gravelines et St-Omer, le long de la Haute-Colme, sur la D3, au cœur des anciens polders de la Flandre maritime.

Production : petit élevage de volailles, oies, chèvres et ânes. Production familiale selon saison de légumes, fruits, confitures, fromages, œufs.

Accueil : camping paysan sur 3 ha ; la ferme traditionnelle est entourée de "watergangs" (sanitaires douches, wc, lavabo), aire de jeux enherbée, ping-pong, badminton.

Activités possibles : balades avec les ânes bâtés ou non, soins aux animaux, stages et camps théâtre, animations pédagogiques et de loisirs, pêche. Aux alentours : moulins des Flandres, plages du Nord, marais de St-Omer.

AUBERGE DE LA CHOUETTE 5910

4 ch.
10 pers.
38€

CARBON Yolande
14, rue des Peupliers
59470 BROXEELLE
tel : (+33) (0)3 28 62 41 92
mobile : (+33) (0)6 75 48 45 82
web : www.aubergedelachouette.com

Situation : non loin de Saint Omer et de Cassel, au cœur des Flandres. L'auberge de la Chouette est située à une trentaine de km de la mer, en plein cœur du village de Broxeelle, la rue après l'église.

Production : petite production de volailles.

Accueil : accueil toute l'année dans 4 chambres paysannes dont 2 sont accessibles aux personnes à mobilité réduite . Vous pourrez apprécier le cadre privilégié du parc privé.

Activités possibles : randonnées, visite des retables, Maison de Guillaume de Rubrouck, restauration proposée au sein de l'auberge.

LA FERME DE L'OSTREVENT 5913

4 ch.
8 pers.
55€
pers. seule :
50€

BECAR ROGEE Dominique
26, rue au mont
59151 ESTREES
tel : (+33) (0)3 27 90 65 24
mobile : (+33) (0)6 75 62 05 26
mel : ferme-ostrevent@wanadoo.fr
web : ferme.ostrevent.free.fr

Situation : situé entre Douai, Arras et Cambrai, dans le Val de Sensée, non loin du musée Matisse, centre minier de Lewarde. Venez faire une halte dans le Val de Sensée !

Accueil : en chambres paysannes (4) dans une ancienne ferme-boucherie rénovée avec des matériaux écologiques . Vous serez accueilli en chambre double avec petit déjeuner biologique. Les chambres sont composées d'un lit double avec sdb privative.

61 - ORNE

14
CALVADOS
VIRE
Vimoutiers
27
EURE
6103
Athis-
de-l'Orne
6102
Trun
La Ferté-
Frênel
Putanges-
Pont-Ecrepin
Exmes
Gacé
L'Aigle
Tinchebray
Flers
Messei
ARGENTAN
Briouze
Ecouché
Le Merlerault
Moulins-
la-Marche
Courtomer
Domfront
La Ferté-Macé
Mortrée
Tourouvre
Sées
Bazoches-
sur-Hoëne
6101
Juvigny-
sous-Andaine
Carrouges
Passais
6106
Le Mêle-
sur-Sarthe
6105
Longny-
au-Perche
MORTAGNE-
AU-PERCHE
53
MAYENNE
Rémalard
ALENÇON
Pervenchères
Noce
MAMERS
Bellême
MAYENNE
Bellou-
le-Trichard
6104
NOGENT-LE-
ROTROU
72
SARTHE
28
EURE-
ET-LOIR
Le Theil

CHOPIN Isabelle et Patrick — 6101

La Bonelière
61350 SAINT MARS D'EGRENNE
tel / fax : (+33) (0)2 33 38 60 29
web : www.laboneliére.com

6 empl.
20 pers.
6€/pl.
4,30€/pers.
elec 1,30€

6 pers.
250€
WE 90€
(2 nuits)

Situation : sur la N176, Domfront à 5 km, en direction du Mont-St-Michel (70 km), Alençon à 60 km.

Production : production laitière à base d'herbe, conversion biologique, jardin, basse-cour, chevaux (attelage), moutons.

Accueil : vaste camping paysan ombragé 3000 m², salle de réunion, à proximité de la ferme (2 wc, 2 douches chaudes), jeux d'enfants, barbecue, gîte bâtiment torchis pan de bois, four à pain.

Activités possibles : participation aux soins aux animaux (traite, nourriture), attelage, balade en calèche, VTT, escalade, pêche, kayak.

MARTIN Daniel et Marie — 6102

La Boderie
61430 STE HONORINE LA CHARDONNE
tel : (+33) (0)2 33 65 90 46
mobile : (+33) (0)6 13 82 37 21
mel : laboderie@wanadoo.fr
web : www.laboderie.fr.st

English spoken

20 pers.
6€/pl.
7€/pers.
elec 1€

2 gîtes
Gîte 1 :
10 pers.
650€
Gîte 2 :
3/4 pers.
265€
WE
265/115€
(2 nuits)

Situation : entre Flers de l'Orne et Falaise, à 1h de Caen, 1h30 de Rennes et 3h de Paris, à partir de la D25 et D15, entre Ste-Honorine-la-Chardonne et mènil hubert u taillebois, suivre panneaux.

Production : élevage et activités avec nos ânes, vergers anciens de poiriers.

Accueil : en pleine nature, dans un cadre préservé (verger, étang), dans la cour de la ferme du manoir du XV°, gîtes paysans, camping paysan.

Activités possibles : la Boderie regroupe, outre les gîtes et camping, une troupe de théâtre et son espace, une école d'aïkido et son dojo, des activités avec les ânes. Vous pouvez organiser aussi vos stages chez nous et vous promener avec nos ânes.

FERME DE LA GILBERDIÈRE — 6103

OUVRY Sylvie et Didier
La Gilberdière - 61430 BERJOU
tel : (+33) (0)2 33 64 81 88 - fax : (+33) (0)2 33 64 26 45
mobile : (+33) (0)6 82 18 37 39
mel : syldid.ouvry@wanadoo.fr

English spoken
Se habla español

25 enfants
7€/J
4€/1/2J

20 pers.
6€/pl.
4€/pers.
elec 1€

produits paysans

Situation : 15 km Flers, 8 km Condé-sur-Noireau, 50 km Caen, 20 km Clecy. Ferme bocagère de Suisse Normande sur la D5 (Condé/Ste Honorine). Prendre la C6 au Gué Besnard sur 150 m puis à droite.

Production : vaches laitières (tout herbe et foin salé), vergers à jus et à cidre, chèvres, âne. Vente du lait et pommes pour tranformation AOC, jus de pommes fermier en vente sur place.

Accueil : ferme du bocage (spécificité haies, prairies, vaches, vergers...), accueil de groupes d'enfants, scolaires ou centres de loisirs du lundi au vend., à la journée ou demi-journée, les familles le merc. matin. Camping (toilettes sèches, eau chauffée par nos plaquettes de bois).

Activités possibles : découverte de la ferme, animations éducatives et ludiques. A proximité : piscine, randonnée, étang, canoë-kayak, escalade, GR VTT au pied de la ferme, équitation, mer à 1h, site de la Roche d'Œtre à 1/4h, La Boderie à 5 mn.

WEBER Dominique et Patrice — 6104

English spoken

2 et 6 pers.
18 et 20€

3 ch.
2 pers.
55€

2 gîtes
Gîte 1 :
2/4 pers.
300€
Gîte 2 :
8/10 pers.
600€
WE
150/300€

La Haute Blatrie
61130 BELLOU LE TRICHARD
tel / fax : (+33) (0)2 33 83 25 98
mel : bellou61@free.fr
web : bellou61.free.fr

Situation : à 2h de Paris, au cœur du Perche, à 17 km de Bellême et sa forêt domaniale, 15 km de La Ferté Bernard, 25 km de Nogent-le-Rotrou.

Production : ferme biologique depuis 1994, vaches laitières normandes nourries exclusivement avec de l'alimentation produite dans les champs (foin, céréales, herbe). Lait vendu au GIE Biolait.

Accueil : maison de village ancienne saboterie située à 1,5 km de la ferme. Location nuit, week-end, semaine, table paysanne bio.

Activités possibles : découverte de la ferme, randonnées pédestres, à vélo, pêche, circuit des manoirs du Perche, musée d'art et tradition populaire.

LE GUE FALOT — 6105

English spoken
lan spricht Deutsch

9 pers.
18€

3 ch.
9 pers.
44€

FLOCHLAY Marie-Annick
61170 SAINT AUBIN D'APPENAI
tel / fax : (+33) (0)2 33 28 68 12
mel : leguefalot@wanadoo.fr

Situation : à 5 km au nord-ouest du Mêle-sur-Sarthe, prendre la D4 vers Courtomer puis la D214 vers Boitron pendant 3 km, tourner à gauche au fléchage (ne pas aller à St Aubin), face à la forêt de Bourse.

Production : bovins, ovins, caprins, volailles, lapins sur 15 ha d'herbages.

Accueil : dans une longère, 3 chambres paysannes avec sanitaires privés, 2 au RdC, 1 à l'étage. Repas partagés à partir des produits de la ferme certifiée en agriculture biologique.

Activités possibles : soins aux animaux, coin jeux pour les enfants, à proximité ferme équestre, base nautique, pêche, forêt.

BOISGONTIER Brigitte et Gérard — 6106

8 pers.
15€

2 ch.
2 à 8 pers.
40€

2/4 pers.
240€
6/8 pers.
280€
WE 90€
(1 nuit)
130€
(2 nuits)

La Baillée-Chesnel
61350 SAINT FRAIMBAULT
tel / fax : (+33) (0)2 33 38 77 08
mobile : (+33) (0)6 75 02 97 46
mel : brigitteboisgontier@wanadoo.fr
web : perso.wanadoo.fr/boisgontier

Situation : sur la D 21, Domfront 12 km, Mayenne 30 km, Flers 35 km, en direction du Mont-St-Michel (70 km), à 5 km du village fleuri. Base de canoë-kayak à 6 km.

Production : production laitière, céréales, jardin, basse-cour.

Accueil : dans la dépendance restaurée avec des matériaux sains (chaux, chanvre et bois), 1 chambre paysanne 4 pers.,1 chambre paysanne 2 pers. + 2 en mezzanine, sdb commune. Possibilité en gîte paysan avec 1 grande salle 52 m² avec coin cuisine. Table paysanne.

Activités possibles : découverte de la ferme, des soins aux animaux et potager, canoë, village fleuri primé international. Au fil des chemins à VTT andaines et domfrontais dans sa forêt.

62 - PAS-DE-CALAIS

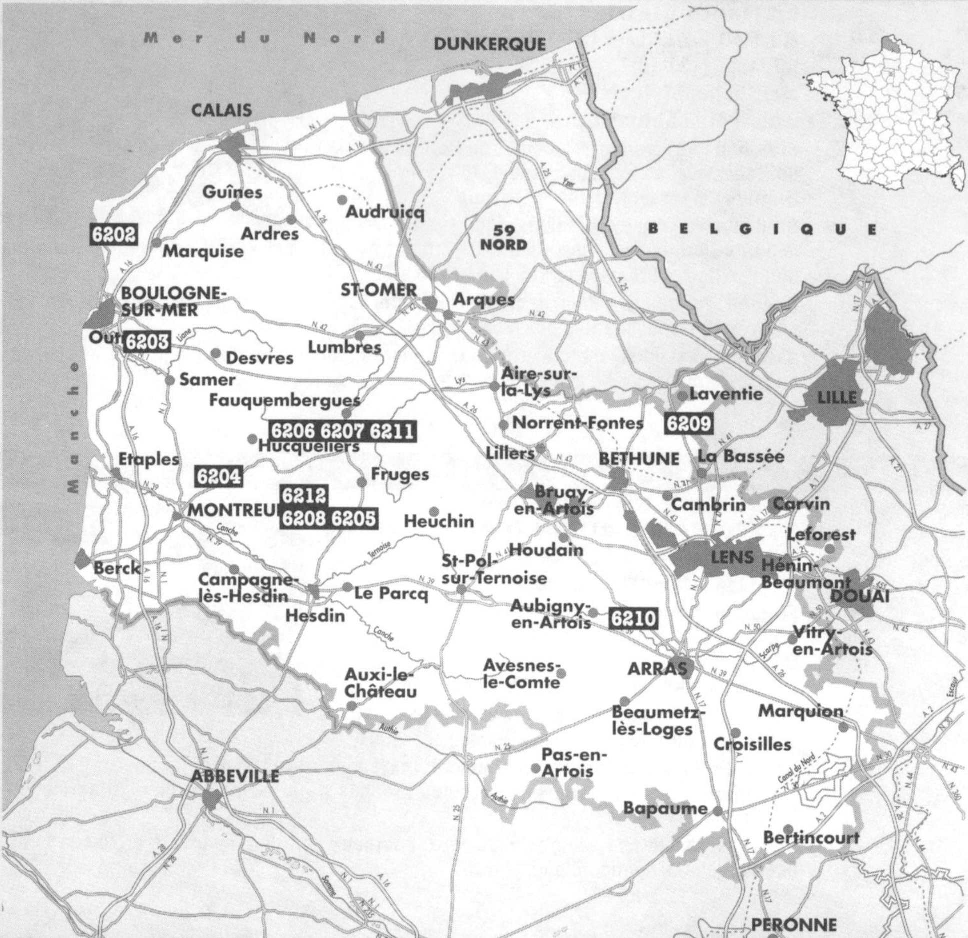

BLÉS DE FERQUENT 6202

2 gîtes
Gîte 1 :
2 pers.
BS 231,60€
HS 394,60€
Gîte 2 :
5 pers.
BS 334,50€
HS 497,50€
WE
12,60/142€
(2 nuits)

English spoken

2 enfants
35€/J

12 pers.
15,50€

20 pers.
1,20€/pl.
enfant 2,20€
4,40€/pers.
elec 1,50€
mobilhome
HS 338 à 442€
BS 209 à 313€

QUENU Marguerite et Sylvain
Raventhun - 62164 AMBLETEUSE
tel / fax : (+33) (0)3 21 32 68 40 - mobile : (+33) (0)6 07 29 75 43
mel : bles2ferquent@yahoo.fr
web : http://blesdeferquent.free.fr

Situation : sur le site des deux caps, au sud du cap gris nez, à 3 km de la plage d'Ambleteuse (fort Vauban), à 6 km de l'A16 sortie 36, à 14 km de Boulogne-sur-mer (Nausicaa).

Production : ovins, volailles, légumes de plein champs, jardin paysan (agriculture bio, mention Ecocert).

Accueil : camping paysan, location de mobilhomes et caravanes (2 pers.). Location bungalow aménagé pour repas (20 pers). Ferme éducative. Table paysanne. Boxes pour randonneurs et une prairie pour leurs montures. Location de 2 gîtes de 4/5 personnes à Wissant (location semaine ou WE 2 nuits).

Activités possibles : balades avec les ânes à Ferquent, ou en carriole avec la jument, visite de la ferme, goûter paysan.

LA SEILLE 6203

6 pers.
BS 250€
HS 300€
WE 110€
(2 nuits)

FORTIN Lucien et Marie-Thérèse
27, route de Macquinghen
62360 BAINCTHUN
tel : (+33) (0)3 21 83 33 23 (12h à 16 h)

Situation : 7 km de Boulogne/mer, 30 km du Tunnel sous la Manche.

Production : lait, viande bovine.

Accueil : gîte paysan : séjour cheminée feu de bois, cuisine, lave-linge, 4 chambres, sdb, wc, salon de jardin.

Activités possibles : visite de la ferme, découverte du métier d'agriculteur, jardinage. Forêt, mer, randonnées pédestres.

GAEC BIO 6204

3 ch.
7 pers.
40€

10 pers.
2,30€/pl.
2,30€/pers.
elec 2,30€

2/4 pers.
BS 120€
HS 150€
WE 90€
(1 nuit)

CARON Francine
20, impasse de la Motte
62650 CLENLEU
tel : (+33) (0)3 21 90 93 99
fax : (+33) (0)3 21 86 57 19

Situation : sur la D126, 10 km de Montreuil/Mer, 20 km du Touquet, 20 km de la faïencerie de Desvres, 40 km de Boulogne/Mer.

Production : élevage laitier et bovin. Viande en Bio. Vente de caisse de bœuf et veau (10 kg). Bio contrôle Ecocert.

Accueil : chambres paysannes (1 chambre de 3 pers., 2 chambres de 2 pers.), gîte paysan et camping paysan.

Activités possibles : découverte de la traite, alimentation des veaux, conduite des vaches au pâturage. Découverte des activités de la ferme. Equitation, pêche, plage (billard et pizzérias), produits régionaux (foie, confiture, chocolats), la route du Bois.

ASSOCIATION A PETITS PAS 6205

Label Tourisme et Handicap

English spoken
Man spricht Deutsch
Se habla español

50 enfants
14€/J
7€/1/2J

3 gîtes
Gîte 1 : 6 pers.
Gîte 2 : 16 pers.
Gîte 3 : 32 pers.
tarifs : nous consulter

16, rue de Canlers
62310 RUISSEAUVILLE
tel : (+33) (0)3 21 41 70 07
fax : (+33) (0)3 21 41 70 60
mel : apetitspas@free.fr
web : www.apetitspas.free.fr

Situation : pays des Sept Vallées, à proximité de la côte d'Opale, 60 km de la Baie de Somme, 14 km d'Hesdin, 3 km d'Azincourt, 5 km de Fruges.

Production : élevage d'ânes.

Accueil : gîtes confortables et "nature". Accueil de familles, groupes, centres de vacances, classes et structures spécialisées. Hébergement accessible aux personnes à mobilité réduite, labélisé "Tourisme Handicap". Un espace d'accueil aménagé et construit avec des matériaux écologiques. Un séjour sur un espace de vie et d'animation.

Activités possibles : randos pédestres avec un âne, en famille ou en groupe, randos en joëlette pour les personnes à mobilité réduite. A partir de 10 pers. poterie, pain bio dans four traditionnel, blé tressé, art floral, musique verte, atelier chantier écologique.

FERME DU PETIT PRE 6206

12 pers.
21€

LEMOINE-LOISEL Bernard et Dominique
2, rue Courtoise
62650 ERGNY
tel / fax : (+33) (0)3 21 90 36 17

Situation : dans la vallée de l'Aa, entre le Touquet et St-Omer, à 17 km de Montreuil/Mer (fléchage dans le village).

Production : élevage traditionnel de volailles "à l'ancienne" de poulets, coqs, pintades, lapins, canards.

Accueil : table paysanne gourmande, toute l'année sur réservation, volailles de l'élevage, produits du terroir, spécialité : pâté de coq gaulois et apéritif de ferme à la chicorée.

Activités possibles : dans un cadre verdoyant, aller à la rencontre des animaux de la ferme, randos en ânes, tressage de blé, pêche à la truite, faïenceries, ville fortifiée. Randorail.

ESCAP'ÂNE 6207

80 pers.
12€/J
6€/1/2J

English spoken
Se habla español

9 rue des Prés Saint Jean - 62650 ERGNY
tel / fax : (+33) (0)3 21 90 37 65
mel : contact@escapane.com
web : www.escapane.com

Situation : située dans le Haut Pays d'Artois, l'association est entourée de paysages bocagers et se trouve dans un village de 200 habitants. Calme assuré.

Production : cheptel de 16 ânes, 1 ânon par an. Entretien des pâtures et des haies.

Accueil : tout public, handicapés, enfants et adultes. Programme scolaire pour une journée découverte sur les thèmes de l'âne, de la randonnée et/ou l'orientation. Mini-séjours et camps itinérants de 3 à 5 jours (hébergement en camping et/ou gîte). Programme de plusieurs séances de médiation avec l'âne pour les personnes handicapées (adultes et enfants). Attelages adaptés aux personnes à mobilité réduite. Ouvert toute l'année. Randonnées accompagnées d'ânes bâtés.

Activités possibles : location d'ânes pour randos 1/2 à 6 jours.

LA CENSE AUX BONHEURS 6208

English spoken
Man spricht Deutsch
Se habla español

2 gîtes
Gîte 1 : 10 pers. BS 550€ HS 770€
Gîte 2 : 9 pers. BS 550 € HS 770€
WE 250€ (1 nuit)

produits paysans

FLANDRIN Anne-Marie
9-13, rue du Château - 62310 TORCY
tel : (+33) (0)3 21 81 90 79 - mel : amflandrin@wanadoo.fr
web : http://lacenseauxbonheurs.monsite.wanadoo.fr

Situation : au pays des 7 Vallées "la nature à sa source", Anne Marie vous accueille dans sa cense (ferme en patois) pour vos activités en groupe ou en famille élargie... Le temps de découvrir 1000 petits bonheurs, dans un cadre préservé, verdoyant et boisé. Entre tradition et innovation, la région vous propose ses produits gastronomiques, ses artisans locaux, ses châteaux et jardins.

Production : fruits et légumes, produits transformés (pain, confitures et sirops) tout bio, plantes aromatiques et médicinales, serre de 250 m², serre méditerranéenne, petits animaux.

Accueil : dans cette ancienne ferme artésienne rénovée, nous accueillons les groupes autour d'un pot d'accueil de manière à présenter le site et à inviter les convives à participer aux animations : visite pédagogique des jardins, fabrication de pain, piscine. Repas bio proposé pour les groupes. L'hébergement proposé se fait en gîte de grande capacité.

Activités possibles : nombreux jeux de plein air et de société, sentiers de randos balisés, visite de productions locales, canoë, équitation, randos en ânes.

LA FERME DE MAMIE - GÎTE DU PACAULT 6209

7 pers. 250€
WE 100€ (1 nuit)

English spoken

ROBIEZ Rachel, Fabrice et les enfants
Le Pacault - 427, rue du Grand Chemin
62350 CALONNE SUR LA LYS
tel : (+33) (0)3 28 48 92 24
mobile : (+33) (0)6 81 74 22 59

Situation : situé à 3 km du centre, en campagne, dans la vallée de la Lys, tout proche de Paradis Lestrem, à 8 km de Béthune et 40 km de Lille, à 20 mn de la Belgique.

Production : animaux de races régionales (poules, oie flamandes, volailles diverses, chèvres, mulets, poneys et ânes), verger ancien.

Accueil : gîte paysan dans une ferme restaurée sur 120 m². Vous disposerez de 3 chambres, 2 sdb (avec équipement bébé) , d'une salle à manger, dans le calme de la campagne de la Lys, d'un terrain clos, d'une cour fermée.

Activités possibles : nourrir les animaux, randonner avec les ânes ou le poney, visite de la réserve ornithologique à 3 km, circuits pédestres, pêche à 3 km, vol à voile, équitation, forêt à 5 km. Nombreux jeux pour l'intérieur et l'exterieur.

GÎTE DE LA MESURE VIOLON 6210

4 pers.
BS 250€
HS 300€
WE 100€ (2 nuits)

English spoken

BOCQUET Thérèse
3, rue Leclerc
62690 FREVIN CAPELLE
tel : (+33) (0)3 21 55 87 18
fax : (+33) (0)3 21 59 01 50
mobile : (+33) (0)6 82 35 65 76
mel : mesureviolon@hotmail.com
web : gite-de-la-mesure-violon.ifrance.com

Situation : au cœur de l'Artois, sur les bords de la Scarpe, à 10 km d'Arras.

Production : jardin de plantes aromatiques et médicinales.

Accueil : authenticité, calme, retour à l'essentiel dans une ancienne ferme en pierres blanches du 19° siècle, gîte paysan.

Activités possibles : magasin de produits biologiques, randonnées pédestres ou circuits cyclistes, visites touristiques : Boves (galeries souterraines d'Arras, architecture flamande, archéologie, château médiéval Ollain, moulin à vent d'Achicourt.

CAPPELLE Philippe et Chantal — 6211

English spoken

2 gîtes
Gîte 1 : 8 pers. BS 280€ HS 400€
Gîte 2 : 8 pers. BS 280€ HS 400€
WE 150€ (2 nuits)

73, rue de la Longeville
62650 HUCQUELIERS

tel : (+33) (0)3 21 81 57 33 ou (+33) (0)3 21 94 90 52
mel : ph.cappelle@wanadoo.fr
web : chemins.de.traverse.free.fr

Situation : entre Desvres et Montreuil/Mer, le long de la Vallée de la Course et à 30 km de la mer.

Production : exploitant bio proche du lieu d'accueil.

Accueil : accueil toute l'année, dans 2 gîtes tout équipés, dans des dépendances d'une ancienne ferme du XVII° siècle rénovée dans le respect de l'environnement.

Activités possibles : jeux coopératifs, randonnées.

ROBERT Valérie — 6212

3 empl. 8€/pers.

English spoken

Se habla español

28, route d'Embry
62990 HESMOND

tel : (+33) (0)3 21 81 97 14

Situation : vous cherchez un lieu atypique ? Proche de la nature ? Nous sommes situés dans la vallée de la Créquoise, entre Hesdin et Montreuil/Mer, dans un écrin de verdure.

Production : élevage de chèvres, traite à la main, fromages de chèvres frais et affinés, cidre et miel, tartes sucrées et salées…

Accueil : en camping : 3 emplacements et chalet bois (3 à 5 personnes).

Activités possibles : circuit VTT, marche à pied, découverte du perlé de Groseilles, marionnettes de Loison et Savoir d'Antan à Lebiez...

63 - PUY-DE-DÔME

GAEC DE LA BOURIETO 6301

25 pers.
12 à 19€

4 ch.
9 pers.
32,20€

MARTEAUX Charles,
LAON Nicolas et Louisa
La Baffie
63630 FAYET RONAYE
tel : (+33) (0)4 73 72 03 37
fax : (+33) (0)4 73 72 09 56
mel : gaecdelabourieto@orange.fr
web : http://monsite.wanadoo.fr/labourieto

Situation : au cœur du Parc régional du Livradois-Forez, alt. 1000 m. 30 km d'Issoire, Brioude, Ambert, La Chaise Dieu.

Production : chèvres, moutons, volailles, légumes, veau, œufs, petits fruits.

Accueil : auberge paysanne, 3 chambres paysannes à 1 lit double, et 1 à 3 lits dont 2 superposés, salle de bain et wc communs.

Activités possibles : soins aux animaux, jardin, pêche sur place, randonnées pedestres. Aux alentours : VTT, équitation, baignades.

GAEC DE BEAUCLAIR 6303

12 pers.
BS 620€
MS 780€
HS 980€
THS 1000€
WE 300€
(1 nuit)

English spoken

Man spricht Deutsch

FRAISSE Laurent et NERON Isabelle
Châteaubrun - 63620 VOINGT
tel / fax : (+33) (0)4 73 21 76 94
mel : i.neron@wanadoo.fr

Situation : alt. 800 m, à 60 km de Clermont-Ferrand et 40 km d'Aubusson, Châteaubrun est un hameau situé face à la chaîne des Dômes et la chaîne du Sancy, 15 km de Pontaumur, D941.

Production : en agriculture biologique ; lait de nos vaches montbéliardes avec mise en place future d'un atelier de transformation fromagère. Production de viande de nos vaches charolaises avec vente directe sur commande.

Accueil : gîte paysan, 5 chambres, 2sdb, tout confort, cheminée, véranda, dépendances, table de jardin, grand parc arboré donnant directement sur la forêt et chemins de rando. Accueil de chevaux en box ou parc avec manège.

Activités possibles : découverte de la traite, pêche en étang privé. Maison du Patrimoine et archéologie à Voingt, baignade à Giat, Vulcania, musées à Volvic, Aubusson, route des fromages d'Auvergne.

LE BAMET 6304

16,50€
apéritif et café compris
enf -12ans : 8€

3 ch.
10 pers.
45€
(+ taxe séjour)

BACHELARD Patrick - Bannières
63230 SAINT PIERRE LE CHASTEL
tel : (+33) (0)4 73 88 74 65
mel : contact@lebamet.com
web : www.lebamet.com

Situation : alt. 750 m. A 21 km de Clermont-Ferrand et de Riom et à 5 km de Pontgibaud (commerces et visites). Le Bamet vous accueillera dans une ancienne ferme de 1899 entourée d'un espace de 3000 m² de terrain arboré. Bannières se situe dans le Parc des volcans, au sud des Combrailles.

Production : potager et basse-cour.

Accueil : nous vous offrons l'hébergement dans 3 chambres très agréables, le repas (le soir sur réservation) menu proposé avec les produits du jardin, volailles et produits du terroir, ou un panier pique-nique le midi. Vente à emporter.

Activités possibles : Le Bamet est à proximité des sites les plus fréquentés : la Chaîne des Puys, le Puy de Dôme (10 km), Vulcania (7 km)... Pour les randonneurs : le GR passe devant notre maison. Nous vous ferons visiter les Creux de Glace et la Cité des Chazaloux... Curiosités proche du Bamet.

64 - PYRÉNÉES-ATLANTIQUES

FERME ETXEKONIA 6405

8 pers.
17€

4 ch.
10 pers.
42 à 44€

English spoken

Se habla español

ELICAGARAY Mayie
64220 BUSSUNARITZ
tel : (+33) (0)5 59 37 00 40

Situation : alt. 450 m. A 6 km de St-Jean-Pied-de-Port, 20 km de la forêt d'Iraty, 50 km de la côte basque, 10 km de la frontière espagnole. Nombreuses routes : Bayonne-St-Jean-P-P D918 (sortie autoroute Salies-de-Béarn), suivre D933 vers St-Jean-P-P, chemin St-Jacques-de-Compostelle.

Production : bovins à viande (Blondes d'Aquitaine), céréales, élevages, lapins, pooulets, canards, conserves de confit de porc, pâté, jambon, fromages, œufs, confitures.

Accueil : 4 chambres paysannes (4 lits en 140, 2 lits en 90), lavabo dans chaque chambre, salle de bains commune. Petit déjeuner à base de produits de la ferme. Table paysanne. Grand espace extérieur pour le repos ou jeux d'enfants. Possibilité de pique-nique.

Activités possibles : visite et soins aux animaux, découverte de la vie paysanne. Aux alentours : randos pédestres, VTT, foires gastronomiques, visite du vignoble Irouléguy.

FERME CARACOTCHIA 6411

4 ch.
10 pers.
42€

English spoken

Basque parlé

SEMPÉ Christiane
Maison Caracotchia - 64220 LACARRE
tel : (+33) (0)5 59 37 03 97 - fax : (+33) (0)5 59 37 92 56
mel : christiane.sempe@wanadoo.fr

Situation : alt. 300 m. à 20 km de la forêt d'Iraty (alt. 1400 m), à 16 km de l'Espagne, 55 km de la Côte basque, St-Jean-Pied-de-Port à 8 km sur le chemin de St-Jacques-de-Compostelle.

Production : ferme du fils : production fourragère, pension d'animaux, maïs.

Accueil : 4 chambres pays. avec 4 lits 140 et 2 lits 90. Pt déj. avec confiture maison. Accueil tte l'année dans une ancienne ferme basque restaurée, spacieuse, calme, reposante ; idéal pour se ressourcer, convivialité et bon accueil, belle vue, grand espace vert. Loc. sur terrain ou sous abri de box individuels pour caravanes, camping-cars, quads, etc., fermé, couvert, avec aire de lavage, compresseur et aspirateur. Possibilité enlèvement et mise en place des véhicules.

Activités possibles : à la ferme : loc. circuit tout terrain pour 4x4, quad, motocross, visite exploitation et découverte vie paysanne. Animations folkloriques à St-Jean-P.-P. et environs.

FERME FAGALDIA 6412

2 ch.
5 pers.
37 à 40€
(suivant période)

Se habla español

Basque parlé

Famille HARISPOUROU
Maison Fagadia
64250 ITXASSOU
tel : (+33) (0)5 59 29 82 01
fax : (+33) (0)5 59 29 27 98

Situation : alt. 150 m. Au cœur du pays basque à 20 mn de Bayonne et de Biarritz (océan), à 15 mn de la frontière espagnole au pied des Pyrénées.

Production : confiture de cerises, agneau, veau, cordes et poudre de piment d'Espelette.

Accueil : A 20 mn de Bayonne, venez observer notre vie de paysans entre montagne et océan. chambres paysannes avec chacunes sdb et wc.

Activités possibles : visite de la ferme, observation des brebis en transhumance, cueillette de cerises et de piments. Randonnées pédestres, rafting, grottes, station thermale de Cambo-les-Bains, fêtes traditionnelles, pêche, chasse, vol à voile.

FERME BENACQ 6427

4 à 6 pers.
15€
enfant :
6 à 8€

3 ch.
6
(+1 enf -5 ans)
40€

Basque parlé

LABORDE Pierre et son épouse
Le Faget 64400 OLORON STE MARIE
tel : (+33) (0)5 59 39 14 89

Situation : alt. 300 m, à 6 km d'Oloron-Ste-Marie, 1h de Lourdes, 1h50 des frontières espagnoles (Somport-Pourtalet) et du col d'Aubisque, 45 mn de Pau. Itinéraire : sortie autoroute Pau, suivre RN134 vers l'Espagne (Sarragosse).

Production : bovins viande (Blondes d'Aquitaine), élevage lapins-poulets-canards, conserves : confit porc, pâté, fromages, œufs, confitures.

Accueil : 2 chambres (lit 140 + lit enfant jusqu'à 5 ans), 1 chambre (lit en 120), salle de bain, wc commun. Petit déjeuner avec confiture, table paysanne. Vue imprenable sur les Pyrénées.

Activités possibles : soins aux animaux. Aux alentours vous pourrez faire de la randonnée pédestre et en montagne, du rafting sur le Gave, de la pêche aux saumons, visiter la route des vins avec "La commanderie du Jurançon". Piscine municipale et parc aquatique à proximité.

65 - HAUTES-PYRÉNÉES

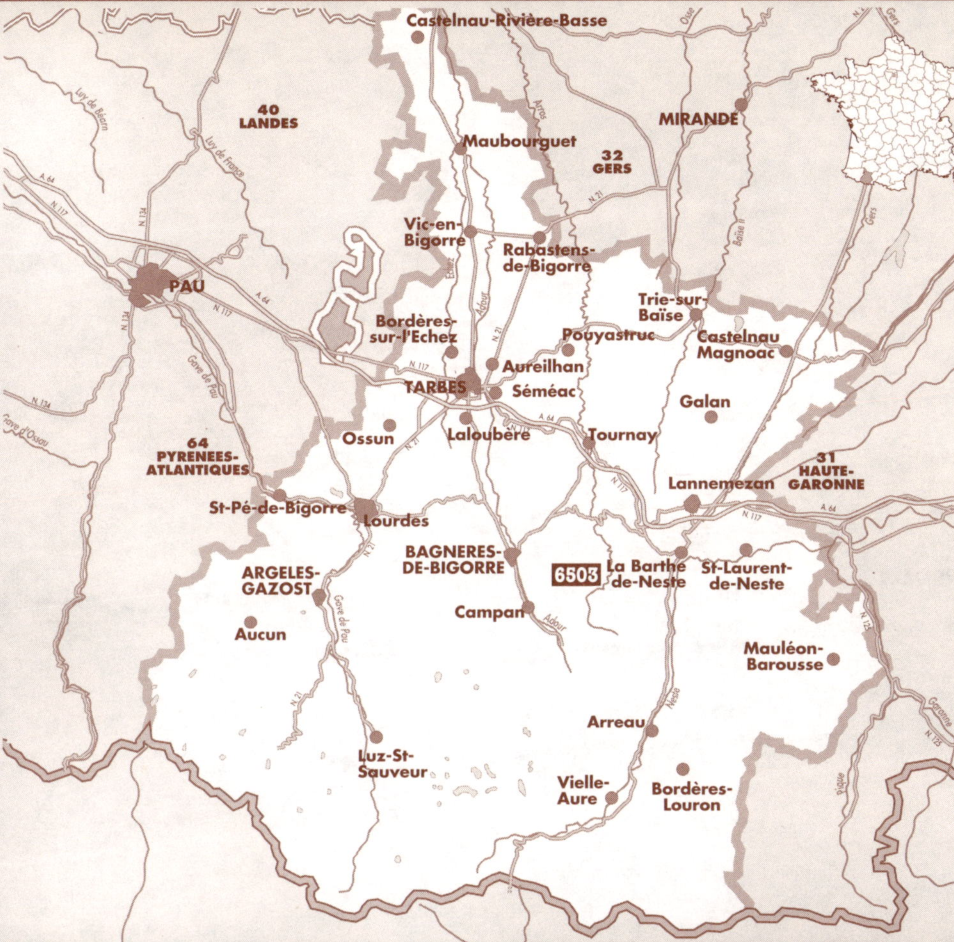

MAISON PISTOULET 6503

SOMBRIN Cathie
Quartier Cuhour
65130 BULAN
tel : (+33) (0)5 62 39 03 49

2 ch.
6 pers.
36€

Occitan parlat

Situation : alt. 480 m, au pied des montagnes des Baronnies, à 20 km de Bagnères-de-Bigorre et Lannemezan, 30 km de Tarbes et Lourdes.

Production : bovins viande, œufs, légumes.

Accueil : 2 chambres paysannes. Accueil de cavaliers.

Activités possibles : découverte de la ferme et des animaux, de la culture locale. Randonnées, pêche, visites (Château de Mauvezin, Gouffre d'Esparros).

66 - PYRÉNÉES-ORIENTALES

BARBARINE 6601

12 pers.
6€

produits paysans

Se habla español

Catalan parlé

BARTHAS Patricia
Place Bassères, en face du n°2
66650 BANYULS SUR MER
tel : (+33) (0)6 14 01 71 15

Situation : 36 km de Perpignan, 14 km de la frontière espagnole, station balnéaire, entrée du village sur la droite.

Production : cactus alimentaires, confitures, jus de fruits, vinaigre.

Accueil : casse-croûte et goûters paysans pour des groupes, sur réservation uniquement.

Activités possibles : découverte des cactus alimentaires, dégustation, recettes, discussions... Visite fléchée d'un vieux quartier de Banyuls, activités de bord de mer, plongée, voile, randonnées.

PESQUÉ Danie 6603

produits paysans

Se habla español

Occitan parlé

Catalan parlès

2 gîtes
Gîte 1 :
4 pers.
BS 220€
Gîte 2 :
16 pers.
(4 à 4)
BS 900€
HS 1300€

Cal Xareire
66210 ESPOUSOUILLE
tel / fax : (+33) (0)4 68 04 45 37
mel : danie.pesque@wanadoo.fr

Situation : alt. 1520 m, à 100 km de la mer (Perpignan), 45 km de l'Espagne, 2h de Barcelone, à l'entrée de la vallée du Galbe, sur le plateau du Capcir. Village de montagne aux maisons de pierre (30 habitants).

Production : ânes.

Accueil : 1 gîte paysan. Ouvert toute l'année.

Activités possibles : promenade en compagnie d'âne bâté (à partir du gîte), accueil de cavaliers et chevaux, randos pédestres, ski de fond et descente, raquettes, piscine et base nautique (10 km), équitation, pêche, VTT, spéléo.

CHEZ LA MERE MICHELE 6605

6 pers.
16€

1 ch.
2/6 pers.
36€

Occitan parlé

Catalan parlé

FABRE Michèle
10, rue du Pech
66220 SAINT PAUL DE FENOUILLET
tel / fax : (+33) (0)4 68 59 21 54
web : www.st-paul66.com

Situation : 45 km de Perpignan, de Mijanes (station de ski) et de la mer (Barcarès). Maison en haut du village avec vue sur le Chapitre (ancienne collègiale XII°), proche des gorges de Galamus et de la Clue de la Fou.

Production : exploitation viticole, petit élevage et maraîchage. Vin volailles, lapin, fruits, œufs, légumes, confitures, miel. Trufficulture.

Accueil : chambres paysanne avec sdb, wc ; authenticité, calme, convivialité dans une maison du terroir. Jardin avec salon de jardin, vue sur le village, les Gorges de Galamus et de la Clue de la Fou.

Activités possibles : découverte des vendanges, veillées d'autrefois, catharisme, culture régionale par conférencière. Sport en eaux vives, escalade, GR36, châteaux cathares.

VAGABOND'ÂNE 6606

CHABOUREAU Claudine
et MAGDINIER Bruno
Rieutort
66210 PUYVALADOR
tel / fax : (+33) (0)4 68 04 41 22
mel : vagabondane@free.fr
web : www.ane-et-rando.com

English spoken
Man spricht Deutsch
Se habla español

12 enfants
280€

produits paysans

Situation : Rieutort est situé en Capcir, vaste plateau à 1500 m d'alt., dominé à l'est par le massif de Madres et à l'ouest par les sommets des Pérics et du Carlit. Nous sommes à 30 km de Font-Romeu.

Production : ânes de randonnées, mules et chevaux lourds, petits fruits et confitures.

Accueil : accueil enfant ; camps de montagne itinérants pour enfants sous tente avec nos animaux de bât. Location d'ânes de randonnée sur le "Tour du Capcir".

Activités possibles : randonnées avec les ânes, connaissance de l'animal. L'hiver, découverte de la vie cachée de la montagne en raquettes et ski de fond.

AUBERGE TAÏCHAC 6607

BENET Brigitte et AMAR AMGHRI Houcine
Le village - 66220 SAINT MARTIN
tel / fax : (+33) (0)4 68 59 09 54
mel : contact@gitetaichac.com
ou : brigitte.benet@wanadoo.fr
web : www.gitetaichac.com

English spoken
Se habla español
Russe parlé
Arabe parlé

50 pers.
10 à 25€

4 ch.
10 pers.
40€

30 pers.
15€ petit déj. compris

Situation : Au cœur du Fenouillèdes, entre vignobles et garrigue, Méditerranée et Pyrénées, à 50 km au nord de Perpignan par la D117, alt. 380 m.

Production : nous utilisons la production des maraîchers, éleveurs, agriculteurs et autres produits locaux.

Accueil : dortoirs ou chambres. Petite boutique des terroirs située dans l'auberge (vins, miel, confitures…).

Activités possibles : nombreuses activités de loisirs à l'auberge (jeux de sociétés, billard, baby-foot et ping-pong), tennis et plan d'eau à proximité. Randonnée gourmande des vignobles. Activités équestres à proximité. Concerts, stage de danse, bal folk, café littéraire, conférence club nature, atelier couture, carnets de voyages... proposés tout au long de l'année.

67 - BAS-RHIN

JARDIN GOURMAND 6701

7 pers.
15€

2 ch.
50€

produits paysans

VERRET Gérard
3b, rue de Bassemberg
67220 LALAYE
tel : (+33) (0)3 88 58 91 44
mel : gerard@jardingourmand.com
web : www.jardingourmand.com

Situation : alt. 300 m. Plein sud. Sélestat, sortie 17 jusque Villé. Prendre D39 sur 4 km jusqu'à Fouchy puis à droite D97 : à 300 m en restant sur la droite.

Production : fleurs cristallisées, gelées de fleurs, condiments de plantes sauvages.

Accueil : chambres paysannes avec sdb commune, table paysanne. Gérard est cueilleur et transformateur de plantes sauvages. Il concocte sur rendez-vous des menus insolites et joyeux. Maison vosgienne récente et très soignée.

Activités possibles : repas dégustation à base de fleurs et plantes sauvages, graines germées, algues, lacto-fermentés (non végétarien). Stages entre nature et cuisine. Randonnées, centre nautique, escalade (arbres, rochers), parapente.

68 - HAUT-RHIN

FERME AUBERGE DE L'ENTZENBACH 6801

Man spricht Deutsch

50 enfants
5€/J
3€/1/2J

35 pers.
6 à 15€

5 empl.
4€/pers.
petit déj :
2€

LEISER Bernard
68290 NIEDERBRUCK
tel : (+33) (0)3 89 82 45 49

Situation : à 7 km de Masevaux, alt. 700 m, accès par la N466 en direction du Ballon d'Alsace.

Production : fruits, plantes médicinales, potager en biodynamie, vaches, porcs, lard et tomme vosgiennes, miel. Bio mention Ecocert.

Accueil : accueil d'enfants, auberge paysanne dans une ferme typique de la montagne vosgienne, à mi-pente dans une belle clairière préservée.

Activités possibles : journée découverte et sensibilisation à l'environnement, musée d'artisanat rural ; randonnées, sentiers balisés, baignade.

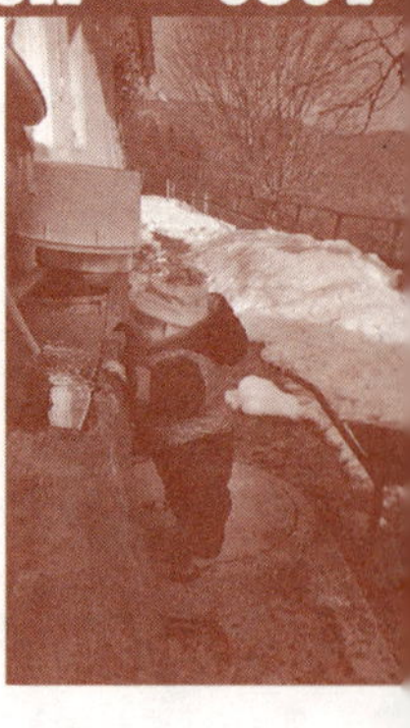

69 - RHÔNE

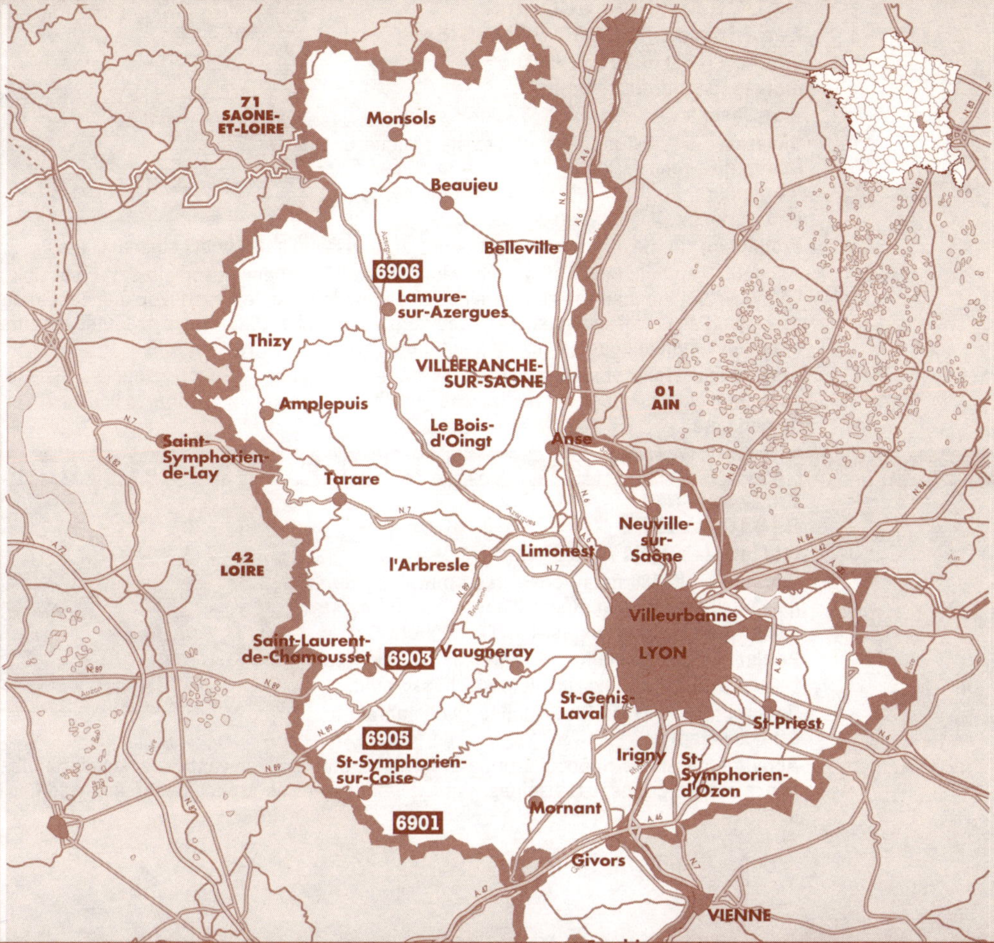

AUBERGE DE FOURCHET 6901

GOUTAGNY Sylvie et Alain
69590 POMEYS
tel / fax : (+33) (0)4 78 44 31 66

25 pers.
9 à 18€

English spoken

Situation : dans les Monts du Lyonnais, alt. 700m, à 4 km de St-Symphorien/Coise, Lyon 40 km, St-Etienne 35 km.

Production : volailles et lapins cuisinés, légumes et fruits du jardin, charcuterie et desserts “maison” à déguster sur place. Réservation souhaitée.

Accueil : auberge paysanne dans une ferme datant de plusieurs siècles où vous êtes accueillis dans un cadre typiquement campagnard. Venez déguster nos produits fermiers.

Activités possibles : barrage et pêche à 20 mn à pied, nombreux sentiers balisés. Maison des métiers d’autrefois à 4 km, Musée du chapeau à Chazelles/Lyon à 10 km.

LA MAISON NICHOIR 6903

3 enfants
35€/J
210€/séjour

SAUVE Michèle et Didier
Les Mottes - 69690 BRUSSIEU
tel / fax : (+33) (0)4 74 70 90 00
mel : maisonnichoir@voila.fr
web : asin.fr

Situation : alt. 460 m, dans une ferme typique des Monts du Lyonnais, entre l'Arbresle et Sainte-Foy-l'Argentière, à 40 km de Lyon et St-Etienne, par la N89, sortie Brussieu à 2 km du village.

Production : jardin, fruitiers, pain, produits naturels "maison", petits animaux, ânes.

Accueil : 3 enfants de 6 à 10 ans en séjour durant les vacances scolaires, WE possible. Fermé à Noël. Accueil dans une famille à la campagne afin de promouvoir une éducation au respect de l'environnement en découvrant sa diversité. Différences de toutes natures acceptées, handicapantes ou non (sauf fauteuil roulant). Agrément ASE.

Activités possibles : balade à pied, à dos d'âne, en calèche, activités manuelles. Piscine, parc animalier. Simplement prendre le temps de vivre autrement, respirer le bon air, rêver, ne rien faire...

VOUTE Chantal et BONNARD Jean-Pierre 6905

6 pers.
250€
WE 70€
(1 nuit)
100€
(2 nuits)

Le Trouillard
69610 AVEIZE
tel / fax : (+33) (0)4 74 70 00 45

Situation : alt. 580 m, au cœur des Monts du Lyonnais, à 40 km de Lyon. Route d'accès à la ferme se situant sur la D4 près de Ste-Foy-l'Argentière.

Production : polyculture, élevage, vaches laitières, fraises, cerises, pêches, jus de fruits, basse-cour.

Accueil : gîte paysan 6 personnes (3 chambres) au sein de la ferme.

Activités possibles : découverte de la ferme et du travail suivant les saisons. Randos pédestres, VTT, musées, piscines, Parc des loups et des rapaces, marchés traditionnels.

CHEZ MARIE-PIERRE 6906

6 pers.
10€

6 pers.
15€

English
spoken

PAN Marie-Pierre
Valossières
69870 CLAVEISOLLES
tel : (+33) (0)4 74 03 04 27
mel : panmarie@aol.com

Situation : le Haut-Beaujolais, entre vignes et forêts ; à proximité de Lyon, cette région encore méconnue mérite le détour.

Production : poules et œufs, produits du jardin.

Accueil : vous serez accueillis dans une ancienne fermette, au sein d'une voisinée toute en pierres ; calme et convivialité sont au rendez-vous. Relais paysan, sanitaires communs.

Activités possibles : balades sportives ou contemplative, découverte du Beaujolais viticole, Lac des Sapins, circuit des églises romanes…

70 - HAUTE-SAÔNE

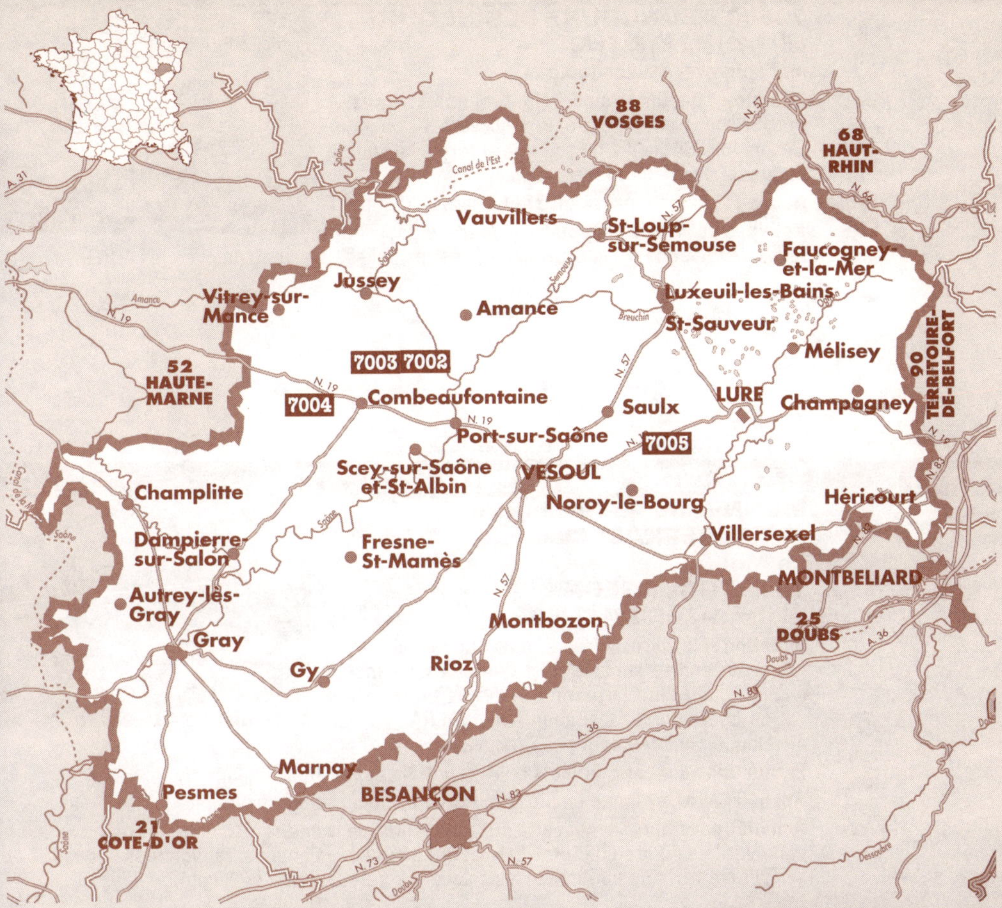

LA LUDORE FERME AUBERGE 7002

English spoken

20 enfants
12€/J
3,5€/1/2J

60 pers.
14 à 20€

COLLET Laurence
et GARRET Anne-Françoise
70500 ABONCOURT-GESINCOURT
tel : (+33) (0)3 84 68 71 28
mel : laludore@wanadoo.fr

Situation : à 75 km de Besançon, 25 km de Vesoul, 12 km de Port/Saône, sur la D56. Région des Hauts du Val-de-Saône.

Production : vaches allaitantes et broutards en bio, porcs, lapins, œufs, poulets, charcuteries, canards.

Accueil : accueil de groupes d'enfants à la journée (25 maxi). Auberge paysanne en 2 salles rustiques (poutres et pierres apparentes) aménagées dans l'ancienne écurie et grange. Repas préparés à partir des produits de la ferme.

Activités possibles : accueil éducatif en réseau "A l'école de la Terre", connaissance des différentes productions de la ferme. Spéléo, randos pédestres, sentiers karstiques.

GARRET Marie-Elise et Pierre — 7003

13€

1 ch.
2 pers.
38€

70500 ABONCOURT GESINCOURT
tel : (+33) (0)3 84 68 71 63
mel : pigarret@wanadoo.fr

Situation : depuis Vesoul, N19 direction Langres. A Port/Saône, tourner à droite D56 vers Aboncourt-Gésincourt. Sur le même site que la ferme La Ludore et une ferme en maraîchage bio.

Accueil : chambre paysanne (1 lit 2 pers. + lit enfant).

Activités possibles : découverte de la vie paysanne. Rives de la Saône à 3 km, circuits pédestres balisés. Sommet des Vosges à 1h.

EARL LES TROIS MULETS — 7004

English spoken
Se habla español

6 empl.
25/30 pers.
2,60€/pl.
2,60€/pers.
elec 2,50€

produits paysans

MONNIN Marie-Geneviève
et VANDERKAM Claude
Le Moulin
70120 GOURGEON
tel / fax : (+33) (0)3 84 92 10 97

Situation : alt. 200 m. 25 km à l'ouest de Vesoul, 50 km à l'est de Langres sur la RN19. La ferme est un ancien moulin à eau dont la partie au-dessus de la rivière est en cours de réhabilitation par l'ADERA (Ass. de développement des énergies renouvelables et alternatives).

Production : agneaux, poulets en AB contrôle Ecocert.

Accueil : aire paysanne en pleine nature avec bloc sanitaire équipé.

Activités possibles : découverte du monde rural, de la nature, des énergies renouvelables et du patrimoine architectural. Etang pour pêche et baignades, randonnées pédestres et vélo, découverte du patrimoine historique, ferme-auberge à proximité.

FERME DE CHÂTEAU GAILLARD — 7005

6 empl.
3€/pl.
2,50€ /pers.
enf -7ans : 2€
elec 2,50€
caravane
BS 140€/sem
HS 180€/sem
1nuit : 90€
mobilhome
BS 200€/sem
HS 260€/sem
1nuit : 90€

5 pers.
BS 230€
HS 340€
WE 110€
(1 nuit)

PIERREL Marguerite
Château Gaillard
70240 GENEVREUILLE
tel : (+33) (0)3 84 74 35 29

Situation : alt. 410 m, paysage exceptionnel, proche N19 entre Vesoul (20 km) et Lure (10 km). 20 km de Luxueil (N57) entre Vosges saônoises et Vallée de l'Ognon. Calme, 3 km du village.

Production : élevage de moutons, vaches vosgiennes, highland, chevaux, ânes, lapins, chèvres naines, volailles, cochon chinois, abeilles. Miel, légumes, agneaux, veaux, confitures. En bio mention AB.

Accueil : camping paysan. Gîte paysan. Location de caravane (5 pers.) et mobilhome (7 pers.). Mobilhome et caravane sans branchements sanitaires intérieurs.

Activités possibles : sur place : soins aux animaux, ânes bâtés, location chevaux, VTT, calèche, visite de la ferme, goûter à la ferme, randonnées. Aux alentours : musée rural, natation, sentiers pédestres, pêche, station thermale à Luxueil.

71 - SAÔNE-ET-LOIRE

GÎTE PAYSAN 7101

3 pers.
BS 150€
HS 200€
WE 80€

BOUILLIN Marie-Claude
Le Bourg - 71460 MALAY
tel / fax : (+33) (0)3 85 50 11 65
mel : marie-claude.bouillin@wanadoo.fr
web : bouillin-a-malay.ifrance.com

Situation : alt. 250 m. Petit village bourguignon en vallée de Grosne, Taizé 7 km, Cluny 17 km, Tournus 25 km, Chalon et Mâcon 30 km, GR76 et voie verte à 500 m. A6 sortie Mâcon sud à 30 km ou Tournus.

Production : vins AOC, Bourgogne rouge et blanc, produit en cave coopérative (dégustation possible), jardin potager et d'agrément. A proximité : fruits rouges, saucisson, miel, confiture, viande d'autruche.

Accueil : gîte paysan dans un village bourguignon. Rez-de-chaussée comprenant séjour, cuisine, salle d'eau, wc, 2 chambres, chauffage central, lave-linge, TV couleur.

Activités possibles : nombreux artisans d'art, églises romanes, forêt, pêche, équitation, nombreuses animations culturelles, voie cyclable à proximité. En juillet-août, nombreux festivals.

LE QUART DU BOIS 7102

DUPUIS Martine
et BEAUDET Frédéric
36, rue du Quart du Bois
71380 LANS
tel : (+33) (0)3 85 42 27 01
fax : (+33) (0)3 85 42 27 03

8 pers. 11€

3 ch. 8 pers. 35€ tarif semaine/mois hors saison

Situation : 6 km de Chalon-sur-Saône, 3 km de la N73, N78 et D978, 8 km de l'A6, Chalon sud.

Production : production laitière, vaches montbéliardes. Céréales (blé, orge, colza, maïs). Lait, œufs, fromages.

Accueil : chambres paysannes, salon, cuisine, sdb, wc ; table paysanne en dépannage.

Activités possibles : visite de la ferme, soins aux animaux, bovins, chevaux, lapins, poules, jeux pour enfants, piscine. Balade en forêt, pêche, équitation, vignobles et caves de la côte chalonnaise et côte de Beaune. Chalon/Saône, visite des musées, piscine, roseraie St-Nicolas, circuit pédestre, tennis, golf, parcours sportif, jeux pour enfants. Mongolfiades en mai, spectacles de rue en juillet.

MICHEL Danielle et Pierre 7103

le Dard
71800 DYO
tel / fax : (+33) (0)3 85 70 66 58

6 pers. 12€ enfant : 6€

4/6 pers. BS 230€ HS 280€

Situation : petit village Charolais-Brionnais, dans une campagne valonnée et verdoyante, le long du circuit des églises romaines. A 15 km de Paray-le-Monial et 10 km de Charolles.

Production : vaches charolaises Label Rouge, basse-cour et petits animaux.

Accueil : table paysanne le soir sur réservation. Gîte paysan avec 3 chambres, sdb, wc séparés, cuisine + cheminée. Pelouse ombragée avec salon de jardin. Linge de maison fourni.

Activités possibles : découverte de la race charolaise de la naissance du veau à l'assiette du consommateur. Basse-cour. Randonnées pédestres et VTT balisés, rivière, artisans d'art, centre équestre.

LA RIVIERE 7104

REVIRARD Yvette et Christian
23, rue du Pont
71270 FRONTENARD
tel : (+33) (0)3 85 72 62 66

3 pers. 210€ WE 90€ (2 nuits)

Situation : Châlon/Saône à 30 km, limitrophe Côte d'Or et Jura, Louhans 30 km, Dôle 30 km, Lons-le-Saunier 47 km. D996.

Production : lapins, pigeons, volailles. A noter : nos voisins ont une ferme bressanne avec chèvre, poulets de Bresse. Vente directe de produits transformés.

Accueil : simple, des plus cordial ; gîte paysan agrémenté d'un aménagement parfait (tout confort).

Activités possibles : découverte des activités de la ferme, cueillette, soins aux animaux, pêche à proximité, visite d'exploitation, haras, randonnées pédestres (professionnels à 3 km), vélos à dispo.

FERME DE LA CORBETTE — 7105

9 pers.
15€

3 ch.
9 pers.
50€

English spoken

JANIN Edith et Bruno
La Corbette
71250 CLUNY
tel / fax : (+33) (0)3 85 59 12 66
mobile : (+33) (0)6 87 61 22 33
mel : corbette@wanadoo.fr
web : fermedelacorbette.free.fr

Situation : située à Cluny, à 100 m à peine de la "voie verte", à 15 mn de la gare TGV de Macon Loché, à 20 mn de l'A6 (sortie Macon sud).

Production : élevage charolais de vaches (Label rouge, Charolais de Bourgogne) et moutons, 2 vaches laitières, une truie et ses petits, volailles, chevaux de trait.

Accueil : 3 chambres paysannes (une de 2, une de 3 et une de 4 personnes) avec sdb et sanitaire chacune, coin cuisine réservé aux hôtes. Table paysanne sur réservation.

Activités possibles : Découverte de l'élevage charolais, ramassage des œufs, soins aux porcelets et volailles, traite des 2 vaches, visite aux chevaux.

NESTOR Christine et Eric — 7106

4 pers.
15€

1 ch.
4 pers.
45€

Les Chétifs Bois
71230 ST ROMAIN SOUS GOURDON
tel : (+33) (0)3 85 57 71 66
mobile : (+33) (0)6 26 66 89 86
mel : eric.nestor@tiscali.fr

Situation : alt. 450 m, 25 km de Cluny, Taizé, Paray. Isolée, très calme, en pleine nature dans une clairière.

Production : miel, volailles, moutons.

Accueil : 1 chambre paysanne (sdb, wc) pour 4 personnes dans une ancienne fermette restaurée.

Activités possibles : balades avec ânes, baignade, pêche en lac, randonnées pédestres (GR7), piscine et golf à 10 km. Circuits des églises romanes, route des vins...

LES GRANDS CHAMPS — 7107

English spoken
Man spricht Deutsch
Wij spreken nederlands

6 empl.
20 pers.
5€/pers.
elec 3€

4/6 pers.
315€
WE 100€
(2 nuits)

produits paysans

WILLEMSE Trudie et Rudolph
71190 LA CHAPELLE SOUS UCHON
tel : (+33) (0)3 85 54 49 21
mobile : (+33) (0)6 17 98 02 53
mel : les-grands-champs@wanadoo.fr
web : www.les-grands-champs.com

Situation : alt. 400 m, 15 km au sud d'Autun, 60 km Chalon-sur-Saône, 60 km de Beaune, 90 km de Dijon. Une fermette entourée de prés et de bois, dans le sud-Morvan.

Production : petite exploitation sur 5 ha ; une dizaine de chèvres, 2 vaches laitières, cochons de plein-air, poules, chiens épagneuls ; œufs, légumes, fruits, produits laitiers...

Accueil : un endroit calme, en pleine nature ; gîte paysan indépendant, camping paysan, 1 caravane en location (4 à 6 pers.). Camping sauvage possible.

Activités possibles : soins aux animaux, assister à la traite, visite de la fromagerie et de la cave ; randos pédestres ou VTT (Voies Celtes, GR131), piscines, canoë-kayak, pêche, parapente, Parc naturel régional du Morvan et Centre archéologique Bibracte Mont-Beuvray.

72 - SARTHE

GUILLOT Catherine et Charles — 7202

La Villière - Le Grez
72140 LE GREZ près de SILLÉ LE GUILLAUME
tel / fax : (+33) (0)2 43 20 13 76
mel : charles.guillot@laposte.net

16 mini
forfait
40€/16pers.
+2,5€
/pers.sup

produits paysans

Situation : alt. 214 m. Dans le Parc naturel Normandie-Maine. Axe Le Mans (35 km), Mont-St-Michel D304, à 1 km de la forêt (3200 ha) et 2 km de Sillé-le-Guillaume (SNCF).

Production : 22 ha en agrobiologie, 100 brebis "Rouge de l'Ouest", basse-cour et autres compagnons. Cidre, vinaigre, jus de pomme, fruits secs et frais, légumes. Vente 1 fois/mois de viande d'agneau, merguez et pâté au cidre à emporter.

Accueil : étape sur le Chemin Montois ; lieu paisible, applications écologiques et géobiologiques en agriculture et vie quotidienne ; visite de groupes et classes sur le thème élevage brebis bio et laine. Confection de couettes de laine "maison" sur commande (possible avec coton bio). Visite tout public : 1h30. Réservation conseillée.

Activités possibles : atelier espace temps partagé, échanges sur le thème de l'eau, stage confection couette de laine. Ecole-musée, circuit VTT, PR, GR dans le bocage et forêt.

73 - SAVOIE

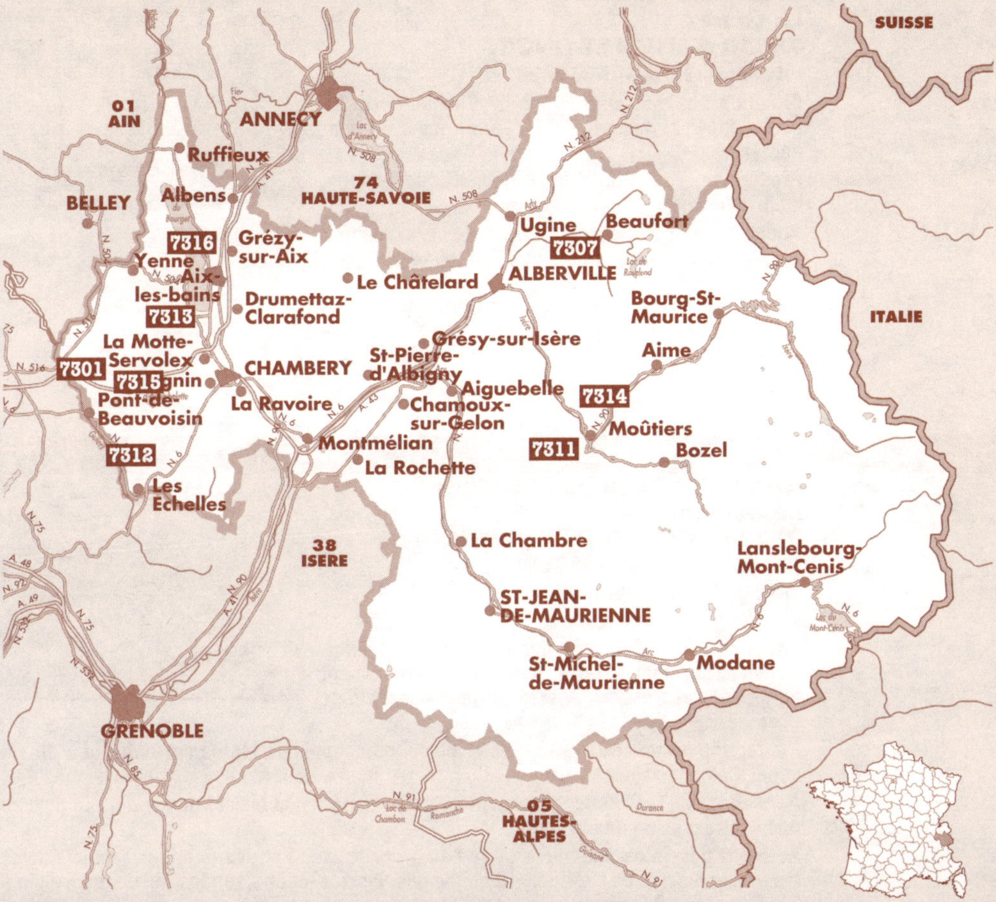

SUISSE
01 AIN
ANNECY
Ruffieux
74 HAUTE-SAVOIE
BELLEY
Albens
7316
Grézy-sur-Aix
Yenne
Aix-les-bains
7313
Drumettaz-Clarafond
Le Châtelard
Ugine
Beaufort
7307
ALBERVILLE
Bourg-St-Maurice
ITALIE
La Motte-Servolex
7301
7315
Pont-de-Beauvoisin
CHAMBERY
La Ravoire
St-Pierre-d'Albigny
Grésy-sur-Isère
Aiguebelle
Chamoux-sur-Gelon
Aime
7314
Moûtiers
Bozel
7311
Montmélian
La Rochette
7312
Les Echelles
38 ISERE
La Chambre
Lanslebourg-Mont-Cenis
ST-JEAN-DE-MAURIENNE
St-Michel-de-Maurienne
Modane
GRENOBLE
05 HAUTES-ALPES

CAMPING — 7301

15 empl.
40 pers.
2,55€/pl.
2,65€/pers.
elec 2,35€
caravane
219€/sem

1 ch.
2 pers.
42€

produits paysans

BALMAIN Paulette
La Génaz
73610 ATTIGNAT-ONCIN
tel / fax : (+33) (0)4 79 36 07 29

Situation : alt. 550 m, à 20 mn de Chambéry, 1h de Grenoble, 1h30 de Lyon, D921. Ferme dans un petit hameau.

Production : confitures familiales, jus de pomme, huile de noix.

Accueil : camping paysan, location de caravane (5 et 6 personnes).

Activités possibles : lac à 2,5 km, randonnées, pêche, musées.

LA CORDÉE — 7307

10 pers.
14,35 à
16,40€

10 pers.
444 à 950€

produits paysans

English spoken

RABILLER Danielle et Claude
Le Bersend
73270 BEAUFORT SUR DORON
tel / fax : (+33) (0)4 79 38 71 90
mel : gitelacordee@free.fr
web : gitelacordee.free.fr

Situation : alt. 1150 m. Au cœur des montagnes beaufortaines, un petit paradis, dans un environnement agro-pastoral préservé. A 35 mn d'Alberville, 1h15 de Chambéry et Annecy.

Production : nouveaux retraités agricoles, nous sommes restés sur notre lieu de vie initial. Selon les saisons, produits du jardin et basse-cour familiale, pain au levain.

Accueil : table paysanne, 1/2 pension, repas végétarien et bio sur demande, gîte paysan dans notre maison de bois cordé.

Activités possibles : découverte de l'auto-construction et des énergies renouvelables (solaire et bois) et de l'agriculture biologique. Piscine, pêche, randos, ski de fond, alpin à 3 km (Arèches Beaufort), escalade, VTT, chevaux, parapente.

CHÈVRERIE DU BIOLLAY — 7311

produits paysans

English spoken

15 pers.
13€ (sur réservation)

4 pers.
BS 200€
HS 250€
WE
80€/4pers.
(1 nuit)

BARRÈS Zohra et Olivier
Le Biollay
73260 BONNEVAL TARENTAISE
tel : (+33) (0)4 79 22 57 02

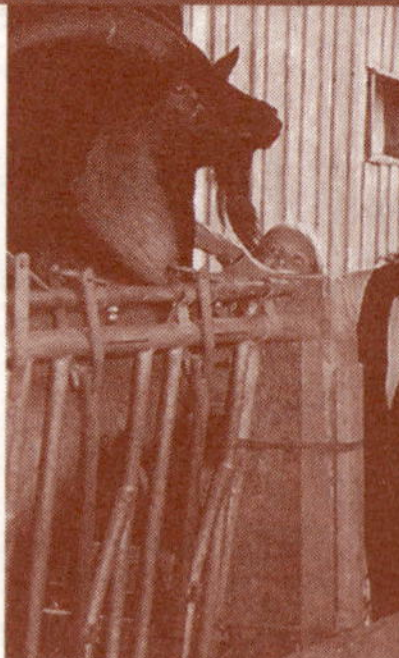

Situation : alt. 1350 m, à 17 km d'Aigueblanche, Albertville à 30 km, Moutiers 25 km. D94 en direction du Col de La Madeleine.

Production : élevage de chèvres en transformation fromagère.

Accueil : table paysanne, gîte paysan situé à 100 m de l'habitation principale. Calme et tranquilité avec vue sur les hautes montagnes de la Vanoise.

Activités possibles : découverte de l'exploitation et de son environnement, soins aux animaux, convivialité, paisibilité. Randos pédestres, activités de montagne.

FERME DES CABRIOLES 7312

4 pers. (mobilhome) 182€ WE 60€ (1 nuit)

Se habla español

GIRARD Benoît
La Berthe
73360 SAINT FRANC
tel : (+33) (0)4 76 31 10 53

Situation : alt. 650 m, 10 mn Echelles, 35 mn Chambéry, 1h Grenoble et Lyon. Des Echelles quitter N6 aux Gorges de Chailles ; du lac d'Aiguebelette sortie A43 prendre D921 jusqu'à Attignat.

Production : dans le respect de l'animal et de son environnement, nos chèvres et brebis laitières sont menées de manière traditionnelle en Savoie, l'été en alpage, l'hiver en vallée. Apiculture, cochons, basse-cour. Tomme de mélange brebis-chèvre, fromage pur chèvre.

Accueil : gîte (mobilhome) avec piscine en juillet-août.

Activités possibles : Lac d'Aiguebelette, Lac de Paladru, promenades, randonnées, sentiers balisés.

FERME DE LA GOETTAZ 7313

3 gîtes
Gîte 1 : 4/5 pers. 360€
Gîte 2 : 2 pers. 280€
Gîte 3 : 2 pers. 220€

10 pers. 12 à 15€

1 ch. 2 pers. 30€

produits paysans

DEGRANGE Chantal et Claude
La Serraz
73370 LE BOURGET DU LAC
tel : (+33) (0)4 79 25 02 58
mobile : (+33) (0)6 22 39 70 27
mel : claudedegrange@infonie.fr

Situation : alt. 325 m. A 3,5 km du lac, 10 km de Chambéry et Aix-les-Bains. Au pied de la chaine de l'Epine.

Production : ancienne ferme de château destinée à la polyculture, prairie, céréales, verger, basse-cour, chevaux, bovins. Pains au levain cuit au feu de bois, légumes, fruits, œufs, miel, confitures.

Accueil : découverte de la nature et de l'espace local en toute convivialité. Gîtes paysans, table paysanne possible pour les accueillis.

Activités possibles : soins aux animaux, fabrication du pain, promenade en calèche, découverte lacs et montagne.

BEYELER Claire et Beat 7314

produits paysans

Man spricht Deutsch

Le Pradier
73600 HAUTECOUR
tel : (+33) (0)4 79 24 44 86
mobile : (+33) (0)6 09 57 48 61

Situation : alt. 1300 m, à 12 km de Moutiers. Un panorama exceptionnel, situé au dernier hameau du village sur les adrets de la Tarentaise.

Production : élevage de chèvres, transformation fromagère, confiture de lait, charcuterie de chèvres et porcs élevés en plein air.

Accueil : goûter paysan.

Activités possibles : découverte de la vie de l'exploitation, échange sur notre passion pendant la traite ; plan d'eau à 3 km, sentier artistique, chien de traineau.

TARDY Marylène et CEVOZ-MAMI Gilbert 7315

352€/sem

produits paysans

Le Lourdain
73330 VEREL DE MONTBEL
tel / fax : (+33) (0)4 76 37 27 92
tel : (+33) (0)8 77 72 06 88
mel : la-menthe@wanadoo.fr

Situation : autoroute Lyon-Chambéry sortie Aiguebelette à 10 mn. 60 km de Grenoble, 23 km de Chambéry. Proche du lac d'Aiguebelette et de Romagnieu.

Production : vaches laitières, fromages blancs, pain au levain, potager, volailles, cochon, confitures.

Accueil : accueil d'enfants pendant les vacances scolaires.

Activités possibles : promenades découvertes du milieu agricole. Soins aux animaux. Piscine d'Amessieux. Peinture sur verre, bois, tissus. Collage serviettes. Randonnées pédestres, VTT en option. Canoë.

AU BALCON DU LAC 7316

5/8 pers.
BS 390€
HS 460€
(+30€ /ménage par une professionnelle)
WE 100/120€
(+10€ /ménage)

2 ch.
2/3 pers.
60/70€ /ch.

FALCETTA Nicole et GUTIERREZ Georges
73370 LA CHAPELLE DU MONT DU CHAT
tel / fax : (+33) (0)4 79 25 27 52
mel : nicole.falcetta@laposte.net
web : nicole-et-gut.com

Situation : à 500 m d'alt., ancien village rural dominant le lac du Bourget côté ouest du lac, à 15 mn du lac du Bourget par la route touristique du tour du lac.

Production : produits de la ferme alentour.

Accueil : gîte spacieux et chaleureux de 80 m² "en balcon sur le lac", pour 5/8 pers., terrasse de plain-pied de 80 m² et équipements. Calme et tranquillité assurés. Equipement pour bébé.

Activités possibles : aire de jeu enfants, terrain de boules, table de ping-pong. Proximité chemins de randonnée, départ ascension de la Dent du Chat, écoles d'escalade, via ferrata, sites d'accrobranche (possibilité de dormir dans les arbres), départ de parapente, activités aquatiques...

74 - HAUTE-SAVOIE

BALTHASSAT Edith et Guy — 7401

5/6 pers.
de 350€
à 450€
suivant nb
de pers.

produits paysans

18, chemin Rossat
74380 BONNE
tel : (+33) (0)4 50 39 20 45
web : perso.orange.fr/legitedeloex/

Situation : alt. 500 m. Annemasse et La Roche-sur-Foron à 10 km. Genève et le Lac Léman à 15 km. Les pistes de ski les plus proches sont à 25 mn.

Production : lait, céréales. Légumes du jardin. Vente de fromage à la coopérative.

Accueil : gîte paysan très spacieux (130 m²), au cœur d'un hameau. Ouvert toute l'année.

Activités possibles : découverte d'une activité agricole (production laitière), découverte de la montagne. Four à pain, jardinage. Journée à l'alpage l'été.

76 - SEINE-MARITIME

CLATOT Nadia et Guillaume 7602

10 pers.
15€

4 ch.
14 pers.
36€

English spoken

61, rue du Hameau Fauque
76640 BERMONVILLE
tel / fax : (+33) (0)2 35 96 74 87
mobile : (+33) (0)6 80 02 08 90
mel : nadia.clatot@laposte.net
web : www.chambreclatot.com

Situation : au cœur du pays de Caux, à 15 mn des Hautes Falaises, Fécamp, Etretat, à 30 mn d'Honfleur. A29 à 1km.

Production : polyculture-élevage : blé, betteraves sucrières, lin, pommes de terre, vaches allaitantes.

Accueil : à l'étage de notre maison, 4 chambres paysannes avec sanitaires privés : 2 chambres doubles et 1 grande chambre familiale pour 4 pers., 1 chambre de 2 pers. Le soir, vous pourrez partager le repas à la table familiale. Coin cuisine à disposition. Possibilité de pique-niquer dans le jardin.

Activités possibles : découverte de la ferme, explication de la culture du lin.

EUDIER Françoise et Hubert 7604

3 ch.
8 pers.
40€

30, Hameau de la Porte Rouge
76430 SAINT ROMAIN DE COLBOSC
tel : (+33) (0)2 35 20 51 12
mobile : (+33) (0)6 18 16 28 52

Situation : à 25 km de Fécamp et Etretat, 20 km du Havre, 10 km du Pont de Normandie et du Pont de Tancarville, 2 km de l'A29, 10 km de l'A13.

Production : agriculteurs retraités.

Accueil : dans notre maison de caractère normand, 3 chambres paysannes dont 1 à l'étage avec lavabos (4 pers.) ; 2 ch au RdC avec lavabos (douche et wc communs).

Activités possibles : visite de la ferme familiale reprise par notre fils. Chemins de randonnées.

FERME DE BEAULIEU 7609

60 pers.
5,5€/J
4,5€/1/2J

English spoken

THIERRY Nadine
et VOREUX Christophe
76160 BOIS L'ÉVÊQUE
tel / fax : (+33) (0)2 35 23 57 43

Situation : entre la vallée de Seine et le pays de Bray, à 15 mn de Rouen sur la RN31 sur la N31 vers Gournay-en-Bray.

Production : élevage de chèvres, céréales et plantes fourragères en agriculture biologique. Fromages, œufs, vaches, poneys, basse-cour.

Accueil : ferme de découverte, accueil d'enfants et tout public. Salle mise à disposition pour pique-nique.

Activités possibles : soins aux animaux, parcours dans les champs de la chèvre gourmande, châteaux de Martainville et Vascœuil, circuit Bovary, Rouen, forêt de Lyons.

GOLAIN Bernadette et Charles 7610

6 pers. 12€

3 ch. 6 pers. 32€

2 pers. 130€

42, route de Mondeville
76280 CRIQUETOT L'ESNEVAL
tel / fax : (+33) (0)2 35 27 21 59

Situation : Pays de Caux et des Hautes Falaises, entre Seine et mer, Le Havre 25 km, ponts de Tancarville et de Normandie 25 km, Etretat 8 km, Fécamp 17 km.

Production : lait de la ferme du fils, yaourts maison, beurre fermier, confitures maison, légumes du jardin.

Accueil : échanges et partages dans une ambiance simple et familiale, au milieu d'un grand parc paysager. 3 chambres paysannes de 2 pers., 2 avec lavabo, 2 wc et 2 sdb communes. Table paysanne avec les produits du terroir. Coin cuisine à disposition pour 2 chambres.

Activités possibles : visite de la ferme du fils, marchés locaux, randonnées, mer, baignades, bowling et piscine ludique à 300 m, châteaux, musée.

LA FERME DU MOULIN 7611

English spoken

2 gîtes
Gîte 1 : 8 pers. L'étable BS 320€ HS 400€
Gîte 2 : 5 pers. L'écurie BS 270€ HS 330€ WE 220/180€ (2 nuits)

GRENIER Sophie et Christophe
325, Impasse du Moulin
76210 BEUZEVILLE LA GRENIER
tel : (+33) (0)2 35 31 72 87
mobile : (+33) (0)6 07 85 65 43
mel : grenier.gite@wanadoo.fr

Situation : entre Seine et mer, à 20 mn d'Etretat, Fécamp, Le Havre, pont de Normandie et Honfleur. Proche de la gare de Breauté et sortie A29.

Production : polyculture, élevage (lait, céréales), basse-cour.

Accueil : 2 gîtes paysans modulables de 1 à 13 personnes. "L'Etable" : grand séjour, cuisine équipée et sanitaires au RdC, 3 chambres et 1 mezzanine à l'étage. "L'Ecurie" : 1 chambre, séjour, cuisine équipée et sanitaires au RdC, 1 chambre avec sanitaires à l'étage.

Activités possibles : visite de l'exploitation, randonnées, plage ou piscine, marchés locaux, musées, centres équestres.

LECARPENTIER Martine et Jacques 7613

4 ch. 9 pers. 35€

English spoken

3, rue Saint Michel
76290 LE FONTENAY
tel : (+33) (0)2 35 20 29 80
fax : (+33) (0)2 35 55 77 42
web : www.chambres-paysannes.com

Situation : à 12 km du Havre, 18 km d'Etretat, 18 km du Pont de Normandie, 20 km de Honfleur, 30 km de Fécamp.

Production : exploitation maraîchère dans un petit village calme, légumes variés selon la saison.

Accueil : dans bâtiment proche de notre maison, nous vous proposons 3 chambres paysannes de 2 pers. et 1 chambre familiale (3 pers.), chacune avec entrée indépendante, lavabos, douches et wc. TV, cuisine commune aux locataires à disposition. Salon de jardin, barbecue.

Activités possibles : visite de l'exploitation et démonstration de dentelle aux fuseaux. Abbaye de Montivilliers à 2 km, plages à 10 km, GR21 à 300 m.

LECARPENTIER Maryvonne et Patrick 7614

1 ch.
2 pers.
37€

2 pers.
+ 2 enf.
270€
WE 75€
(2 nuits)

10 rue C. Legros - Guetteville
76280 SAINT JOUIN BRUNEVAL
tel : (+33) (0)2 35 20 77 09
mel : sejouralaferme@wanadoo.fr
web : perso.wanadoo.fr/sejouralaferme

Situation : à 10 mn d'Etretat, plage à 5 mn, Le Havre 20 mn, Honfleur 30 mn.

Production : blé, pois, lin et spécialités pommes de terre. A proximité : beurre fermier, pintades, fromages de chèvres, galettes au beurre.

Accueil : venez vous dépayser à la ferme de Maryvonne et Patrick, gîte paysan : cuisine, sanitaires, entrée indép. RdC avec gde baie vitrée sur pt jardin privatif, barbecue, chaises longues, salon de jardin. "Petit endroit calme, sympa et très convivial" (extrait livre d'or).

Activités possibles : découverte du circuit de la récolte des pommes de terre, Hipy le poney viendra vous distraire avec le mouton, le coq et ses poules et les enfants seront invités à nourrir les lapins. Aux alentours : centre ludique avec bowling, équitation, golf, pêche à pied, marchés locaux, plage, randonnées.

LECOURT Antoinette et Marcel 7616

3 ch.
8 pers.
32€

67, rue des Jardins
76640 FAUVILLE EN CAUX
tel : (+33) (0)2 35 96 71 45
mobile : (+33) (0)6 84 98 57 15

Situation : à 14 km d'Yvetot, Bolbec, Fecamp, Veulet-tes-sur-mer à 20 km.

Production : retraités. Petit élevage familial.

Accueil : maison dans bourg rural du Pays de Caux : 3 chambres paysannes à l'étage.

Activités possibles : tennis et piscine au village, randonnées pédestres, mer et plage à 20 km, forêt à 7 km.

RENAULT Geneviève et Michel 7618

3 ch.
7 pers.
38€

81, rue des Châtaigniers
76430 LA REMUÉE
tel : (+33) (0)2 35 20 03 81
mobile : (+33) (0)6 03 69 43 46

Situation : à proximité du Pont de Tancarville et du Pont de Normandie, St-Romain, Etretat, Honfleur.

Production : agriculteurs retraités dans un petit bourg rural.

Accueil : 3 chambres paysannes dont 2 chambres de 2 personnes et 1 chambre de 3 personnes.

Activités possibles : équitation à 10 km, tennis et piscine à 4 km.

SILLIARD Gisèle et Jean — 7619

1 ch.
3 pers.
37€

5 pers.
BS 150€
HS 245€
WE 120€
(2 nuits)

550, route de Trubleville
76480 SAINT PAER
tel : (+33) (0)2 35 37 87 46

Situation : Vallée de la Seine, à 20 mn d'Yvetot, 30 mn de Rouen, Duclair 10 mn, Fécamp et Dieppe 40 mn, A13 à 30 mn.

Production : agriculteurs retraités sur la ferme. Exploitation reprise par un jeune agriculteur (polyculture et élevage).

Accueil : gîte paysan en colombages, mitoyen avec l'habitation du propriétaire. 1er niveau : séjour, coin cuisine ; 2ème niveau : 2 chambres dont l'une de 2 pers. et l'autre de 3 lits d'1 pers., sdb. Dans notre maison, chambre paysanne, sdb et wc privés. Calme assuré, convivialité.

Activités possibles : route des abbayes, route des fruits, équitation à 4 km, piscine à 10 km, lac et golf à 18 km. Sur place sentiers de randonnée en forêt.

DEFRANCE Irène et Jean-Pierre — 7624

2 ch.
4 pers.
35€/2 pers.

2, route de Criquetot
76540 SASSETOT LE MAUCONDUIT
tel : (+33) (0)2 35 27 60 56

Situation : Pays des Hautes Falaises, sur la D925, à 10 mn de Fécamp, 15 mn St-Valéry-en-Caux, 10 mn de Cany.

Production : agriculteurs retraités.

Accueil : 2 chambres paysannes avec sdb, wc privés, à l'étage de notre maison, dans un charmant bourg rural. Animaux non acceptés.

Activités possibles : lac de Caniel à 10 km, plage à 2 km, GR21, musée de la Bénédictine à Fécamp, falaises d'Etretat.

FOUQUÉ Edith et Fernand — 7627

2 gîtes
Gîte 1 :
6 pers.
BS 280€
HS 320€
Gîte 2 :
6 pers.
BS 280€
HS 320€
WE 150€
(2 nuits)
180€
(3 nuits)

30 route de la Plaine
76280 LA POTERIE CAP D'ANTIFER
tel : (+33) (0)2 35 27 11 53

Situation : Pays des Hautes Falaises et Valleuses. Fécamp et Le Havre à 25 km, 30 km des ponts de Tancarville et de Normandie, Etretat à 5 km.

Production : agriculteurs retraités sur l'exploitation.

Accueil : dans la cour de ferme, 2 gîtes paysans mitoyens dans une étable rénovée. RdC : séjour, salon, cuisine équipée, sdb avec douche, lave-linge ; à l'étage 3 chambres mansardées et wc. Extérieur : terrasse avec salon de jardin, pelouse, jeux enfants.

Activités possibles : laissez votre voiture au gîte et suivez les goélands jusqu'à la plage à 20 mn à pied. Profitez de la faune et la flore dans ce site protégé du Conservatoire du littoral.

FERME DU QUESNAY 7629

English spoken

2 ch.
6 pers.
35€

3 gîtes
Gîte 1 : 4 pers. 240€
Gîte 2 : 4 pers. 240€
Gîte 3 : 6 pers. 310€
WE 125 à 160€

MARTIN Patricia et Hervé
28, route de Neufchâtel
76270 BULLY
tel / fax : (+33) (0)2 35 94 58 49
mel : gitesduquesnay@aol.com
web : www.gites-du-quesnay.com

Situation : dans un village du pays de Bray (tous commerces), 2 km de la forêt d'Eawy et Avenue Verte (piste cyclable), 4 km de Neufchâtel, 35 km de Dieppe.

Production : vaches laitières, céréales. Lait et cidre.

Accueil : 3 gîtes paysan restaurés dans l'authenticité : ancien four à pain, bergerie, pressoir, avec chacun jardin privatif. Grand parc arboré avec étang. 2 chambres paysannes (2 et 4 pers.) avec coin cuisine, sdb privative.

Activités possibles : visite de la ferme, traite, VTT, ping-pong, pêche, piscine enfants sur place, ferme équestre à 3 km, marché traditionnel le samedi matin.

OUIN Annick et Roger 7630

3 ch.
6 pers.
40 à 50€

56, Grande Rue
76460 INGOUVILLE SUR MER
tel : (+33) (0)2 35 97 09 39
mobile : (+33) (0)6 87 04 48 31

Situation : Pays de Caux, St-Valéry-en-Caux à 4 km, Veulette à 6 km, Cany à 4 km.

Production : agriculteurs retraités. Plants de pommes de terre, betteraves, lin, chevaux sur l'exploitation du fils à 50 m.

Accueil : 2 chambres paysannes 4 pers. douche et wc communs, 1 chambre 2/4 pers., lavabos, douche, wc privatifs à l'étage de notre maison dans une ancienne bâtisse restaurée en style normand avec matériaux naturels. Lieu familial où nous souhaitons partager la nature et le calme.

Activités possibles : plage et port de pêche à 3 km, Lac de Caniel à 10 km, piscine, tennis.

DAUBEUF Nelly et Philippe 7635

1 ch.
2/4 pers.
42€

2 pers.
260€

990, Hameau La Broche à Rôtir
76400 TOURVILLE LES IFS
tel : (+33) (0)2 35 29 15 19
mobile : (+33) (0)6 14 16 40 21
mel : celine.daubeuf@cegetel.net

Situation : à 5 mn de Fécamp, 10 mn d'Yport et 15 mn des falaises d'Etretat.

Production : élevage de moutons.

Accueil : à la nuit ou la semaine, Nelly et Philippe vous accueilleront dans leur étable rénovée de 1820 (briques, silex, typique de la région), 1 vaste chambre paysanne, sdb et wc privés, entrée indépendante par escalier de meunier, terrasse, salon de jardin, immense espace de détente et de calme, en pleine verdure. Possibilité de pique-nique sous les pommiers. Chaises longues. Dans la chambre, à disposition : frigo, micro-onde.

Activités possibles : sur place : chemins de randonnées, découverte de la vallée de Ganzeville, arrière-pays cauchois. Musées des Terres neuves et de la Bénédictine, marché local le mardi et samedi, tennis, équitation, golf, plage à 10 mn.

FERME DU PETIT ORCHER 7637

6 pers.
BS 275€
HS 360€

VANDERMEERSCH
Marie-Clotilde et Didier
1260, route du Moignan
76430 ÉTAINHUS
tel : (+33) (0)2 35 20 90 17
fax : (+33) (0)2 35 55 02 74

Situation : à 1/4h du Havre (20 km), 20 mn de Fécamp et Etretat, 15 km du pont de Normandie (Honfleur), 4 km sortie A29.

Production : polyculture (lin, betterave, blé, petits pois, maïs), élevage vaches laitières.

Accueil : dans un corps de ferme, gîte paysan de 70 m², à l'étage, dans notre maison, avec entrée indépendante : 2 chambres de 2 pers., salle de séjour, cuisine, sdb, wc, terrasse et jardin privatif. Calme et repos garantis.

Activités possibles : visite de l'exploitation, randonnées, plages à 20 km, piscine et tennis à 7 km, marchés locaux.

FERME DE MESLAY 7638

50 pers.
4€/J

4 ch.
8 pers.
45€

2 pers.
110€

AUBRY Catherine et Rémy
2086, route de Tancarville
76430 LA CERLANGUE
tel : (+33) (0)2 35 20 50 64
mobile : (+33) (0)6 11 89 39 84
mel : fermedumeslay@wanadoo.fr
web : www.membres.lycos.fr/fermeaubry

Situation : à 5 mn du Pont de Tancarville, situé dans le Parc "des Boucles de la Seine" à 30 mn d'Etretat et 1/4 h d'Honfleur.

Production : vaches laitières, céréales, lin.

Accueil : gîte dans un cadre normand, dans une ancienne grange entièrement rénovée en style normand, indépendante. 4 chambres paysannes (3 ch. de 2 pers., 1 ch. de 4 pers.), avec sdb privatives et TV, 1 studio meublé (accès escalier de meunier), jardin paysager avec salon.

Activités possibles : visite de l'exploitation. GR21 au pied du corps de ferme. A 7 km piscine découverte l'été, vallée de la Seine, côte normande, marais vernier.

FERME DE LA GARENNE 7639

2 ch.
7 pers.
42€

DUCASTEL Françoise et Etienne
21 route du Sucre
76560 CANVILLE LES DEUX EGLISES
tel : (+33) (0)2 35 96 60 00

Situation : dans un village rural du Pays de Caux, 15 km de la mer, St Valery en Caux et Veules-les-Roses, sur la D89.

Production : vaches allaitantes nourries avec les productions de la ferme.

Accueil : ferme en clos-masure, enfouie dans la nature où l'on peut découvrir la faune et la flore de la région : 2 chambres paysannes dont 1 chambre pour 2/3 pers. et 1 chambre pour 2/4 pers., sdb et wc privatifs.

Activités possibles : promenades dans la ferme, VTT, randonnées.

LA CHARRETERIE 7642

3 ch.
8 pers.
45€

8 pers.
BS 350€
HS 380€
WE 220€
(2 nuits)

COURSEAUX Catherine et Denis
Hameau de St-Jean-d'Abbetot
115, chemin du Perron
76430 LA CERLANGUE
tel : (+33) (0)2 35 20 13 28
web : www.ot-bolbec.fr/courso.htm

Situation : 30 mn d'Etretat, 15 mn d'Honfleur, 10 mn de la zone portuaire du Havre, proximité des ponts de Tancarville et de Normandie.

Production : lin, betteraves, céréales, vaches allaitantes.

Accueil : gîte paysan indépendant dans une charreterie rénovée, dans un clo-masure typique du Pays de Caux, au calme, avec terrasse, salon de jardin, pelouse. Notre gîte comprend 3 chambres paysannes dont 2 de 3 pers. à l'étage et 1 de 2 pers. au RdC, chacune équipée de sdb et wc privatifs. Possibilité de location en chambres individuelles.

Activités possibles : plages à 20 km, piscine, randonnées, visite du patrimoine (châteaux, abbayes), marais vernier, falaises, Parc régional des Boucles de la Seine.

BONNEVILLE Marie-Claire et Jean-Pierre 7643

4 ch.
10 pers.
35 à 37€

1, rue de la Briqueterie
76790 BORDEAUX SAINT CLAIR
tel / fax : (+33) (0)2 35 27 04 06

Situation : Pays des Hautes Falaises, 4 km d'Etretat et de la mer, 12 km de Fécamp, proximité des ponts de Tancarville et de Normandie, sortie A13 et A29.

Production : vaches laitières, lin, betteraves sucrières, pois, colza, blé.

Accueil : 4 chambres paysannes : au RdC, 1 chambre de 2 pers. avec sdb privative, à l'étage 3 ch. dont 2 de 2 pers. et 1 de 4 pers. avec sdb et wc communs. Cuisine à dispo., jardin privatif avec salon de jardin. Possibilité de location en gîte paysan.

Activités possibles : mer, plage, piscine, bowling, randonnées, golf, équitation, musée.

GABRIEL Véronique et Patrick 7646

2 gîtes
Gîte 1 :
4 pers.
BS 180€
HS 250€
Gîte 2 :
4 pers.
BS 180€
HS 250€
WE 100€
(2 nuits)

270, chemin du Bois de St-Jean
76210 SAINT EUSTACHE LA FORÊT
tel : (+33) (0)2 35 38 69 59
fax : (+33) (0)2 35 38 65 16

Situation : dans le Pays de Caux, à 25 km du Havre et d'Étretat, 10 km du pont de Tancarville.

Production : exploitation laitière biologique.

Accueil : 2 gîtes paysans situés à l'étage de notre maison d'habitation (ancienne longère rénovée), sur notre exploitation agricole au cœur du pays de Caux. Dans chaque gîte : séjour, coin-cuisine, 2 chambres, sdb, wc, parking privé, jardin et terrasse privés avec salon, calme assuré.

Activités possibles : visite de l'exploitation et informations sur la culture bio, nombreux chemins de randonnées, piscine à 3 km, centre équestre à moins de 5 km.

BACHELET Ghislaine et Jules 7647

6 pers.
300€
WE 150€

Les Teurtres - 4, rue des Ecouflières
76220 LA FEUILLIE
tel : (+33) (0)2 35 09 02 95
fax : (+33) (0)2 35 09 68 41
mobile : (+33) (0)6 14 11 10 30
mel : michelelenoir@aol.com

Situation : en bordure de la forêt de Lyons, à 10 km de Lyons-la-Forêt, 15 km de Gournay-en-Bray, 20 km de Forges-les-Eaux, 35 km de Rouen.

Production : poules, canards, vaches.

Accueil : gîte indépendant et mitoyen à la maison des propriétaires, entièrement rénové, avec terrasse et jardin, RdC : salle, salon, TV cuisine équipée, wc. A l'étage : 3 chambres de 2 pers., sdb et wc, lave-linge.

Activités possibles : possibilité de visiter la ferme de notre fils (polyculture et élevage). Randonnées en forêt, centre équestre, marchés locaux, sites historiques, châteaux, circuit Bovary, Pays de Bray, Rouen.

FOUACHE Cécile et André 7648

6 pers.
BS 200€
HS 350€
WE 130€
(2 nuits)

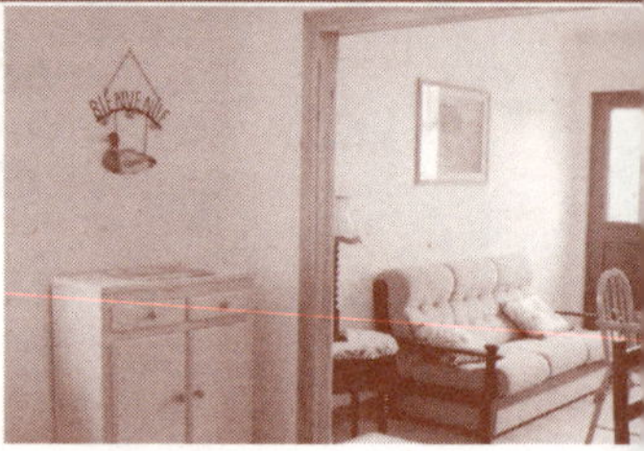

27, Route des Camélias
76110 MANNEVILLE LA GOUPIL
tel : (+33) (0)2 35 29 09 37
mobile : (+33) (0)6 87 27 54 86
mel : clercygite@yahoo.fr

Situation : au cœur du village (face à la mairie), entre St Romain et Goderville. Proche de l'A29 et de l'A13 ainsi que des ponts de Normandie et Tancarville. Proximité de Fécamp, Etretat, Rouen, et Le Havre.

Production : basse-cour, poules, canards, oies, lapins et potager.

Accueil : gîte paysan indépendant et mitoyen à la maison des propriétaires. RdC : séjour, canapé, TV, cuisine équipée, lave-vaisselle. Lave-linge, wc, chauffage central. A l'étage : 1 chambre avec lit double, 1 chambre avec 1 lit 2 pers. et 1 lit 1 pers., sdb et wc indépendant. Salon de jardin, barbecue, jeux pour les enfants. Pas de camping-car.

Activités possibles : aux alentours : plages,musées, équitation, tennis, piscine, bowling, golf. Alimentation et boulangerie au village.

79 - DEUX-SÈVRES

ARNAUD et Fils — 7902

produits paysans

English spoken

Les Landes
79290 BOUILLE-LORETZ
tel : (+33) (0)5 49 67 04 85
fax : (+33) (0)5 49 67 12 39
mel : lepressoiracales@yahoo.fr
web : lepressoiracales.com

Situation : à la limite des bois d'Anjou (Bouillé loretz = "l'orée des bois" en vieux français). Dans la Vallée de la Loire, à 30 km de Saumur, 60 km d'Angers.

Production : le raisin est exposé à la lumière pour recevoir toute l'énergie et donner au vin l'expression du terroir de l'Anjou (sous-sol ardoisé).

Accueil : loin de toute vie industrielle, le calme, le repos entourent le vignoble. Michèle, Alain, Thierry ou Agnès vous donneront cette douceur angevine dans la maison typique en tuffeau où vous pourrez apporter vos grillades.

Activités possibles : randonnées pédestres, vélo dans les côteaux de vignes classés en réserve de chasse depuis plus de 10 ans. Les courlis y font leur demeure.

ÂNÉMÔME — 7905

6 pers.
430€
WE 210€

English spoken

KERHOZ-ROUTHIAU Maryse
29, route de Ruffec
79110 COUTURE D'ARGENSON
tel / fax : (+33) (0)5 49 27 22 81
mel : anemome@wanadoo.fr
web : http://anemome.free.fr

Situation : au cœur du Poitou-Charentes, à 45 km de Cognac, 50 km d'Angoulême, 60 km de Niort, 100 km de Poitiers et 90 km de la Côte Atlantique. Fermette située dans un village où vous trouverez un multiservice, un pharmacien, un cabinet médical.

Production : nos ânes mais aussi d'autres animaux de ferme ; jardin potager.

Accueil : une véritable ancienne fermette indépendante 2** vous accueille pour 6/8 personnes. Votre hôte peut accompagner vos enfants dans les activités et tâches sur place, ou une journée pique-nique avec ânes bâtés. Location toute l'année, à la semaine ou au week-end.

Activités possibles : sur place, jardinage, repos, randonnées avec nos ânes, tennis au village. Aux alentours, route du Chabichou, pêche, baignade, nombreux lieux à visiter.

FERME DE LA TOUCHEROLLE — 7906

12 à 15 pers.
12€
goûter poitevin :
6€

6 pers.
5€/pers/nuit

produits paysans

English spoken

BALLAND Colette et Serge
La Toucherolle
79110 LOUBIGNÉ
tel : (+33) (0)5 49 29 73 48
fax : (+33) (0)5 49 29 58 29
mel : colletteserge@voila.fr

Situation : à 80 km du Futuroscope, 120 km de La Rochelle, 50 km du marais poitevin, 50 km d'Angoulême, situé au cœur du Poitou-Charentes, près de Chef-Boutonne. C'est une étape sur le circuit de la route du Chabichou et des fromages de chèvres.

Production : élevage caprin.

Accueil : gîte familial paysan (1 chambre avec 6 lits individuels). Venez vivre au milieu d'un élevage caprin. Possibilité de repas (raclette à base de fromage de chèvres), atelier de goût et goûter poitevin.

Activités possibles : randonnées, visite d'élevages et fromageries, repos, activités de la ferme.

MILLASSEAU Virginie 7907

La grande Marvalière
79380 MONTIGNY
tel : (+33) (0)5 49 80 58 72
mobile : (+33) (0)6 74 73 26 20
mel : millasseau.virginie@wanadoo.fr

Situation : au cœur du Bocage Deux-Sèvrien à 1h de la côte vendéenne et 90 km de grandes villes (Poitiers, Nantes, La Rochelle et Angers).

Production : Vente de poulets, pintades, dindes, chapons élevés en pein-air, nourris aux céréales de l'exploitation. Vente de produits transformés : rillettes de volailles, terrines de foie de volaille, gésier confits, poulet basquaise, coq au vin.

Accueil : vente à la ferme et sur commande.

GÎTE « LA MOTHE » 7909

2 gîtes
Gîte 1 :
2/4 pers.
BS 180€
HS 280€
Gîte 2 :
6 pers.
BS 250€
HS 300€
WE 90€

LECULEUR René
L'Etablerie
79130 AZAY SUR THOUET
tel : (+33) (0)5 49 95 32 30

Situation : au cœur de la gâtine, en Deux-Sèvres, avec ses paysages de bocage et ses pâturage verdoyants. Les gîtes paysans se situent à proximité d'un bois et vous pourrez, en privé, pratiquer la pêche dans l'étang familial. A 50 km du Puy-du-Fou, du Marais Poitevin, du Futuroscope et environ 100 km de la côte.

Production : élevage de moutons et de bovins par le fils.

Accueil : 2 gîtes paysans ombragés au cœur de la ferme.

Activités possibles : départ de randonnées depuis la ferme et à proximité. Possibilité de pêcher dans l'étang familial.

BEYER Christine 7910

English spoken
Se habla español

5, rue du Luc
79370 VERRINES SOUS CELLES
tel : (+33) (0)5 49 32 96 40
mel : condimentsdeladoie@tiscali.fr
web : www.ebusinessgeneration.net/condiments-la-doie

Situation : sud Deux-Sèvres, à 4 km de Celles/Belles et de Melle, à 60 km de Poitiers, 90 km de La Rochelle et 25 km de Niort. Verrines est un petit village blotti autour de son église romane.

Production : grand jardin potager produisant de façon écologique tomates, courges, échalotes, physalis… destinés à être transformés.

Accueil : le jardin se visite tout l'été, le laboratoire de transformation se visite toute l'année (excepté du 23 au 30 juillet). Vente de produits sur place toute l'année.

Activités possibles : visite du jardin "Les mardis au jardin", horaires sur demande. Visite de l'église de Verrines-sous-Celles. Chemin de promenade. Accueil de groupe à la journée ou en séjour.

FERME DE LA BORIE — 8102

COUTAREL Daniel et BOUISSET Blandine
La Borie Maigre
81360 MONTREDON LABESSONIE
tel : (+33) (0)5 63 75 12 78
mel : blandine.coutarel@free.fr
web : www.coutarel.com

6 pers.
BS 400€
HS 380€
WE 130€

produits paysans

Occitan parlé

Situation : à 25 km d'Albi et Castres, alt. 400 m. Dans un paysage très vallonné avec des haies et des cours d'eau. De nombreux chemins vous offriront d'agréables balades aux portes de la ferme

Production : agriculture biologique mention Nature & Progrès. Viande d'agneau et de veau, saucisses et merguez de brebis. Farines : blé, sarrasin, mais, épeautre, seigle.

Accueil : gîte paysan : 1 chambre lit 180, et 1 chambre lit 180 + 2 lits 90), séjour, cuisine équipée, barbecue, salon jardin. Chauffage central. Livres, jeux de société.

Activités possibles : accompagner les troupeaux, participer aux fenaisons et moissons. Découvrir la faune et la flore. Cuisine des plantes sauvages. Partage de repas spontanés et de moments de convivialité. Planetarium à 7 km, plan d'eau à 10 km, Albi et Castres à 25 km.

MARIETTA-FOURNIL Richard et Geneviève 8104

2 gîtes
Gîte 1 :
4/5 pers.
BS 250€
HS 350€
Gîte 2 :
8 pers.
BS 400€
HS 500€

10 pers.
13€

2 ch.
7 pers.
32 à 39€

La Borde
81340 TRÉBAS
tel : (+33) (0)5 63 55 91 42
fax : (+33) (0)5 63 55 85 87
web : www.fournilmarietta.com

Situation : dans la vallée du Tarn, Albi à 35 mn, St Affrique à 45 mn, Cordes-sur-Ciel et Roquefort à 1h. Petite ferme en schistes et ardoises dans une région de côteaux plantés de châtaigniers.

Production : miel, vinaigre de miel, moutarde, légumes, élevage (chèvres, brebis, poules, vaches, lapins, canards), céréales. Mention Nature et Progrès.

Accueil : 2 gîtes paysans : 4/5 pers. (2 chambres) et 8 pers. (3 ch.) et 2 chambres paysannes avec sdb et wc (3 et 4 pers.). Table paysanne.

Activités possibles : visite et découverte de la ferme : traite, soins aux animaux, jardinage, basse-cour, jument de trait, pain, miellerie, cave à vinaigre. Sophrologie. Baignade, canoë, balade à dos de Mérens ou avec ânes bâtés, pêche.

GITE DE LA TRUIE QUI FILE 8105

4/6 pers.
BS 260€
HS 320€
WE 95€
(2 nuits)

English spoken

FISTIÉ Dominique MAGNIN Danièle
Ferme de Lavergne - 81490 NOAILHAC
tel : (+33) (0)5 63 50 59 82 (H repas)
ou : (+33) (0)5 63 50 73 28 (H bureau)
mel : dominique.fistie@wanadoo.fr
web : http://perso.wanadoo.fr/gitedelavergne.dom

Situation : située à 10 mn de Castres et à 350 m d'alt., sur la D66 en direction de St-Salvy de la Balme, village typique du Sidobre, la ferme de Lavergne est entourée de la Montagne Noire et des Monts de Lacaune. Elle est aux portes du Sidobre, formidable gisement de granit, ainsi qu'aux abords du Parc naturel du Haut-Languedoc.

Production : plantes ornement, vivaces, arbustes et arbres. Spécialité : feuillages décoratifs. Elevage de chevaux de Mérens et de bovins. Pension d'animaux (chevaux, bovins).

Accueil : gîte 90 m², grande salle avec cuisine, canapé-lit , lave-linge, sdb, douche, wc, salon de jardin. 1 chambre 1 lit 180, 1 avec 2 lits de 90 + 1 de 120. Télé sur demande.

Activités possibles : stage de taille, semis et bouturage de plantes d'ornement. Visite offerte du jardin botanique et d'exposition. Découverte des tâches de la ferme (volailles, bovins, chevaux, fabrication du pain, etc.)

LOUBET Sabine et Jean-Philippe 8106

4 pers.
BS 220€
HS 270€
WE 80€
(2 nuits)

La Caraussinié
81360 MONTREDON-LABESSONNIE
tel : (+33) (0)5 63 75 37 19

Situation : alt. 450 m, à 20 km de Castres, 30 km d'Albi, à 20 km du Sidobre, 45 mn des Monts de Lacaune et de la Montagne Noire.

Production : élevage de bovins viande, volailles. Céréales et fourrage pour le troupeau.

Accueil : gîte 4 personnes : 1 grande pièce avec cuisine équipée, salon et coin repas, 2 chambres (1 lit 140 et 2 lits 90) + équipement bébé ou lit 90 d'appoint), sdb, wc.

Activités possibles : soins aux animaux, circuits pédestres ou VTT, planétarium, Chaos du Sidobre à 20 km, bases de loisirs...

FERME BOIS MOISSET — 8108

8 pers. 14€
4 ch. 9 pers. 34€
English spoken
Se habla español

MAFFRE Philippe et LEDRAN Sylvie
Saint Martin
81600 MONTANS
tel : (+33) (0)5 63 40 41 12
fax : (+33) (0)5 63 40 35 92
mel : bois.moisset@wanadoo.fr

Situation : Ferme en plein à la campagne, à 3 km de Lisle sur Tarn, 8 km de Gaillac et 27 km d'Albi.

Production : de la vigne pour le vin et le jus de raisin, des céréales pour les volailles et la farine, des lentilles, le tout en agriculture biologique. Nous avons aussi un cheval et quelques moutons.

Accueil : 4 chambres paysannes avec possibilité de table paysanne (le soir pour nos hôtes sauf les mardi et mercredi). L'accueil est familial dans une vielle demeure gaillacoise. Nous aimons partager nos convictions en matière de développement rural et de protection de l'environnement.

Activités possibles : visite de l'exploitation et en particulier du chai, suivi des travaux en fonction des saisons, balades au milieu des vignes. Proximité des bastides.

FERME D'EN GOÛT — 8109

10 pers. 15€
English spoken
Se habla español
Occitan parlé

HERVE Florence et Jean Luc
En Goût - 81110 DOURGNE
tel : (+33) (0)5 63 50 13 23
fax : (+33) (0)5 63 50 28 23
mel : ferme.engout@wanadoo.fr
web : www.roulottes-engout.com

Situation : dans le Parc naturel régional du Haut-Languedoc, notre ferme se trouve dans une zone bocagère très préservée, à 5 mn à pied de la Montagne Noire.

Production : nous produisons des volailles fermières, ainsi que des poulains de traits, destinés désormais à l'attelage.

Accueil : nous accueillons et nous initions les familles pour des séjours en roulotte tirée par des chevaux de traits, ou des randonnées avec des ânes. Nous accueillons les groupes pour faire du pain, du chariot western, des randonnées botaniques… Les animaux vous sont confiés pour des circuits en autonomie (familles) ou avec un meneur diplômé (groupe) : agrément Jeunesse et Sport et Habilitation touristique. Accueil sous les yourtes possible.

DOMAINE DE PEYRES COMBE — 8110

6 /8 pers.
BS 300€
HS 400€
WE 145€ (2 nuits)
tarifs hors chauffage
English spoken

BRUREAU Victor et POTIEZ Marylise
La Combe
81140 ANDILLAC
tel / fax : (+33) (0)5 63 33 94 67
mel : peyres-combe@wanadoo.fr

Situation : alt. 250 m. Domaine viticole situé sur les côteaux du Cahuzacois, sur le circuit des Bastides albigeoises et sur le GR46. A 15 km de Cordes/Ciel, 13 km de Gaillac, 25 km d'Albi et 70 km de Toulouse.

Production : vignes en agriculture biologique. Elaboration des vins au domaine.

Accueil : gîte en pierre (96 m2) sur le domaine. RdC : séjour avec coin cuisine et coin salon, salle de bain, wc. Etage : 3 chambres (2 lits en 140, 4 lits en 90). Extérieur: terrasse couverte (15 m2) avec salon jardin, terrain, portique.

Activités possibles : sur la ferme : découverte du travail de la vigne et du vin selon la saison. Sentier de rando. Alentour : piscine (3 km), base de loisir-lac (8 km), forêt (1 km), équitation (10 km).

82 - TARN-ET-GARONNE

LA FERME DU GENDRE 8202

6 pers.
14€

3 ch.
6 pers.
39€

ZAMBONI Françoise et Jean Louis
82240 LAVAURETTE
tel : (+33) (0)5 63 31 97 72
mobile : (+33) (0)6 79 91 64 83

Situation : alt. 290 m. Sur la D926 à 10 km de Caussade, de St Antonin et de Caylus, sur la route de Villefranche-de-Rouergue.

Production : lait de vache, chevaux de trait, légumes, volailles, confitures.

Accueil : dans un cadre familial et authentique, une suite de 2 chambres paysannes (4 pers.) avec une salle d'eau et wc privés et 1 chambre paysanne avec sdb et wc privés (2 pers.). En prenant les repas à notre table vous découvrirez la cuisine locale préparée avec les produits de la ferme. Salle à manger et salon réservés à nos hôtes.

Activités possibles : sentiers de randonnées sur place, découverte de la traite. Escalade, canoë (10 km), piscine (10 km), tennis (3 km).

LE CANABAL 8203

25 pers.
17 à 23€

English spoken

TRESSENS Michel
Saint Urcisse Tréjouls
82110 LAUZERTE
tel / fax : (+33) (0)5 63 95 70 83
mel : canabal@free.fr
web : canabal.free.fr

Situation : 30 km de Moissac et de Cahors, 4 km de Lauzerte.

Production : céréales, chasselas de Moissac, mention AB contrôle Ecocert.

Accueil : auberge paysanne uniquement sur réservation, produits fermiers et légumes anciens (menus végétariens et menus enfants à la demande).

Activités possibles : golf à 6 km, ferme animalière à 12 km, piscine, plan d'eau, centre équestre. Chemin de St-Jacques-de-Compostelle (GR65).

LOISIRS LA NAUZE 8211

English spoken

2 pers.
15€

1 ch.
2 pers.
45€

6 pers.
BS 400€
HS 550€
WE 150€
(2 nuits)

GAUVIN Béatrice
et DUQUENNE Dominique
La Nauze - 82130 LAFRANÇAISE
tel : (+33) (0)5 63 26 48 12
mobile : (+33) (0)6 62 07 15 11
mel : gauvin.beatrice@wanadoo.fr
web : www.loisirs-lanauze.com

Situation : à 16 km de Montauban, Castelsarrasin, Moissac et 50 km de Toulouse, sur la D927, dans une propriété de 8 ha.

Production : confitures maison, fruits non traités : prunes, figues, mûres, cerises, noix ; charcuterie en saison, œufs, légumes du jardin.

Accueil : table paysanne, accueil personnalisé. Gîte 100 m^2 (3 chambres), terrasse 200 m^2, barbecue, tout confort. Poss. location chambre paysanne. Atelier motos à disposition.

Activités possibles : découverte nature, cuisine des plantes oubliées, observation faune (daims, chevreuils), pêche à la grenouille, soins aux animaux, moto verte, quads pour enfants, VTT, jeux enfants, terrain de boules, paint-ball, piscine à 1,5 km, vol à voile, marche.

BEDENES Francis et Rolande 8212

4/5 pers.
BS 270€
HS 380€
WE 80€
(1 nuit)

1615 A, route de Montauban
82290 ALBEFEUILLE LAGARDE
tel / fax : (+33) (0)5 63 67 43 73
mel : bedbio@yahoo.fr
web : www.gitecapelle.neuf.fr

Situation : situé en bordure de la rivière (Tarn) au sein d'un ancien corps de ferme, à 6 km de Montauban, 1h de Toulouse et Cahors.

Production : légumes de plein champs, cerises, figues, pommes ; pains divers, jus de pomme, huile de tournesol 1ère pression à froid. Produits biologiques (Ecocert, mention Nature & Progrès).

Accueil : gîte paysan mitoyen avec un logement. Espace vert clôturé réservé, dans une ferme en biologie depuis 1981 : convivialité et échange.

Activités possibles : piscine hors sol, ping-pong, pêche, balade à vélo ou à pied, pétanque. Fin juin début juillet : fête de la St-Jean avec le voisinage. Piscine à 6 km, base de loisir à 12 km.

REVERSAT Michel 8213

3 ch.
6 pers.
50€

English spoken
Se habla español

Chemin du Coudonier
82110 LAUZERTE
tel : (+33) (0)5 63 94 61 29
mel : michel.reversat@wanadoo.fr
web : perso.wanadoo.fr/michel.reversat

Situation : dans un terrain de 1200 m², dans le village de Lauzerte.

Production : vergers (prunes, pommes, figues).

Accueil : 3 chambres paysannes dans une grange rénovée en pierres du Quercy.

Activités possibles : randonnées pédestres ; à proximité de Rocamadour, Padirac, Cahors, Vallée de la Dordogne.

83 - VAR

04
ALPES-DE-
HAUTE-PROVENCE
84
VAUCLUSE
CASTELLANE
06
ALPES-
MARITIMES
8302
Comps-
sur-Artuby
GRASSE
Fayence
Aups
8303
Callas
Tavernes
Rians
Salernes
Barjols
DRAGUIGNAN
Cotignac
Lorgues
St-Maximin-
la-Ste-Baume
Fréjus
St-Raphaël
BRIGNOLES
Le Luc
13
BOUCHES-DU-RHONE
Besse-
sur-Issole
La Roquebrussanne
Grimaud
St-Tropez
8301
Mer
Méditerranée
Cuers
Collobrières
Le Beausset
Solliès-Pont
TOULON
La Crau
Ollioules
Hyières
Six-Fours-
les-Plages
La Seyne-sur-Mer
St-Mandrier-
sur-Mer
Ile du Levant
Ile de Port Cros
Ile de Porquerolles

GÎTE DE L'AURIER 8301

DAMEY France
et RIONDA Jean-Charles
Piste des Condamines
83610 COLLOBRIÈRES
tel : (+33) (0)4 94 48 09 47
web : www.collotour.com

English spoken
Se habla español

22€
enfant : 11€

2 ch.
4 pers.
40€

14 pers.
38€
(1/2 pension)
19€/enfant

Situation : alt. 350 m. Au cœur du Massif des Maures, à 45 mn de Toulon, Hyères et St-Tropez, D39 puis chemin des Condamines.

Production : 12 ha de forêts, landes et châtaignes. Châtaignes en automne, légumes du jardin.

Accueil : table et chambres paysannes ; relais paysan (dortoirs). Relais équestre.

Activités possibles : randonnées à pied, à cheval, en VTT. GR99. Visite de la Chartreuse de la Verne, îles d'Hyères, sentier du littoral.

CHAFFARD Luc et Nelly 8302

Hameau de Bounas
83630 BAUDUEN
tel : (+33) (0)4 94 70 21 96

6/8 pers.
BS 415€
HS 490€

produits paysans

English spoken

Situation : alt. 700 m. À 10 km du lac de Ste Croix et des Gorges du Verdon, dans le Parc naturel régional du Verdon, D957.

Production : élevage caprin, fromages de chèvre.

Accueil : gîte paysan 85 m², grand séjour, cuisine, 2 chambres, sdb wc, terrasse. Animaux non acceptés.

Activités possibles : participation possible à la traite, fromagerie, garde du troupeau, mais aussi échange autour d'un pastis ou d'une partie de pétanque. Randonnées à pied, à cheval, à vélo, escalade, rafting, parapente, baignade, voile. Musée de la préhistoire à 20 km.

BASTIDE DE L'ESTRÉ 8303

MARIE Jean-Claude
Chemin de la Croix des Pins
83630 AUPS
tel / fax : (+33) (0)4 94 84 00 45
mel : accueil@estre.com
web : www.estre.com

12 pers.
20€

2/6 pers.
BS 380€
HS 700€

English spoken
Se habla español

Situation : dans le Parc naturel régional du Verdon à 600 m d'alt., à 3 km du village médieval d'Aups, 60 km de St Raphaël, 15 mn du lac de Ste Croix et 30 mn des Gorges du Verdon. Accès : D957 et 2 km de forêt.

Production : oliveraies, élevage d'ânes.

Accueil : dans un vallon préservé, une bâtisse du XVII° siècle : 1 gîte paysan. Possibilité de repas. Relais équestre.

Activités possibles : Randonnées à partir de la maison, à pied, en VTT. Jeux de boule. Equitation, escalade, sports d'eau vive, voile, planche à voile, baignade, canoë-kayak, canyoning. Abbaye du Thoronet, musée de la Préhistoire, musées des arts traditionnels.

84 - VAUCLUSE

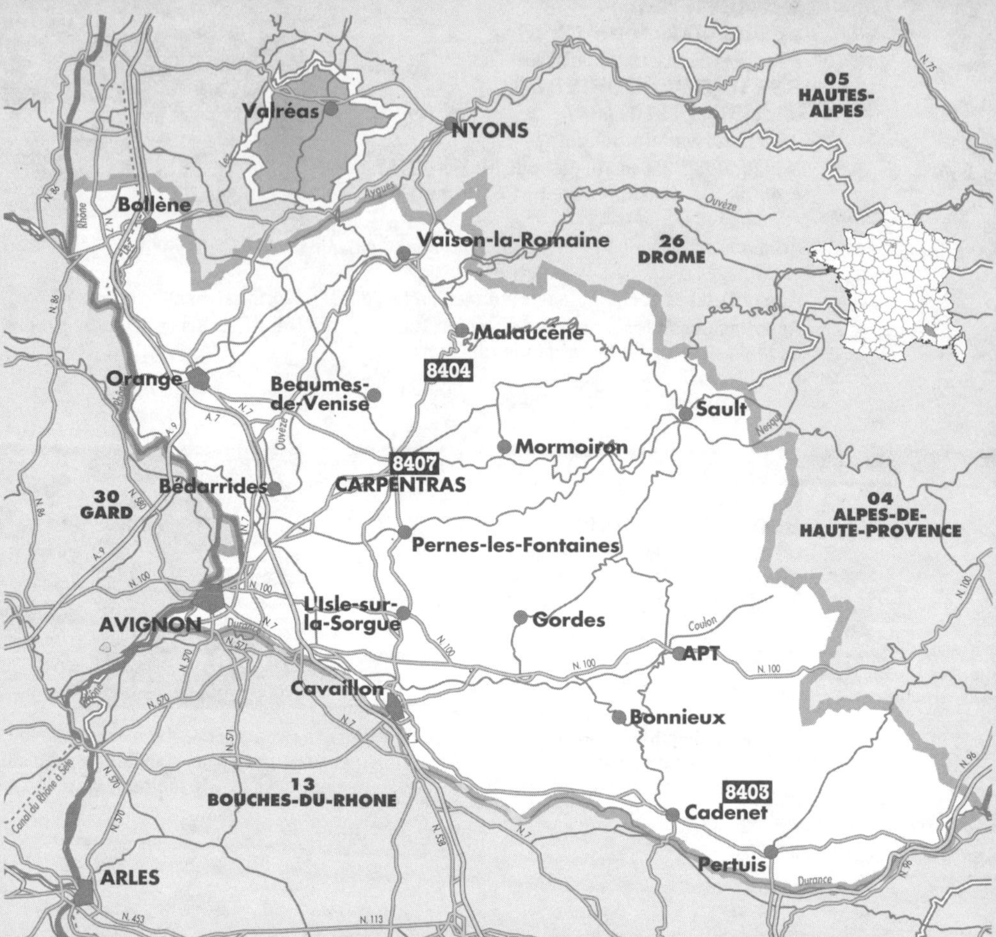
Valréas
NYONS
05
HAUTES-
ALPES
Bollène
Vaison-la-Romaine
26
DROME
Malaucène
8404
Orange
Beaumes-
de-Venise
Sault
Mormoiron
8407
CARPENTRAS
Bédarrides
30
GARD
04
ALPES-DE-
HAUTE-PROVENCE
Pernes-les-Fontaines
AVIGNON
L'Isle-sur-
la-Sorgue
Gordes
APT
Cavaillon
Bonnieux
13
BOUCHES-DU-RHONE
8403
Cadenet
Pertuis
ARLES
Rhône
Ouvèze
Aygues
Coulon
Durance
Nesque
Canal du Rhône à Sète
A.7
A.9
N.7
N.86
N.100
N.570
N.571
N.538
N.96
N.75
N.113
N.453
N.580

TOUATI Armelle et Rachid 8403

English spoken
Se habla español

2 gîtes
Gîte 1 :
4 pers.
BS 228€
HS 382€
Gîte 2 :
6 pers.
BS 382€
HS 534€
WE nous consulter

Les Gérômes
84240 SANNES
tel : (+33) (0)4 90 77 63 54
mel : touatiarmelle@yahoo.fr
web : les-geromes.com

Situation : la ferme est située à 3 km d'un village (Cucuron) et 3 km d'un lac (Lac de la Bonde).

Production : grand potager et arbres fruitiers, poules et 2 ânes.

Accueil : les 2 gîtes sont à l'intérieur d'une ancienne ferme, chacun ayant entrée et jardin indépendants.

Activités possibles : baignade au lac, randonnées dans le Lubéron, visites des villages et marchés.

LEROY Bernard et BERGER Christine 8404

4 pers.
BS 250€
HS 350€

Chemin des Ambrosis
84330 LE BARROUX
tel / fax : (+33) (0)4 90 65 26 65

Situation : alt. 400 m. A 12 km de Vaison-la-Romaine, 17 km de Carpentras, 35 km d'Avignon, 3 km de Malaucène.

Production : élevage caprin, production de fromages.

Accueil : gîte paysan de 60 m² pour 4 pers. + 1 bébé. Le gîte peut recevoir des personnes en fauteuil roulant, wc, salle d'eau équipés.

Activités possibles : Lac du Paty à 4 km. GR à proximité du gîte, en hiver station de ski à 23 km Mont Serein (Ventoux). Eté: nombreux festivals.

BRÉMOND Cathy et Michel 8407

4 pers.
12€

2 pers.
BS 245€
HS 310€
WE
60 à 150€

Se habla español

833, chemin de Banay - 84380 MAZAN
tel / fax : (+33) (0)4 90 69 87 58
web : www.chemindebanay.com

Situation : 6 km Carpentras, 30 km Avignon, 25 km Vaison-la-Romaine, 20 km Fontaine-de-Vaucluse, à proximité du Mont Ventoux, au cœur du plus ancien vignoble de France, à 1h de la mer.

Production : cerises, abricots, noix, coings, confitures, raisins de table, huile d'olive, muscat du Ventoux AOC, Côtes du Ventoux AOC. Ferme en culture raisonnée.

Accueil : relais paysan à l'étage, douche, wc, coin cuisine, frigo, etc. 1 gîte en RdC : 1 chambre avec lit double, sdb baignoire, lave-linge, wc indépendant, coin cuisine tout équipé, avec four micro-ondes, grand frigo, four, BZ 2 pers. dans coin salon, cour avec salon de jardin, barbecue, parking privé. Electricité en supplément.

Activités possibles : randonnées pédestres, lac 5 km, piscine 5 km, centre équestre, festivals Carpentras, Vaison, Avignon. Ski et biosphère au Mont Ventoux. Pétanque, visite du vignoble sur demande.

85 - VENDÉE

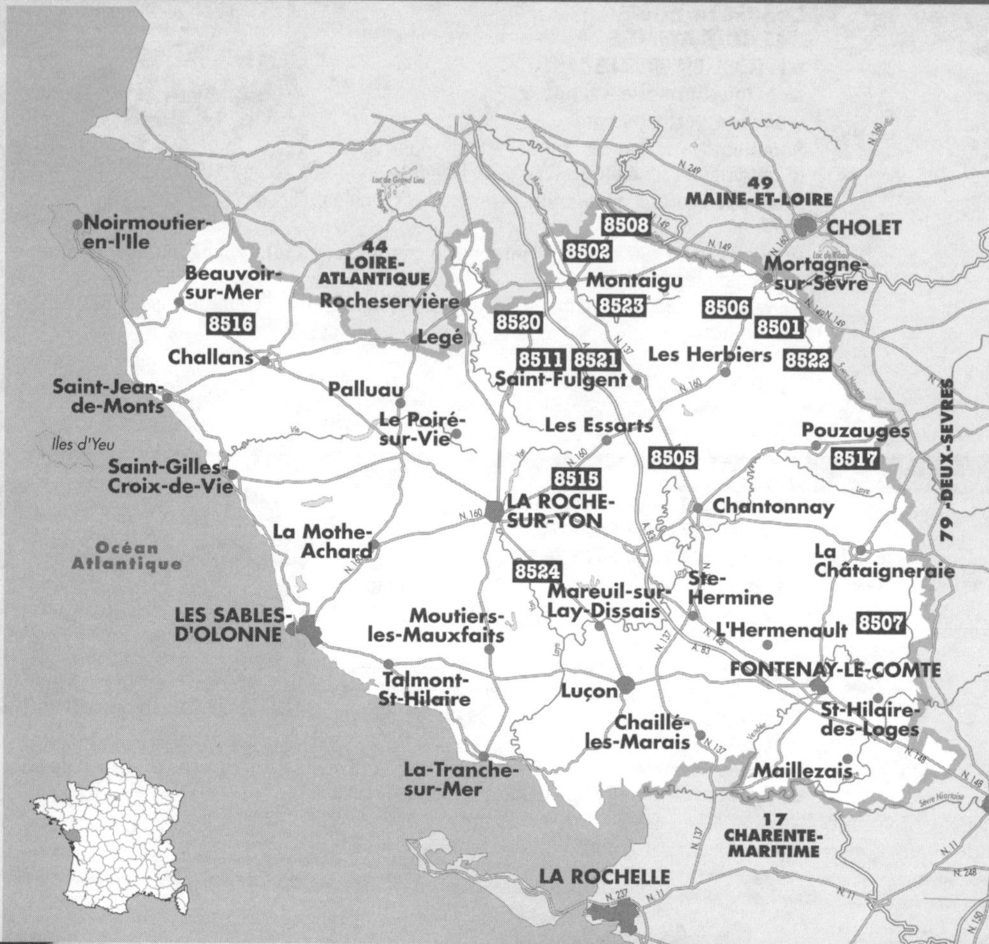
49
MAINE-ET-LOIRE
CHOLET
8508
8502
44
LOIRE-
ATLANTIQUE
Noirmoutier-
en-l'Ile
Beauvoir-
sur-Mer
Rocheservière
Montaigu
Mortagne-
sur-Sèvre
8523
8506
8501
8516
8520
Legé
Challans
8511
8521
Les Herbiers
8522
Saint-Fulgent
Saint-Jean-
de-Monts
Palluau
79 - DEUX-SÈVRES
Le Poiré-
sur-Vie
Les Essarts
Pouzauges
Iles d'Yeu
Saint-Gilles-
Croix-de-Vie
8505
8517
8515
LA ROCHE-
SUR-YON
Chantonnay
La Mothe-
Achard
Océan
Atlantique
La
Châtaigneraie
8524
Ste-
Hermine
Mareuil-sur-
Lay-Dissais
LES SABLES-
D'OLONNE
Moutiers-
les-Mauxfaits
L'Hermenault
8507
FONTENAY-LE-COMTE
Talmont-
St-Hilaire
Luçon
St-Hilaire-
des-Loges
Chaillé-
les-Marais
La-Tranche-
sur-Mer
Maillezais
17
CHARENTE-
MARITIME
LA ROCHELLE
N. 160
N. 137
N. 149
N. 148
N. 11
N. 249

BARRÉ Marie-Chistine et Daniel 8501

8 empl.
25 pers.
2,50€/pl.
3€/pers.
elec 2,50€

Le Petit Bois Chabot
85290 SAINT LAURENT SUR SÈVRE
tel / fax : (+33) (0)2 51 67 82 82
mobile : (+33) (0)6 87 34 62 41

Situation : au cœur du bocage vendéen. Cholet à 12 km, Angers et Nantes à 70 km, Puy-du-Fou à 7 km, mer à 100 km.

Production : culture et élevage de porcs et poulets. Vente directe : charcuterie traditionnelle et poulets.

Accueil : camping paysan dans un endroit calme et reposant, ambiance familiale, location caravanes nuit ou semaine.

Activités possibles : balade en bordure de la Sèvre, sentiers pédestres, visite de sites.

FERME DES NOUES 8502

5 ch.
10 pers.
42€

FORGET Geneviève et Claude
Les Noues
85600 SAINT HILAIRE DE LOULAY
tel / fax : (+33) (0)2 51 94 10 41
web : www.fermedesnoues.com

Situation : bocage Nord-Vendée, 30 mn de Nantes, Cholet, La Roche-sur-Yon, 45 mn du Puy-du-Fou, 1h de la côte Atlantique, N137 ou A83 (sortie Montaigu).

Production : élevage de chevaux de trait et chevaux Mérens, vaches limousines et leurs veaux (bio), céréales, nb petits animaux de basse-cour.

Accueil : authenticité, calme, dans une ferme ancienne restaurée tout en gardant le charme de la pierre. Chambres paysannes dont 4 chambres (8 pers.) avec sdb et wc dans chaque, et 1 chambre (2 pers.) avec kitchenette et sanitaires (location possible à la semaine. Salle commune + cuisine équipée.

Activités possibles : découverte de la ferme, du cheval et de l'attelage et si vous êtes matinal, vous pourrez nourrir les animaux avec Claude. Pêche dans l'étang. Piscineà 1,5 km, randos (GR), la mer à 1h, Marais Poitevin à 1h.

LA GASSE 8505

4/6 pers.
BS 250€
HS 350€

Christiane GUIBERT
9, rue de St-Hilaire
85110 SAINTE CÉCILE
tel : (+33) (0)2 51 40 24 33

Situation : bocage vendéen, 30 mn de la Roche/Yon, 60 km de l'océan, 20 mn du Puy-du-Fou, 1h des Sables, 2 km de la N137, 10 km de A83, 70 km de Nantes et La Rochelle, 60 km de Venise verte. Gîte situé sur la D48, près des commerces.

Accueil : gîte avec cuisine, salon, salle à manger, sdb douche, wc, lave-linge, four micro-ondes. A l'étage : 1 chambre avec 1 lit de 140, 1 chambre avec 1 lit de 120 et 1 de 90 + lit bébé.

Activités possibles : découverte du monde rural et des coutumes du pays. Sentiers pédestres, rivière, plan d'eau, pêche à 500 m.

HURTEAU Myriam et Louis-Joseph 8506

2 ch.
4 pers.
43€

2 gîtes
Gîte 1 :
2/4 pers.
BS 260€
HS 280€
Gîte 2 :
4/6 pers.
BS 330€
HS 350€

La Réardière
85590 SAINT MALO DU BOIS
tel / fax : (+33) (0)2 51 92 35 88

Situation : dans le haut bocage vendéen à 5 km du Puy-du-Fou. Cholet à 18 km, Angers et Nantes à 70 km, océan à 90 km, N160 et A87 à 5 km.

Production : 30 ha avec un troupeau de 28 vaches allaitantes + 4 poulaillers Label Rouge, céréales, blé, mais, jardin potager.

Accueil : 2 gîtes paysans. Chaque gîte a son entrée indépendante, coin cuisine, séjour avec banquette-lit (2 pl.), sdb, douche, wc, lave-linge, salon de jardin. 1er Gîte : chambre 1 lit de 120. 2ème Gîte : chambre 1 lit de 140, chambre 2 lits de 90. 2 chambres paysannes pour 2 personnes.

Activités possibles : découverte de la ferme. Vallée de Poupet avec ses 30 ha de verdure en bordure de la Sèvre Nantaise, piscine, spectacle du Puy-du-Fou.

LACROIX Marie-Thé et BÉTARD Stéphane 8507

4 pers.
400€

English spoken

La Jacotière
85240 FOUSSAIS - PAYRÉ
tel / fax : (+33) (0)2 51 00 46 80
mobile : (+33) (0)6 87 83 86 23
mel : jacoti@wanadoo.fr

Situation : dans le sud Vendée, près du massif forestier de Mervent, Fontenay-le Comte à 15 km, Niort à 35 km, marais poitevin à 25 km, mer à 70 km.

Production : élevage de vaches laitières, basse-cour, moutons, lait, œufs.

Accueil : gîte paysan : cuisine-séjour, 2 chambres (1 lit en 140, 2 en 90 + lit bébé eventuellement), sdb, buanderie (lave-linge), terrasse, salon de jardin, barbecue, vélos, ping-pong.

Activités possibles : visite des élevages et soins aux animaux, balades en cariole à cheval, randonnées en forêt au départ de la ferme. Découverte du Marais Poitevin, pêche, baignades.

CAMPING DU BOIS NOIR 8508

produits paysans

8 à 10 pers.
12 à 15€

6 empl.
20 pers.
3 ,78€
+ taxe séjour
0,22€/pers.
elec 2€
caravane
100 à
150€/sem

LAUNAY Josiane et Pierre Yves
Le Bois Noir
85600 SAINT HILAIRE DE LOULAY
tel / fax : (+33) (0)2 51 48 96 04
mobile : (+33) (0)6 21 02 30 85
mel : josiane.launay@tiscali.fr
web : www.accueil-paysan-vendee.com

Situation : dans le bocage Nord Vendée, avec l'océan Atlantique à 1h. À 30 km Nantes, La Roche/Yon, N137 ou A83 sortie Montaigu. A St-Hilaire-de-Loulay direction D93.

Production : vaches laitières (35), chevaux, basse-cour, cultures extensives (prairies).

Accueil : tranquilité, douceur du site et agréable séjour sous tentes ou en caravanes dans camping paysan, 2 douches, 2 sanitaires, grand préau avec table, réfrigérateur. Loc. caravanes (2 et 4 pl.). Petits déjeuners. Dépôt vente de produits d'autres producteurs.

Activités possibles : découverte de la ferme, pêche, goûter, soins aux animaux, cabane dans les bois, traite des vaches. Rando pedestre GR à proximité. Château de Barbe-Bleu, Puy-du-Fou, belles plages du littoral vendéen.

FONTENEAU Marie et PIVETEAU Gérard 8511

English spoken
Man spricht Deutsch
Se habla español

13€

5 ch.
16 pers.
42€

2 gîtes
Gîte 1 :
5 pers.
440€
Gîte 2 :
12 pers.
750€

La Canquetière
85260 LES BROUZILS
tel : (+33) (0)2 51 42 91 81
mel : gerardmarie.canquetiere@wanadoo.fr

Situation : bocage vendéen, à 30 mn de Nantes, 45 mn du Puy-du-Fou, 1h de la mer.

Production : exploitation laitière, céréales, basse-cour. Lait, œufs, confitures, légumes du jardin.

Accueil : 5 chambres paysannes, entrée et sanitaires indépendants, cuisine à disposition. Possibilité formule gîte (semaine ou courte durée) pour 4 à 10 personnes.

Activités possibles : découverte de la ferme et du pays alentour (accompagnée et commentée à souhait) Randonnées, visites de nombreux sites, mer, Marais Poitevin.

TANGUY Marie-Hélène et Christian 8515

8 pers.
10€

25 empl.
2€/pl.
3€/pers.
elec 2€

English spoken
Se habla español

5€/J/enf.

2 ch.
4 pers.
40€

2 gîtes
Gîte 1 :
4 pers.
330€
50€/nuit
Gîte 2 :
6 pers.
400€
70€/nuit

La Maison Neuve
85280 LA FERRIÈRE
tel / fax : (+33) (0)2 51 98 47 94
mel : mariehelene.tanguy@wanadoo.fr
web : www.vendee-location-camping.com

Situation : nous vous accueillons au centre de la Vendée, niché dans un bocage dense, près des forêts, à 14 km de La Roche-sur-Yon, à 35 mn de la mer.

Production : une ferme de 24 ha avec des vaches limousines pour une production de viande biologique, basse-cour, chevaux. Site classé refuge LPO.

Accueil : nous avons voulu créer un lieu de verdure trés arboré qui donne à chacun son coin d'intimité. Les cheminements sur l'ensemble du lieu vous appelleront à la rêverie. Toujours à la recherche d'une protection de l'environnement, nous vous montrerons nos réalisations et comptons sur vous pour de multiples conseils.

Activités possibles : amenez vos vélos, chaussures ou chevaux pour des randonnées. Un sentier d'interprétation sur le site vous enchantera.

MAIGNÉ Philippe 8516

4/5 pers.
330€
WE 80€
(1 nuit)
100€
(2 nuits)
130€
(3 nuits)

Le Saint Louis
85230 SAINT GERVAIS
tel : (+33) (0)2 51 49 15 78

Situation : marais breton, 16 km de Challans, 20 km de St Jean de Mont et des plages, commerce à 5 km.

Production : un cadre !...

Accueil : gîte paysan.

Activités possibles : prêt de vélos, promenade avec l'âne, promenade en barque sur les étiers, observation des oiseaux, pêche, labo photo N&B. Alentour : sentiers pédestres, moulin en activité, équitation, écomusée, ostréiculteurs, foire à l'ancienne de Challans, artisans.

LA CH'MI 8517

8 à 25 pers.
10 à 15€

15 pers.
14,50 à 17€

English spoken

TEXIER PACHETEAU Catherine et Laurent
La Chemillardière - 85700 ST MESMIN
tel : (+33) (0)2 51 91 27 37 - mel : lachmi@wanadoo.fr

Situation : Vendée Est, bocage, proche de la Sèvre nantaise. 90 km de Nantes, 35 km de Cholet, 60 km de La Roche-sur-Yon, 80 km du littoral, 15 mn du Puy-du-Fou, 15 mn de Poupet (festival d'été), 30 mn de Pougne-Hérisson (79) "le Nombril du Monde" (jardin aux histoires), 4 km de St Mesmin.

Production : lait et fourrages nécessaires à l'alimentation du troupeau, 40 ha en agriculture biologique depuis 1998. Et aussi : des poules, 1 mouton, 1 chien, des chats... et un potager.

Accueil : Catherine et Laurent vous accueillent à la ferme de la Ch'mi. Crêperie à la ferme, du vendredi soir au dimanche soir, table paysanne uniquement sur réservation. Repas à partir de produits fermiers ou biologiques.

Activités possibles : si vous venez jusqu'à la Ch'mi vous profiterez des balades pédestres sur les sentiers de randonnées de la commune et de ses environs, des visites de différents sites touristiques du Pays de Pouzauges en Vendée et de lieux incontournables dans Les Deux Sèvres, département limitrophe à notre lieu d'accueil.

DOMAINE DE ROCHANVIGNE 8520

2/4 pers.
BS 190€
HS 300€

CORCESSIN Isabelle et Yann
Izereau
85260 SAINT ANDRÉ 13 VOIES
tel / fax : (+33) (0)2 51 43 92 95
mel : yicorcessin@wanadoo.fr

Situation : bocage vendéen, 30 mn Nantes et La Roche-sur-Yon, 45 mn Puy-du-Fou, 1h de la mer.

Production : exploitation viticole de 14ha proposant une gamme de 13 vins en vente directe au caveau, œufs, miel.

Accueil : gite paysan, petite maison en pierres, restaurée avec des matériaux authentiques, comportant cuisine, séjour avec banquette lit 2 pl., sdb (douche & wc), à l'étage : 1 chambre (1 lit 140 + lit bébé), lave-linge, salon de jardin.

Activités possibles : visite des vignes et de la cave, dégustation, randonnées à pied et en vélo, visites de nombreux sites touristiques.

GILBERT Marie-Françoise 8521

produits paysans

Bellevue
85250 CHAVAGNES EN PAILLERS
tel : (+33) (0)2 51 42 28 14

Situation : la ferme se trouve à 10 mn de la N137, au cœur du bocage vendéen. Accés océan 1h. La Rochelle 1h30, Nantes 45 mn.

Production : élevage de vaches maraichines (espèce en voie de conservation), les céréales sont produites sur la ferme en biologie (Ecocert), elles sont moulues sur une meule de pierre, le pain est cuit dans un four traditionnel.

Accueil : la production de pain a lieu les mardis et vendredis à partir de 17h30 (il faut commander la veille).

Activités possibles : voir la fabrication du pain et le fonctionnement du four (prévenir à l'avance).

LE CERISIER 8522

3 gîtes
Gîte 1 : 4/5 pers. BS 310€ HS 365€
Gîte 2 : 4/5 pers. BS 330€ HS 375€
Gîte 3 : 6/7 pers. BS 365€ HS 450€
WE 60 à 75€ (1 nuit)

BILLAUD Geneviève et Denis
85590 LES EPESSES
tel / fax : (+33) (0)2 51 57 44 90
mobile : (+33) (0)6 09 06 00 23

Situation : dans le haut bocage vendéen, à 10 km des Herbiers, 20 km de Cholet, 7km de N160, 1km du Puy-du-Fou, 8 km de la sortie de l'A87.

Production : pomme de terre semence, blé, maïs, herbe, génisses, dindes.

Accueil : 3 gîtes avec entrée indépendante, tout confort, lave-linge, salon de jardin, barbecue, coin pelouse.

Activités possibles : possibilité de pêche en étang, sentiers pédestres, piscine et base de loisirs à la Bretèche, vallée de Poupet, Mont des Alouette, balade en train du Puy-du-Fou.

BOURSIER Aline et Didier 8523

10 pers. BS 400€ HS 450€

English spoken

La Bezochère
85600 LA GUYONNIÈRE
tel : (+33) (0)2 51 41 52 94

Situation : dans le bocage vendéen, à 30 mn de Nantes, 20 mn du Puy-du-Fou, 1h de la mer.

Production : vaches laitières, chevaux, basse-cour.

Accueil : grand gîte paysan.

Activités possibles : visite des élevages, soins aux animaux, pêche en étang, randonnées pédestre, nombreuses activités possibles alentour.

GÎTE DE LA BALANÇOIRE 8524

5 pers. maxi 12 à 15€
15 pers. BS 300 à 750€ HS 400 à 900€

5 enfants 45€/J 300€/séjour

English spoken
Se habla español

RAULT Isabelle et CANOVAS Bruno
Le Puy
85310 LE TABLIER
tel : (+33) (0)2 51 46 76 64
mel : raultcanovas@wanadoo.fr
web : www.gite-balancoire.com

Situation : à 18 km au sud de la Roche-sur-Yon, à 30 km de l'océan, au bord de la vallée de l'Yon, sur le GR364, à 2 km du Centre astronomique vendéen.

Production : volaille, jardin, miel, âne, chèvres, moutons (production familiale).

Accueil : accueil d'enfants, gîte paysan dans une maison rénovée, spacieuse, calme, chaleureuse et colorée. Pour familles, groupes, randonneurs, cavaliers, sportifs... Ouvert toute l'année.

Activités possibles : randonnées sur les bords de l'Yon, balades à vélos, en âne bâté, baignade, pêche, soins aux animaux. Soirée astronomique à proximité, soirée musicale dansante en été à la guinguette de Piquet, découverte du vignoble vendéen, la Roche-sur-Yon en canoë, Maison des libellules.

MOREAU Bernard 8603

English spoken

20 pers.
13€

6 empl.
25 pers.
5€/pers.

Chez Coindeau
86250 SURIN
tel : (+33) (0)5 49 87 16 04
mel : gite.b.coindeau@wanadoo.fr

Situation : en bordure du sud-Vienne et du nord-Charente, au milieu des châtaigniers, une ancienne ferme vous accueille pour un séjour d'activités et de découvertes de la vie rurale. Chacun pourra, à son rythme, rencontrer son animal préféré, écouter la nature, fabriquer et goûter son pain.

Production : petite ferme pour auto-production de la structure.

Accueil : relais paysan 20 pers., 5 chambres de 4 lits avec sdb, sur une structure "ferme d'animation". Camping paysan.

Activités possibles : animation ferme, jardin, cheval, pain, nature ; la Vallée de la Charente et son patrimoine, la Vallée des Singes.

87 - HAUTE-VIENNE

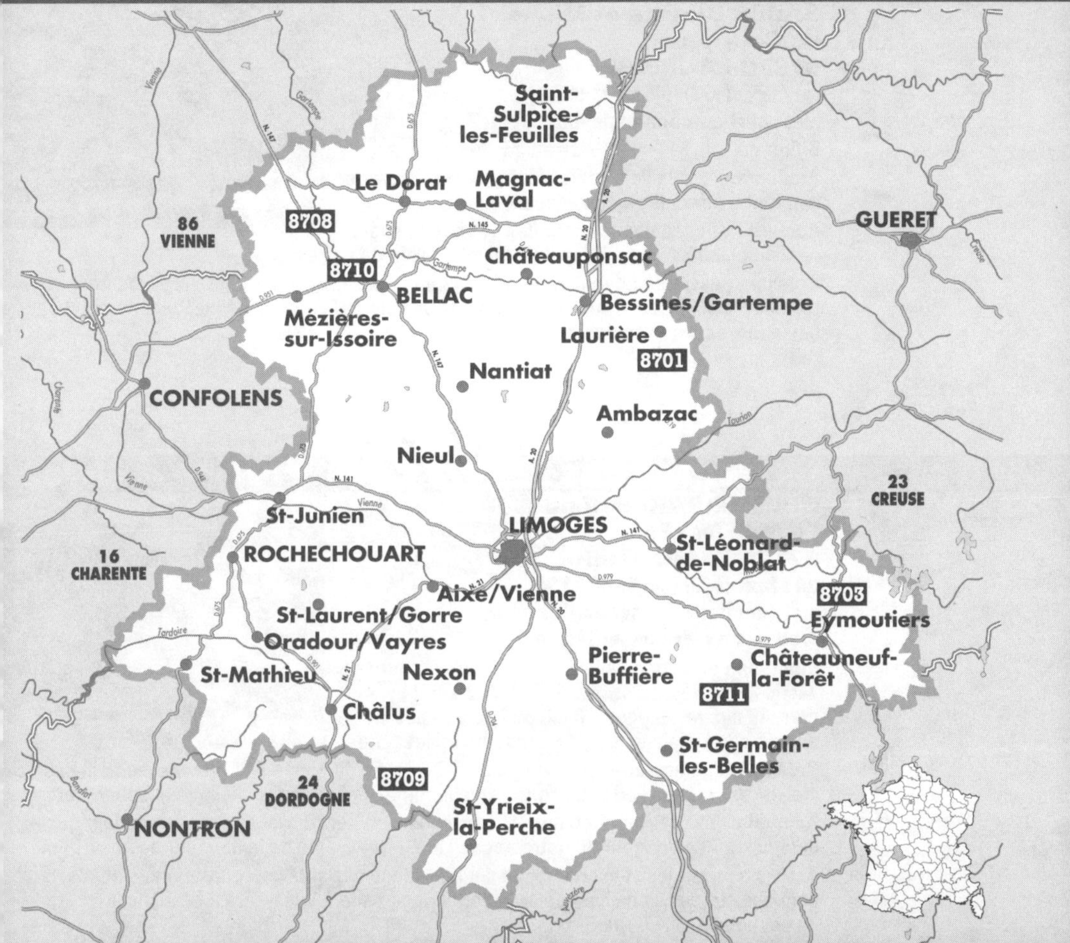

GITE D'ENFANTS « COPAINS DES BOIS » 8701

BARBE Brigitte et Michel
La Courrière
87370 LAURIERE
tel / fax : (+33) (0)5 55 71 55 70
mel : barbe@copainsdesbois.com

11 enfants
360€/sem

English spoken

Situation : alt. 540 m. à 35 km au NE de Limoges.

Production : volailles, œufs, légumes, charcuterie, lait, fruits. Agriculture biologique.

Accueil : accueil d'enfants toutes vacances scolaires (sauf Noël), à la semaine (minimum) au sein de notre ferme.

Activités possibles : découverte et soins aux animaux de la ferme. Activités équestres (balades, voltige, jeux). Jeux et découverte au sein de la nature (pêche, cabanes, bivouac, baignade, activités manuelles).

LA FERME DES ABEILLES 8703

GIANFERRARI Hélène et Marc
Le Mas Neuf
87120 EYMOUTIERS
tel / fax : (+33) (0)5 55 69 15 98
mel : accueil@fermeabeilles.com
web : www.fermeabeilles.com

4 pers.
120€
+chauffage
(oct-mai)
200€
(juin et sept)
300€
(juil-aout)
WE 100€
(2 nuits)

20 pers.
4,50€/pers.

2 ch.
5 pers.
42€

English spoken
Si parla italiano

Situation : dans une vallée très paisible, entouré de vaches, abeilles, forêt, alt. 550 m. A 2 km d'Eymoutiers, 30 mn de Limoges, 20 mn du Lac de Vassivière, au cœur du Limousin, sur le Plateau de Millevaches.

Production : apiculture, miel et ses dérivés, en fin de phase AB. Plantes médicinales et mellifères. Vaches Ferrandaises, jardin (légumes et plantes médicinales), basse-cour.

Accueil : 1 gîte paysan, 2 chambres paysannes, goûters et visites de la ferme pour écoles et familles. "La douceur de notre accueil n'est rien à côté de la douceur de notre miel" !

Activités possibles : observation et connaissance des abeilles et des plantes, repos, randonnées sur circuit balisé depuis la ferme, baignade à Vassivière. Le Limousin : Paradis du pêcheur.

LELOUP Catherine et Jean-Michel 8708

La Lande
87330 SAINT BARBANT
tel / fax : (+33) (0)5 55 68 47 46
mel : leloup.jean-michel@wanadoo.fr

4 pers.
BS 214€
HS 260€

produits paysans

English spoken

Situation : à mi-distance entre Poitiers et Limoges, sur la D202 et à 15 mn de l'Isle Jourdain. Au cœur d'un paysage bocager parsemé d'étangs et de rivières poissonneuses.

Production : élevage de vaches limousines et céréales. Fabrication de pain sur la ferme. Le tout produit en agriculture biologique.

Accueil : gîte paysan, cheminée, mezzanine. Vous êtes chaussés ? Tenez, prenez ce bâton, nous allons faire ensemble une balade dans les prés avec nos vaches et ce soir au coin du feu vous mangerez notre pain ! Puis vous regarderez le ciel en écoutant la Chevêche qui passe.

Activités possibles : étang de pêche sur la ferme, fabrication de pain sur place, visite de l'élevage. Baignade en étang à 10 km, centre équestre à 20 km.

LA JAURIE 8709

English spoken
...an spricht Deutsch
...ij spreken ...ederlands
Flamand parlé

6 empl.
25 pers.
4,85€/pers.
elec 2,50€

4 pers.
BS 225€
HS 350€
WE 90€
(2 nuits)

produits paysans

HOMBERGEN Dimphi et FRENKEN Wieger
la Jaurie - 87500 LADIGNAC LE LONG
tel / fax : (+33) (0)5 55 08 28 35
mel : ateliers@lajaurie.com
web : www.lajaurie.com

Situation : alt. 380 m, dans la châtaigneraie limousine, au bord du Parc naturel régional du Périgord-Limousin, à 35 km de Limoges et 80 km au NE de Périgueux, sur la D901 entre Bussiere-Galant et Ladignac-le-Long.

Production : potager et verger, œufs, confitures, jus de fruits, noix, foin, tout est produit naturellement. Poteries et charpentes en châtaigniers.

Accueil : camping et gîte paysans. Les 12 ha de terrain avec le ruisseau sont à portée de tous pour faire des balades, des découvertes, l'aventure... A la Jaurie on se consacre aux beaux-arts, à l'écoconstruction et à la conservation de la nature. Faire découvrir ces aspects aux autres fait partie de notre bonheur de vivre (cf notre site).

Activités possibles : stages de loisirs : sculpture, céramique, dessin (sur réservation), sentier découverte nature. Aux environs : balades avec ânes, équitation, plan d'eau.

LE GALL Aude-Lyne et Alan 8710

English spoken
Mongol parlé

7 pers.
12,50€

6 empl.
5€/pers.
caravane (yourte)
40€/nuit
petit déj. compris

Domaine de Gauchoux
87300 PEYRAT DE BELLAC
tel : (+33) (0)5 55 68 71 80
mobile : (+33) (0)6 70 57 29 26
mel : aude-lyne@gauchoux.fr
web : www.gauchoux.fr

Situation : à côté de Bellac, entre Limoges (40 km) et Poitiers (80 km), sur la D675, dans un espace naturel préservé.

Production : dans un écrin de verdure, notre ferme est un lieu d'élevage (46 chevaux et poneys, 5-6 poulains/an, étalon, juments), de dressage et centre de tourisme équestre label Limousin.

Accueil : camping paysan. Nous vous proposons soit de planter votre tente soit de dormir dans une de nos 4 yourtes mongoles. Séjours thématiques, randos à cheval, à pied ou à vélo. Location possible à la nuit ou à la semaine. Tout est possible !

Activités possibles : équitation, leçons, balades, randos (de 2 jours à 1 semaine), randonnées à l'étranger (Mongolie, Roumanie, Maroc, Corse, Espagne...).

FERME D'ACCUEIL DE LA RIBIÈRE DE BORD 8711

2 classes
6€/ J

English spoken
Langue des signes française

COTTINEAU Anne-Marie et Eric
La Ribière de Bord
87130 CHÂTEAUNEUF LA FORÊT
tel / fax : (+33) (0)5 55 69 15 71
mel : ericcottineau@wanadoo.fr
web : www.fermedelaribiere.net

Situation : en bordure du Parc naturel régional Millevaches, à 350 m d'alt., 2 km du village, 35 km de Limoges, 20 km du Lac de Vassivière, dans une vallée ouverte, au bord de la Combade, petite rivière de montagne.

Production : œufs, fruits, légumes, céréales, lait, beurre, fromages, confitures. Cheval, ânesse, vaches et chèvres assurent entretien et biodiversité de la prairie naturelle.

Accueil : accueil d'enfants (4 à 17 ans) : ferme pédagogique, classes ou séjours de vacances. Agréée J&S, ferme et nature.

Activités possibles : aéromodélisme, modélisme naval, théâtre ; soins aux animaux, jardinage, atelier cuisine, pêche, modélisme, baignade. Echange, partage, rêve et détente dans un environnement préservé. A proximité : poterie d'art, VTT, randos pédestres (sentiers balisés), canoë-kayak, musées...

88 - VOSGES

NANCY
LUNEVILLE
57
MOSELLE
54
MEURTHE-ET-MOSELLE
55
MEUSE
67 - BAS-RHIN
8804
Senones
Raon-l'Etape
Coussey
NEUFCHATEAU
Charmes
Rambervillers
Provenchères-
sur-Fave
Châtel-sur-Moselle
Châtenois
Mirecourt
SAINT-DIE
Brouvelieures
Bruyères
Fraize
Dompaire
Bulgnéville
Vittel
EPINAL
8805
Corcieux
Xonrupt-
Longemer
8806
52
HAUTE-
MARNE
Darney
Gérardmer
Lamarche
Xertigny
Remiremont
68
HAUT-
RHIN
Monthureux-sur-Saône
Bains-
les-Bains
8801
8807
8802
Saulxures-
sur-Moselotte
Plombières-
les-Bains
Le Thillot
70
HAUTE-SAONE
LANGRES
THANN
N. 4
A. 31
N. 74
N. 57
N. 59
N. 420
N. 159
N. 415
N. 66
N. 19
N. 333

CORNU Annie et Claude — 8801

15 pers.
13€

5 ch.
2/4 pers.
38€

8 pers.
BS 350€
HS 450€

produits paysans

Route des Ruaux
88370 PLOMBIÈRES LES BAINS
tel / fax : (+33) (0)3 29 66 08 13
mel : claude.cornu6@wanadoo.fr

Situation : alt. 550 m, en montagne vosgienne. A proximité de Remiremont (18 km) et Epinal (30 km), sur la D20. Plateau bordé de vallées boisées.

Production : moutons, volailles, chevaux, ânes, porcs, veaux sous la mère. Œufs, terrines, lait. Les produits de la ferme sont servis à la table paysanne. Pain fait à la ferme.

Accueil : 4 chambres paysannes (wc, douches et lavabos) + 1 chambre avec kitchenette ; 1 gîte paysan. Table paysanne.

Activités possibles : découverte de la vie à la ferme, soins aux animaux. Anes bâtés. Promenades pédestres, équestres, VTT, visite patrimoine local, station thermale gallo-romaine à Plombières-les-Bains.

FERME AUX MOINEAUX — 8802

25 pers.
0€/pers. ou
200€/nuit

25 pers.
1000€
WE 200€
(1 nuit)

8 pers.
10€

2 ch.
8 pers.
36€

English spoken

BARAD Brigitte et Dominique
2570, rue de la Croisette
88200 DOMMARTIN LES REMIREMONT
tel / fax : (+33) (0)3 29 61 00 30
mel : bd.barad@wanadoo.fr
web : membres.lycos.fr/lesmoineaux

Situation : alt. 650 m, Remiremont 10 mn, Epinal 20 mn, Gérardmer 30 km. À 2,5 km de la RN66 Epinal-Mulhouse.

Production : troupeau bovin viande. Bio, contrôle Ecocert mention AB.

Accueil : ferme isolée du XVIII° siècle, 2 chambres paysannes avec wc, lavabo, douche. Cuisine et séjour à disposition ; relais paysan (3 chambres et 1 dortoir) ou gîte paysan 25 pers. Pas d'animaux à l'intérieur de l'hébergement. Table paysanne sur réservation.

Activités possibles : approche de l'agriculture de montagne sur une petite ferme restée traditionnelle. Petit élevage familial : moutons, ânes, volaille. Parcours balisés pédestres (GR7), VTT, ski de fond, randonnées équestres, nombreux étangs.

FERME DE CAPUCINE — 8804

15 pers.
20€

produits paysans

THIBAULOT Pascal et Jeanine
Genaroy
88210 LA PETITE RAON
tel : (+33) (0)3 29 57 81 86

Situation : alt. 450 m. A la limite des Hautes-Vosges et des Vosges-du-Nord. Proche de hauts lieux "vibratoires", Donon, lac de la Maix, etc. A 70 km de Nancy et Strasbourg.

Production : élevage de porcs gascons en plein air, charcuterie, fumé, miel, pain. Mention Nature et Progrès.

Accueil : table paysanne, spécialités alsaciennes, repas bio.

Activités possibles : passer un moment avec des courtisans de la terre vosgienne, dans une ferme isolée au milieu des sapins. Multitude de randonnées pédestres.

FERME-AUBERGE PAYSANNE LA CHARMOTTE 8805

2 gîtes
Gîte 1 :
4/6 pers.
BS 200€
HS 350€
Gîte 2 :
4/6 pers.
BS 250€
HS 400€
WE 90/100€
(1 nuit)

English spoken

25 pers.
10 à 20€

4 ch.
2/6 pers.
40€

STOQUERT Patrice
300, route de la Houssière
88430 BIFFONTAINE
tel : (+33) (0)3 29 58 58 62
mel : lacharmotte@wanadoo.fr
web : www.la-charmotte.com

Situation : alt. 500 m, à 20 mn de St-Dié et Gérardmer, D81, 45 mn de Colmar, route des vins. Ferme du XVII° siècle.

Production : petits élevages (poules, lapins), moutons, ânes ; confitures, miel, terrines, fruits, légumes du jardin.

Accueil : la route des vins, ferme du XVII° siècle : auberge paysanne, 4 chambres (de 2, 4 et 6 pers.), wc douche. 2 gîtes paysans. Séminaire vannerie.

Activités possibles : randos, VTT, ski, jardins botaniques, lac, balades en calèche.

MARCHAL Jean-Marie 8806

5 pers.
BS 170€
HS 310€

555, rue de la Résistance
88400 XONRUPT LONGEMER
tel : (+33) (0)3 29 63 36 27
mel : dmarchal@yahoo.fr
web : www.locations-vosges.com

Situation : alt. 750 m, sur D417, 5 mn Gérardmer, au cœur du Massif vosgien, Lac de Gérardmer, routes des Crêtes, Ballon d'Alsace, Colmar à 50 km.

Production : petite ferme traditionnelle avec fabrication et vente de munster, œufs.

Accueil : gîte paysan au cœur du massif vosgien.

Activités possibles : vie de la ferme, VTT, lac à 2 mn.

VOSGES EN MARCHE 8807

20 pers.
38€/pers/jour
(pension complète séjour libre)
WE :
à partir de 73€/pers.
(pension complète activités encadrées)
Semaine :
à partir de 284€
Adhésion 9€
(-16 ans 4€)

SIDRE André
Presles - 88120 BASSE SUR LE RUPT
tel : (+33) (0)3 29 24 89 40
fax : (+33) (0)3 29 24 90 07
mel : info@vosgesenmarche.com
web : www.vosgesenmarche.com

Situation : alt. 800 m, dans les Hautes-Vosges, à 20 km de Remiremont et Gérardmer, à 7 km de la Bresse. Ferme située à 12 km du lieu d'accueil.

Production : retraité, je continue à vivre sur les lieux de mon exploitation, j'ai gardé des chevaux et je pourrai vous expliquer l'évolution de l'agriculture de montagne en vous emmenant en balade, étant aussi accompagnateur de moyenne montagne.

Accueil : gîte paysan avec table. Nous proposons des séjours ou week-end à partir du gîte, en toutes saisons, et des randonnées itinérantes accompagnées sur plusieurs jours.

Activités possibles : randonnée, ski de fond et raquettes l'hiver. Séjours à thèmes, découverte de la vie en montagne, du milieu naturel, de l'histoire locale. Stages aquarelle, chant, etc. dans le cadre de l'association "Vosges en marche".

89 - YONNE

Sergines
Pont-sur-Yonne
77 SEINE-ET-MARNE
Villeneuve-l'Archevêque
TROYES
Chéroy
SENS
Aix-en-Othe
Cerisiers
10 AUBE
Villeneuve-sur-Yonne
Saint-Julien-du-Sault
Brienon-sur-Armançon
St-Florentin
Joigny
Migennes
Flogny-la-Chapelle
Charny
Seignelay
Ligny-le-Châtel
Cruzy-le-Châtel
Aillant-sur-Tholon
Tonnerre
45 LOIRET
Chablis
Champignelles
AUXERRE
8901
Ancy-le-Franc
Bléneau
Toucy
8902
Coulanges-la-Vineuse
Noyers
Vermenton
MONTBARD
St-Fargeau
St-Sauveur-en-Puisaye
Courson-les-Carrières
l'Isle-sur-Serein
21 COTE-D'OR
Coulanges-sur-Yonne
58 NIEVRE
Vézelay
AVALLON
Guillon
CLAMECY
COSNE-COURS-SUR-LOIRE
Quarré-les-Tombes

GÎTES DES MAISONS BLANCHES 8901

20 pers.
13€ et +

6 empl.
20 pers.
2,5€/pl.
4€/pers.
elec 2,2€

4 pers.
BS 220€
HS 260€
WE 150
/190€
(2 nuits)

English spoken

GILET Michelle et Guillaume
Les Maisons Blanches
89350 CHAMPIGNELLES
tel / fax : (+33) (0)3 86 45 17 96
mel : ggilet@ifrance.com
web : www.ifrance.com/ggilet

Situation : entre Charmy et St-Fargeau. Sortie A6 : Courtenay. A 1h30 de Paris, proche d'Auxerre et Montargis. Une aire de verdure au cœur de la Puisaye.

Production : céréales, oléo-protéagineux.

Accueil : 1 gîte paysan, 1 relais paysan, camping paysan avec douches chaudes, wc, lavabos. Ouvert toute l'année. Calme et repos.

Activités possibles : lac de Bourdon à St-Fargeau, pédalos, voile, Musée du son, Musée Colette, chantier médiéval Guedelon, Treigny 20 à km, sentiers de randonnées, poteries de St-Amand.

ÉCODOMAINE DES GILATS 8902

5 ch.
5/14 pers.
50 à 60 €
3ème nuit
-20%

English spoken

Se habla español

DELMOTTE Anne
89130 TOUCY
tel : (+33) (0)3 86 44 20 62 - fax : (+33) (0)3 86 44 20 95
mel : gilats@ecodomaine.org
web : www.ecodomaine.org

Situation : à 20 km d'Auxerre,150 km de Paris et de Dijon, dans le pays de Puisaye valloné et bocager.

Production : confitures maison ; ânes, poneys et chevaux dans nos prés ; parcours paysagers sur le domaine.

Accueil : 5 chambres paysannes avec sdb et wc privés dans un manoir rénové au milieu de 35 ha d'espaces verts. Site remarquable et paisible, l'Écodomaine se consacre aux démarches d'autonomie et aux solutions alternatives (bio-construction, phyto-épuration, capteurs solaires, stages "Pantone" et biocarburants).

Activités possibles : visite des réalisations sur l'Écodomaine. Centre équestre à 2 km. Nombreux sites historiques et touristiques à proximité : château-fort de Guedelon, spectacle historique au château de St-Fargeau, Vezelay, Auxerre, églises romanes, etc. Ateliers de poteries et randonnées dans les environs.

97 - MARTINIQUE

ACCUEIL PAYSAN DE MARTINIQUE 9702

tarifs : nous consulter

SICA Quartier Peter Maillet
97270 SAINT ESPRIT - MARTINIQUE
tel : (+33) (0)5 96 77 60 34
fax : (+33) (0)5 96 77 61 89
mel : assoc.accueil.paysan@wanadoo.fr

Situation : adhérents situés dans toutes les communes de l'île avec des formules d'hébergement (gîtes et chambres).

Accueil : il s'agit du siège de l'association, à votre disposition pour tous renseignements sur les adhérents et réservations. Communes François, St Esprit, Rivière Pilote, Ducos-Carbet, Morne-Vert, Lamentin, etc.

Activités possibles : visites et circuits touristiques.

REINE DITE REINETTE Viviane 9704

2 ch.
4 pers.
35€

Habitation
97270 SAINT ESPRIT - MARTINIQUE
tel : (+33) (0)5 96 56 77 69
fax : (+33) (0)5 96 77 61 89

Situation : à 500 m du bourg de St Esprit, 15 mn de l'aéroport, près des plages, des rivières et du centre-ville de Fort-de-France.

Production : élevage bovins essentiellement. L'ensemble de la ferme s'étend sur 9 ha vallonnée de monts où serpente une rivière.

Accueil : une conception innovante, un besoin d'accueil donnant priorité aux relations humaines : 2 chambres paysannes avec sdb individuelle + petit déjeuner servi à la table familiale.

Activités possibles : musée d'Art et Traditions du village, tennis, randonnées, excursions en bateau ou à cheval.

97 - RÉUNION

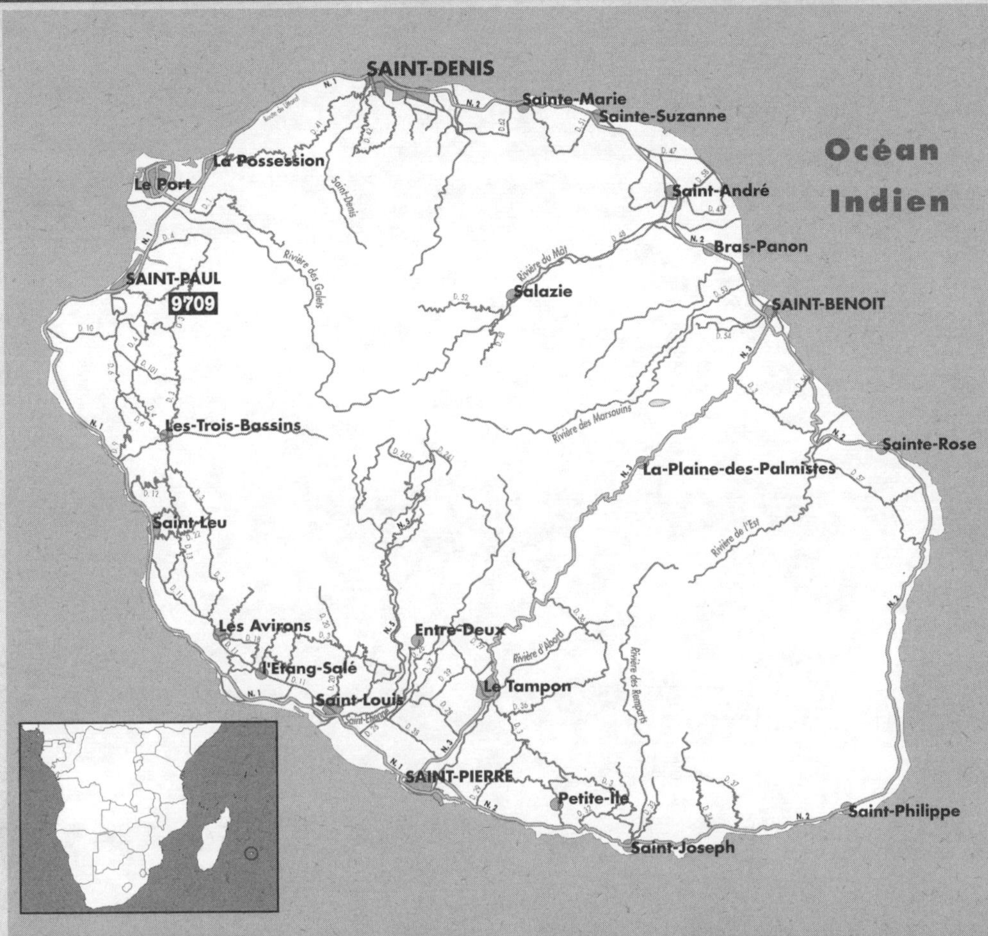

FERME CRESCENCE — 9709

2/4 pers.
250€
WE 110€

English spoken

Se habla español

CRESCENCE Nathalie et Guito
130 chemin de la ligne
97422 ST PAUL - ÎLE DE LA REUNION
tel / fax : (+33) (0)2 62 33 59 70
mobile : (+33) (0)6 92 85 15 14
mel : nathalieleon@wanadoo.fr

Situation : à 3 mn du village de la Saline et de Trois-Bassins. A 15 mn de la mer. Côte ouest de l'île, ensoleillée, se trouve dans une zone agricole de canne à sucre.

Production : élevage de porc et transformation de porc (boucané, salé...), ananas, fruits de la passion, banane, papaye, confitures maison, café Bourbon Pointu.

Accueil : gîte paysan de 40 m², confortable. Il se situe dans l'exploitation, aménagé en boiserie créole, 1 chambre, salon, cuisine entièrement équipée, coin repas, sanitaires, terrasse, parking privé, Jardin créole. Calme. Vous pourrez partager notre culture créole.

Activités possibles : visite de la ferme, observer et/ou participer à l'activité agricole. Sortie en cheval, voir une distillerie de géranium, visite de la forêt de Trois-Bassins idéale pour le pique-nique. Randonnées au Maïdo et au cirque de Mafate.

Accueil Paysan dans le Monde

C'est par des réponses concrètes qu'Accueil Paysan agit dans la coopération internationale. En aidant la mise en place d'un tourisme équitable, il participe au droit de chaque peuple, de chaque Etat du Monde d'organiser sa sécurité alimentaire, l'éducation et la santé.

Accueil Paysan en lien avec l'association des Amis d'Accueil Paysan, et en appartenant au réseau de solidarité du CRID et au CADR veut agir pour le droit à une vie digne, dans la liberté, la démocratie et la paix de tous les Peuples

Un monde meilleur est possible par l'organisation de solidarités concrètes sans frontière.

Accueil Paysan est présent dans 20 pays, sur 3 continents, en Europe, en Afrique et en Amérique, et représente environ une centaine de structures.
Vous trouverez ci-après, une description succincte de nos adhérents à l'étranger. Nous avons en effet souhaité leur faire une place plus importante en éditant un guide plus complet (carte d'identité, informations pratiques, ...), que vous pouvez commander à notre siège social.
Notre objectif en tant qu'association est de rendre possible des déplacements à l'étranger, permettant des - Contacts directs accueillants - accueillis.

EUROPE

Arménie

A l'extrême sud-est du lac Sevan, et sur la route du Kharabagh, Vardénis vous accueille. Aucun visiteur ne quitte l'Arménie sans avoir vu la beauté du lac, nulle part dans le pays, le ciel n'atteint cette pureté et cette intensité que lui donne le miroir du Sévan. Sa plaine à 2000 m d'altitude entourée de montagnes offre des paysages surprenants et très sauvages. Depuis 1978, le lac et sa région sont classés Parc naturel et protégés par l'Etat.

Les 6 familles regroupées au sein de l'association AREGOUNI vous accueillent dans la région Guegharkouik, à Vardénis en chambres et tables paysannes.
Contact : tél (+374) 692 36 47 ou (+374) 692 31 47, mél varegouni@yahoo.com
Chambres et tables paysannes. Les 6 familles peuvent accueillir de 1 à 6 pers. Prévoir coût d'un interprète et déplacements.

Bulgarie

Les deux adhérents sont situés au sud de la Bulgarie à 35 et 90 km de Plovdiv à une vingtaine de km de stations de ski. Vous serez accueilli en table paysanne, spécialité bulgare, gîte paysan et chambre paysanne chez :

RADKOV Mihail à Momtchilovtsi
Contact : tél (+359) 30 23 25 66, mél persarce@abv.bg
STAVREVY Petia & Tania à Bratzigovo
Contact : tél (+359) 35 57 354 ou (+359) 889 35 92 44, mél biaga@abv.bg ou petis@abv.bg

Croatie

Les adhérents sont regroupés à Gruda dans une magnifique région située à 25 km à l'est de Dubrovnik. Le Konavle offre des paysages saisissants et variés : moyenne montagne, falaises en bordure de mer, plaines fertiles. Il est réputé depuis les temps anciens pour la qualité de ses productions et la richesse de ses traditions culturelles. Les paysans y sont à la fois vignerons, agriculteurs et pêcheurs. Ils accueillent chez eux avec une hospitalité attentive et généreuse.
Contact en France : (+33)1 42 87 87 69 ou (+33) 6 85 77 00 43
Contact en Croatie : Katja BOKARICA (+385) 20 79 12 11

LJUBIC Marko et Nikica : 4 chambres paysannes doubles, plusieurs terrasses, table paysanne, gîte paysan. Retraités disponibles et actifs pouvant partager leurs connaissances sur beaucoup de travaux agricoles.
KOPRIVIC Niko : maison ancienne avec terrasse : gîte paysan de 5 personnes.
BOKARICA Miho et Katja : table paysanne, 2 chambres paysannes, 2 gîtes paysans (4 et 5 pers), magnifique jardin, vue superbe.
SREZOVIC Pero : gîte paysan (4 pers), table paysanne, 2 chambres paysannes.
VUKOVIC Pero : gîte paysan (4 pers), confortable, 1 terrasse.
ALAVIJA Maria : gîte paysan (6 pers), table paysanne, 3 chambres paysannes.

Espagne

Les adhérents sont situés principalement en Espagne Verte. Depuis le Golfe de Biscaye à Finisterre, l'Espagne Verte recouvre toute la côte nord de la Péninsule Ibérique avec ses quatre communautés autonomes : Pays Basque, la Cantabrie, les Asturies et la Galice. Ou en Andalousie, la région la plus méridionale d'Espagne.

GARCIA Sévérino & Danièle (la Quintana de la Foncalada) à Villaviciosa dans les Asturies
Contact : tél (+34) 985 87 63 65, mél foncalada@asturcon-museo.com
Chambres paysannes, gîte paysan.
Conchi et Luis à Infiesto - Pilona dans les Asturies
Contact : tél (+34) 616 89 76 38, mél layalga@terrae.net

Elisabeth et Joan à El Pla de Manlleu (Tarragona)
Contact : tél (+ 34) 977 26 06 47, mél torresselma@yahoo.es
Elisabeth et Joan vous reçoivent avec plaisir dans ce lieu apaisant et magique. 5 chambres avec sdb chacune. Cuisine d'été avec barbecue, frigo, gaz et évier.
DRAGUET Yves et Janet à Orgiva (Granada)
Contact : tél (+34) 958 78 58 35, mél el-bancalillo@wanadoo.es
Gîte paysan autonome pour 2 personnes + 2 enfants. Nous proposons aux visteurs de visiter l'exploitation, leur expliquer notre fonctionnement et les difficultés que nous pouvons rencontrer. Nous pouvons aussi les renseigner sur les randonnées possibles, voire les accompagner.
ELSENAAR Willem et ARGAIA Kontxi (Reitoral de Chandrexa) à Deba (Gipuzkoa)
Contact : tél (+34) 902 027 124, mél mezuak@lastur.net
On vous accueille personnellement à la ferme, pour vous guider et vous renseigner sur les activités et visites à faire dans la zone.
MENDIVE Alicia et MONTOYA Luis Miguel (Agoturismo Maricruz) à Villanueva de Arce (Navarra) - *Contact : tél (+34) 948 790 376, mél reservas@casamaricruz.com*
Nous sommes Luismi, Alicia, Ada et Noé, une famille dans un petit coin du monde, entourés de pâturages, de forêts, d'animaux et beaucoup de ciel. C'est notre choix de vie, près de la nature, avec l'autosuffisance comme objectif, avec le plaisir de partager, ce que nous sommes et ce que nous faisons avec tous ceux qui veulent nous visiter et passer quelques jours avec nous. Nous avons 3 chambres paysannes dans la ferme et nous offrons la table paysanne pour les repas.
VASQUEZ Xurxo Lopez & MODRONO Mercédes Martinez à Parada do Sil en Galicia
Contact : tél (+34) 988 208 099, mél chandexa@inicia.es
Nous avons trois chambres d'hôtes spacieuses et confortables. La petite dimension du gîte nous permet de soigner les détails et de pouvoir vous offrir des produits biologiques produits à la ferme.

Géorgie

Répartis dans tout le pays, l'accueil à la ferme, loin des sentiers battus (là où la nature y est encore préservée) d'un certain tourisme de consommation à la mode, pourra sauvegarder cette petite agriculture en valorisant sur place les produits fermiers. On retrouvera, avec la table et l'accueil géorgiens, l'hospitalité, le partage et l'authenticité qui sont à la base d'Accueil Paysan.

Toutes les familles proposent une seule formule d'accueil, les chambres en pension complète. Possibilité de voiture avec chauffeur.
Contact à Tbilissi : Irma (+ 995) 99 22 32 95 ou (+995) 32 96 68 81
Contact en France : Marie (+33) 02 51 42 91 81
INARIDZÉ Anzori et ANDGOULADZÉ Nounou en Gourie dans la région de Bokvaouri
MAGRAKVELIDZE Hélène et GOUGUECHAVILI Temour à Ratcha dans la région d'Oni
BAKHTOURIDE Etherie et OTIACHVILI Marie en Kakhetie dans la région d'Akhméta
GUELACHVILI - BEROUVALA Kéthie à Samtskhe - Djavaketie dans la région de Bordjomi
GVILAVA Malkhaz et CHENGUELLA Lela à Chida Karthli dans la région de Gori
INARIDZÉ Irma et MOURTAZACHVILI Levan à Tbilissi pour dormir et manger dans la capitale au début et en fin de séjour.

Hongrie

À l'est du Danube, qui coupe le pays en deux, de part et d'autre de la Tisza, s'étale la Grande Plaine (Alföld). À l'est s'étend la région sableuse de Nyírség.

L'adhérent se situe à l'est du pays, dans la plaine Pannonienne entre Szegod et Debrecen.
GABOR Bényei à Békès - *Contact : tél (+36) 30 94 33 013, mél diostanya@bekesnet.hu*
Chambre paysanne : meubles en bois, jolie kitchenette, salle de bain claire. Camping paysan.

Italie

Dans le nord de l'Italie, les adhérents vous accueillent entre la Lombardie et la Toscane, entre mer et montagne.

BASSET Jean-Louis et LAROCHE Danielle (La Caprarbia) à Framura dans la région des Cinq Terres - *Contact : tél (+39) 01 87 82 42 82, mél : info@caprarbia.it*
5 chambres, table et camping paysan (20 pers), 2 gîtes paysans de 4 pers. chacun.
GERACE Alberto à Poppi - Arezzo en Toscane
Contact : tél (+39) 05 75 50 92 31, mél info@carne-biologica.it
Gîte paysan indép. (6 pers), cuisine, sde, cheminée, TV, mobilier de l'artisanat toscan.
FERRARI Mario à Piozzano parmi les premières collines des montagnes Appenines
Contact : tél (+39) 05 23 97 01 30, mél boscodelpapa@libero.it
Accueil chaleureux et familial, chambres paysannes avec entrées indépendantes, sdb, petit déjeuner copieux à base de nos produits ; table paysanne.
CAYE Patricia et GUCCIONE Marco à Tatti en Toscane
Contact : tél (+39) 0566 91 29 62, mél guccione.g@tiscali.it
2 gîtes paysans pour 7 personnes avec découverte de la ferme.

Pologne

Les adhérents sont situés, pour la plupart, au nord-est, et au sud-ouest du pays où la nature et le patrimoine historique vous invitent à venir découvrir la population polonaise et ses légendes. Au nord-est, dans des régions où se trouvent de nombreux parcs naturels et au sud-ouest dans des régions montagneuses.

Région Sud-Ouest

BUDZ Maria & SARNA Barbara à Murzasichle au sud de la Pologne dans les Tatras
Contact : tél (+48) (0)1 82 08 43 28, mél zbigniew.budz@xl.wp.pl
5 chambres pour 19 personnes
JANIK Krystyna et Andrzej à Byczyna
Contact : tél (+48) (077) 414 68 62, mél krystyna.janik@gmail.com
PYTEL Czeslawa & Marian - *Contact : tél (+48) (0)4 12 72 27 81, mél pytowka@op.pl*
auberge, chambres et relais paysan
WOZNIAK Elzbieta & Jerzy (AGROCHATKA) à Bakow au Sud ouest de la Pologne
Contact : tél (+48) (077) 272 21 01, mél agrochatka@hoga.pl
4 chambres pour 10 pers. Possibilité pour les repas de plats diététiques et végétariens. Famille avec les bébés, enfants.

SLICZNI Iwona et Janusz à Bacow Kluczbork
Contact : tél (+48) (077 413 266, mél ekostyl1@poczta.onet.pl
1 chambre pour 2 personnes, groupe d'enfants. Table paysanne. Abri pour campeurs en cas de pluie.
JOCHYMEK Barbara & Kazimierz à LUBAWKA à l'ouest des Sudètes
Contact : tél (+48) 075 741 13 95, mél eko@bukowka.com
Convient particulièrement aux familles, salle de jeux pour enfants, repas à partir des produits de la ferme, cuisine végétarienne également, veillées autour du feu.
SOBON Teresa & Jan à Skatag
Contact : (*+48) (077) 413 55 439, mél teresa.sobo@neostrada.pl*
1 chambres avec salle de bain pour 2 personnes, 1 chambre avec salle de bains, chambre avec salle de bain commune dans le couloir.
JASINSKI Janusz à Byczna - *Contact : 48 (077) 413 42 76*
4 chambres pour 10 personnes, 1 chambre avec salle de bain, chambre avec salle de bain commun dans le couloir.
STODOLA Barbara et Witold à Bakow
Contact : tél (+48) (077) 413 18 17, mél Agrosto@wp.pl

Région nord Est de Varsovie

JAKONIUK Elzbieta & Wieslaw à Holowczyce
Contact : tél (+ 48) 83 359 88 29, mél rolcewj@wp.pl
8 chambres pour 23 personnes, 7 salles de bain, salle pour 40 personnes. Pour les enfants : 50% de réduction des prix jusqu'à 9 ans.
GRZEGRZULKA Lucyna à Siennica
Contact : tél (+48) (0)2 57 99 03 88, mél zssienniennica@interia.pl
4 chambres pour 12 personnes, 2 salles de bain, cuisine.
BLACH Agnieszka à Bialowieza
Contact : tél (+48) (0)85 68 12 977, mél agnieskablach@poczta.onet.pl
2 chambres pour 5 personnes.
BOCIAN Wojciech à Sterdyn, au nord-est de Varsovie - *Contact : tél (+ 48) 025 781 08 20*
4 chambres pour 10 personnes, 2 salles de bain. Tarifs enfants : 50% de réduction.
GLOWALA Kazimiera et Adam à Garwolin
Contact : tél (+ 48) (0)2 56 83 06 56, mél marekmikesz@wp.pl
5 chambres pour 10 personnes, avec salles de bain, grand salon (pour 40 personnes). Tarif enfants : 30% de réduction.
BOBINSKA Jozefa à Holowczyce à l'est de Varsovie - *Contact : tél : (+48) 083 359 881*
4 chambres pour 12 personnes, 2 salles de bain, salle à manger. Tarif enfants : 50% de réduction.
SZUBINSKA Malgorzata à Siennica - *Contact : tél (+48) 025 799 19*
5 chambres pour 2 personnes, 2 salles de bain, cuisine, salon. Tarif enfants : 60% de réduction.
ZAGÓRSCY Bozena & Wojciech à Siennica à l'est de Varsovie
Contact : tél (+ 48) (0)2 56 84 53 36, mél Bozena.zagorska@onet.eu
La maison en bois : 2 chambres pour 7 personnes, 2 salles de bain, cuisine, salon. Accueil des groupes d'enfants et tout public (40 personnes), salle pour pique-nique. Sur place sentier éducatif, « secrets de forêt », on protège la nature et le calme.
ZIECINA Karolina & Robert à Laskarzew au sud-est de Varsovie
Contact : tél (+ 48) (0)2 56 84 53 36, mél monika.syndycat@baj-pros.pl
2 chambres de 4 personnes, 2 salles de bain, cuisine. Tarif enfants : 30% de réduction.

MICHALIK ANNA - Vallée des Castors à Siennica
Contact : tél (+ 48) 083 35 79 672, mél agromichalik@02.pl
3 chambres pour 8 pers., 2 salles de bain, cuisine, salon, accueil des groupes d'enfants.
BIELAK Lucyna & Waldemar à PLATEROW
Contact : tél (+48) 06 68 831 622, mél Ostromeczyn@02.pl
Petite ferme (4 ha) traditionnelle, volailles, porcs, lait, œufs tors.

Portugal

Tous nos adhérents sont situés au centre, centre-nord du Portugal, sur le territoire continental. La variété, la beauté des paysages, un environnement relativement préservé, une incontestable richesse naturelle grâce à ses forêts, ses ressources d´eaux thermales et minérales, ses cours fluviaux et maritimes ainsi qu'un important héritage culturel et historique associé à une gastronomie fameuse sont les potentialités à valoriser.

BEJA Olinda & ASSUNCAO Alfredo (Quinta de Villa Nova) à Povolide-Viseu au centre-nord du Portugal - *Contact : tél (+351) 964 194 953, mél : olindabeja@hotmail.com*
2 gîtes paysans dans une grande ferme du XVIII°. Linge de maison fourni. Ouvert toute l'année. Calme, repos et sympathie ; un grand bois d'acacias, pins, chênes, une piscine écologique, un paysage magnifique.
MARTEAU Denis & CURADO Helena à Vouzela au centre-nord du Portugal
Contact : tél (+351) 232 772 174, mél : mhfscv@clix.pt
Gîte paysan (3 pers. max) à 20 mn de notre maison. Environnement forestier (chênes, eucalyptus, pins).
CARDOSO Pedro à Reseude dans le centre du Portugal
Contact tél : (+351) 254 878 278, mél : portacaseira@sapo.pt
Chambres et table paysanne, camping paysan.

Roumanie

La Roumanie est un pays où les anciennes traditions sont toujours vivantes, avec des gens hospitaliers, toujours prêts à vous accueillir dans leurs maisons et où tout événement, même mineur, peut se transformer en une grande fête. Depuis Bucarest ou le delta du Danube jusqu'aux Maramures et la Bucovine, en traversant la Transylvanie, une grande variété de paysage et de traditions vous est offerte avec générosité.
Pour informations supplémentaires :
Cornélia Urèche (+40) 02 64 52 55 13, mél cornelia_ureche@yahoo.com

BELECA Damian & Silvia à Judetul Suceava - *Contact : tél (+ 40) (0)744 927 030*
Chambres paysannes (10 pers.) dans une maison traditionnelle, sdb, wc, chauffage, parking dans une cour fermée et table paysanne.
MANTA Maria & Joan à Botiza - *Contact : tél (+ 40) (0)262 334 132*
6 chambres paysannes et table paysanne.
POIENAR Maria à Botiza - *Contact : tél (+ 4)0 (0) 262 334 149*
6 chambres paysannes (sdb, eau chaude, tél), cuisine d'été typique roumaine et table paysanne 10 pers.

URECHE Cornelia & Ionel à Lunca Llvei
Contact : tél : (+40) (0)2 64 52 55 13, mél cornelia_ureche@yahoo.com
Relais paysan (20 pers), chambres et auberge paysannes, camping paysan. Accueil d'enfants.
OLTEANU Ca, mél ia à Jud. Brasov - *Contact : tél (+40) (0)2 68 23 62 33, mél golteanu@just.ro*
Chambres et tables paysannes. Accueil très chaleureux.
Vinczea Kecskes Erzsébet à SANCRAIU - *Contact : tél : (+40) (0)2 64 25 75 80*
2 chambres paysannes (8 pers) et table paysanne (8 pers).
BOCA Doina et Gica à Vama - *Contact : tél (+ 40) (0) 740 345 009*
Maison traditionnelle modernisée, jardin et grand verger, village au cœur de la Bucovine : 5 chambres paysannes (9 pers) et table paysanne (9 pers).
PAP Ema à Lazarea - *Contact : tél (+ 40) (0) 745 635 131*
Chambres et table paysanne. (français parlé)
VASILIU Petre à Crisan - *Contact : tél (+ 40) (0) 240 547 021, mél petrerotl@yahoo.com*
La maison dispose de 3 chambres paysannes (8 pers). Petre est aussi guide spécialisé en ornithologie.
MATHYAS ILOIKO PUSA à Purcareni - *Contact : tél (+40) (0) 268 365 594*
Chambres et table paysannes (cuisine hongroise).
LUMINITA Christina Savu à Purcareni - *Contact : tél (+40) (0) 268 365 133*
Table et chambres paysannes. Accueil très chaleureux, maison entourée de fleurs. Hôte parfaitement francophone.
DANCIU Aurora à Jud. Cluj Savadisla - *Contact : tél (+40) (0)2 64 37 46 16*
La maison offre 2 chambres avec sdb. Elle a un joli jardin. Les hôtes sont des personnes très accueillantes, à la retraite et en plus, ils parlent très bien le français.

AFRIQUE

Bénin

Au cœur du Bénin, dans une position charnière entre la région Sud localisée sur un bassin riche et surpeuplé et la région Nord, pauvre, se trouve le pays des 41 collines, historiquement appelé pays IDAASHA. En plein cœur de cette région, Camaté – Shakaloké où l'hospitalité est élevée au rang de principe de vie. C'est ainsi que l'association villageoise CPN, « les papillons » s'est dotée d'un programme de société qui s'articule autour de trois programmes : connaissance de la biodiversité, préservation des écosystèmes naturels et promotion de l'écotourisme.

ONIKPO Léandre – CPN Les Papillons à Sokponta
Contact : tél (+229) 22 54 07 13, mél cpnlespapillons@yahoo.fr
Contact en France : Benoît Gambier tél (+33) 3 44 27 74 16, mél benoit.gambier@tiscali.fr
Vous serez accueillis dans des maisons familiales où vous pourrez partager avec les accueillants « l'art du vivre avec » au travers de la vie quotidienne des paysans.

Burkina Faso

Dans un rayon de 30 à 60 km autour de Toussiana, les falaises, les cascades de Banfora, le lac de Tangréla avec ses hypos, les cheminées de Sindou, le village forteresse de Koro et le village de Koumi près de Bobo. Le marché de Toussiana tous les 5 jours (les doigts d'une main). Mais le plus enrichissant et passionnant est encore la rencontre de l'habitant.

SENTI TRAORÉ Nicodème à Toussiana - *Contact : tél (+226) 76 60 75 10*
Une grande case traditionnelle (et en dur) dans la cour à Nico, douche et wc attenants. Peut accueillir jusqu'à 6 personnes. Confort local. Puits eau potable à proximité.

Mali

Situé au centre du Mali (entre Mopti et le Burkina Faso), le Pays Dogon est classé patrimoine mondial de l'humanité par l'Unesco. les Dogons vivent encore selon leurs coutumes ancestrales tout au long de la falaise de Bandiagara.

GUINDO Amadou à MOPTI
Contact : tél (+223) 614 62 40 , mél : amadouguindo@hotmail.com
Le campement est situé au cœur du village de Endé, au pied de la falaise. Il est composé de 5 cases traditionnelles (1 à 2 personnes) avec leurs portes en bois sculptées, construites en brique et banco. L'eau est acheminée tous les jours au campement depuis un puits situé à proximité. La douche et les toilettes (confort local) sont dans le campement. Amadou est aussi guide accompagnateur diplômé.

Maroc

Les adhérents sont situés pour la plupart dans le moyen et le haut Atlas. Le massif de l'Atlas qui s'étend sur un axe sud-ouest / nord-est, entre l'océan Atlantique et le Rif.

AMALIK Sylvie & Mustapha à M'RIRT
Contact : tél (+212) 68 35 83 15, mél giteaiss@hotmail.com
Accueil par Mustapha, originaire du lieu et Sylvie, ethnologue, pour vous fairedécouvrir notre ferme, notre région et partager notre quotidien. Table, 5 chambres paysannes et camping paysan (cuisine régionale soignée et variée). Gîte autonome en eau et en énergie.
OUTEZDOT Lahoucine à PROV. D'AZILAL
Contact : tél (+212) 71 19 22 87, mél outezdot_lahoucine@yahoo.fr
Lahoucine, guide agréé, vous accueille dans sa belle vallée des Aït Bouguemez: Camping (10 pers.), relais paysan (30 pl.), 3 chambres paysannes (18 pers.), table et auberge paysannes (30 pers.), accueil d'enfants (10 pers).
NACEUR Aziza à IFRANE - *Contact : tél (+ 212) 55 56 00 08, mél giterasalma@yahoo.fr*
Dans un chalet en pierres construit avec des matériaux locaux, ameublement typiquement berbère : 7 chambres en demi-pension.
Saliha à Guelmim bab Sahara Maroc
Contact : tél (+212) 28 87 07 06, mél darzineb@hotmail.com

Saliha très engagée dans l'associatif pour le développement local, vous accueille dans la maison saharaouie, une habitation traditionnelle en terre. Vous dormirez dans des petites chambres en pisé et trés joliement décorées. Les repas, essentiellement marocain du sud, sont servis en commun dans le grand salon ou sous la tente saharaouie !! Vous mangerez à la main ou avec une fourchette, comme vous le désirez mais dans des plats communs ! Nous avons voulu garder au maximum les traditions saharaouies !! Si vous voulez vous reposer, écrire, lire ou tout simplement être au calme, c'est l'endroit idéal !

REZKI Youssef à Azilal - *Contact : tél (+212) 68 90 98 43, mél aoujdade@yahoo.fr*

Youssef, engagé en associatif pour le développement local, et sa famille vous accueille dans 3 chambres paysannes individuelles (3 à 4 pers.) et un relais paysan (2 chambres de 6 pers.) avec possibilité de repas à la table paysanne (tagines, couscous, cuisine traditionnelle, méchoui sur demande). Tout ceci dans un complet dépaysement au coeur du Haut-Atlas, dans un décor magique.

BARAOUZE El Hassan à Kindat Tabant Province d'Azilal

Contact : tél (+212) 70 95 88 13, mél hassanguid@yahoo.fr

El Hassan et sa famille vous accueille dans une ferme, accessible par 13 km de piste, au calme, dans un complet dépaysement, dans un cadre magique et chaleureux. Un relais paysan de 6 pers. est disponible en attendant d'autres chambres en construction.

YAKOBI Michèle & Houssa à Zaouiat-Cheïkh, Province de Beni-Méllal

Contact : tél (+212) 62 48 14 66, mél micheleyakobi@hotmail.com ou yahousse@hotmail.com

Dans l'espoir de sauvegarder notre patrimoine, nous avons fondé une association de développement local du nom de « Ifsane » (« semence »), où sont représentés tous les foyers regroupés (« Ighsane ») des Ayt Chdif dont le premier objet est de doter 184 familles d'eau potable. Nous souhaitons vous accueillir très prochainement dans un relais paysan, ou en chambre paysanne, afin de faire découvrir la culture et les produits locaux, autour d'une table paysanne et vous sensibiliser à la beauté et la précarité du patrimoine culturel et naturel. Le gîte sera donc ouvert à des groupes restreints car la protection des espaces de randonnées et le respect des traditions locales sont incompatibles avec le tourisme de masse.

Togo

Accueil Paysan vous propose un accueil au Togo. Ce programme vous réserve des lieux calmes, conviviaux pour des séjours en famille et entre amis. Il respecte l'environnement et le droit de l'homme et vise à mettre en place des pratiques d'accueil solidaire au Togo.

YTONATO Agbeko à Agou-Nyogbo

Contact : tél (+228) 908 06 74, mél agbekoytonato@yahoo.fr

Tunisie

Notre adhérent est situé dans le golfe de Gabès, sur le littoral méditérannéen

HASNAOUI Leïla & Béchir à Gabès - *Contact : tél (+216) 98 663 482*

3 chambres troglodytes (10 pers) avec sdb commune. Table paysanne avec repas traditionnel partagé avec l'hôte.

AMÉRIQUE LATINE

Brésil

L'association Acolhida na Colonia est localisée dans l'Etat de Santa Catarina, au sud du Brésil, dans une région dont l'altitude varie entre 200 et 1600 m. Territoire de moyenne montagne entouré par une forêt atlantique à Préserver. Avec un climat tempéré, qui varie selon les moyennes suivantes : en janvier (été), la température est autour de 16 à 40 C, en juin (hiver), la température est de 7 à 15°C.

Acolhida na Colonia - Thaise GUZZATI à Santa Rosa de Lima
Contact : tél : (+55) 48 33 34 28 65 ou (+55) 48 996 057 61 - mél thaise@agreco.com.br
Agriculteurs biologiques et entreprises familiales qui proposent chambres et tables paysannes, visites pédagogiques, découvertes et ventes de leurs produits naturels ou transformés, randonnées et très bel environnement.

Liste des adhérents par commune :

À Anitàpolis (agriculteurs biologiques) :
- Pousada Recanto das Cachoeras, Gabriel et Marilda Schlösser : chambres « coloniales » et table paysanne, auberge, Visites pédagogiques, randonnées nature, pêche en rivière, chute d'eau, production de légumes, lait, petits animaux.
- Alfredo et Eva Schüller : chambres « coloniales » et table paysanne ; roue à eau pour l'électricité.
- Sitio Silva : visites pédagogiques, production organique sur les principes de la permaculture, randonnée nature, chute d'eau.

À Santa Rosa de Lima (agriculteurs biologiques) :
- Nilson e Erna Tenfen : auberge, gîte paysan, table paysanne, espace de loisirs, visites pédagogiques, randonnées nature, accueil d'enfants, production de lait.
- Pousada Vitoria, Odair et Leonilda Baumann : auberge, chambres « coloniales » et table paysanne, visites pédagogoqies, randonnée nature, pêche, production de miel.
- Pousada Doce Encanto, Valnério er Leda Assing : auberge, chambres « coloniales », table paysanne, loisirs, visite pédagogique, randonnée mature, agroindustrie de canne à sucre.
- Quartos coloniais Assing, Romeu et Edith Assing : chambres « coloniales », table paysanne, randonnée nature, production canne à sucre, production de pain de maïs
Pousada das Aguas : auberge, table paysanne, à côté de l'eau thermale
- Quartos coloniais Vandressen : chambres coloniales, table paysanne.

À Gravatal (agriculture biologique) :
- Sitio du Miguel, Miguel et Edite Silveira : production artisanale de l'eau de vie, table paysanne, pêche, visite pédagogique
- Casa do mel, Lourenço et Albertina May Lunardi : table paysanne, visite de l'atelier de miel

À Grão- Pará (agriculture biologique) :
- Engenho Pedro Khünen, Alvadi et Normélia Salavdor : table paysanne, vente de produits fermiers, visite de chute d'eau, production artisanale de l'eau de vie de canne à sucre, élevage de vaches.
- Pousada Rio Tunel, Anibio Blasius et Ivoni W. Blasius : auberge, table paysanne, randonnée nature, équitation, pêche, production de lait.
- Rancho Aigo dans Tradiçoes, Salésion Figueiredo et Nilsa Carara Figueiredo : réalisation de fêtes, table paysanne, équitation, randonnée nature.
- Pousada Tia Nida, José Fabri Oenning et Leonida B. Loch Oenning : table paysanne, industrie de canne à sucre, randonnée nature, pêche.

À Rancho Queimado (agriculture biologique) :
- Silvino et Traudi Schnaider : café paysan et production de miel.
- Geraldo Junckes ; production de cana à sucre et ransformación, roue à eau.
- Carlos Frticknekt : production de fraises bio.

Ces micro entreprises familiales (2 à 8 familles) vous proposent de découvrir leurs productions et méhodes de transformation. Toutes les unités utilisent des matières premières issues de la production organique.
- Unités industrielles familiales à Santa Rosa de Lima :
- Agroindustrie Doce Encanto : mélasse, l'eau de vie et sucre roux
- Agroindustrie Geração : lait fromages
- Agroindustrie Rio do Meio : Abattoir de petits animaux, maraîchage
- Agroindustrie Florada da Serra : apiculture, miel
- Agroindustrie Willemann: maraîchage, conserves des légumes
- Agroindustrie Sul do Rio : confiture et gelées
- Agroindustrie Delícias da cana : canne à sucre, mélasse, l'eau de vie et sucre roux
- Agroindustrie Cachoeiras : légumes
- Agroindustrie Emigre : élevage de poules en plein air, œufs et pâte
- Unités industrielles familiales a Gravatal :
- Agroindustrie Casa do Mel : apiculture - miel
- Unités industrielles familiales a Grão Pará :
- Agroindustrie Flor da Serra : Production de canne à sucre, sucre roux et mélasse.

Chili

Au sud du Chili, en Araucania. Dans la pré Cordillère, à 80 km de Temuco, dans une vallée, à 400 m d'altitdue, au pied du Volcan Lleima, au confluent des trois rivières, une famille mapuche vous accueille.

MÉL ILLAN Carlos & Marta à MÉL IPEUCO
Contact : tél (+56) 45 197 06 16, mél enthou@yahoo.fr et ruka, mél ilef@yahoo.es
Accueil familial dans une « ruka » (maison traditionnelle Mapuche), eau potable, wc douche, table et chambres paysannes (8 pers). Nuits et petit déjeuner, demi-pension, pension complète, forfait séjour (1 semaine).

Costa Rica

Le Costa Rica est un petit pays d'Amérique Centrale. Bordé par le Nicaragua, la mer des Caraïbes, le Panaa et l'océan Pacifique, une coridllère volcanique s'élève au centre du pays. Les forêts sont tropicales et préservent une très grande richesse biologique. Longtemps mis à l'écart, les Indiens essaient de faire connaître aujourd'hui leur culture.

Paulino, José Joaquim, Antonio, Cipriano, Beatriz (Rincon Ecologico Cultural Térraba) à Territoire Indigène de Térraba - Province de Puntarenas
Contact : tél (+506) 848 96 49, mél paulino_najera@yahoo.com
Actuellement ces familles veulent faire connaître leur culture, leurs coutumes en mettant en place de l'accueil. Possibilité de camper ou de loger dans des cabanes rustiques (« cabinas »), cuisine familiale, visite des territoires indigènes et des villages.

25
4616

RÉCAPITULATIF PAR CATÉGORIE D'ACCUEIL

Pour chaque département, vous trouverez dans ces pages les numéros des adhérents qui pratiquent le type d'accueil que vous recherchez.

ACCUEIL D'ENFANTS

Classes, centres aérés, etc.

01 Ain (p.18) : 0101, 0107
02 Aisne (p.21) : 0201
05 Hautes-Alpes (p.27) : 0512
07 Ardèche (p.33) : 0716, 0725
09 Ariège (p.41) : 0910
11 Aude (p.48) : 1107, 1124
12 Aveyron (p.58) : 1207, 1227
14 Calvados (p.68) : 1404
22 Côtes-d'Armor (p.85) : 2203, 2212, 2213, 2214
23 Creuse (p.89) : 2302, 2324
25 Doubs (p.103) : 2503
26 Drôme (p.106) : 2610, 2611, 2613, 2626, 2633, 2649, 2650
27 Eure (p.122) : 2701
30 Gard (p.129) : 3014
31 Haute-Garonne (p.134) : 3102
32 Gers (p.136) : 3208
33 Gironde (p.140) : 3302
35 Ille-et-Vilaine (p.146) : 3502, 3503, 3504, 3505, 3512, 3513, 3516, 3517, 3521, 3522, 3524, 3526, 3527, 3529, 3533, 3546, 3547, 3548, 3549, 3551, 3554, 3555, 3557, 3558, 3560, 3563, 3564, 3566, 3574
38 Isère (p.166) : 3817, 3820, 3836
39 Jura (p.172) : 3903
42 Loire (p.181) : 4209, 4212, 4221, 4226
43 Haute-Loire (p.189) : 4310
44 Loire-Atlantique (p.193) : 4405, 4409
46 Lot (p.198) : 4614
49 Maine-et-Loire (p.206) : 4910, 4912
50 Manche (p.210) : 5002, 5007, 5010, 5013
57 Moselle (p.222) : 5701
59 Nord (p.223) : 5909
61 Orne (p.227) : 6103
62 Pas-de-Calais (p.230) : 6202, 6205, 6207
66 Pyrénées-Orient. (p.240) : 6606
68 Haut-Rhin (p.244) : 6801
69 Rhône (p.245) : 6903
70 Haute-Saône (p.247) : 7002
72 Sarthe (p.252) : 7202
73 Savoie (p.253) : 7315
76 Seine-Maritime (p.258) : 7609, 7638
85 Vendée (p.280) : 8515, 8524
87 Haute-Vienne (p.287) : 8701, 8703, 8710, 8711

AUBERGE PAYSANNE

Aucune obligation de résider à la ferme pour y manger. Il est souvent préférable et prudent de prévenir auparavant.

02 Aisne (p.21) : 0201
05 Haute-Alpes (p.27) : 0502, 0512
09 Ariège (p.41) : 0921
19 Corrèze (p.81) : 1904
20 Corse (p.83) : 2001
23 Creuse (p.89) : 2317
24 Dordogne (p.96) : 2420
25 Doubs (p.103) : 2502
26 Drôme (p.106) : 2624
35 Ille-et-Vilaine (p.146) : 3514, 3550
38 Isère (p.166) : 3823, 3835
44 Loire-Atlantique (p.193) : 4408
46 Lot (p.198) : 4612
50 Manche (p.210) : 5003
63 Puy-de-Dôme (p.235) : 6301
66 Pyrénées-Orient. (p.240) : 6607
68 Haut-Rhin (p.244) : 6801
69 Rhône (p.245) : 6901
70 Haute-Saône (p.247) : 7002
82 Tarn-et-Garonne (p.273) : 8203
85 Vendée (p.280) : 8517
88 Vosges (p.290) : 8805

TABLE PAYSANNE

Vous partagerez le repas à la table du paysan qui vous accueille.

01 Ain (p.18) : 0102, 0107, 0108
03 Allier (p.22) : 0304, 0305
04 Alpes-de-Haute-Provence (p.24) : 0405, 0406, 0407
05 Haute-Alpes (p.27) : 0503, 0506, 0507, 0508, 0512
07 Ardèche (p.33) : 0701, 0710, 0717, 0720, 0721, 0722, 0725, 0727, 0728
09 Ariège (p.41) : 0903, 0907, 0912, 0914, 0918, 0922
11 Aude (p.48) : 1101, 1106, 1109, 1111, 1121, 1124, 1126, 1127, 1129, 1130, 1131, 1132, 1136
12 Aveyron (p.58) : 1201, 1202, 1203, 1205, 1206, 1211, 1212, 1217, 1227, 1231
14 Calvados (p.68) : 1404

CHAMBRE PAYSANNE

Pour une nuit ou davantage...

GÎTE PAYSAN

Appartement ou maison indépendante pour un séjour à votre gré.

RELAIS PAYSAN

Hébergement pour randonneurs, en dortoir ou chambre, avec cuisine et sanitaires communs.

CAMPING PAYSAN

FÉDÉRATION NATIONALE ACCUEIL PAYSAN

Yasmine BARDIN, Véronique BUCCI, Agathe ANCÉ et Mélanie ALAITRU
MIN – 117 rue des Alliés 38030 Grenoble cedex 2
Tél. 04 76 43 44 83 / Fax 04 76 17 01 78
info@accueil-paysan.com

DANS CERTAINS DÉPARTEMENTS OU RÉGIONS, DES ANIMATEURS SONT À VOTRE ÉCOUTE :

AUDE
Marie COUPET
10, allée des Marronniers - 11300 Limoux
Tél. 04 68 31 01 14
accueilpaysan@libertysurf.fr

CÔTES D'ARMOR
Réjane DEBROISE
2 avenue du Chalutier sans pitié
BP 70332 - 22193 Plérin cedex
Tél. 02 96 58 01 79 / 06 32 70 25 97
rejane.debroise@accueil-paysan.com

ILLE-ET-VILAINE ET BRETAGNE
Marie-Aude PEDRETTI, Marie-Eve TAILLECOURS
Frédérique OMNES, Emmanuelle SAUNIER
et DenisHERNANDEZ - 17 rue du Bas Village
BP 61544 - 35515 Cesson Sévigné
Tél. 02 99 77 09 53
bretagne@accueil-paysan.com

LIMOUSIN
Adèle FRANÇOIS
Les Bordes 87 470 Peyrat-Le-Château
Tél. / fax 05 55 69 33 21
limousin@accueil-paysan.com

NORD / PAS-DE-CALAIS
Stéphanie DELEURME
1 rue du Moulin 59190 Hazebrouk
Tél. 03 28 48 09 39 / Fax 03 28 41 39 77
accueilpaysan59.62@wanadoo.fr

POITOU-CHARENTES
Julien Rousselot
Centre St Joseph
12 bis, rue St Pierre 79 500 Melle
Tél. 05 49 29 83 99 / 06 17 67 48 02
julien.appc@accueil-paysan.com

SEINE-MARITIME
Fabienne VITTECOQ
2 route de Sainte Hélène
76280 Saint Jouin Bruneval
Tél. / fax 02 35 20 24 11
accueil.paysan76@wanadoo.fr

LISTE DES ASSOCIATIONS ACCUEIL PAYSAN

Départements

01 - Ain
BOUVIER Evelyne et Jean-Claude
Le Clos - 01400 Neuville-les-Dames
Tél. 04 74 55 65 24

05 - Hautes-Alpes
AUDIER-MERLE Véronique
Les Agnelets - 05460 Abriès
Tél. 04 92 46 72 64

07 - Ardèche
LAGIER Frédérique
Bergerie du bosc
Le Bosc - 07690 Vanosc
Tél. 04 75 34 67 14

09 - Ariège
RIGAUX Philippe et Céline
Les Bouriès - 09140 Seix
Tél. 05 61 04 85 84

11 - Aude et Pyrénées-Orientales
LE MASSON Richard
GAEC de la Bastide - La Bastide
11190 Camps-sur-l'Agly
Tél. 04 68 69 87 57

12 - Aveyron
TISON Carine
Le Battedou - 12140 Golinhac
Tél. 05 65 48 61 62

22 - Côtes-d'Armor
BOUKAIS Hamida - SALLIOU François
La Ferme à Trémargat - Guillerbot
22110 Trémargat
Tél. 02 96 24 51 42

24 - Dordogne
MICHAL Brigitte - LYPHOUT Eric
Anes à Chroniques
La Rougerie - 24390 Tourtoirac
Tél. 05 53 50 09 49

26 - Drôme
KRICHEL Isaline
Ferme des Hauches
Les Hauches - 26460 Truinas
Tél. 04 75 53 30 08

29 - Finistère
KEREBEL Marie-Claire
Kerdélan - 29180 Plogonnec
Tél. 02 98 91 87 52

30 - Gard
BERIL-HEIM Francine et Michel
Ferme de Bassouls
30450 Ponteils
Tél. 04 66 61 20 41

31 - Haute-Garonne
ROZERON Elisabeth et Pierre
Le Liron - Ferme de Jouandillac
31420 Cazeneuve-Montaut
Tél. 05 61 98 71 47

32 - Gers
ALADENISE Philippe
et FOUGERE Cécile
Méliet - 32170 Laas
Tél. 05 62 67 57 96

34 - Hérault
LE DROGO Mathelyn et Mauve
La Roque - 34520 Le Caylar
Tél. 04 67 44 63 49

35 - Ille-et-Vilaine
Josic PRIOUL
« France » - 35580 Guignen
Tél. 02 99 92 05 56

36 - Indre
DOYELLE Philippe et Chantal
Ferme de la petite Ménardière
36370 Lignac
Tél. 02 54 25 67 72

38 - Isère
ZEGNA Yveline et Daniel
Mas de Craponoz
109 chemin des Communaux
38490 Bernin
Tél. 04 76 08 99 55

39 - Jura
BAILLY Guy
4, chemin sous la Ville - 39230 Bréry
Tél. 03 84 85 25 54

40 - Landes
CURCULOSSE Béatrice
Stounotte - 40400 Meilhan
Tél. 05 58 44 14 13

42 - Loire
LINOSSIER Pierre et Thérèse
Le Bourg - 42220 Burdignes
Tél. 04 77 39 60 81

43 - Haute-Loire
MONNET Marie
Le Lanteirou Champagne
43430 Les Vastres
Tél. 04 71 59 57 02

44 - Loire-Atlantique
GALLIOT Florence
44530 St Gildas des Bois
Tél. 02 40 01 58 09

46 - Lot
GIRMA José - GAULT Véronique
Le Rucher de Pech Larive
46330 Bouziès
Tél. 05 65 30 20 93

49 - Maine-et-Loire
COURCOUL Emmanuel
SCEA « Le Gué » - 11, rue de l'Eglise
49490 Chavaignes
Tél. 02 41 52 35 83

50 - Manche
MARQUER Jocelyne - La Jaunière
Vezins - 50540 Isigny-le-Buat
Tél. 02 33 48 99 51

53 - Mayenne
DEJOIE Odile - Ecologîte La Morlière
La Morlière - 53290 St-Denis-d'Anjou
Tél. 02 43 70 91 65

61 - Orne
CHOPIN Isabelle et Patrick
La Bonelière - 61350 St Mars d'Egrenne
Tél. 02 33 38 60 29

73 - Savoie
RABILLER Danielle et Claude
« La Cordée » - Le Bersend
73270 Beaufort-sur-Doron
Tél. 04 79 38 71 90

81 - Tarn
FOURNIL Geneviève - MARIETTA Richard
La Borde - 81340 Trebas
Tél. 05 63 55 91 42

85 - Vendée
FONTENEAU Marie - PIVETEAU Gérard
La Canquetière - 85260 Les Brouzils
Tél. 02 51 42 91 81

88 - Vosges
CORNU Annie et Claude
Route des Ruaux
88370 Plombières-les-Bains
Tél. 03 29 66 08 13

97 - La Réunion
CRESCENCE Nathalie et Guito
130 chemin de la ligne - 97422 St Paul
Tél. 02 62 33 59 70

Roumanie
Urèche Cornelia et Ionel
Casa alexandra - Str Principala nr42
Lunca Ilveil jud Bistrita-Nasaud
Tél. 0040 722 218 295

Régions

Alsace-Lorraine
THIBAULOT Pascal - Ferme de Capucine
Genaroy - 88210 La Petite Raon
Tél. 03 29 57 81 86

Auvergne
• Puy-de-Dôme : MARTEAUX Charles
La Baffie - 63630 Fayet-Romanet
Tél. 04 73 72 03 37
• Allier : AIMINI Geneviève Aurouer
03250 La Chabanne - Tél. 04 70 56 49 67
• Haute-Loire : VIGOUROUX Martine
Le Cros - 43350 St-Genys
Tél. 04 71 00 50 00
• Cantal : BALLAN Éliane - Bénech
15590 Mandailles - Tél. 04 71 47 14 91

Basse-Normandie
WEBER Dominique - La Haute Blatrie
61130 Bellou-le-Trichard
Tél. 02 33 83 25 98

Bretagne
MARCHESSEAU Véronique
et BERNARD Gilles - 56630 Langonnet
Tél. 02 97 23 99 85

Centre
DOYELLE Philippe & Chantal
Ferme de la Petite Ménardière
36370 Lignac - Tél. 02 54 25 67 72

Franche-Comté
VIGNON Emmanuel
16, rue de la Fontaine - 25370 Rochejean
Tél. 03 81 49 94 85

Languedoc-Roussillon
LE MASSON Richard Elise Eva
Manfred Neli - GAEC de la Bastide
11190 Camps-sur-Agly
Tél. 04 68 69 87 57

Limousin
DELAPLACE Hélène
Le Mas Neuf - 87120 Eymoutiers
Tél. 05 55 69 15 98

Midi-Pyrénées
AILLET Jean-Marc - La Loge
46260 Concots - Tél. 05 65 31 55 04

Nord-Pas-de-Calais
MISSIAEN DELATTRE M.F & C.
11, contour de l'Eglise
59143 Lederzeele
Tél. 03 28 62 40 22

PACA
ESTIENNE Christiane
Gîte des 4 saisons - Quartier St-Jean
Chemin des Parties 13670 St-Andéol
Tél. 04 90 95 14 02

Pays de Loire
TANGUY Marie-Hélène et Christian
La Maison Neuve
85280 La Ferrière
Tél. 02 51 98 47 94

Poitou-Charentes
BOISSEAU Régine - La Gravelle
17120 Mortagne-sur-Gironde
Tél. 05 46 90 50 91

Rhône-Alpes
RABILLER Danielle et Claude
Le Bersean
73270 Beaufort-sur-Doron
Tél. 04 79 38 71 90

TABLE DES MATIÈRES

ACHEVÉ D'IMPRIMER EN NOVEMBRE 2006
SUR LES PRESSES DE L'IMPRIMERIE DU PRÉ BATTOIR
À 42220 SAINT-JULIEN-MOLIN-MOLETTE (LOIRE - FRANCE)